Horst Czerny
Polstürmer

Band 206

Horst Czerny

POL-STÜRMER

Von Siegern und Besiegten im ewigen Eis

Verlag Neues Leben Berlin

Illustrationen von Werner Ruhner

ISBN 3-355-00109-0

© Verlag Neues Leben, Berlin 1986
2. Auflage, 1989
Lizenz Nr. 303 (305/244/89)
LSV 7503
Einband: Werner Ruhner
Karten: Karl-Heinz Döring
Typografie: Doris Ahrends
Schrift: 10p Garamond
Gesamtherstellung: Karl-Marx-Werk Pößneck V 15/30
Bestell-Nr. 644 055 4
00830

DER KAMPF UM DEN SÜDPOL

1. KAPITEL

Der unbekannte Erdteil

Der Engländer James Cook umsegelte von 1772 bis 1774
während seiner zweiten Weltreise den sechsten Kontinent

Nichts bleibt stehen. Alles bewegt sich und fließt dahin.

Auch einige Erdteile sind ständig auf der Wanderschaft. Von den Polen driften sie in Richtung Äquator, schieben sich aus östlichen in westliche Hemisphären und stehen nie still. Warum dies geschieht, haben die Wissenschaftler bis heute nicht völlig klären können. Vor eineinhalb Milliarden Jahren bildeten die Erdteile einen gemeinsamen Kontinent, den Urkontinent *Gondwana.* Südamerika, Afrika, Vorderindien, Australien und Antarktika lagen dicht beieinander. Später – man nimmt an, daß es vor 200 Millionen Jahren gewesen sein muß – lösten sie sich voneinander und zogen in verschiedene Richtungen davon. Ihre Drift, kaum wahrnehmbar, hält bis heute an, und wir wissen nicht, wie die Erde in weiteren 200 Millionen Jahren aussehen wird.

Die Antarktis, fast doppelt so groß wie Australien, hat sich damals dort befunden, wo heute Afrika liegt, und ist, ehe sie in den tiefsten Süden des Planeten abdriftete, offenbar ein blühendes Land mit reicher Vegetation und einer mannigfaltigen Tierwelt gewesen. Die Ergebnisse von Bohrungen, die im ewigen Eis vorgenommen worden sind, geben Auskunft darüber, wie es in unserer Vorzeit auf diesem Kontinent ausgesehen haben mag:

In den unteren Gesteinsschichten mit einem Alter von 350 Millionen Jahren haben Forscher versteinerte Panzerfische entdeckt. Darüber lagern Kohlenflöze der Permzeit mit gut erhaltenen Blättern, Holzstücken und anderen Pflanzenteilen. Diese Kohlenlagerstätten – Geologen vermuten, es gäbe in der Antarktika größere als in anderen Kontinenten zusammengenommen – lassen auf ausgedehnte Gebiete mit uralter Vegetation schließen. Obenauf liegen, 200 Millionen Jahre alt, besonders interessante Schichten mit fossilen Resten von Reptilien und anderen Tieren. Im Jahre 1967 ist dort ein Lystrosaurus als Fossil gefunden worden, der aber auch in den Ablagerungen des Trias, der untersten Formationen des Erdmittelalters, von Indien und Südafrika vorkommt. Schwimmen konnte dieser Landbewohner nicht, jedenfalls nicht bis Afrika. Der Fund

7

des Urtiers Lystrosaurus gilt somit als jüngster Beweis für die Existenz des gemeinsamen Urkontinents Gondwana. Über genaue Details streiten sich noch die Gelehrten.

Seit langem bekannt hingegen ist es, daß die Antarktis eine Ausdehnung von etwa 14 Millionen Quadratkilometern hat. Davon sind 1,5 Millionen Quadratkilometer Schelfeis, das sich in die Ozeane hinausschiebende Inlandeis. An seinen Kanten ist immer Bewegung. Regelmäßig brechen mit gewaltigem Getöse riesengroße Blöcke ab und schwimmen in die Meere hinaus. Das sind die Eisberge. Die Antarktis ist, nach allem, was wir bis heute von ihr wissen, ein Gebirgsland, das zu 98 Prozent mit einer durchschnittlich 2500 bis 3000 Meter dicken Eisschicht bedeckt ist. An einigen Stellen beträgt die Eisdicke sogar mehr als 4000 Meter. Würde all das Eis schmelzen, beispielsweise nach dem Abwurf einiger Atombomben, müßte dies den Untergang der Welt bedeuten, denn der Meeresspiegel würde bis zu 100 Metern steigen, und dann wären alle Kontinente überflutet.

Die Küstenlänge der Antarktis beläuft sich auf 22500 Kilometer. Das Klima auf dem sechsten Kontinent ist rauh und von bitterster Kälte geprägt. So wurden am 24. August 1960 von Wissenschaftlern der sowjetischen Station „Wostok" minus 88,3 Grad Celsius gemessen. Dies war die tiefste bis dahin bekannte Temperatur auf unserem Planeten. An 300 Tagen des Jahres herrschen in der Antarktis Stürme und Orkane, deren Spitzengeschwindigkeiten nicht selten bis zu 200 Stundenkilometern betragen. In solcher Wildnis stirbt jegliches Leben ab. Nur in den Küstenregionen ist es reichlich vorhanden: Pinguine, Fische aller Art, Seehunde, Wale, See-Elefanten, Albatrosse und andere Seevogelarten gehören zu den ständigen Bewohnern.

Im Jahre 1772 wußte man von alldem nichts, weil die Antarktis noch nicht erforscht worden war. Nunmehr sollte in dieser Hinsicht aber einiges in Bewegung kommen.

Im Frühling jenes Jahres fanden in London hinter verschlossenen Türen mehrere Beratungen statt. Anwesend waren Mitglieder der Regierung, die Lords der Admiralität und einige Wissenschaftler. Es gab nur einen einzigen Beratungsgegenstand, doch dieser war aufs heftigste umstritten: das Südland.

Südland? Existierte es denn überhaupt?

In der Phantasie vieler Leute war es natürlich vorhanden. Auch der alexandrinische Astronom, Mathematiker und Geograph Claudius Ptolemäus, der von 83 bis 161 lebte und das damalige Wissen von der Welt zusammenfaßte, hatte in seinem Werk „Geographia" auf die mögliche Existenz eines solchen Landes hingewiesen. Andere waren überzeugt, daß es in diesem fabelhaften Südland Gold, Silber und Edelsteine in reichem Maße gab. Vielleicht flossen dort auch Milch und Honig. Der Spielraum der Phantasie blieb unbegrenzt.

England war zu dieser Zeit die führende See-, Kolonial- und Handelsmacht der Welt und hätte am liebsten alle Reichtümer dieser Erde geschluckt.

„Wir werden also", sagte ein Vertreter der Regierung, „das Südland auffinden und erobern oder sein Nichtvorhandensein vor aller Welt beweisen. Beides hat unter Aufbietung aller Kräfte zu geschehen."

Die Entscheidung, wem die Leitung dieser Expedition zu übertragen sei, machte keine Schwierigkeiten. Sie fiel auf jenen Mann, den etliche Neider verächtlich einen „Bauernburschen aus Yorkshire" nannten, auf James Cook.

Cook wurde am 27. Oktober 1728 in dem Dorf Marton, Grafschaft Yorkshire, geboren. Die Familie lebte in bitterster Armut. Der Vater mußte sich als Tagelöhner bei Bauern verdingen, während die Mutter in den umliegenden Häusern Wäsche wusch oder andere Arbeiten versah. Ihr Sohn James war ein aufgeweckter Junge, der schon frühzeitig außerordentliche Geistesgaben erkennen ließ und wiederholt den Wunsch äußerte, sich durch Fleiß und Können eine achtbare Stellung zu erobern. Dem stand leider entgegen, daß die Kinder armer Leute im damaligen England kaum Aufstiegsmöglichkeiten besaßen. Die besseren Berufe waren nun einmal den Angehörigen der sogenannten gehobenen Stände vorbehalten. James Cook besuchte etwa seit 1736 die Schule von Ayton, einem kleinen Ort, in dem sein Vater inzwischen als Vorarbeiter auf einer Farm beschäftigt war.

Als James Cook sein achtzehntes Lebensjahr erreicht hatte, verließ er die armselige Hütte seiner Eltern und heuerte bei einer Reederei als Schiffsjunge an. Von Grund auf lernte er nun alles, was zum Handwerk eines Seemannes gehörte. Das war gewiß eine harte Schule für ihn, denn Schiffsjungen hatten damals nichts zu lachen. Der junge Cook nutzte die Zeit jedoch, um sein Wissen zu erweitern. Er lernte, mit Seekarten umzugehen, und betrieb nebenbei auch geographische Studien verschiedenster Art.

Im Jahre 1755 wechselte er zur Königlichen Marine über. In den folgenden Jahren nahm er an Vermessungsarbeiten im Sankt-Lorenz-Strom und auf Neufundland teil. Überall erwarb er sich Achtung und Anerkennung, bei Vorgesetzten wie Kameraden gleichermaßen. Mit vierzig Jahren wurde er zum Leutnant befördert und erhielt das Kommando über die „Endeavour", auf der er von 1768 bis 1771 seine erste Reise um die Welt unternahm. Dabei stellte er den Inselcharakter Neuseelands fest und erforschte die Küsten Ostaustraliens. Nun also sollte er auf seiner zweiten Weltumseglung das Traumland im Süden finden.

Ihm, dem Commander, wie seit kurzem sein neuer Rang lautete, stellte man diesmal zwei Schiffe zur Verfügung, die „Resolution" und die „Adventure". Beide waren nicht sehr groß, deshalb mußte der vorhandene Raum sinnvoll genutzt werden. Cook wachte persönlich darüber, daß nichts Überflüssiges mitgenommen wurde. Die Verabschiedung des kleinen Geschwaders fand am 13. Juli 1772 im Hafen von Plymouth statt, dem Ausgangspunkt jener lukrativen Seeräuberreisen, die einst Sir Francis Drake im Auftrag seiner macht- und besitzhungrigen Königin Elisabeth I. unternommen hatte. An Bord der beiden Schiffe befanden sich insgesamt 193 Männer, darunter zwei Dutzend Kadetten, keiner älter als sechzehn Jahre. Diese jungen Burschen waren zu beneiden, hatten sie doch das Glück, schon zu Beginn ihrer seemännischen Ausbildung auf eine wirklich große Fahrt zu gehen, obendrein mit Englands derzeit bedeutendstem Kapitän. Einige von ihnen sollten eines Tages selbst hervorragende Seefahrer werden.

Erstmals nahmen auch Wissenschaftler an einer Weltumseglung teil: die Astronomen William Wales und William Bailey sowie der Naturforscher Johann Reinhold Forster mit seinem achtzehnjährigen Sohn Georg Forster, dem späteren Revolutionär. In Kapstadt stieg dann noch der Botaniker Anders Sparrmann zu. Sogar ein Vertreter der schönen Künste fuhr mit, der Maler William Hodges. Cook bemühte sich, seinen Gästen günstige Arbeitsbedingungen zu schaffen, was freilich angesichts der auf „Resolution" und „Adventure" herrschenden Enge nicht einfach und immer möglich war.

An Bord der beiden Schiffe wurde kein übermäßig strenger, dafür aber tadellos geregelter Dienst verlangt. Jedermann kannte seine Pflichten und war gehalten, sie gewissenhaft zu erfüllen. Commander James Cook legte im Interesse der Gesunderhaltung der Besatzungsmitglieder einige Maßnahmen fest, die bei der christlichen Seefahrt bisher nicht üblich gewesen waren: Jeden Morgen mußte das Bettzeug gelüftet werden, zweimal wöchentlich räucherte man die Unterkunftsräume mit Holzkohlenfeuer aus, alle Matrosen und Offiziere hatten Befehl, sich einmal am Tage gründlich mit Meereswasser zu reinigen. Wehe dem, der ungewaschen herumlief! Ihm wurde augenblicklich die Rumzuteilung entzogen. Die Mahlzeiten mußten auf Cooks Anweisung ständig mit Sauerkraut angereichert werden, denn dies sei, so behauptete der Commander, auf hoher

See das beste Mittel gegen Ernährungsstörungen und andere Krankheiten, besonders gegen Skorbut, dem damals viele Matrosen zum Opfer fielen.

Unterwegs legte Cook zweimal längere Zwischenaufenthalte ein, den ersten in Funchal auf Madeira. Dort nahm er Frischwasser, Wein, Fleisch, Gemüse und tausend Bund Zwiebeln an Bord. Die Wissenschaftler unternahmen währenddessen Ausflüge in die nähere Umgebung, obwohl es dort nichts Wesentliches zu entdecken gab. Auf der Weiterreise – jetzt wurde Kurs auf Kapstadt genommen – traten einige unerwartete Ereignisse ein, die Cook Sorgen bereiteten. Zahlreiche Matrosen erkrankten an einem unbekannten Fieber und erholten sich nur schwer davon. Zwei Kadetten starben sogar. Ihr Tod ging Cook besonders nahe, weil er mit ihren Vätern befreundet war.

Als „Resolution" und „Adventure" die Gewässer der Kapverdischen Inseln erreicht hatten, wurden sie längere Zeit von Haifischen begleitet. Einmal gelang es, eins dieser gefährlichen Tiere mit einem Köder zu überlisten und an Bord zu holen. Der Hai wurde getötet und sein mit vielen Gewürzen gekochtes Fleisch den Matrosen als Extramahlzeit serviert. Sie verzogen keine Miene, denn sie wollten mutig erscheinen. Doch man sah ihnen an, daß sie die Mahlzeit nicht begeisterte. Dabei ist Haifischfleisch im Prinzip nicht ungenießbar, es schmeckt nur nicht jedem. Aus dem Bauchfleisch des Dornhais stammen übrigens die allgemein gerühmten Schillerlocken.

Am 30. Oktober 1772 trafen die beiden Schiffe im Hafen von Kapstadt ein, wo Cook einen weiteren Aufenthalt anordnete. Die Schiffe waren auszubessern, auch mußten Trinkwasser und neuer Proviant geladen werden. Ursprünglich hatte James Cook die Absicht gehabt, die Suche nach dem Südland von Neuseeland aus zu beginnen. Nun änderte er seinen Plan, indem er schon von Kapstadt direkt nach Süden vorzustoßen gedachte. Da sich die Ausbesserungsarbeiten und die Beladung der Schiffe verzögerten, mußte der Commander einen mehrwöchigen Zwangsaufenthalt in Kauf nehmen und sich in Geduld fassen.

„Resolution" und „Adventure" verließen Kapstadt am 22. November 1772. Als Anfang Dezember der 42. Breitengrad passiert wurde, begannen die Schwierigkeiten. Das sagenhafte Südland mußte sich in einer der klimatisch extremen Regionen des Erdballes befinden: Regen, Hagel und tosende Stürme bildeten den Auftakt. Bald kamen eisige Kälte und Schneetreiben hinzu. Besonders schwer hatten es die Matrosen und jungen Kadetten, die an den steifgefrorenen Segeln arbeiteten. Cook sah, daß sie zum Umfallen erschöpft waren, er ließ sie in kurzen Abständen ablösen und gab ihnen Grog zur Erwärmung.

Und schon bald, es geschah am 10. Dezember 1772, gerieten beide Schiffe in schmutziggrau dahinziehendes Treibeis. Ein Eisberg tauchte auf, dann ein zweiter und schließlich weitere. Sie ragten groß und majestätisch auf. Auch seltsame Tiere kamen in Sicht, die aussahen wie große weiße Vögel, denen man einen schwarzen Frack übergezogen hatte. Ihr Gefieder glänzte wie Robbenfell, und sie erwiesen sich als vorzügliche Taucher. Bei diesen fremden, zutraulichen Tieren handelte es sich um Pinguine. Die von den argen Witterungsbedingungen schwer gebeutelten Seefahrer hatten an deren possierlichem Gehabe viel Freude.

Weitere Ablenkungen erlebten sie vorerst nicht.

Am 14. Dezember 1772, zur Mittagsstunde, auf 54°55′ südlicher Breite, türmte sich vor den beiden Schiffen eine breite, drohende Mauer aus Packeis auf und versperrte den Weg. Bedeutete dies schon das Ende der Reise?

„Wir sollten umkehren, Commander", meinte der deutsche Naturforscher Johann Reinhold Forster, der offensichtlich enttäuscht von dieser Fahrt war. Er klagte über Gicht, hatte sich das Traumland des Südens als ein üppig grünendes und blühendes Paradies vorgestellt und mußte nun zu seiner Überraschung erleben, in eine Wüste aus Kälte und Eis geraten zu sein.

Natürlich wollte James Cook seinem Wunsch nicht nachkommen. Gelassen erwiderte er: „Mein lieber Mister Forster, Sie können im Ernst nicht von mir verlangen, jetzt umzukehren. Wie Sie wissen, lautet mein Auftrag, das Südland zu finden. Ich vermute es hinter dieser Barriere aus Eis. Also werden wir mit Gottes Hilfe das Eis überwinden, und haben wir es hinter uns gelassen, werden wir sogleich am Ziel unserer Wünsche sein. Bitte, fassen Sie sich in Geduld. Vielleicht dürfen Sie schon morgen im Südland Blumen pflükken und Schmetterlinge jagen.“

Gegenüber einigen Vertrauten äußerte er die Befürchtung, daß diese chaotische Landschaft aus ewigem Eis bereits das gesuchte Südland sei. „Ich kann mir nicht vorstellen, daß sich vor uns noch irgendwo Land befinden könnte.“

Tagelang suchte Cook nach einer Bresche in dieser fast undurchdringlichen Eismauer. Nachdem sie endlich gefunden worden war, segelten beide Schiffe auf verschiedenen Kursen am Rand des Packeises entlang. Das Bild veränderte sich nicht. Überall sahen die Männer Eis, nur Eis, weder Küsten noch Land.

Im Februar des Jahres 1773 gerieten die beiden Schiffe in einen Orkan und verloren die Verbindung zueinander. Cook, der sich auf der „Resolution“ befand, ließ nach Abflauen des Unwetters die Fahrt fortsetzen, überzeugt, die „Adventure“ bald wiederzutreffen. Sie blieb jedoch verschwunden.

Die „Resolution“ segelte bei zunehmender Kälte noch hundert Kilometer südwärts. Danach versperrte das Packeis endgültig jede Weiterfahrt.

„Hier ist wahrhaftig kein Durchkommen“, stellte Cook sachlich fest. Er war gewiß ein zäher Mensch, der nicht so schnell die Waffen streckte, nun mußte er allerdings einsehen, gegen die Ungetüme aus Eis machtlos zu sein. „Wir werden uns nach Neuseeland begeben und es von dort aus noch einmal versuchen“, sagte er. „Es kann ja wohl nicht sein, daß der gesamte südlichste Teil unserer Erde nur aus Eisklumpen besteht.“

Zudem war der Commander von tiefer Sorge um die „Adventure“ erfüllt. Er hoffte, Schiff und Besatzung unterwegs zu treffen.

Die Fahrt nach Neuseeland war mühselig. Wochenlang quälte sich die „Resolution“ durch Treibeis und zähen Eisbrei. Der lange Aufenthalt in der Antarktis hatte die Matrosen ihrer Kräfte und Gesundheit beraubt. Die halbe Mannschaft lag krank unter Deck. Wer

13

noch auf den Beinen war, mußte also doppelt arbeiten. Alle, der Commander inbegriffen, sehnten sich nach Sonne und Wärme. Vorerst spürten sie jedoch nur die bittere Kälte von vierzig und mehr Minusgraden, sahen über sich einen verschlossenen Himmel und ringsum nichts als Eis.

Schließlich – am frühen Morgen des 25. März 1773 – klarte der Himmel auf, und die lang entbehrte Sonne erschien strahlend und huldvoll wie eine Maienkönigin. Strapazen, Mühen und Schrecken schienen mit einem Schlage vergessen. Die Matrosen stimmten sogleich fröhliche Lieder an, tanzten und sprangen wie ausgelassene Kinder über das Deck. Die Kranken verließen ihre Schmerzenslager und taumelten nach oben. Die Köche erhielten vom Commander strikten Befehl, mit dem Besten aufzufahren, was die Vorratskammern bargen.

Das sonnige und ruhige Wetter hielt wochenlang an. Im Mai 1773 rief einer der Seekadetten, der gerade hoch oben im Krähennest seinen Dienst versah, laut aus: „Land in Sicht!"

Ja, es lag ein Land mit Wiesen, Flüssen und Bächen, mit Bäumen, Sträuchern und wohlriechenden Früchten vor ihnen. Die „Resolution" hatte die neuseeländische Südwestküste erreicht. Dort, im Königin-Charlotte-Sund, ließ der Commander festmachen. Und sogleich gab es eine freudige Überraschung, mit der die Männer kaum noch gerechnet hatten: Die „Adventure" war da! Sie hatte dort bereits am 1. März ihre Anker ausgeworfen. James Cook und Tobias Furneaux, der das verloren geglaubte Schiff befehligte, umarmten einander, und auch die Besatzungen der beiden Schiffe schienen sehr erleichtert.

Nach kurzem Aufenthalt ließ James Cook am 7. Juni 1773 die Segel setzen und nahm Kurs auf Tahiti. Am 15. August trafen sie dort ein. Der Commander ordnete eine längere Ruhepause an. Auf dieser traumhaft schönen Südseeinsel folgten nun Wochen der Erholung, aber auch emsiger Arbeit. Die Schiffe hatten während der Fahrt durch das Eis sehr gelitten und mußten ausgebessert werden.

Auf der Rückreise zum Königin-Charlotte-Sund, von wo aus Cook einen neuen Vorstoß in das Südland, das wahrscheinlich gar nicht existierte, zu unternehmen gedachte, fielen gewaltige Stürme über „Resolution" und „Adventure" her. Die Schiffe wurden von den aufgepeitschten Wellen hochgerissen und wieder zurückgeschleudert, waren tagelang ein Spielball der Elemente, trieben manövrierunfähig durch das aufgewühlte Meer.

„Das ist der schrecklichste Sturm, den ich je erlebt habe", keuchte der Commander. „Betet zum Himmel, daß wir ihn überleben."

Nach dem Unwetter fanden sich die Männer der „Resolution" in der Nähe einer kleinen Insel wieder. Das Ruder war stark beschädigt und die Mannschaft entnervt. Die Reparatur des Schiffes kostete Cook zehn wertvolle Tage Zeit. Hinzu kam eine weitere unangenehme Entdeckung: Die „Adventure" war abermals verschwunden. Cook schickte Suchboote aus. Die Matrosen kehrten ohne Ergebnis zurück. Cook rechnete mit dem Schlimmsten.

Indessen hatte die „Adventure" den Sturm einigermaßen heil überstanden und sich anschließend auf eine lange, aber erfolglose Suche nach der „Resolution" begeben. Kapitän Furneaux hielt es unter den gegebenen Umständen für wenig sinnvoll, allein in das Südeis vorzudringen. Nach einer an Abenteuern reichen Fahrt kehrte er nach England zurück. In London äußerte er, daß Commander James Cook mitsamt seiner Mannschaft wahrscheinlich umgekommen sei. Diese Nachricht, obendrein ausgeschmückt mit viel Seemannsgarn, löste Trauer und Bestürzung aus.

Indes, die Totgeglaubten waren längst wieder auf den Beinen. Am 3. November 1773 lief die „Resolution" erneut in den Königin-Charlotte-Sund ein.

Nun durfte sich Cook keinen Zeitverlust mehr leisten. Am 22. November begann der antarktische Sommer, also die ideale Reisezeit in dieser Gegend. Sie verließen die Küste Neuseelands, um für längere Zeit dicht am 180. Längengrad in südlicher Richtung zu segeln. Einen Monat nach der Abfahrt konnte der Polarkreis zum zweitenmal überschritten werden. Ja, es schien, als sollte dieser Vorstoß von Erfolg gekrönt sein, immerhin geschah lange Zeit nichts Unvorhergesehenes. Nur das ersehnte Ziel kam nicht in Sicht. Nirgendwo ein Stück grünendes Land. Kein Baum war zu erblicken, keine Wiese, kein Vogel ließ sich hören.

Das Traumland blieb unsichtbar.

Dafür sah sich die „Resolution" eines Tages erneut von bedrohlichen Eismassen umschlossen. Es erging ihnen nicht anders als beim erstenmal. Wochenlang fuhr der Commander in dem Eis, änderte immer wieder die Richtung und fand doch nicht heraus. Am 30. Januar 1774 befand er sich auf 71°10' südlicher Breite. James Cook, von unbändiger Neugier gepackt, kletterte in den Mastkorb und richtete seine Blicke nach Süden. Aus jedem seiner Worte klang Enttäuschung: „Diese Öde und Leere. Vor uns liegt eine gewaltige Eislandschaft mit Eisbergen, deren Gipfel bis in die Wolken ragen."

Nochmals änderte Cook den Kurs. Nun wollte er bis Kap Hoorn und dann erneut nach Süden drehen. Vielleicht fand sich dort das Traumland, auf das die Herren in London hofften. Schwerfällig zog die „Resolution" dahin, viele Wochen lang. Nachdem das Kap passiert worden war, schwenkte der Commander ab und bekam bald eine von Eisfelsen umgebene Insel zu sehen. Es handelte sich um die im Jahre 1675 von la Roche entdeckte Insel San Pedro. Auf Vorschlag von Reinhold Forster gab Cook ihr einen neuen Namen, und den trägt sie bis heute: *Südgeorgien.*

Nun fuhr er wieder nach Süden.

Ein Ruf ertönte aus dem Krähennest: „Land in Sicht!"

Einen Kilometer vor dem Bug des Schiffes tat sich eine schauerlich wirkende Küste auf. Am Fuße der hohen Klippen, in denen sich schwarze Höhlen befanden, tobte die Brandung. Das Land sah öde und furchtbar aus. Seeraben schienen die einzigen Bewohner zu sein. James Cook verzichtete darauf, es zu betreten, gab seiner Entdeckung jedoch einen Namen: *Sandwichland.*

Allerdings irrte er sich. Es handelte sich nicht um Land, sondern um eine Inselgruppe, was aber erst eine spätere Expedition feststellte. Man spricht heute deshalb von den Süd-Sandwich-Inseln.

Mit der Auffindung dieser Inseln endete die zweite Weltreise von James Cook. Der sechste Kontinent war umsegelt. Damit geriet ein bis dahin als rätselhaft und geheimnisvoll geltender Teil der Erde in das Blickfeld der Menschen, insbesondere künftiger Forscher und Entdecker. Diese Leistung fand bereits zu Lebzeiten Cooks höchste Anerkennung. Der Traum vom Südland löste sich in ein Nichts auf. Jedoch äußerte der Commander 1775 in seinen Berichten an die Admiralität die Vermutung, daß sich hinter dem Packeisgürtel antarktisches Festland befände.

Cooks Tagebücher und Berichte wurden gedruckt und bald in vielen Ländern gelesen. Was er über seinen Aufenthalt in den südpolaren Gewässern schrieb, brachte schwachen Gemütern das Gruseln bei. Aber auch harte Seefahrer fürchteten insgeheim, einmal in diese trostlose Gegend verschlagen zu werden.

Am 12. Juli 1776 begab sich James Cook mit den Schiffen „Resolution" und „Discovery" auf seine dritte Weltreise. Von der Südsee aus wollte er einen Handelsweg um das nördliche Amerika herum zum Atlantik finden, was ihm aber nicht gelang. Im Januar 1778 entdeckte er die Inselgruppe Hawaii. Später, in der Beringstraße, erkannte er die genaue geographische Lage von Asien und Amerika. Ende 1778 traf er erneut auf Hawaii ein. Am 14. Februar 1779 verletzten einige seiner Matrosen die Landessitten, worauf die bis dahin freundlich gesonnenen Einwohner Hawaiis gegen die Fremden einen blutigen Kampf eröffneten. Dabei fand James Cook den Tod.

Über der antarktischen Bühne senkte sich der Vorhang – und das für lange Zeit.

2. KAPITEL

Von Eisbergen umzingelt

*Russische Seefahrer unter Kapitän Faddei Faddejewitsch von
Bellingshausen sichteten 1819/21 erstmals antarktisches Festland*

Petersburg im Jahre 1801. Ein junger Mann von kaum vierundzwanzig Jahren kam auf den Thron, Zar Alexander I. Er begann seine Regierungszeit nicht so grausam und despotisch wie viele seiner Vorgänger, sondern setzte schon bald verschiedene Reformen durch. Er verminderte den Steuerdruck auf die Bevölkerung, förderte den Handel, modernisierte die Flotte und gründete mehrere Universitäten. Alexander I. zeigte sich Neuem gegenüber durchaus aufgeschlossen – sofern dies freilich seine Macht nicht einschränkte. Gegen revolutionäre Bestrebungen pflegte er indes mit unerbittlicher Härte vorzugehen.

Von Alexander I. stammte der Plan, nach dem Vorbild James Cooks mehrere Weltumseglungen durchzuführen. Auf diese Weise wollte der Zar Rußlands Ansehen im Ausland stärken. Tatsächlich wurden während seiner Regierung einige Expeditionen über alle Ozeane hinweg unternommen. Die erste fand unter dem Kommando von Adam Johann von Krusenstern statt und hatte das geographische Wissen der Zeit erheblich erweitert.

Es kam das Jahr 1819.

Der Zar rief seine Minister und Berater zusammen, unter denen sich auch etliche Admirale und Kapitäne befanden. Zu ihrer Überraschung sagte er: „Wir wollen herausfinden, ob dieser James Cook recht hat mit der Vermutung, daß sich hinter dem Packeis des Südens Festländer befinden. Ich kann mir gut vorstellen, daß es dort solche Länder gibt. Cook hat sie allerdings nicht zu Gesicht bekommen. Das viele Eis, der Nebel und die Stürme haben ihn daran gehindert. Schließlich ist er auch nur bis zum einundsiebzigsten Breitengrad gekommen. Da die Erde aber die Gestalt einer Kugel hat, werden wir also erst am neunzigsten wissen, wie der äußerste Punkt der südlichen Halbkugel beschaffen ist."

Was plante der Zar? Ging es ihm wirklich darum, das Bild von der Gestalt der Erde abzurunden? In anderen europäischen Hauptstädten wurde Alexander I. nachgesagt, er wolle Rußland um jeden Preis in den Rang einer Weltmacht erheben. Stand ihm nun der

Sinn danach, die Länder im tiefen Süden – sofern es sie gab – für Rußland in Besitz zu nehmen?

Einer der Zuhörer fragte vorsichtig: „Soll das heißen, Allerhöchste Majestät, Ihr beabsichtigt, eine Expedition zum Südpol zu schicken?"

„Ganz recht", wurde ihm erwidert. „Zum Südpol oder wenigstens in seine unmittelbare Nähe."

„Aber sie werden alle umkommen! Man erzählt, daß der Teufel und seine Großmutter am Südpol residieren."

„Ausgezeichnet." Der Zar lachte. „So wird Gelegenheit sein, den beiden alten Herrschaften herzliche Grüße von mir zu bestellen! ..."

Der Zar ließ sich nicht mehr von seinem Plan abbringen.

Für das bevorstehende Abenteuer wurden zwei Schiffe bereitgestellt. Die „Wostok" war eine aus Kiefernholz gebaute Korvette, die nun eigens für die Reise zum Südpol einen Beschlag aus Kupferplatten erhielt. Damit sollte ihre Widerstandskraft erhöht werden. Das andere Schiff, „Mirny", hatte bisher als Transportsegler gedient. Es war relativ breit und sah schwerfällig aus. Um seine Geschwindigkeit zu steigern, erhielt es eine neue Takelage. Man verstärkte auch die Bordwände, damit sie dem Eis besser standhalten konnten.

Mit der Leitung des Unternehmens wurde ein erfahrener Kapitän betraut: Faddei Faddejewitsch von Bellingshausen, geboren am 9. September 1778 auf der Insel Ösel (Saaremaa). Er hatte schon mehrere Schiffe kommandiert und zwischen 1803 und 1806 an der ersten russischen Weltumseglung unter Krusenstern teilgenommen. Ihm zur Seite stand Leutnant Michail Petrowitsch Lasarew, dreißig Jahre alt, der in Alaska und auf Samoa bereits eigene Erfahrungen gemacht hatte und sich also im Nordmeer und in den Tropengebieten der Südsee gut auskannte.

Die Besatzungen wurden mit großer Sorgfalt ausgewählt. Für die „Wostok", das Flaggschiff der Expedition, heuerte der Kapitän 117 Matrosen und neun Offiziere und für die „Mirny" 72 Matrosen und sieben Offiziere an. Der Kapitän hatte auf seinen vielen Reisen die Erfahrung gemacht, daß unzureichende und unzweckmäßige Bekleidung oft zu Erkrankungen, auch zu Unzufriedenheit und Unlust führte. Dem wollte er vorbeugen.

Er sagte: „Da saubere Kleider und reine Wäsche, indem sie eine anregende Wirkung auf den Körper ausüben, auch mittelbar auf die Gemütsverfassung der Leute wirken und so gewissermaßen geeignet sind, dieselben vor schlechtem Verhalten zu bewahren, habe ich mich entschlossen, hier die größte Sorgfalt walten zu lassen."

In dieser Hinsicht wurde die Besatzung der beiden Schiffe geradezu fürstlich ausgestattet: Jeder Mann empfing vier Matrosenmonturen und Tuchjacken, zwei Tuchhosen, sechs Sommerhosen aus flämischem Leinen, vier Arbeitsjacken aus grobem Leinen, vier Arbeitshosen, einen Mantel aus grauem Tuch, eine warme, gefütterte Ledermütze, einen breitrandigen runden Hut, zwei Paar tuchgefütterte Stiefel, vier Paar Schuhe, acht Paar wollene Strümpfe, elf Leinenhemden und sieben Flanellhemden. Obendrein – und auch das galt als neu auf russischen Schiffen – ein Federbett, eine Bettdecke, ein Kissen und vier Laken. Begreiflich, daß die Matrosen angesichts solcher Fürsorge ihren Kapitän verehrten und bereit waren, für ihn durchs Feuer zu gehen.

Am 16. Juli 1819 herrschte im Hafen von Kronstadt einige Aufregung. Flaggen wurden gehißt. Gardesoldaten marschierten auf. Musik erklang. Hochrufe wurden dargebracht. Zar Alexander I. erschien mit großem Gefolge. Hinter dem majestätischen Troß schritten würdevoll und mit goldenen Weihrauchkesseln und Kruzifixen etliche Geistliche einher. Zur Verabschiedung von „Wostok" und „Mirny" hielt der Zar auf dem Hafengelände eine Ansprache, und die Geistlichen spendeten Gottes Segen. Dann wurden die Segel gesetzt.

Punkt zwölf Uhr mittags legten beide Schiffe ab und waren bald im Finnischen Meerbusen verschwunden. Ihr Ziel hieß Kopenhagen, das sie wegen der stürmischen See aber erst nach zehn Tagen erreichten. Dort erwartete Bellingshausen eine unangenehme Überraschung. Es war der ausdrückliche Wunsch des Zaren gewesen, daß zwei Deutsche den Kern des wissenschaftlichen Stabes bildeten, nämlich der Botaniker Dr. Mertens aus Halle und der Geograph Dr. Kunze aus Leipzig. In Kopenhagen sollten sie an Bord kommen. Aber sie waren nicht da, nur eine Eilnachricht hatten sie geschickt: Aus unbekannten Gründen sei ihnen vom sächsischen König die Teilnahme an der Expedition untersagt worden.

„Ohne Botaniker und ohne Geograph ist meine Sache nur den halben Preis wert", wetterte Kapitän von Bellingshausen. „Ich war von Anfang an gegen die Teilnahme von Ausländern, denn wir haben genügend fähige Leute im eigenen Land. Aber so ist das wohl immer, Fremden wird mehr zugetraut."

Der Kapitän bemühte sich um Ersatz, fand jedoch keinen Wissenschaftler, der bereit gewesen wäre, ihn zum Südpol zu begleiten. Also fuhren sie allein weiter.

Die Reise durch den Atlantik verlief ohne Störungen und Zwischenfälle. An Bord befanden sich alle wohlauf. Am 14. November liefen „Wostok" und „Mirny" in den Hafen von Rio de Janeiro ein und gingen dort für drei Wochen vor Anker. Die brasilianische Metropole galt damals als die schönste, reizvollste und lebenslustigste

Stadt der Welt, ehe ihr Paris den ersten Rang streitig machte. Allerdings war das nur eine Legende. Der Schein und die Lichteffekte, wie bei so vielen anderen Gelegenheiten, täuschten auch hier gewaltig. Den meisten Menschen ging es denkbar schlecht. Brasilien, überreich an Gold, Silber und Diamantenlagerstätten, war jahrhundertelang eine Kolonie Portugals gewesen. Es hatte seine Unabhängigkeit noch immer nicht voll erlangt, sondern blieb Bestandteil des sogenannten Vereinigten Königreiches von Portugal, Brasilien und Algarve. Die russischen Matrosen lernten auf ihren Landgängen sehr wohl, zwischen Licht und Schatten zu unterscheiden, sah es doch in ihrer Heimat zum Teil nicht anders aus – und dies trotz der Reformen des Zaren.

Anfang Dezember 1819 befanden sich „Wostok" und „Mirny" wieder auf hoher See. Einen weiteren Hafen gedachte Bellingshausen nun nicht mehr anzulaufen, er wollte vielmehr ohne Umstände in die südpolaren Regionen vorstoßen. Das erste Ziel auf diesem Wege hieß Südgeorgien, jenes eisumtoste Eiland, das Cook entdeckt, aber nicht betreten hatte. Je weiter die Schiffe nach Süden gelangten, desto rauher wurde das Wetter. Hagelschlag, Sturmböen und Wolkenbrüche lösten einander ab.

„Dort sind Wale!" rief der Wachhabende des Flaggschiffes.

Obwohl die „Wostok" kein Walfänger war, strömten alle an Deck. Jeder wollte am Schauspiel der vorüberziehenden unförmigen Tiere, die von Süd nach Nord zogen, teilhaben, sie tauchten plötzlich auf und verschwanden bald wieder in der aufgewühlten See.

Dann wurde es gefährlich. Ein gewaltiger Finnwal schoß aus einiger Entfernung auf das Schiff zu. Der Steuermann riß das Rad herum, um einen Zusammenstoß zu verhindern. Ein Koloß dieser Größe war imstande, das Schiff zum Kentern zu bringen. Die Männer gerieten ins Schwitzen. Die Sache ging aber gut aus.

Der Matrose Nikita, in der Nähe von Nishni-Nowgorod beheimatet, war einige Jahre lang im Walfang tätig gewesen und galt als Spezialist auf diesem Gebiet. In jeder freien Minute und wenn es das Wetter erlaubte, stand er am Bug und erläuterte den Kameraden, welche Arten in immer größerer Anzahl den Weg des Schiffes kreuzten. Er sprach sogar davon, einen solchen Reichtum an Walen in einem einzigen Gebiet noch niemals erlebt zu haben. Die Männer bekamen riesige Blauwale, mittelgroße Pott- und Buckelwale und fast zehn Meter lange Schwertwale zu sehen.

„Ob es ihnen im Südpolarmeer zu kalt geworden ist, weil sie mit großer Geschwindigkeit in die nördlicheren Gebiete des Ozeans schwimmen?" wollte ein Maat wissen.

„Das ist es nicht. Sie folgen vielmehr einem Instinkt, der sie jahrein, jahraus durch die Weltmeere treibt", entgegnete Nikita.

Bald hatten die Schiffe südpolare Zonen erreicht, und ihre Aufmerksamkeit galt einzig und allein der Aufgabe, derentwegen sie auf die lange Reise geschickt worden waren.

Faddei Faddejewitsch von Bellingshausen wußte natürlich, daß er und seine Begleiter sich in einer ziemlich eigenartigen Lage befanden. James Cook hatte den sechsten Kontinent bereits vollständig umfahren. Eine bloße Wiederholung seiner Fahrtroute, und wäre sie noch so aufregend, versprach wenig Reiz und kaum Ruhm. Man mußte also mit handfesten Resultaten heimkehren, vielleicht mit konkreten und verläßlichen Angaben über Verlauf und Struktur der gewaltigen Gletscherburg im Süden, von der man bis jetzt nur die groben Umrisse kannte.

Auf der Fahrt in Richtung Südgeorgien wurden Ende Dezember 1819 drei Eilande entdeckt und zu Ehren des russischen Marineministers *Traversey-Inseln* genannt.

Auf einer dieser Inseln befand sich ein Vulkan, aus dessen Krater unaufhörlich dicke Schwefeldämpfe von gelblicher Farbe quollen. Der Strand ringsum war völlig schneefrei. Der Kapitän schickte drei Offiziere an Land, um den Vulkan und dessen unmittelbare Umgebung zu untersuchen. Die Landung mit einem kleinen Boot verlief reibungslos. Die Probleme sollten erst noch kommen. Zwischen Strand und Vulkan befand sich nämlich eine ausgedehnte Pinguinkolonie, von der ein entsetzlicher Gestank herüberwehte. Die Offiziere, bestrebt, sich einen Weg durch die Kolonie zu bahnen, wurden von den Tieren umringt und erstaunlicherweise äußerst feindselig behandelt, mit übelriechendem Schleim bespuckt und in die Beine gehackt. An der kämpferischen Auseinandersetzung waren schließlich Hunderte von aufgeschreckten Pinguinen beteiligt. Da blieb den Männern am Ende nur die Flucht.

Südgeorgien kam in Sicht.

Über der Insel hingen schwere Wolken. Auf den Bergen türmten sich Eis und Schnee. Vor der steilen Küste brach sich die Brandung. Um Fische, die gegen die Klippen geworfen wurden, balgten sich die Raubmöwen. Wegen des zerklüfteten Ufers wollte der Kapitän eine Landung nicht riskieren. Er fuhr deshalb etwa einen Kilometer entfernt am Festeis entlang.

Plötzlich erscholl ein Ruf: „Ein Boot hält auf uns zu!"

Menschen in dieser gottverdammten Gegend? Tatsächlich, ein kleines Segelboot kam näher.

„Bestimmt sind das Schiffbrüchige", meinte der Kapitän.

Nein, um solche handelte es sich nicht. Die drei Männer des Seglers gehörten zur Besatzung zweier englischer Robbenfangschiffe, die sich in diese gefährlichen Gewässer gewagt hatten, in der Hoffnung, hier große Beute zu machen. Nun waren sie gekommen, um die Kapitäne von „Wostok" und „Mirny" zu begrüßen und sie zu einem Besuch einzuladen. In einsamen Gegenden gehörte dies zu den guten, alten Seefahrerbräuchen.

Einer der drei sprach perfekt russisch und stellte sich vor: „Boris Konstantinowitsch Lebedow." Er zögerte einen Moment und fügte dann hinzu: „Ich will es Ihnen nicht verheimlichen, Kapitän, ich war früher einmal Maat bei der Kriegsflotte von Väterchen Zar."

Bellingshausen war überrascht. Dann fiel ihm ein, vor Jahren von einem Fall gehört zu haben, nachdem während eines Flottenbesuchs in London ein russischer Seemann desertierte, der später in Abwesenheit zum Tode verurteilt wurde. Dieser Deserteur war Lebedow. Was für ein merkwürdiges Zusammentreffen!

„Von Rechts wegen müßte ich Sie jetzt verhaften und gefesselt nach Sankt Petersburg bringen", sagte Bellingshausen lachend. „Aber ich verzichtete darauf, weil ich keinen Ärger mit Ihren neuen Leuten bekommen will. Die Einladung Ihres Kapitäns nehme ich gern an."

Bellingshausen und einige Leute seines Stabes bestiegen ein Boot, um gemeinsam mit den drei Besuchern zu der geschützten Bucht zu fahren, in der eins der englischen Schiffe, die „Moonlight", ankerte.

Kapitän Brian Short gab sich beim Empfang der russischen Gäste recht liebenswürdig. Er fragte höflich nach dem Woher und Wohin, lud zu einem fürstlichen Mahle ein und zeigte anschließend seinen Besuchern die von ihm gemachte Beute. Im Bauch des imposanten Dreimasters lagen sechzigtausend Robbenfelle gestapelt. Sechzigtausend Tiere hatten ihr Leben lassen müssen, damit in England die Geschäfte florieren konnten. Sechzigtausend!

„Sie werden begreifen, daß ich wegen der schweren Stürme in Sorge um meine schöne Ladung bin", sagte Short. „Seit Wochen sitze ich hier fest und warte auf besseres Wetter."

Die Sorgen seines Kollegen vermochte Bellingshausen gut zu verstehen. Nach einer mehrstündigen, lebhaft geführten Unterhaltung nahm man voneinander Abschied und wünschte sich gegenseitig alles Gute.

Bellingshausen wandte sich nunmehr nach Südosten.

Am 2. Januar 1820 wurde der erste Eisberg gesichtet. Er war schon reichlich zerklüftet, zog seine Bahn aber so majestätisch, als wäre er der zu Eis gewordene König der Schwäne.

Von nun an gerieten „Wostok" und „Mirny" ins Treibeis und befanden sich fast täglich in der Nähe von Eisbergen. Kapitän Bellingshausen und Leutnant Lasarew dirigierten die Schiffe in jene Breiten, die einst von James Cook befahren worden waren. Zugleich bewältigten sie ein großes wissenschaftliches Programm, ließen Tiefenlotungen, Temperaturmessungen der Luft und des Wassers vornehmen, die Längen der Küsten und den Umfang der Inseln vermessen. Auf diese Weise schuf die Bellingshausen-Expedition die Grundlage für eine zuverlässige und mit modernen Mitteln geführte Naturerforschung.

Diese Leistungen allein hätten schon ausgereicht, die Reise der beiden Schiffe mit ihren Anstrengungen und Gefahren zu rechtfertigen. Bellingshausen jedoch wollte mehr erreichen. Commander James Cook, der „Bauernbursche aus Yorkshire", hatte um die Antarktis eine Art Gürtel gelegt. Bellingshausen sah seinen Auftrag darin, diesen Gürtel enger zu ziehen. Seine Schiffe mußten demnach tiefer als die der Engländer nach Süden vordringen.

Mitte Januar 1820 wurde ein entsprechender Versuch unternommen. Tagelang glich das Meer einem tosenden Hexenkessel. Die Matrosen versahen, ohne zu murren, ihren harten Dienst. Am 2. Februar 1820 konnten sie erstmals auf dieser Reise den Südpolarkreis überqueren. Der Kapitän trug die Position in die Schiffskarten ein: 69°21′28″ südliche Breite, 2°14′50″ westliche Länge.

Noch weiter nach Süden zu kommen gelang von dieser Position aus nicht mehr. Stürme und Packeis warfen die Schiffe zurück.

Eine Woche später versuchte es Kapitän von Bellingshausen weiter östlich. Dort hatten sich die Stürme unterdessen in Orkane verwandelt, und es hagelte unaufhörlich. Eine ernste Gefahr bildeten außerdem die Eisberge. An einem einzigen Tag wurden hundertachtzig solcher Riesen passiert, ein andermal fast zweihundertfünfzig! Hier war also kein Durchkommen mehr möglich.

Des weiteren mußte mit dem Einsetzen des südpolaren Winters gerechnet werden. Polarnacht im Süden – ihre Schrecken vermochte Bellingshausen bestimmt zu erahnen, deshalb wollte er es nicht riskieren, sich ihnen auszuliefern. Die wochenlangen Sturmfahrten hatten Mannschaft und Schiffen genug zugesetzt. Höchste Zeit also, eine Ruhepause einzulegen.

„Wostok" und „Mirny" segelten getrennt nach Port Jackson, nahe der heutigen Stadt Sydney, und gingen dort im März 1820 vor Anker.

In den nun folgenden Wochen wurden die Schiffe ausgebessert. Offiziere und Mannschaft erhielten Gelegenheit, sich auszuschlafen, ihre Kleidung in Ordnung zu bringen, im warmen Meer zu baden und die Umgebung kennenzulernen. Kapitän von Bellingshausen zeigte sich großzügig. Zwar duldete er keine Disziplinverstöße, doch verordnete er einen leichten Dienst.

Am 8. Mai 1820 wurden erneut die Segel gesetzt, nun in Richtung Neuseeland. In der von James Cook entdeckten und nach ihm benannten Meerenge, der Cookstraße, die Neuseeland in eine Nord- und in eine Südinsel teilt, herrschten tagelang gewaltige Stürme, die die Schiffe festhielten. Doch bald konnte Kurs auf die Tuamotu-Inseln genommen werden – und dies bei bestem Wetter. Weitere Wochen der Erholung folgten.

Mitte September liefen „Wostok" und „Mirny" erneut im australischen Hafen Port Jackson ein.

Am 31. Oktober begann der zweite Abschnitt der Reise in den südlichen Eiskontinent. Nun glaubte man sich besser gewappnet als zuvor, insofern nämlich, als man jetzt über die wertvollen Erfahrungen der ersten Fahrt verfügte. Eisfelder wurden schon auf dem 62. Breitengrad wahrgenommen. Es handelte sich um Scholleneis, dem Bellingshausen keine Bedeutung zumaß. Er ließ weiter nach Süden segeln. Aber das Eis nahm zu und bildete schließlich einen regelrechten Sperriegel. Also mußte der Kurs geändert werden, und es ging vorerst nach Osten weiter. Hunderte von Albatrossen, Sturmvögeln und Seeschwalben begleiteten die Schiffe.

Am 1. Dezember 1820, gegen zehn Uhr morgens, hatten zahlreiche Eisberge „Wostok" und „Mirny" eingeschlossen. Dazwischen trieb Scholleneis.

„Nach Nordwesten ausweichen!" kommandierte Bellingshausen.

Am frühen Abend verwandelten sich Horizont und Meer in tiefes Schwarz, und das Eis färbte sich grau. Dunkle Nebel stiegen auf. Aus der Ferne klang hohles Sausen herüber, verstummte aber bald wieder. Der Kapitän ahnte, daß der heranbrechende Orkan einen Kampf auf Leben und Tod bringen würde. Die Segel wurden sofort gerefft und alle Männer auf ihre Posten gerufen. Doch nichts geschah vorerst. Der Abend und die Nacht brachen herein, und eine bleierne Stille lag über den Eisfeldern. Die Mannschaft arbeitete sich langsam vorwärts.

Gegen Mitternacht heulten Winde auf. Die See geriet so heftig in Bewegung, daß sich die Schiffe in den rollenden Wogen aufbäumten. Schwere Brecher drohten die Aufbauten zu zerschlagen. Um von den Fluten nicht weggerissen zu werden, ließen sich auf der „Wostok" drei Männer ans Steuerrad binden. Ihre Fäuste umklammerten das Rad. Zwölf Stunden dauerte das Inferno. Als es mit einem Schlage vorbei war, brach schneidende Kälte herein. Aber die Männer waren heilfroh, den Orkan überlebt zu haben.

Faddei Faddejewitsch von Bellingshausen schrieb in sein Tage-

24

buch: „Als es Mittag geworden war und wir uns und die ‚Mirny‘ trotz aller Wirrnis der letzten Stunden heil wiederfanden, da hatten wir in der Tat das Gefühl, daß ein unsichtbarer Pilot uns gnädig durch diese Gefahr hindurchgeleitet hatte."

10. Januar 1821. In der Frühe wurde der südliche Polarkreis abermals überquert.

Ein Ruf erscholl aus dem Mastkorb: „Land deutlich in Sicht!"

Alle Männer liefen an Deck und blickten wie gebannt nach Ostnordosten hinüber. Dort hob sich etwas Dunkles aus den Eismassen. Im Fernglas war es genau zu erkennen: Land! Land mit Klippen und Felsen, von Eis und Schnee befreit.

Als sich die letzten Nebelschleier verzogen hatten und die Sonne hervorkam, konnten die Männer ihre Entdeckung in voller Größe vor sich sehen. Es war eine Insel, etwa zwanzig Kilometer lang und acht breit, mit hohen Steilwänden. Sie erhielt den Namen *Peter-I.-Insel*.

An den folgenden Tagen gelang es auch, tiefer als bisher nach Süden vorzudringen. James Cooks „Rekord" wurde auf drei verschiedenen Positionen gebrochen.

„Die russischen Seefahrer sind eben nicht schlechter als die englischen!" meinte Kapitän von Bellingshausen stolz.

Am 16. Januar 1821 wurde erneut Land gemeldet. Es war wie von selbst aus dem Nebel vor ihnen aufgetaucht. Seine Ausdehnung nach Süden hin schien endlos zu sein. Überall schneefreie Spitzen, zwischen denen große Gletscher zu erkennen waren. Bellingshausen nannte diese Entdeckung *Alexander-I.-Land*. Daß es sich hierbei um eine Insel von größeren Ausmaßen handelte, konnte er nicht feststellen. Das haben erst spätere Südpolfahrer herausgefunden.

Am 24. Juli 1821 waren „Wostok" und „Mirny" wieder in Kronstadt, wo ihre Besatzungen mit Jubel und Ehrungen empfangen wurden. Sie hatten in 751 Tagen nicht weniger als 92 000 Kilometer zurückgelegt, also eine Strecke bewältigt, die mehr als zweimal um den Äquator reicht. Das Vorhandensein von unterschiedlichen Festländern in der Antarktis galt damit als nachgewiesen.

Faddei Faddejewitsch von Bellingshausen, durch Michail Petrowitsch Lasarow und eine zuverlässige Mannschaft wirksam unterstützt, war der Bahnbrecher einer systematischen Erforschung des sechsten Kontinents. Über seine Erfahrungen und Erkenntnisse schrieb er ein umfangreiches Werk, das in Rußland erstmals 1831 erschien, in deutscher Sprache 1902 unter dem Titel „F. F. von Bellingshausens Forschungsfahrten im Südlichen Eismeer 1819 bis 1821". Später ging er noch oft auf große Fahrt, jedoch nicht mehr in antarktische Gefilde.

Er starb am 13. Januar 1852 in Kronstadt.

3. KAPITEL

Feuer über dem Eis

Der Engländer James Clarke Ross entdeckte zwischen 1839 und 1843 in der Antarktis verschiedene Länder, Inseln und einen Vulkan

Die Taten und Abenteuer des Kapitäns Faddei Faddejewitsch von Bellingshausen und seiner wackeren Männer lieferten über viele Jahre hinweg Gesprächsstoff in aller Welt. Doch ernteten sie nicht nur Bewunderung, sondern auch Neid. So gab es in Frankreich und Amerika einflußreiche Männer, denen der aufsehenerregende Erfolg der Russen keine Ruhe ließ. Sie brannten darauf, es ihnen gleichzutun oder – wenn möglich – sie zu übertreffen.

In der Antarktis, das stand mittlerweile fest, waren Lorbeeren zu verdienen. Möglicherweise konnte man dort noch mehr erreichen. Jedenfalls tauchte die Vermutung wieder auf, daß in dem fabelhaften Südland, von dem bislang nur die Eisregionen bekannt waren, Gold und Silber zum Abholen bereitlägen. Die konkreten wirtschaftlichen Interessen bezogen sich auf den schier unermeßlichen Reichtum an Walen und Robben. Der aus dem Speck dieser Tiere gewonnene Tran galt seit langem als begehrter Artikel, der hohe Profite versprach. Auch Robbenfelle fanden auf den Märkten immer Absatz.

Indes, die Antarktis galt inzwischen auch für diejenigen als interessant, die sich nicht mit profaner Geschäftemacherei befaßten, sondern mit wissenschaftlichen Problemen. Es waren vor allem Physiker, die eine breite Erforschung des sechsten Kontinents anregten. Dabei galt ihr besonderes Interesse den magnetischen Kräften der Erde, über die man bislang nicht viel wußte.

In Göttingen befaßte sich der deutsche Physiker und Mathematiker Karl Friedrich Gauß vorwiegend mit der Erforschung des Erdmagnetismus und erfand im Jahre 1833 einen Magnetometer, dessen Mechanismus alle bisherigen Meßinstrumente übertraf. Gauß, durch den weltweit anerkannten Alexander von Humboldt unterstützt, unterbreitete mehreren Regierungen den Vorschlag, überall auf der Erde – also auf den Festländern, den Meeren und nicht zuletzt in den Polargebieten – Observatorien zu errichten. Er hoffte, auf diese Weise Klarheit über Strukturen und Wirkungen der erdmagnetischen Kräfte zu erlangen. In seiner Göttinger Studierstube errechnete Gauß die Lage des magnetischen Südpols: 72°35′ südlicher Breite, 150°30′ östlicher Länge. Jahrzehnte später sollte es sich zeigen, daß sich Gauß bei der Errechnung dieser Position nur um wenige Kilometer geirrt hatte. Und dabei ist er niemals in der Antarktis gewesen!

Nun, noch war man nicht soweit, um dem Magnetpol im Süden auf die Spur zu kommen. Aber die Antarktis bildete das Ziel weiterer Expeditionen. Amerikaner und Franzosen gaben den Auftakt zu einer neuen Periode der Südpolforschung.

Diese Aktivitäten riefen in London Unwillen hervor. Die Mächtigen des britischen Empire betrachteten alles, was sich südlich ihrer Kolonie Australien befand, erst recht die dort vorhandenen Meere, Inseln und möglichen Länder, als ihr ureigenstes Interessengebiet. Namentlich die junge, energische Queen Victoria – 1819 als Prinzessin des Hauses Hannover geboren, später nach England verheiratet und seit 1837 Thronfolgerin – verlangte entschiedene Gegenmaßnahmen.

Gewiß, einen Krieg konnte man wegen der relativ unerschlossenen Antarktis nicht vom Zaune brechen, aber es gab die Möglichkeit, den unerwünschten Konkurrenten zuvorzukommen und alles durch England zu belegen, was irgendwie erreichbar war. Zunächst mußte man allerdings in Erfahrung bringen, wie es im Südpolargebiet tatsächlich aussah.

Diese erforderliche Klarheit konnte nach Meinung der Admiralität nur ein Mann bringen, und das war James Clarke Ross. Mit diesem am 15. April 1800 in London geborenen, sehr populären und wohl auch fähigsten Kapitän, den England derzeit besaß, kam ein charakterlich neuer Typ in Seefahrt und Polarforschung.

Er war von hohem Wuchs und hatte ein Gesicht, das Energie verriet, er trat verwegen und zuweilen tollkühn auf, wenn es die Umstände verlangten. Doch zugleich zeichnete er sich in allen Arbeiten durch ein Höchstmaß an wissenschaftlicher Akribie aus. Dieser Wesenszug prägte seinen Charakter schon seit frühester Jugend. Nach einer gründlichen seemännischen Ausbildung hatte er auf mehreren Fahrten Standhaftigkeit und großen Ehrgeiz bewiesen. Nebenher studierte er Geographie, Geschichte und Physik. Obendrein beherrschte er drei Fremdsprachen in Wort und Schrift.

Im Verlauf einer mehrjährigen Expedition in die Arktis, an der er als Erster Offizier teilgenommen hatte, war es ihm 1831 gelungen, die Lage des nördlichen Magnetpols nachzuweisen.

Und nun kam der neue Auftrag.

James Clarke Ross nahm ihn hocherfreut an. Schon seit langem hegte er den Wunsch, auch einmal Gewässer und Landstriche des tiefsten Südens zu erkunden, nur hatte sich bisher keine Gelegenheit dazu ergeben. Die junge Königin empfing den mittlerweile berühmt gewordenen Mann zu einem Gespräch unter vier Augen und gab ihm für das geplante Unternehmen freie Hand.

Diesen Vorzug nutzte Ross. So beanspruchte er zwei Schiffe und bekam sie auch: „Erebus" und „Terror", also „Unterwelt" und „Schrecken". Für die Reise in das Eis wurden sie zusätzlich mit einem Kupferpanzer versehen. Auch die Mannschaft durfte sich James Clarke Ross selbst auswählen. Während er den Befehl über die „Erebus" übernahm, bestimmte er Leutnant Francis Crozier zum Kommandanten von „Terror".

Kapitän James Clarke Ross verband seinen Auftrag, in der Antarktis neue Gebiete zu entdecken, mit der Absicht, meereskundliche, geologische und meteorologische Untersuchungen vorzunehmen. In besonderem Maße wollte er sich aber dem Phänomen des Erdmagnetismus widmen. Ross war sehr angetan von den Arbeiten des Deutschen Gauß und wollte feststellen, inwieweit dessen Berechnungen mit den Tatsachen übereinstimmten. Den magnetischen Nordpol hatte Ross immerhin aufgefunden, würde ihm nunmehr im Süden ein ähnlicher Erfolg beschieden sein? Der Kapitän nahm in seinen Stab mehrere Wissenschaftler auf, auch einen Botaniker, den jungen Joseph Dalton Hooker.

Am 30. September 1839 verließen „Erebus" und „Terror" den englischen Hafen Margate. Ihr erstes Ziel bildete die Insel St. Helena, wo sie am 31. Januar 1840 vor Anker gingen.

Ross machte sich sofort daran, auf der Insel ein erstes, ständig besetztes Observatorium zu errichten. Unweit des Hauses Longwood, in dem der verbannte ehemalige Franzosenkaiser Napoleon Bonaparte lebte und im Jahre 1821 an Magenkrebs starb, ließ er mehrere Holzhäuser bauen. Zur Bedienung der Instrumente und Apparate und zur Registrierung aller Meßdaten blieben ein Leutnant und zwei Matrosen zurück.

Weitere Observatorien richtete Kapitän Ross in der Simonsbucht am Kap der Guten Hoffnung und auf der Kerguelen-Insel ein. Mitte August trafen beide Schiffe in Hobart auf Tasmanien ein, einer britischen Kolonie, in der Hunderte von verbannten Sträflingen ein elendes Dasein fristeten. Auf Tasmanien wurde James Clarke Ross daran erinnert, daß er eigentlich den Auftrag hatte, die Geheimnisse des Südkontinents zu ergründen, anstatt überall seinem wissenschaftlichen Ehrgeiz zu frönen. Er erhielt nämlich Nachricht, daß der Amerikaner Charles Wilkes und der Franzose Jules Dumont d'Urville antarktische Küsten und Festland entdeckt haben wollten.

Charles Wilkes, am 3. April 1798 in New York geboren, Marineoffizier von Beruf, gelangte auf seiner Reise durch den südlichen Teil des Indischen Ozeans bis in die Ostantarktis. In geringer Entfernung sichtete er Land, das er auf einer Länge von zweitausend Kilometern abfuhr. Die meisten seiner Angaben hielten späteren Nachprüfungen nicht stand. Trotzdem konnte Wilkes als erster die Existenz des antarktischen Festlandes nachweisen, nachdem Bellingshausen und Lasarew nur Inseln zu Gesicht bekommen hatten, wie sich bald darauf herausgestellt hatte.

Als ähnlich erfolgreich erwies sich der französische Kapitän Dumont d'Urville. Einen guten Namen besaß er als Südseeforscher und Verfasser zahlreicher Reisebeschreibungen. Im Jahre 1839, gerade von einer ausgedehnten Reise heimgekehrt, erhielt er von der Admiralität den Auftrag, sich auf die Suche nach dem magnetischen Südpol zu begeben. In Frankreich wünschte man nicht, daß die Engländer an diesem Punkt zuerst ankamen. Obendrein wollte Frankreichs Regierung verhindern, daß das mächtige, von Kolonialbesitz nur so strotzende Großbritannien den ganzen sechsten Erdteil zu seinem Eigentum erklärte.

Kapitän Dumont d'Urville stürzte sich mit großem Engagement in das ihm befohlene Abenteuer. Seine beiden Schiffe „Astrolabe" und „Zelée" gerieten bereits bei der ersten ernsthaften Begegnung mit dem Packeis in arge Bedrängnis. Erstaunlich, daß der Franzose dennoch weit nach Süden gelangte. Den magnetischen Südpol konnte er nicht entdecken. Glück war ihm jedoch auf andere Weise beschieden:

Am 19. Januar 1840 befand er sich auf 66°30′ südlicher Breite. Plötzlich zerriß die Sonne die Nebelschleier. Und – keiner wollte es glauben – in zehn Kilometer Entfernung war deutlich eine Küste zu sehen, vor der eine Insel lag. Der Kapitän ließ sofort zwei Boote klarmachen. Stundenlang kämpfte sich das aus sechs Männern bestehende Kommando durch die tosende Brandung, um am Ende ergebnislos kehrtmachen zu müssen, weil sie gegen die Naturgewalten nicht ankamen. Erst am dritten Tag und mit letzter Kraft konnten die erschöpften Männer die Abhänge hinaufklettern und von der Felseninsel Besitz nehmen. Bald flatterte die Trikolore im Sturm. Der Kapitän benannte die Insel und das dahinterliegende Land nach seiner Gattin: *Adélieland.* Im übrigen erklärte er es zu einer französischen Kolonie. In den folgenden Wochen machte er noch zwei weitere Entdeckungen: *Louis-Philippe-Land* und *Clarieküste.*

Wieder in Frankreich, wurde er zum Admiral befördert und in den verdienten Ruhestand versetzt. Bald nach seiner Heimkehr kam er am 8. Mai 1842 bei einem Eisenbahnunglück in der Nähe von Versailles ums Leben.

Als James Clarke Ross von den Erfolgen des Franzosen und des Amerikaners erfuhr, war er natürlich wenig erfreut. In Panik geriet er allerdings nicht. In der Messe des Schiffes „Erebus" versammelte er alle Offiziere und Wissenschaftler der Expedition und erklärte ihnen: „Mit den Spazierfahrten ist es nun vorbei, Gentlemen. Es wird Ernst, wir ziehen nach Süden, ins Eis. Wir haben Lebensmittel für drei Jahre. Unsere Schiffe können einen kräftigen Stoß vertragen. Ich erwarte, daß jeder seiner Pflicht gehorcht. England zählt auf uns. Sobald die Anker gelichtet sind, tritt die Erkundung des Südens in ein neues Stadium. Gott schütze die Queen!"

Das waren große Worte. James Clarke Ross durfte sie wohl aussprechen. Von allen Anwesenden wußte er am besten, was die nächsten Wochen und Monate bringen würden.

Am 12. November 1840, noch vor Tagesanbruch, verließen beide Schiffe den Hafen von Hobart. Ihr erstes Ziel bildeten die Auckland-Inseln, die fünf Tage später erreicht wurden. Dort angekommen, richtete Ross ein weiteres Observatorium ein, in dem die Wissenschaftler vierzehn Tage lang intensiv arbeiteten, ehe es wieder zusammengepackt und auf der Campbell-Insel noch einmal in Dienst gestellt wurde. Mit dem Sturm auf den Süden durfte sich der Kapitän noch ein wenig Zeit lassen, denn der antarktische Sommer, die günstigste Gelegenheit dafür, begann erst am 21. Dezember.

Am 17. Dezember stand der Marsch ins Eis unmittelbar bevor.

Von einem Sommer war indes wenig zu spüren. Jeden Tag stürmte und schneite es. Eisberge trieben dahin. Manche ragten bis zu hundert Metern aus dem Wasser hinaus. Ihr Tiefgang betrug nicht selten das Fünf- bis Achtfache. Weihnachten verlebten die Männer bei völliger Windstille. Am Neujahrsmorgen 1841 wurde der Polarkreis erreicht. Das war ein feierlicher Augenblick. Kapitän Ross ließ jedem Mann ein Glas Wein einschenken. Die Besatzungen der beiden Schiffe fühlten sich wohl.

Aber bereits am 2. Januar veränderte sich das einträchtige Bild. Das erste Packeis schob sich ihnen in den Weg. So früh hatte Ross die schweren Blöcke nicht erwartet. Vor dem Bug sah das Eis wie eine Festungsmauer aus. Bei halbwegs ruhigem Wetter hätte man sich hindurchzwängen können, doch inzwischen war die See stark bewegt.

Am anderen Morgen lagen die beiden Schiffe reglos da. In den Lüften kein Windhauch, der Nebel verflüchtigte sich. Ein flacher, mit Schlamm und Steinen bedeckter Eisberg wurde sichtbar, der einer schwimmenden Insel glich. Obenauf lag ein Felsblock von stattlichen Ausmaßen. Ein Eisberg mit Schlamm, Steinen und einem Felsblock? Das kam dem Kapitän nicht geheuer vor, weshalb er den Geologen der Expedition zu sich bat.

„Mister Smith, nehmen Sie ein Boot, und rudern Sie zu dem Eisberg. Stellen Sie fest, was es mit seinem seltsamen Reisegepäck auf sich hat."

Als dieser nach zwei Stunden zurückkehrte, brachte er zahlreiche Gesteinsproben mit, die eindeutig vulkanischen Ursprungs waren. Unklar aber blieb, von welcher Küste dieses merkwürdige „Reisegepäck" eines Eisberges stammen mochte.

Vierundzwanzig Stunden später stand das Barometer hoch. Ein kräftiger Nordwest fuhr in die aufgeblähten Segel. James Clarke Ross gab das Signal, mit dem Sturm auf das Packeis zu beginnen.

Der erste Anprall war gewiß von großer Heftigkeit und ließ für die Schiffe Schlimmes befürchten. Das Eis krachte, polterte, knirschte, doch es gab nach. Die Mauer, die es gebildet hatte, hielt nicht lange. Ein Weg öffnete sich. Die Matrosen jubelten. Mit flotter Fahrt ging es nun weiter. Nach Süden, immer weiter nach Süden.

Während sich „Erebus" und „Terror" in den folgenden Tagen durch Stürme, Schneetreiben und wieder neue Eismassen kämpften, beobachtete Kapitän Ross unentwegt die Instrumente und den Kompaß.

„Mir scheint", sagte er, „daß wir direkt auf den Magnetpol zuhalten. Vielleicht befindet er sich im Meer, und wir haben ihn eines Tages unter dem Kiel."

Am 10. Januar 1841, nachts zwei Uhr, rief der Wachhabende: „Land in Sicht!"

Der Kapitän kam binnen weniger Minuten an Deck. Deutlich erkannte er, wie sich aus dem fahlen Dämmer der Nacht eine gewaltige Bergkette erhob, deren Spitzen mit ewigem Schnee bedeckt waren. Beim Näherkommen stellte Ross fest, daß sich dieses Bergland nach allen Seiten hin ausdehnte. Das nördlichste Vorgebirge erwies sich als völlig schneefrei. Der Kapitän taufte es *Kap Adare*. Kilometerlang schoben sich die Gletscherzungen ins Meer hinaus. Nach Nordwesten erstreckten sich weitere imposante Bergketten. Ross gab ihnen den Namen *Admiralitätsgebirge*. Im Laufe des Tages dirigierte er die Schiffe um Kap Adare herum und hielt Kurs weiter nach Süden. Das neuentdeckte Land schien besonders in dieser Richtung hin unendlich zu sein. Versuche, näher an die Küste heranzukommen oder sie gar zu betreten, mußten aufgegeben werden. Schwere Stürme und eine starke Brandung machten das unmöglich.

Erst am anderen Tag gelang es Kapitän Ross und Leutnant Crozier, mit einem Beiboot wenigstens auf einer kleinen, der Küste unmittelbar vorgelagerten Insel zu landen. Ross taufte sie *Possessionsinsel*. Dort lebten Tausende von Pinguinen. Ihrer lärmenden Proteste und Schnabelhiebe nicht achtend, hißten Ross und Crozier die englische Flagge, nahmen das gewaltige Land für Großbritannien in Besitz und benannten es nach ihrer jungen Königin: *Südvictorialand*. Heute heißt es schlicht Victorialand.

Der Kapitän ließ in gebührendem Abstand von der Küste segeln. Die schneebedeckten Gipfel der bis zu dreitausend Meter hohen Bergriesen glänzten im Sonnenlicht. Ross berechnete die Position des südlichen Magnetpols, der sich nunmehr etwa achthundert Kilometer tief im Victorialand befand. Mit Schiffen war also nichts zu erreichen. Diese vergletscherte Bergwelt mußte man mit Schlitten durchqueren.

„Eines Tages werden Menschen den südlichen Magnetpol erreichen", sagte James Clarke Ross. „Dieser Punkt ist so wichtig für die Wissenschaft und die Menschheit, daß die Cheopspyramide darüber aufgetürmt werden sollte."

Nachdem „Erebus" und „Terror" über den 76. Breitengrad hinausgelangt – was übrigens bis dahin einen absoluten Rekord darstellte – und die Küste von Südvictorialand auf einer Länge von mehreren hundert Kilometern abgefahren war, kam ein größeres Eiland in Sicht. Ross nannte es *Hohe Insel*, später erhielt sie seinen Namen: Ross-Insel. Schon von weitem erkannten die Männer, daß sich in ihrer Mitte ein viertausend Meter hoher Berg emporreckte, aus dem plötzlich Rauch quoll, der wie eine Schneewolke aussah.

„Das ist ein tätiger Vulkan!" riefen mehrere Matrosen zugleich.

Mit gutem Wind und bei klarem Wetter segelten die Schiffe näher an die Insel heran. Am frühen Nachmittag war jeder Zweifel ausgeschlossen, daß die Ross-Expedition tatsächlich einen aktiven Vulkan entdeckt hatte. Der Kapitän nannte ihn *Erebus*. Gegen sechzehn Uhr warf der Vulkan ungewöhnlich viel Rauch und Feuer aus und bot einen großartigen Anblick. Bei jedem Ausbruch wurde eine dichte Rauchwolke emporgetrieben und stieg als Säule von etwa sechshundert Metern über dem Krater in die Höhe, wo ihr oberer Teil zuerst kondensierte und als Schnee und Nebel herabfiel. Sobald sich der Rauch verzog, konnte man die rote Glut, die die Mündung des Kraters füllte, deutlich sehen. Mehrere Matrosen und Offiziere wollten sogar Lavaströme wahrgenommen haben, die sich über die Abhänge ergossen.

Weiter nach Süden ging es nun nicht mehr. Schweres Packeis versperrte den Weg. Die Hoffnung, auf dem eingeschlagenen Kurs wenigsten den 80. Breitengrad zu erreichen, blieb unerfüllt. Ross drehte deshalb nach Osten ab. Im Verlauf der weiteren Fahrt wurde eine weitere Entdeckung gemacht, kaum weniger bedeutsam als die Auffindung des Victorialandes und des Vulkans Erebus: Einige Kilometer von der Vulkaninsel entfernt in östlicher Richtung entdeckten James Clarke Ross und seine Begleiter eine langgestreckte weiße Linie.

Beim Näherkommen entpuppte sie sich als Eismauer, die senkrecht aus dem Meer ragte und eine Höhe bis zu sechzig Metern aufwies. Oben schien sie völlig flach zu sein. Zur Seeseite hin zeigte sie weder Spalten noch Vorsprünge. Was dahinter lag, konnte nicht erkundet werden, denn dieser mächtige Wall aus ewigem Eis endete höher als die Mastspitzen der beiden Schiffe.

In den folgenden Tagen segelten „Erebus" und „Terror" vierhundert Kilometer an der Eismauer entlang, ohne ihr Ende absehen zu können. Der Abstand zwischen den Schiffen und dieser Barriere betrug in der Regel zehn Kilometer. Das war eine begründete Vorsichtsmaßnahme. Am Fuße der Eismauer tobte Tag und Nacht eine ungeheure Brandung. Eisberge und große Schollen wurden hin und her geschleudert. Das Donnern und Krachen konnte man viele Kilometer weit hören. In diesem Teil der See – man kennt ihn inzwischen als *Ross-See* – tummelten sich auf treibendem Eis, das zumeist die Form von Pfannkuchen aufwies, Tausende von Robben und ungezählte Kaiserpinguine.

Die von James Clarke Ross entdeckte Eismauer – *Ross-Schelfeis* – hat eine Ausdehnung von siebenhundert Kilometern und schließt die Ross-See nach Süden hin hermetisch ab. Sie ist der äußere Rand einer gewaltigen Eisplatte, die sich bis zu tausend Kilometern weit südlich erstreckt und die man überwinden muß auf dem Weg zum Pol. Von ebenjener gigantischen Eismauer brechen im Jahr Tausende von Eisbergen ab und ziehen dann nach Norden.

Kapitän Ross sah ein, daß er in diesem Teil der Antarktis nichts mehr würde ausrichten können, denn alle Wege blieben versperrt. Er reiste nach Tasmanien zurück.

Im darauffolgenden Jahr begab er sich erneut zur Ross-See. Diesmal ließ ihn das Packeis aber nicht weit kommen. In einer Tiefe von achthundert Kilometern staffelte es sich wie eine Ritterburg, die niemand erstürmen konnte. Widerwillig mußte er umkehren.

Nach abermals zwölf Monaten operierten „Erebus" und „Terror" in der Weddellsee, dem kältesten Meer der Erde. Ross und seine Mitfahrer entdeckten dort mehrere Inseln und Küsten, untersuchten sie in aller Gründlichkeit und rundeten so das Bild von den äußeren Festländern der Antarktis ab.

Ohne nennenswerte Zwischenfälle traf James Clarke Ross im Herbst 1843 wieder in London ein. Die Lords der Admiralität und die Mitglieder der 1830 gegründeten Geographischen Gesellschaft überhäuften ihn mit Ehren. Obendrein wurde er von seiner jungen Königin abermals in Privataudienz empfangen und sogleich in den Adelsstand erhoben.

Sir James Clarke Ross durfte er sich von nun an nennen.

4. KAPITEL

Nächte des Grauens

Unter dem belgischen Marineleutnant Adrien de Gerlache
überwinterte 1898/99 erstmals eine Expedition im Südeis

Adrien de Gerlache de Gomery kam am 2. August 1866 in Hasselt
als Sohn einer vornehmen Familie zur Welt, in der es üblich war,
daß die Söhne als Politiker oder Offiziere Karriere machten. Auch
für Adrien kam nur eine solche Laufbahn in Frage, weshalb er im
Jahre 1883 zur Marine ging. Auf belgischen, manchmal auf französischen Schiffen nahm er wiederholt an großen Fahrten teil und
lernte schon frühzeitig fremde Länder kennen. Da er eisern an seiner Bildung arbeitete und deshalb bald auf den verschiedensten Gebieten fundierte Kenntnisse aufweisen konnte, sich ferner durch
Disziplin und Diensteifer auszeichnete, erhob man ihn bereits mit
zweiundzwanzig Jahren in den Rang eines Leutnants. Das Kapitänspatent stand ferner in Aussicht.
Männer mit Tatkraft und Energie wurden im Königreich Belgien
damals sehr gefördert. Allerdings gingen die herrschenden Kreise
des Landes, allen voran König Leopold II., dabei von höchst eigen-
nützigen Motiven aus, nämlich ihren Besitz zu vermehren und gar
ein mächtiges Kolonialreich aufzubauen. Der König, dank einigen Erbschaften, seinem hohen Amt und der Eheschließung mit der
Tochter eines österreichischen Erzherzogs, beteiligte sich mit pri-
vatem Geld an fast allen belgischen Aktiengesellschaften, spekulierte
an internationalen Börsen und ließ in den USA nach Öl bohren. Seinen größten Coup landete er 1884, als es ihm gelang, große Gebiete
in Afrika, das spätere Belgisch-Kongo, in seinen Besitz zu bekommen. In den fruchtbaren Gebieten wurde sogleich ein grausames
Kolonialregime errichtet, das nur dem einen Zweck diente, den
Reichtum der führenden Familien Belgiens zu mehren. Weitere
Raubzüge standen auf dem Programm. Der König der Belgier
dachte daran, die Neuen Hebriden zu kolonialisieren und sich auf
den Salomoninseln zu etablieren, was ihm allerdings verwehrt
wurde. Erfolg hatte er jedoch in Afrika.
Wer ein solches Reich zusammenhalten wollte, der war auf ent-
schlossene und fähige Männer angewiesen. Kurz, Leutnant de Gerlache hätte unter den obwaltenden Umständen eine glanzvolle Kar-

37

riere machen können. Er entschied sich jedoch dafür, Forscher und Entdecker zu werden.

Im Jahre 1895 nahm er an einer Reise in die Arktis teil. Die ostgrönländische Küste und die Insel Jan Mayen wurden besucht. Während die meisten seiner Kameraden frierend ihren Dienst versahen und in einem gutgeheizten Ofen die größte Errungenschaft der Menschheit erblickten, ließ sich der junge de Gerlache uneingeschränkt vom Zauber der weißen Wildnis gefangennehmen. Jene faszinierende Welt zu erforschen und in dieser Arbeit ganz aufzugehen, dies bildete fortan sein Lebensziel.

In jenen Jahren kam die Antarktis oft ins Gespräch. Wagemutige Männer träumten davon, dort Ruhm und Ehre zu erlangen. Der weltberühmte schwedische Baron und Nordpolfahrer Adolf Erik von Nordenskiöld ließ verbreiten, das bislang weitgehend unerforschte Grahamland – die Antarktische Halbinsel nennt man es heute – erkunden zu wollen und sich dabei auf ein Wagnis einzulassen, vor dessen Tollkühnheit sogar Männer wie James Cook und James Clarke Ross zurückgeschreckt waren: nämlich auf eine Überwinterung im tiefsten Süden der Erde. Er wollte herausfinden, ob es einem Menschen möglich sei, in der antarktischen Polarnacht zu überleben.

Die einhellige Meinung der Experten und solcher, die sich dafür hielten, lautete, der Herr Baron sei auf seine alten Tage bestimmt wahnsinnig geworden. Das benötigte Geld bekam Nordenskiöld jedenfalls nicht zusammen und steckte auf.

„Was dem Schweden versagt geblieben ist, könnte vielleicht mir gelingen", überlegte Leutnant de Gerlache und begann einen Expeditionsplan zu entwerfen. Der junge Mann war ehrlich und seriös genug, dem Baron über seine Absichten Nachricht zu geben, um sich nicht dem Verdacht auszusetzen, vom geistigen Eigentum anderer zu profitieren. Möglich, daß Nordenskiöld beim Lesen dieser Mitteilung boshaft gelacht oder gegrollt hatte. Einer Antwort hielt er den belgischen Marineleutnant nicht für würdig.

Wie sollte Adrien de Gerlache seinen Plan verwirklichen, und wer könnte ihm die Expedition finanzieren? Nach einigen vergeblichen Bemühungen in dieser Richtung erfuhr König Leopold II. von dem Vorhaben und wies die von ihm einst gegründete Geographische Gesellschaft an, den unternehmungslustigen Leutnant tatkräftig zu unterstützen. Das geschah dann auch, wobei es allerdings nicht mehr darum ging, daß de Gerlache bei Grahamland im Eis überwintern wollte. Für die Auftraggeber des Leutnants stand mehr auf dem Spiel. So wurde nach außen hin das geplante Unternehmen als wissenschaftliche Expedition mit dem Ziel deklariert, den magnetischen Südpol aufzufinden und seine Lage genau zu bestimmen. In erster Linie kam es aber auf die kartographische und geologische Erfassung der antarktischen Gebiete an, denn möglicherweise lagerten dort Bodenschätze. Von der Geographischen Gesellschaft, die eine Geldsammlung veranstaltete, erhielt er 200000 Franc und von dem Brüsseler Industriellen Ernst Solvay 25000.

Die Hälfte der Gesamtsumme verbrauchte allein der Kauf eines Schiffes, und dafür bekam man nur einen ausgedienten norwegischen Robbenfänger, der „Patria" hieß und nunmehr den klangvolleren Namen „Belgica" erhielt. Seine Maße betrugen dreißig Meter Länge, sieben Breite und fünf Tiefe. Er war ausgestattet mit Dampfmaschine und Segel. Für die Reise zum sechsten Kontinent hätte das Schiff umgebaut werden müssen, doch weil nicht genug Geld zur Verfügung stand, unterblieb das. Da die nunmehrige „Belgica" zehn Jahre lang als Robbenfangschiff gedient hatte, stank sie entsetzlich. Trotz mehrfachen Anstreichens gelang es nur teilweise, den penetranten Trangestank zu beseitigen.

Die Beschaffung von Proviant, Bekleidung, technischem Gerät und der übrigen Ausrüstung, berechnet für zwei Jahre, bereitete dem frischgebackenen Expeditionsleiter keine größeren Schwierigkeiten, denn ihm standen dabei Experten der Geographischen Gesellschaft zur Seite. Matrosen, Heizer und den Ersten Offizier stellte die Admiralität. Um einen Koch und den wissenschaftlichen Stab mußte sich Leutnant de Gerlache selbst kümmern. Der Arzt kam aus Holland, der Koch aus Belgien. Ebenfalls ein Landsmann war der Physiker Emile Danco. Als Geologen und Meteorologen verpflichtete de Gerlache den Polen Henryk Arctowski. Aus Rumänien stammte der Biologe Emile Racovitza. Und als Steuermann wurde schließlich Roald Amundsen angeheuert, vierundzwanzig Jahre alt, Norweger. Niemand an Bord ahnte, daß ebendieser Amundsen Jahre später als einer der größten Polarforscher aller Zeiten in die Geschichte eingehen würde.

Noch ehe die „Belgica" die Heimat verließ, gab es erste Personalschwierigkeiten. Der Arzt bekam es mit der Angst zu tun und lief davon. Unter den zahlreichen Bewerbungsschreiben befand sich auch das Angebot eines New-Yorker Arztes mit Polerfahrung – Dr. Frederick Albert Cook, der eines Tages auf böse Weise in die Skandalarena geraten sollte.

Adrien de Gerlache schickte ihm ein Telegramm: „Können Sie in Rio de Janeiro zu uns stoßen?"

Die Antwort kam postwendend: „Mit dem größten Vergnügen!"

Anfang August 1897 lag die „Belgica" fast reisefertig im Hafen von Antwerpen vor Anker. Da erhielt sie großen Besuch. Aus Norwegen kam Dr. Fridtjof Nansen, der weltberühmte Polarforscher. Leutnant de Gerlache fühlte sich natürlich sehr geehrt und stellte dem bedeutenden Mann seine Begleiter vor, ließ ihn danach Schiff und Ausrüstung besichtigen. Und dabei erlebte er eine Enttäuschung. Nansen verbarg nämlich nicht seine Skepsis, ob die „Belgica", die er wenig respektvoll einen alten Holzkasten nannte, die gefährliche Reise überstehen würde. Auch hielt er die Ausrüstung für unzureichend.

Adrien de Gerlache erwiderte, daß frühere Expeditionen erheblich bescheidener ausgerüstet gewesen seien.

„Gewiß", antwortete Dr. Nansen, „das waren Expeditionen, die in den Norden führten. Bedenken Sie aber, daß die Antarktis schwieriger zu bewältigen ist als die Arktis. Sie ist voller Tücken und viel unberechenbarer. Beherzigen Sie deshalb meinen Rat: Es könnte für Sie und Ihre Männer eines Tages vernünftiger sein, bei den Falklandinseln umzukehren, als dem Eistod entgegenzusegeln."

Leutnant de Gerlache erwiderte, diesen Rat notfalls befolgen zu wollen, allerdings sei er fest davon überzeugt, daß sein Unternehmen ein gutes Ende finden werde.

Wenige Tage später, am 16. August 1897, fand die Verabschiedung der Expedition statt. Die guten Wünsche des Königshauses überbrachte Prinz Philipp von Orleans. Ferner waren Vertreter der Admiralität und der Geographischen Gesellschaft zugegen, als die „Belgica" in Richtung Süden abdampfte. Wegen eines kurzfristig aufgetretenen Maschinenschadens mußte noch Ostende angesteuert werden. Danach verlief die Reise planmäßig.

In Rio de Janeiro, der Hauptstadt Brasiliens, kam wie vorgesehen der Arzt Dr. Frederick Albert Cook an Bord. Ein ausnehmend sympathischer Mensch, in seinem Fach offenbar sehr geschickt, vor allem war er ein vortrefflicher Gefährte, mit dem sich viele sofort anfreundeten.

Als entschieden unangenehmer entpuppte sich der Koch. Immerzu suchte und fand er Streit mit den anderen und verweigerte dem Leutnant schließlich den Gehorsam. In Montevideo wurde er zur Erleichterung aller wegen fortgesetzter Unbotmäßigkeit entlassen. Sein Nachfolger vermehrte das babylonische Sprachgewirr an Bord der „Belgica", er stammte nämlich aus Schweden.

Ein weiterer Aufenthalt machte sich in der kleinen Handelsmetropole Punta Arenas notwendig, um Kohlen und Trinkwasser an Bord zu nehmen und frisches Fleisch, Obst und Gemüse einzukaufen. Das Wetter war ausgesprochen milde, von frühmorgens bis zum späten Abend schien die Sonne. Leider hatte der Expeditionsleiter keine Möglichkeit, sich daran zu erfreuen. Er bekam neue

Personalschwierigkeiten. Der in Montevideo angeworbene schwedische Koch erkrankte so schwer, daß er zurückgelassen werden mußte. Ein Matrose namens Louis Michotte, in früheren Jahren einmal als Kellner tätig gewesen, übernahm die frei gewordene Funktion. Allerdings erklärte er vor Aufnahme seiner Tätigkeit, vom Kochen und Braten so gut wie keine Ahnung zu haben.

„Das ist kein Problem", erwiderte der Leutnant, „unsere Ansprüche sind bescheiden."

Die anderen Mitreisenden sahen dagegen den künftigen Mahlzeiten mit Skepsis entgegen.

Punta Arenas blieb für die Männer der „Belgica" der letzte Hafen, für lange Zeit würden sie nun jeglicher Zivilisation fern sein. Das Schiff dampfte unentwegt nach Süden. Für Dr. Cook und die Mitglieder des wissenschaftlichen Stabes, denen man die kommerziellen Beweggründe der Expedition nicht eröffnet hatte, blieb der Kurs, den de Gerlache steuern ließ, vorerst ein Buch mit sieben Siegeln. Nach den Berechnungen von Gauß und James Clarke Ross befand sich der magnetische Südpol – das vorgegebene wissenschaftliche Ziel der Reise – auf dem antarktischen Kontinent, in Südvictorialand, also tief südlich von Australien. Hingegen würde die von de Gerlache befohlene Route niemals an den australischen Küsten vorbeiführen. Die „Belgica" steuerte nämlich auf die Südshetlandinseln zu.

Allerdings verlief die Fahrt nicht zügig. Stürme, die schon bald alle Gebiete um die Drakestraße heimsuchten, übten eine starke Bremswirkung aus, und die Klippen etlicher Inseln zwangen zur Vorsicht. Immer wieder mußte das Tempo gedrosselt werden. Endlich kamen die Südshetlandinseln in Sicht.

Dr. Frederick Albert Cook führte über alle wesentlichen Ereignisse der Expedition sorgfältig Buch. Er benötigte die von ihm gemachten Angaben für einen ausführlichen Reisebericht, der im Jahre 1903 unter dem Titel „Die erste Südpolarnacht 1898–1899" in deutscher Sprache erschien. Im Februar 1898, als der antarktische Sommer langsam seinem Ende zuging, hielt Dr. Cook folgendes fest:

„Die Expedition beschäftigt sich seit Monaten damit, zwischen den Südshetlandinseln zu pendeln und auf jedem Inselchen botanische Studien zu betreiben, geologische Experimente durchzuführen und Bodenproben aufs Schiff zu bringen. Bis zum Ziel, dem mutmaßlichen Gebiet des magnetischen Südpols, sind noch weit über hundert Längengrade zu überwinden. Der Expeditionsleiter deutet mit keinem Blick an, daß er diese Arbeit in den nächsten Tagen zu beenden gedenkt; doch selbst wenn wir sofort lossegeln, geraten wir in den antarktischen Winter hinein. Das bedeutet ständigen Kampf mit haushohen Wellen, die das Deck dauernd überspülen, kaum durchdringlichen Eisbarrieren, Eisbergen, von denen Gletscher im Ausmaß von dicken und breiten Eisbänken herabrollen und das Schiff zermalmen können, auch wenn es noch so vorsichtig manövriert."

Dr. Cooks Befürchtungen waren natürlich berechtigt. Er hatte sich zu diesem Abenteuer auf das Versprechen hin entschlossen, gemeinsam mit Leutnant de Gerlache und einigen anderen den magnetischen Südpol zu entdecken und auf dem antarktischen Festland zu überwintern. Das Schiff sollte während dieser Zeit in eisfreien Gewässern kreuzen und die Überwinterer zu gegebener Zeit wieder abholen. Es schien aber alles anders kommen zu wollen.

Und der Expeditionsleiter hüllte sich in Schweigen.

Die Südshetlandinseln wurden Mitte Februar 1898 verlassen, und nun nahm das Schiff Kurs auf die Antarktische Halbinsel, auf Grahamland. Nur wenige Männer hatten sich schon einmal in dem tristen Gebiet aufgehalten, in das die „Belgica" jetzt gelangte. 1599 soll es den Holländer Dirk Gerritsz hierher verschlagen haben. Jahrhunderte später, 1823, wollte der amerikanische Kapitän Nathaniel Palmer in dieser Gegend sogar neues Land gesichtet haben, und zwar eine ausgedehnte Inselgruppe, den Palmer-Archipel. Ob es ihn wirklich gab, wußte niemand genau zu sagen. Kein Mensch betrat jemals diese Inseln.

Der Himmel blieb meistens tief verhangen, und es regnete Tag und Nacht in Strömen. Kam die Sonne einmal kurz heraus, staunten die Männer über den schier grenzenlosen Reichtum an Walen.

Als sich das Wetter besserte, ließ Adrien de Gerlache an der Antarktischen Halbinsel die geologischen und botanischen Untersuchungen fortsetzen und das gesamte Gebiet kartographisch aufnehmen. Er hielt sich streng an die ihm erteilten Weisungen, denn nach Auffassung einiger Wissenschaftler sollte Grahamland eine Fortsetzung der Anden sein und demnach Gold, Kupfer und Diamantenlager enthalten. Adrien de Gerlache und seine Begleiter fanden aber nichts dergleichen. Obwohl bereits viel Zeit verstrichen war, traf de Gerlache keine Anstalten, einen Überwinterungsort auszumachen und die „Belgica" in sichere Gewässer zu schicken.

Was hatte er im Sinn?

„Wenn das Schiff nicht von dem bald zu erwartenden Eis zerdrückt werden soll, müssen wir endlich nach Norden abdrehen", sagte Steuermann Roald Amundsen zum Arzt, der dessen Meinung bestätigte.

Das Schiff blieb aber auf Südkurs.

Eines Abends bei tiefer Dunkelheit stieß das plötzlich von Eisbergen eingeschlossene Schiff heftig gegen einen Felsen. Vom Steven bis zum Heck krachte es wie beim Einsturz eines mehrgeschossigen Hauses. Leutnant Adrien de Gerlache wurde zu Boden gerissen und glaubte zuerst an eine Explosion im Maschinenraum.

Glücklicherweise war dies nicht der Fall. Eine andere Gefahr blieb aber bestehen, nämlich der Ring von Eisbergen, er hielt die „Belgica" fest wie einen Gefangenen. Würde es gelingen, hier wieder herauszukommen? Steuermann Amundsen und die Matrosen hatten große Mühe, das durchgeschüttelte Schiff ins offene Meer zu manövrieren.

In der darauffolgenden Nacht kam es zu einer Tragödie. Der Sturm warf das Schiff wie ein Spielzeug umher. Wogen überspülten das Deck. Dort lagernde Kohlen verstopften die Abflußlöcher. Der Matrose Carl Augustus Wiencke wollte sie wegräumen.

Plötzlich erscholl ein gellender Ruf, der allen durch Mark und Bein ging: „Mann über Bord!"

Eine mächtige Woge hatte Wiencke erfaßt und ins Meer geschleudert. Er bekam die Logleine zu fassen, doch waren seine Hände bereits so erstarrt, daß er sie nicht zu halten vermochte. Ein Boot konnte bei diesem Sturm nicht eingesetzt werden. Den unglücklichen Kameraden durfte man trotzdem nicht seinem Schicksal überlassen.

George Lecointe, der Erste Offizier, befestigte ein Tau um seinen Leib. Zwei Männer ließen ihn hinunter. Lecointe versank augenblicklich im Wellenstrudel, kam im nächsten Moment wieder hoch und versuchte, den fast leblosen Wiencke, der neben ihm auftauchte, an sich zu ziehen. Die nächste Welle vereitelte das. Sie trug den Matrosen mit sich fort.

Der Erste Offizier war halbtot, als man ihn wieder nach oben zog. Eine gute Stunde ließ de Gerlache an der Unglücksstelle warten, dies in der bangen Hoffnung, Wiencke könnte noch einmal aus der dunklen Tiefe zurückkehren.

Aber er blieb dort.

So hatte die Expedition ihr erstes Opfer zu beklagen. Der Tod des Kameraden legte sich wie ein Mühlenstein auf die Gemüter der Männer.

Als sich der Sturm verzogen hatte, breitete sich eine beklemmende Stille aus. Was vor dem Schiff geschah, wußte niemand, weil sich nun dichter Nebel über das Meer senkte. Tags darauf verschwand er wieder. Die Männer blickten wie gebannt zu einer weißen Wand hinüber, hinter der sie Land vermuteten, vielleicht eine Insel, aber auf den Karten war nichts verzeichnet. Adrien de Gerlache ahnte, daß ihm eine erste Entdeckung bevorstand. Seine Aufregung wuchs.

„Es kann natürlich auch sein", sagte er, „daß wir nicht auf Land, sondern auf eine mächtige Eismauer zuhalten, wie sie seinerzeit von James Clarke Ross gesichtet worden ist."

Um keine bösen Erfahrungen mit Unterwasserklippen machen zu müssen und nicht erneut gegen einen Felsen zu prallen, ließ der Leutnant vorsichtshalber eine Tiefenmessung vornehmen. Das Lot fand keinen Grund, also dürfte die Meerestiefe hier beachtlich gewesen sein. Langsam schob sich ihr Schiff durch das kaum bewegte Wasser. Und wieder hüllte der Nebel alles ein. Zuweilen kamen aus ihm Raubmöwen hervor, schossen mit heiserem Geschrei nieder und suchten nach Bordabfällen.

„Die Möwen sind ein sicheres Zeichen, daß Land in der Nähe ist", sagte de Gerlache.

Die Erwartung der Männer stieg und wurde belohnt. Mit einemmal geriet die Nebelbank in Bewegung. Die Sonne brach hervor und ließ das Weiß großer Gletscher aufleuchten. Zwischen dunklen Bergmassiven flossen breite Eisströme ins Meer. Überall Felsgrate, Wände und Eisbrüche. Ein Labyrinth von Inseln tat sich auf, das einem ausgedehnten Land vorgelagert zu sein schien, denn weit im Hintergrund war eine hohe und breite, mit Schnee und Eis bedeckte Gebirgskette zu sehen. Ohne Zweifel hatten Adrien de Gerlache und seine Begleiter jene einst von Kapitän Palmer wahrgenommenen Küsten und Landstriche erreicht. Der Anblick faszinierte sie, ließ für eine Weile alle Gefahren vergessen, die in dieser von der Sonne beleuchteten Wildnis vielleicht schon warteten.

„Das ist mein ersehntes Arbeitsfeld", rief der Leutnant strahlend aus. „Dieses Gebiet der Antarktis kartographisch aufzunehmen, die Küsten der vielen Inseln und Festländer, ihre Buchten und Vorgebirge, ihre Berggipfel und Gletscher zu bestimmen, zu benennen und zu fotografieren, sie aus dem Dunkel in das Licht wissenschaftlicher Forschung und Erkenntnis zu stellen – ja, all das ist jetzt meine erstrebte Aufgabe!"

Die anderen an Bord teilten seine Begeisterung, auch sie waren bereit, mit allen Kräften das Programm der Expedition zu erfüllen.

Das unmittelbar vor der „Belgica" liegende Eiland nannte de Gerlache *Augusteinsel*. Vier Männer bestiegen ein Boot und ruderten hinüber. Eine unwirtliche Insel. Ihr nördlicher Teil bestand aus nacktem Fels, während sie nach Süden hin völlig übergletschert war. In den Schluchten lagerte Wintereis. Dennoch, die Augusteinsel wurde mit einer gewissen Feierlichkeit betreten.

44

Gegen diese Invasion hagelte es allerdings Proteste, und zwar von den Ureinwohnern und tatsächlichen Eigentümern der Insel. Ein Heer von Pinguinen watschelte heran und ließ lautes Kriegsgeschrei vernehmen. Raubmöwen und Kormorane schossen schrill krächzend durch die Luft. Seeleoparden, von denen es hier wimmelte, zeigten wütend ihr Gebiß. Als die Männer Gesteinsproben entnahmen und die geringen Beweise einer vorhandenen Vegetation sammelten, wurden sie von den Pinguinen, die man gemeinhin für possierliche und verträgliche Bewohner hält, unaufhörlich in die Beine gebissen.

Am anderen Tag entdeckte die Expedition zwei weitere Eilande. Adrien de Gerlache nannte sie *Harryinsel* und *Antwerpeninsel*. Die erstere wurde sogleich betreten, doch, weil es dort nichts weiter zu entdecken gab, schon bald wieder verlassen. Hingegen war der Leutnant dafür, die Antwerpeninsel gründlich zu erkunden. Also schleppte er mit Amundsen, Dr. Cook, Arctowski und Danco Proviant, Zelte, Instrumente und andere Ausrüstung zu der vierhundert Meter hohen Küste hinauf. Zehn Tage wollten sie dort bleiben, während das Schiff unterdessen eine Kreuzfahrt in die nähere Umgebung unternehmen sollte.

Einen halben Kilometer landeinwärts schlugen sie ihr erstes Lager auf, nahe einem Berg. Leutnant de Gerlache benannte ihn nach einem seiner Geldgeber und trug ihn als *Mount Solvay* in die Karten ein. Schlechtes Wetter machte die Forschungsarbeiten oft unmöglich, doch nahm man sie immer wieder von neuem auf. Auf der anderen Seite der Insel, die sie am dritten Tag erreichten, entdeckten die Männer einen Meeresarm. Er mochte an die zwanzig Kilometer breit sein, verengte sich zwischen den Inseln zu Kanälen, schnitt dann aber tief in das östlich liegende Land ein.

„Wohin mag dieser Meeresarm führen?" fragte Danco den Leutnant.

„Vielleicht durchquert er das gesamte Grahamland", wurde ihm geantwortet, „und endet in der Weddellsee. Das müßte genau untersucht werden. Für Wal- und Robbenfänger dürfte dies von größter Bedeutung sein."

An diesen Tierarten herrschte rund um die Antwerpeninsel wahrhaftig kein Mangel, hier war ein Paradies für sie.

Obwohl der antarktische Winter immer näher rückte, entschied sich Leutnant Adrien de Gerlache dafür, den von ihm entdeckten Meeresarm zu untersuchen. Diese natürliche Wasserstraße, das zeigte sich schon bald, führte nicht durch Grahamland, sondern tief nach Süden, trennte den Palmer-Archipel von der Antarktischen Halbinsel. Ihre Länge betrug etwa dreihundert Kilometer und wurde vollständig befahren.

Die *Belgicastraße*, so nannte de Gerlache seine Entdeckung – die heute seinen Namen trägt – war „eisgepflastert" und erlaubte kein hohes Tempo. Mühselig schob sich das Schiff dahin. Andererseits erwies sich die Belgicastraße als eine Fundgrube für die Geographen. Welche Fülle von Bergen, Buchten, Inseln und Vorgebirgen! Oft mußte sich de Gerlache als Täufer betätigen: *Brialmontbucht, Flandernbucht, Charlottebucht, d'Andvord-Bucht, Kap d'Ursel, Wyckinsel, Wauwermansinseln* und viele andere. Alles, was in Belgien Rang und Namen besaß, wurde in dieser Eislandschaft verewigt. Nur Leopold II. nicht. In seinem Eifer hatte Adrien de Gerlache vergessen, wenigstens eine einzige Entdeckung nach seinem König zu benennen ...

Mitten in diesem vereisten Felsenchaos erhob sich ein fast dreitausend Meter hoher Berg, der Mount William. Dr. Cook und Lecointe wollten ihn besteigen. Aus Zeitgründen konnte ihnen der Leutnant das nicht erlauben. Andere Arbeiten erhielten den Vorzug. Diese Aufgabe fiel namentlich dem Ersten Offizier zu. Seeleutnant Lecointe, der Jahre zuvor eine entsprechende Ausbildung absolviert hatte, fertigte an die hundert Landkarten an. Als sein Meisterstück dürfte freilich jene große Karte anzusehen sein, die den Gesamtverlauf der Belgicastraße mit allen wesentlichen Details zeigt.

Henryk Arctowski, der Geologe, wiederum mußte die vielen Inseln und Buchten nach Besonderheiten absuchen. Leutnant de Gerlache wollte mit einer solch großen wissenschaftlichen „Beute" heimkehren wie vor ihm kein anderer. In dieser Hinsicht durfte er bisher zufrieden sein, doch an Umkehr dachte er noch lange nicht.

Direkt am südlichen Ausgang des Meeresarms erhob sich eine langgestreckte Insel aus dem Eis. Der Leutnant befahl alle Männer an Deck und nahm seine Pelzmütze vom Kopf.

„Wir wollen", sagte er feierlich, „diese Insel nach unserem toten Kameraden Wiencke benennen."

Die Männer verharrten schweigend.

Anschließend gedachte der Leutnant an Land zu gehen, um die *Wienckeinsel* für sein Land Belgien in Besitz zu nehmen. Starker Sturm hinderte ihn daran. Bei Kap Renard, das wenig später in Sicht kam, öffnete sich eine schmale Wasserstraße. Das Schiff schlüpfte hinein. Acht Stunden später hatte de Gerlache sie passiert. Sie erhielt einen schönen Namen: *Lemaire-Kanal*. Zehn Jahre später war dieser Kanal übrigens nicht mehr aufzufinden. Mächtiges Gletschereis, das von der steilen Küste herabstürzte, dürfte ihn vollständig zugeschüttet haben.

Nach Verlassen der Belgicastraße zeigte sich das Pazifische Südpolarbecken wieder einmal von seiner schwärzesten Seite. Tag und Nacht tobten die Stürme. Hohe Wogen überfielen das Schiff. Obendrein kündigte sich drohend der Polarwinter an. Spätestens jetzt mußte Adrien de Gerlache eine gültige Entscheidung über den weiteren Expeditionsverlauf treffen. Den Magnetpol würde man nicht suchen, denn Südvictorialand befand sich in unerreichbarer Ferne. Also mußte schnellstens ein Überwinterungsplatz für den Leutnant und einige seiner Begleiter ausfindig gemacht und das Schiff anschließend zurückgeschickt werden. Hoffentlich war es dafür nicht bereits zu spät, Land zeigte sich jedenfalls nirgendwo, ringsum nur das tosende Meer, durch das vereinzelt schon Eisschollen schwammen. Zu allem Unglück machte ein gewaltiger Orkan fast die gesamte Mannschaft seekrank.

Dr. Frederick Albert Cook hielt Nachtwache. Plötzlich bemerkte er einen dunklen Schatten, der heller wurde, je mehr das Schiff sich ihm näherte.

Der angebliche Schatten war ein Eisberg. Er überragte die Masten der „Belgica" um ein vielfaches.

„Ruder hart steuerbord!" schrie de Gerlache.

Amundsen riß das Ruder mit Gewalt herum. Gleich darauf glitt das Schiff so nahe an dem Eisberg entlang, daß man ihn mit der Hand berühren konnte. Die Männer bekamen schreckensbleiche Gesichter und waren wie gelähmt. Um Haaresbreite hätte es eine Katastrophe mit sofortigem Tod der Mannschaft gegeben. In der Heimat würde niemand etwas über den Verbleib des Schiffes und das Schicksal seiner Besatzung erfahren haben.

Nun geriet die „Belgica" durch die anhaltenden Stürme ins Treibeis, konnte den Kurs aber halten, den Kurs nach Süden, wo der Leutnant Land zu sichten hoffte.

Am 28. März 1898, frühmorgens, schien die Landschaft wie erstarrt. Die „Belgica" schob sich langsam an dahintreibenden Eisschollen vorbei. In einer Entfernung von etwa zwei Kilometern ahnte man eine Küste, das konnte allerdings auch eine Täuschung sein. Im Augenblick aber gab es Wichtigeres zu bedenken.

„Wir müssen sofort nach Norden ausweichen, wo das Wasser noch frei ist", schlug der Erste Offizier vor.

Adrien de Gerlache, von den Umständen gezwungen, war einverstanden, das Unternehmen abzubrechen. Die Rettung von Mannschaft und Schiff mußte jetzt im Vordergrund aller Überlegungen stehen. Um keinen Preis durfte er sich auf das Risiko einlassen, vom Eis gefangengesetzt zu werden. Die „Belgica", spätestens in diesen Augenblicken begriff er das, machte nicht den Eindruck, als könnte sie längerem Eisdruck standhalten. Sie war eben doch nur ein alter

Holzkasten, wie Dr. Nansen im Jahr zuvor respektlos bemerkt hatte.

„Nach Norden!" befahl der Leutnant.

Indes, es war zu spät. Wissenschaftlicher Feuereifer und Tatendrang hatten Adrien de Gerlache dazu verführt, die in dieser Gegend lauernden Gefahren zu unterschätzen und immer tiefer im unbekannten Gebiet vorzudringen. Das rächte sich nun.

Plötzlich geriet alles in Bewegung. Eisberge, ehe sie sich losrissen und mit hohem Tempo nach Norden enteilten, schoben mit lautem Getöse das Scholleneis zusammen. Binnen kurzem war das Schiff eingeschlossen und kam nicht mehr von der Stelle. Die Männer sahen sich gefangen. Wohin sie auch blickten, sie entdeckten nur hochgetürmte Eisblöcke.

„Wenn sich das in Bewegung setzt, werde ich mein letztes Gebet sprechen", sagte Louis Michotte andächtig.

Hingegen versuchte de Gerlache, einen Scherz anzubringen: „Ja, uns ist ein kleines Malheur passiert. Tragen wir es mit Fassung."

Das „kleine Malheur" sollte sich schon bald als die schlimmste Situation erweisen, in die Adrien de Gerlache und seine Begleiter geraten waren. Noch verzweifelten sie nicht, sprachen sich gegenseitig Mut zu und versicherten, sich nicht unterkriegen zu lassen.

Aber würde die „Belgica" den antarktischen Winter überstehen? Auf diese bange und letztlich entscheidende Frage wußte niemand eine Antwort.

Manchmal gab es etwas Sonnenschein, meistens aber suchten Stürme, Hagelschauer, Schneetreiben und Wolkenbrüche die einsame Gegend heim. Das Hauptdeck erhielt ein Schutzdach. Darunter errichtete der Mechaniker eine Schmiede. Um das Schiff herum bauten die Männer eine schützende Mauer aus Schnee. Rettungsboote und Schiffseinrichtung wurden überholt. Aus dem Holz, das für den Bau einer Überwinterungshütte gedacht war, zimmerten sich die Wissenschaftler außerhalb des Schiffes ein kleines Laboratorium.

Robben und Pinguine stellten sich ein. Da die Mannschaft deren Fleisch nicht sonderlich schätzte, verzichtete man darauf, Tiere zu erlegen. Nur zwei Pinguine verloren ihr Leben. Racowitza benötigte ihre Bälge für seine Untersuchungen.

Sein Kollege Arctowski erlebte bange Minuten. Während er sich auf einem Eisspaziergang zu erholen gedachte, tauchte ein wütender Seeleopard auf und jagte ihn dreimal um das Schiff herum. Roald Amundsen, der diesem Schauspiel laut lachend beiwohnte, holte seine Flinte und befreite den keuchenden Kurzstreckenläufer mit einem gezielten Schuß von seinem Verfolger.

Da die Männer gesund und munter waren, hatte Dr. Cook kaum etwas zu tun. Er beschloß also, einen längeren Ausflug zu unternehmen, packte Proviant, Zelt und Schlafsack zusammen und versprach, in spätestens vier Tagen wieder zurück zu sein. Als der fünfte herum war und vom Arzt nichts zu sehen war, machten sich Lecointe und Danco auf die Suche nach ihm. Viele Stunden lang marschierten sie über scharfkantiges Eis. Tief in der Nacht erspähten sie vor sich etwas Dunkles.

„Ein Schneeleopard!" rief Danco.

Mit einem solchen Tier hatte man besser nichts zu schaffen, schon gar nicht mitten in der Nacht. Der Erste Offizier brachte daher sofort sein Gewehr in Anschlag.

Ein Glück, daß er nicht abdrückte.

Das vermeintliche Tier entpuppte sich in letzter Sekunde als ein Schlafsack. Und darin lag der Gesuchte im schönsten Schlummer. Erleichtert gingen sie zum Schiff zurück.

Dort hatte Koch Michotte eine arge Entdeckung gemacht: Ein Teil der bei verschiedenen belgischen Lieferanten gekauften Lebensmittel war verdorben. Schlimmeres hätte einer Polarexpedition überhaupt nicht passieren können. Es kam öfter vor, daß Polarforscher von gewinnsüchtigen Geschäftemachern betrogen und für teures Geld mit minderwertigen Waren beliefert wurden. So auch in diesem Fall. Empörung und Bestürzung machten sich breit. Es mußte ein Ausweg gefunden werden.

„Wohl oder übel sollten wir uns nun doch auf Robben- und Pinguinjagd begeben", sagte Steuermann Amundsen. „So eine Robbe hat ein schönes Gewicht, an die drei Zentner. Wir werden also nicht verhungern."

Die erste Pinguinmahlzeit kam noch am selben Tag auf den Tisch. Mißtrauisch beschnupperten die Männer, was auf ihren Tellern lag. Wer machte den Anfang, wer biß zuerst hinein? Da keiner den Mut aufbrachte, mußte das Los entscheiden. Der glückliche Gewinner oder unglückliche Verlierer war der Arzt. Dr. Cook griff etwas umständlich zum Besteck, warf einen kühnen Blick in die Runde und machte sich über die ungewohnte Mahlzeit her.

„Nun", wurde er sogleich befragt, „raus mit der Sprache. Wie schmeckt es, Doktor?"

„Im Prinzip gar nicht so schlecht", lautete die unsichere Antwort. „Man nehme ein Stück Kalbfleisch, einen ungewässerten Stockfisch, eine Wildente und drei Scheiben Schweizer Käse, brate alles zusammen in einem Topf und richte es mit einer feinen Sauce aus Schweineblut und Lebertran her, und schon hat man eine richtige Vorstellung von dieser zauberhaften Delikatesse."

„Mahlzeit!" sagten seine Zuhörer und schoben ihre Teller weit von sich.

„Aber das bekommt ihr von heute an einmal täglich", klärte Michotte die Männer auf, „denn anders kriege ich euch nicht über den Winter."

Unterdessen begann in Europa der Frühling. In Amsterdam würden bald die Tulpen blühen, in Paris der Flieder, in Brüssel die Maiglöckchen und in Rom die Narzissen. Hingegen breitete sich rund um die „Belgica", auf dem gesamten sechsten Kontinent, die Winternacht aus. Er klarte nicht mehr auf. Nur die Sterne umkreisten den fernen Südpol, doch sie schickten kein Licht zur Erde, waren kalt, weiß und abweisend. Und der Mond, bleich und kahl, hing reglos am Himmel, wich nicht mehr von der Stelle, als wäre er dazu da, Nachtwächter zu sein. Stille, tiefe Stille hüllte das Schiff und seine Bewohner ein. Eine trügerische Stille. Schon im nächsten Moment konnte ein Orkan losbrechen und Chaos, Entsetzen und Untergang bringen. Die Kälte steigerte sich. Mit Kohlen mußte man sparsam umgehen. Sie durften nicht verfeuert werden, um den Männern Wärme zu spenden. Vor allem brauchte man sie für die Heimreise.

Zum erstenmal erlebten Menschen die Polarnacht im Süden, die siebzig Tage dauern sollte. Und wie wurden sie fertig mit ihr?

Zuerst ging alles gut.

Die Männer führten lange Gespräche miteinander, tauschten Erinnerungen an frühere Tage aus, sprachen von Zukunftsplänen und verrichteten nebenbei die wenigen Arbeiten, die momentan zu leisten waren. Mit der Zeit hatten sie aber genug von den Erzählungen, wußten sich nichts mehr zu sagen, dösten dahin. Andere schliefen ohne Unterlaß, bis sie sich auch dazu nicht mehr in der Lage fühlten. Langeweile breitete sich aus und zermürbte die Gemüter. Jede noch so unscheinbare Abwechslung war willkommen, es gab allerdings selten eine.

Einmal schreckten die Männer durch seltsame Geräusche auf, die von außerhalb des Schiffes zu ihnen drangen. Sie liefen hinaus, denn sie erwarteten etwas Aufregendes. Nichts dergleichen. Ein einsamer Pinguin hatte sich verlaufen. Er wurde wie ein König empfangen, an Bord geholt und so verhätschelt, als wäre er das süßeste Baby der Welt. Leider bekam ihm soviel Liebe nicht. Man mußte ihn mit vielen Segenswünschen wieder ins Freie lassen, wo er alsbald in der Finsternis verschwand.

Die Stimmung an Bord verschlechterte sich, schlug um in Gereiztheit. Am meisten hatte Michotte darunter zu leiden. Für seine redlichen Bemühungen, durch Erfindung immer neuer Gerichte aus

50

Robben- und Pinguinfleisch die Laune seiner Kameraden zu bessern, erntete er nur Spott und Beschimpfung. Das Einerlei des Bordlebens und die eintönige Verpflegung mußten die Überwinterer ja rebellisch machen. Der Gedanke an ein frisches Steak, und sei es aus Pferde- oder Hundefleisch, ließ ihnen das Wasser im Munde zusammenlaufen.

Der arme Michotte. Woher sollte er ein Pferd oder einen Hund nehmen?

Je mehr sich die lange Nacht hinausschob, desto bedenklicher veränderte sich der Gesundheitszustand der Männer. Die Kräfte schwanden, die Muskeln erschlafften, der Gedankenapparat funktionierte nicht immer richtig. Spätere Expeditionen würden aus den gemachten Erfahrungen ihre Schlüsse ziehen. Aus diesem Grunde hielt es Dr. Frederick Albert Cook für angemessen, alle Symptome und Erscheinungen zu notieren:

„Zunehmende Blässe des Gesichts, auffallende Fettigkeit der Haut, starker Haarwuchs wie bei Leichen, Anschwellungen an den Augen und Knöcheln, große Empfindlichkeit des Herzens, Atembeschwerden und Unregelmäßigkeit des Pulsschlages schon bei kurzen Spaziergängen um das Schiff, Kopfschmerzen, Schwindel, Übelkeit, Schlaflosigkeit bei starkem Schlafbedürfnis."

Der Arzt gab diesem Krankheitsbild die Bezeichnung „Polaranämie". Er faßte seine Beobachtungen so zusammen: „Ohne Sonnenlicht ist der Körper eine Maschine ohne Steuerung. Sobald die Sonne wieder da ist, wird sich ein widerstandsfähiger Körper bald erholen."

Helfen konnte Dr. Cook kaum, er hatte ja nicht die Gabe, das fehlende Sonnenlicht herbeizuzaubern. Er versuchte es auf eine andere Weise. Holzscheite und alte Kisten stapelte er zu einem Haufen, zündete ihn an und empfahl seinen Patienten, sich einige Minuten nackt vor das Feuer zu stellen und ihre Haut bestrahlen zu lassen. Bei der barbarischen Kälte, die draußen herrschte, war das natürlich kein Vergnügen. In Verbindung mit einer Diät aus besonders zartem Pinguinfleisch und Preiselbeerensaft brachte diese ungewöhnliche Röstkur einige der Männer wieder halbwegs auf die Beine.

Unter den Überwinterern befand sich einer, dem die Cooksche „Polaranämie" gestohlen bleiben konnte, nämlich dem Steuermann Roald Amundsen. Sein Rezept, frisch zu bleiben, war einfach: regelmäßig rohes Robbenfleisch essen und täglich mindestens vier Stunden spazierengehen. Daran hielt er sich. Im übrigen leistete er Schwerstarbeit, schonte seine Kräfte nicht. Während die anderen Trübsal bliesen und sich oft willenlos ihrem Polarkoller ergaben, ging er Robben jagen und schleppte die erlegten Tiere manches Mal

51

kilometerweit zum Schiff, wo er sie dann eigenhändig zerlegte. Er sprach sehr wenig, schon gar nicht hörte man ihn je über das Essen klagen. Er war als Lernender mitgefahren.

Mit einem anderen ging es indes zu Ende. Der junge Physiker Emile Danco hatte sich die ganze Zeit über wacker gehalten. Am 20. Mai 1898 brach er plötzlich zusammen. Dr. Cook stellte einen Herzschaden fest und verordnete strengste Bettruhe. Doch nichts half. Danco ging es von Tag zu Tag elender, und bald stand fest, daß er sterben würde, noch ehe die Polarnacht zu Ende ging.

Ein Todkranker an Bord!

Die Männer, dumpf und verzweifelt genug, meinten, nun sei die Nacht noch finsterer geworden, die Totenstille noch erdrückender. Sie spürten Grabeshauch und Angst.

In der Nacht zum 5. Juni 1898 weckte der Arzt den Leutnant.

„Was ist los?" fragte de Gerlache.

„Danco liegt im Sterben, kommen Sie schnell!"

Der junge Mann lag bleich auf seinem Lager, sah die Kameraden um ihn herum und spürte, wie sie ihm die Hand preßten. Da begriff er, wie es um ihn stand.

„Ich danke euch", murmelte er kaum hörbar.

Alsbald zuckte sein Körper krampfhaft zusammen. Leichenblässe überzog das Gesicht. Emile Danco war tot.

Die Bestattung fand hundert Meter vom Schiff entfernt statt. Die Männer schoben den Toten in einen Sack aus grobem Segeltuch, beschwerten ihn mit Gewichten, schlugen ein Loch in das Eis und ließen ihn in die Tiefe gleiten. Ein erbarmungswürdiges Schauspiel, vom kalten Mond beleuchtet.

Der junge Matrose Adam Tollefsen hatte dank seiner Intelligenz immer bei den wissenschaftlichen Arbeiten helfen dürfen. Nun aber, es geschah wenige Tage nach Dancos Bestattung, verlor er den Verstand. Seine stetigen Anfälle von Größen- und Verfolgungswahn machten seinen Kameraden das Leben zur Hölle. Oft versteckte er sich auf dem Schiff oder lief davon. Es dauerte Stunden, bis es gelang, ihn einzufangen. Ohne Aufsicht durfte er nicht länger bleiben, denn es bestand Gefahr, daß er draußen auf dem Eis erfror oder in einer der vielen Wasserrinnen ertrank. Schweren Herzens mußte der Arzt ihn fesseln und unter Deck bringen lassen. Seine Schreie klangen markerschütternd.

Während all dieser bitteren Wochen war die „Belgica" mit dem Eis im Zickzack gedriftet, meistens zwischen dem 85. und 93. Längengrad. Neues Land kam nirgendwo in Sicht. Die Polarnacht ging schließlich termingemäß zu Ende. Die Sonne, von allen lebhaft begrüßt, schien wieder. Nur an Heimkehr war nicht zu denken. Denn

das Eis blieb fest und gab das Schiff nicht frei. Einen Trost bildete die Tatsache, daß die Drift nordwärts trieb, zum offenen Meer hin.

Im November 1898 saß man noch immer in der Umklammerung des Eises. Einen Monat darauf versuchten die Männer durch Sprengungen und Aussägen von Kanälen eine Fahrrinne zu schaffen. Aber vergeblich!

So kam das Jahr 1899.

Das Schiff befand sich nunmehr auf 69° 40′ südlicher Breite, ein paar Wochen später wieder tiefer im Süden. Ende Februar kletterte Adrien de Gerlache selbst in den Mastkorb. Weit in der Ferne erblickte er offenes Wasser. Aber keine Aussicht, das Packeis zu durchbrechen und die Freiheit wiederzugewinnen. Die Antarktis, so schien es, wollte sie nicht mehr aus ihren Eisarmen entlassen.

Die Rettung kam am 13. März 1899 nach einjähriger Gefangenschaft. Wie von selbst brach nun überall das Eis auseinander, und die „Belgica", das gute alte Schiff, das man zu Unrecht verdächtigt hatte, ein alter Holzkasten zu sein, war endlich wieder manövrierfähig!

Mit einem donnernden „Hurra!" begaben sich der Leutnant und seine Begleiter, die so vieles hatten erdulden müssen, auf die Rückreise.

In den folgenden Jahren machte de Gerlache noch öfter von sich reden. So war er 1901 Leiter einer französisch-belgischen zoologischen Expedition im Persischen Golf. 1905 unternahm er mit Prinz Philipp von Orleans wiederum auf der „Belgica" eine Reise nach Nordostgrönland.

Adrien de Gerlache verstarb am 4. Dezember 1934 in Brüssel.

5. KAPITEL

Leben und Tod auf Kap Adare

1895 betrat der Norweger Carsten Eggeberg Borchgrevink
als erster antarktisches Festland, 1899/1900 lebte er dort

Adrien de Gerlache und seine vom Südeis arg gebeutelten Mitstreiter waren noch nicht wieder in die Heimat zurückgekehrt, da begann in der Antarktis ein neues erregendes Abenteuer, dessen Held ein Mann namens Carsten Eggeberg Borchgrevink war.

Geboren am 1. Dezember 1864 in Kristiania, dem heutigen Oslo, hegte er in jungen Jahren den lebhaften Wunsch, eines Tages an der Erforschung der südlichen Polargebiete beteiligt zu werden. Dieser Wunsch entstand, nachdem Borchgrevink die Bücher und Berichte über die Fahrten von Cook, Bellingshausen und James Clarke Ross gelesen hatte. Polarfahrer galten damals als die großen Helden der Zeit, vergleichbar den Kosmonauten unseres Jahrhunderts. Der sechste Kontinent zählte zwar bereits zu den entdeckten Gebieten, aber bislang war es noch keinem Menschen gelungen, antarktisches Festland zu betreten. Die vereisten Küsten schienen unbezwingbar zu sein.

Die Frage, wer es als erster schaffen würde, beschäftigte auch den jungen Borchgrevink, der in Kristiania das Königliche Gymnasium besuchte. Oft träumte er davon, er selbst könnte es sein. Aber vorerst blieben das nur Träume. Nach dem Abitur nahm Borchgrevink ein Studium der Forstwirtschaft und der Naturwissenschaften auf, das er fern der Heimat, in dem sächsischen Städtchen Tharandt, absolvierte. Dort gab es damals eine allenthalben gerühmte Forstakademie. Borchgrevink nahm seine Studien ernst. Nach drei Jahren hatte er die Befähigung erlangt, als Geologe und Landvermesser sein Brot verdienen zu können.

Er folgte dem Beispiel zahlreicher Europäer und wanderte nach Australien aus. Das war ein durchaus begründeter Entschluß. Australien, aufgegliedert in fünf große Provinzen, gehörte damals noch zu britischem Kolonialbesitz, doch kämpfte das aus früheren Einwanderern zusammengesetzte, mittlerweile zu ökonomischer Macht und Ansehen gelangte Bürgertum bereits um seine Unabhängigkeit und staatliche Eigenständigkeit. Industrie, Landwirtschaft, Handel und nicht zuletzt die Wissenschaften erfuhren eine noch nie dagewesene Förderung und blühten erstaunlich schnell auf. Wer zupakken konnte und auf wissenschaftlichem Gebiet zu arbeiten verstand, durfte mit einer Chance für sein künftiges Leben rechnen.

Für Carsten Eggeberg Borchgrevinks Entschluß, sich in Australien niederzulassen, gab es noch eine andere Überlegung. Sein Interesse für die Antarktis hatte in den zurückliegenden Jahren nicht nachgelassen. Vielleicht würde er sich eines Tages auf die Spuren von James Cook, Bellingshausen und James Clarke Ross begeben? In Australien war er dem Südkontinent jedenfalls entschieden näher als von seiner norwegischen Heimat aus. Im übrigen suchten seit Jahrzehnten nur noch Wal- und Robbenfänger die Antarktis auf. Wissenschaftliche Expeditionen hatten seit Dumont d'Urville und Ross nicht mehr stattgefunden.

Borchgrevink fand in Australien sofort ein interessantes Betätigungsfeld. Er erhielt von der zur Universität Sydney gehörenden Cooerwooll Academy den Auftrag, als Geologe und Landvermesser an der Erkundung noch unbekannter Gebiete des Kontinents mitzuwirken.

Ein volles Jahrzehnt ging dahin.

Dann, wie so oft im Leben eines Menschen, leistete ein günstiger Zufall Hilfe. Carsten Eggeberg Borchgrevink erhielt Kenntnis von der Absicht des norwegischen Reeders Svend Foyn, ein Schiff in die Antarktis zu schicken. Die australische Hafenstadt Melbourne sollte vor Beginn der großen Fahrt die letzte Station sein. Borchgrevink sah darin sofort eine konkrete Chance für sich, auch einmal das ewige Eis des Südens kennenzulernen. Die Wünsche und Träume seiner Jugendjahre wurden von neuem lebendig und ließen ihn nicht mehr los. Aber würde der Kapitän ihn auch mitnehmen?

Svend Foyn gehörte zu jenen Reedern und Kaufleuten, die schon seit vielen Jahren mit Fang und Verarbeitung grönländischer Wale gute Geschäfte machten. Da jedoch zahlreiche Walfänger gerade die nördlichen Gewässer so intensiv heimgesucht hatten, konnte man sich leicht ausrechnen, wann der Bestand dieser Tiere zurückgehen würde. Als weitblickender Mann zeigte Foyn lebhaftes Interesse an der Auffindung neuer Fanggründe, die sich naturgemäß tief im Süden befinden mußten. Wo gab es dort Wale, und welche Gebiete bevorzugten die Tiere? Um dies zu klären, schickte Svend Foyn sein Schiff „Antarctic" auf eine lange Reise.

Die Unterhaltung zwischen Kapitän Leonard Christensen und dem unternehmungsfreudigen Gelehrten verlief am Anfang ziemlich unfreundlich. Der Kapitän hörte den korrekt gekleideten Besucher mißmutig an, um danach kategorisch zu erwidern: „Leider kann ich Ihnen nicht zu Diensten sein, mein Herr. Ich bin nicht die richtige Adresse für Ihr Anliegen, so bedeutsam es auch immer sein mag."

Natürlich war Borchgrevink enttäuscht und sah bereits seine Blütenträume sich in ein Nichts auflösen. Er versuchte, den Kapitän umzustimmen.

Christensen aber blieb hart. „Mein Schiff ist kein Passagierdampfer. An Bord muß schwer gearbeitet werden. Außerdem könnte Ihnen unterwegs ein Unglück zustoßen, in diesem Falle würde man mich vor Gericht stellen."

Während die Unterhaltung noch im Gange war, kam ein Matrose angerannt und meldete dem Kapitän mit schreckensbleichem Gesicht: „Mann über Bord!"

Christensen ließ den ihm lästigen Bittsteller kurzerhand stehen und eilte mit dem Matrosen davon. Einer der Seeleute hatte sich sinnlos betrunken und war über die Reling gestürzt. Nun ertrank er. Jede Hilfe kam zu spät.

Der Kapitän, nachdem er sich vom ersten Schrecken erholt hatte, wandte sich an Borchgrevink, blickte ihn spöttisch an und sagte von oben herab: „Hören Sie mich an, mein Herr, Sie machen wir zwar nicht den Eindruck, als könnten Sie auf meinem Schiff etwas Nützliches tun, trotzdem will ich mit Ihnen ein Einsehen haben. Ja, Sie dürfen mitfahren. Aber nicht als Tourist, sondern als Ersatz für diesen Hilfsmatrosen. Sie werden hart arbeiten, Kohlen trimmen und das Deck schrubben. Und daß mir keine Müdigkeit vorgetäuscht wird. Bin ich verstanden worden?"

„Herr Kapitän", erwiderte Borchgrevink erfreut, „ich werde Sie bestimmt nicht enttäuschen."

So kam Carsten Eggeberg Borchgrevink also doch zu seiner ersten großen Reise, die Mitte Dezember 1894 nach kurzer Überholung des Schiffes begann.

Der junge Geologe und Landvermesser, an körperliche Schwerstarbeit nicht gewöhnt, gab sich redlich Mühe, sein Versprechen einzulösen. Durchhalten und sich nichts schenken lassen – das wurde für die nächste Zeit seine Devise. Er packte zu wie die anderen, bekämpfte wacker Muskelkater und Ermüdungserscheinungen, büßte zusehends sein bislang so gepflegtes Äußeres ein, verwandelte sich binnen kurzem in einen wetterfesten Seemann, der sich von seinen neuen Kameraden allerdings in einem Punkt unterschied: Er fluchte nicht so kräftig wie sie und mied den Alkohol. Im übrigen war er stets heiteren Sinnes und voller Erwartung, denn mit jedem Tag kam er seinem Ziel näher. Bald konnte er in dem geheimnisvollen Reich sein, das ihn seit früher Jugend wie ein Magnet anzog.

Als er schließlich an einem Morgen im Dezember zum erstenmal einen Eisberg zu Gesicht bekam, da fühlte er sich wie in eine fremde, bizarre Welt versetzt.

Kapitän Christensen und seine Mannschaft wußten zwar, daß ihr Gast, der Hilfsmatrose Carsten Eggeberg Borchgrevink, von wissenschaftlichen Plänen beherrscht war, doch seinen Enthusiasmus vermochten sie nicht zu teilen. Im übrigen verfolgten sie ihre ganz konkrete Aufgabe, nämlich neue Fanggründe zu suchen. Deshalb ließ der Kapitän das Schiff durch weite Teile des Südlichen Polarmeeres kreuzen. Er entdeckte viele Herden von Walen und kontrollierte die von ihnen eingeschlagenen Routen.

Mittlerweile, und zwar auf dem 74. südlichen Breitengrad, hatte die „Antarctic" den in diesem Jahr nicht so fest wie sonst vorhandenen Packeisgürtel überwunden und erreichte die Ross-See. Bei Kap Adare endlich näherte sich das Schiff dem Festland.

Ross-See und Kap Adare, aufs engste mit ihrem Entdecker James Clarke Ross verbunden, waren für Borchgrevink magische Namen. Noch konnte er es kaum fassen, sich nunmehr auch dort zu befinden, wo der von ihm verehrte Forscher vor über einem halben Jahrhundert seine berühmten Entdeckungen gemacht hatte. Andächtig und den eisigen Wind nicht achtend, der ihm ins Gesicht blies, blickte Borchgrevink zum Kap hinüber. An die drei Kilometer vom Schiff entfernt, wirkte es mit seinen zerklüfteten Bergketten und groben Felsen abweisend.

„Diese Landschaft, Herr Kapitän, hat etwas Heroisches und Melancholisches zugleich. Sie ist eher bedrückend als erhebend. Wer hier einen Polarwinter leben müßte, könnte trübselig werden", sagte er.

Christensen nickte. „Hier leben?" erwiderte er. „Nicht einmal begraben möchte ich hier sein."

Durch das Fernglas entdeckte Borchgrevink einen eisfreien Strand, der sich als Dreieck in das Meer vorschob.

Land!

Borchgrevink geriet sofort in Bewegung. Gelang es ihm, diesen Strand zu betreten, wäre er am Ziel seiner Wünsche, und der Traum seiner Jugend hätte sich erfüllt. Er wandte sich an Kapitän Christensen und flehte ihn förmlich an: „Geben Sie mir ein Boot, und lassen Sie mich hinüberrudern."

„Sie sind wohl nicht bei Trost", wurde ihm heftig geantwortet.

„Aber dies ist die Chance meines Lebens!"

„Unsinn, mein Freund. Nicht die Chance Ihres Lebens, sondern die beste Gelegenheit, sich den Tod zu holen. Sehen Sie, wie die starke Strömung die Eisschollen durch das Wasser jagt? Das Eis wird Sie samt Boot erschlagen."

Gewiß, einen höchst gefährlichen Plan hatte sich der norwegische Gelehrte und zeitweilige Hilfsmatrose Borchgrevink ausgedacht. Aber kapitulieren wollte er vor den Schwierigkeiten nicht, da die Erfüllung seiner Wünsche greifbar nahelag. So sprach er mit ungehemmtem Redefluß weiter auf den Kapitän ein, machte große Worte, brachte berühmte Namen ins Spiel, erwähnte James Cook, Faddei Faddejewitsch von Bellingshausen und natürlich James Clarke Ross.

„Kapitän Christensen", schloß er pathetisch, „ich appelliere an Ihre Verantwortung gegenüber der Wissenschaft. Geben Sie mir ein Boot!"

Christensen wußte nicht, wie ihm geschah. „Mann, Mann", erwiderte er erschöpft, „mit Ihrem Mundwerk werden Sie noch einmal Festungsmauern zum Einsturz bringen. In Gottes Namen, Sie sollen Ihr Boot haben. Allerdings", er dachte über etwas nach, „ich komme mit."

„Sie, Herr Kapitän?"

Zu Borchgrevinks Überraschung fuhr Christensen fort: „Ganz recht. Wissen Sie, mein Freund, ich habe mir die Sache überlegt. Mein Instinkt sagt mir, daß Sie etwas Großartiges im Schilde führen. Wenigstens will ich dabeisein, wenn Menschen erstmals antarktisches Festland betreten. Auf diese Weise", er reckte seine Gestalt, „gehe ich bestimmt in die Geschichte ein."

Das stärkste Beiboot wurde nun zu Wasser gebracht. Außer Borchgrevink und Christensen machten sich auch vier Matrosen auf den gefahrvollen Weg. Während der Kapitän das Steuer bediente, ruderten die anderen aus Leibeskräften. Sie hatten es unglaublich schwer, gegen die Strömung anzukommen. Eisschollen schlugen hart an die Bootswände. Manchmal versperrten sie den Männern den Weg, dann mußte das Boot verlassen und über das Eis gezogen werden. Aber der Strand vor Kap Adare kam näher und näher.

Carsten Eggeberg Borchgrevink würde von plötzlichem Mißtrauen gegen den Kapitän erfüllt. Ihm schien, als wollte Christensen ihm zuvorkommen und den Ruhm, als erster das Festland des Südkontinents betreten zu haben, für sich selbst beanspruchen.

Das aber durfte nicht sein!

Zehn Meter vor dem Strand passierte es dann.

„Der Kerl ist verrückt geworden!" rief der Kapitän aus.

Unerschrocken und mit einem kühnen Satz war Borchgrevink aus dem Boot gesprungen und watete nun durch das eiskalte Wasser, bis er festen Boden unter die Füße bekam.

Dies geschah am 23. Januar 1895 um 13.14 Uhr. Carsten Eggeberg

Borchgrevink hatte als erster Mensch den sechsten Kontinent betreten.

Kapitän Christensen gratulierte und sagte: „Mein Freund, Ihr atemberaubender Salto mortale war eine völlig überflüssige Demonstration, ich hätte Ihnen sowieso den Vortritt gelassen."

„Sicher ist sicher", gab Borchgrevink nun lachend zur Antwort. Er fror entsetzlich in dem nassen Zeug.

Mit seinem Triumph gab er sich nicht zufrieden. Gemeinsam mit Kapitän Christensen und den vier Matrosen nahm er unverzüglich eine Besichtigung des Geländes vor. Im Hintergrund ragten mächtige Bergketten auf. Auf dem dreiecksförmigen, von Steinen und Geröll übersäten Strand lagen Dutzende Robben- und Pinguinskelette herum. Raubmöwen hatten die verendeten Tiere sorgsam abgenagt. Während des nur einstündigen Aufenthalts auf diesem kleinen Stück Festland entdeckte Borchgrevink mehrere Arten Lebermoos und im Wasser eine in den schönsten Farben aufleuchtende Qualle, eine Meduse, wie man sie bisher nur in wärmeren Gegenden vermutet hatte. Damit gelang der Nachweis, daß sich unter dem von Eis begrabenen antarktischen Festland organisches Leben entwickeln konnte.

Nun galt es, mit dieser Entdeckung an die Öffentlichkeit zu treten. Die Fachwelt würde aus dem Staunen nicht herauskommen.

In diesem Punkt erlebte Carsten Eggeberg Borchgrevink fürs erste eine Enttäuschung. Zurück in Australien, schrieb er sogleich mehrere Berichte über seine Funde und schickte sie an zwei wissenschaftliche Institute und einige Zeitungen. Von den Instituten erhielt er überhaupt keine Antwort, während die Redakteure ihn wissen ließen, daß sie mit seinen Beschreibungen leider nichts anfangen könnten. Organisches Leben unter dem Südeis? Na, wenn schon, das regt doch keinen auf. So etwa dürften die angesprochenen Herren gedacht haben.

Inzwischen kam der Sommer 1895. Borchgrevink arbeitete wieder als Geologe und Landvermesser, durchstreifte mit einem kleinen Mitarbeiterstab die westlichen Regionen des fünften Erdteils und fühlte sich unglücklich darüber, daß man ihn als Polarforscher und Entdecker nicht anerkennen wollte. In dieser Situation erfuhr er, daß im September in Londen der 6. Internationale Geographenkongreß stattfinden sollte. Eine Woche lang würden 1500 Wissenschaftler aus aller Welt über die weitere Erkundung der Erde diskutieren.

Vor dieser Versammlung wollte Borchgrevink das Wort ergreifen und über seine Erlebnisse in der Antarktis sprechen. Auch meinte er, daß die Fachwelt endlich den Mann kennenlernen müßte, der als erster das antarktische Festland betreten hatte. Augenblicklich ließ er alles stehen und liegen, kaufte sich von seinem gesparten Geld eine Fahrkarte und begab sich an Bord des Passagierdampfers „Empire" in die britische Hauptstadt, wo er endlich am letzten Tag des Kongresses eintraf.

Dort hatte man bereits alles Wichtige gesagt. Die Herren traten nur deshalb noch einmal zusammen, um sich voneinander zu verabschieden, ehe sie in ihre Heimatländer zurückkreisten. Borchgrevinks Versuch, zu ihnen zu gelangen, scheiterte zunächst. Die Diener verwehrten ihm den Zutritt zum Versammlungssaal. Nach ihrer Meinung war er nicht korrekt und vorschriftsmäßig gekleidet, er trug nämlich keinen Frack. Glücklicherweise befand sich in der Nähe ein Laden, in dem man für festliche Gelegenheiten entsprechende Garderobe ausleihen konnte. Das war Rettung in letzter Minute.

An dem Kongreß nahmen berühmte und bedeutende Persönlichkeiten teil. Beispielsweise Joseph Hooker und Admiral Ommaney, die als junge Menschen mit dem inzwischen legendären James Clarke Ross in der Antarktis gewesen waren. Oder Arktisforscher wie Adolphus Washington Greely und Julius von Payer sowie Clements Robert Markham, Präsident der Royal Geographical Society in London, der als Zwanzigjähriger an einer Rettungsexpedition in der Arktis teilgenommen hatte. Und noch viele andere, deren Namen man in der Welt mit Respekt und Ehrfurcht nannte. Natürlich war Carsten Eggeberg Borchgrevink ein wenig aufgeregt, als er vor diesem Auditorium zu sprechen begann, doch seine Nervosität legte sich bald, zumal ihm nicht verborgen blieb, daß die Zuhörer seinem Vortrag mit großem Interesse folgten.

Der deutsche Geograph Georg von Neumayer erklärte anschließend, Borchgrevinks Funde bei Kap Adare seien von unschätzbarem Wert. Zugleich setzte er einen Beschluß durch, in dem die Wissenschaftler die antarktischen Regionen zum Hauptgegenstand künftiger geographischer Forschungsarbeit erklärten. Das war mehr, als der junge Gelehrte erhoffen durfte.

Borchgrevink machte die Bekanntschaft von Sir George Newnes, Besitzer eines großen Verlages in London mit Niederlassungen in New York, Paris und Rom.

„Wie sehen Ihre nächsten Pläne aus, Mister Borchgrevink?" fragte der Verleger.

Nennenswerte Pläne hatte der Gelehrte im Augenblick nicht. Nach kurzem Überlegen erwiderte er aber: „Besäße ich genügend Geld, würde ich mit einer eigenen Expedition bei Kap Adare überwintern."

„Das klingt so, als hätten Sie Selbstmordabsichten", erwiderte Sir George Newnes lachend. „Nun, im Moment kann ich nichts für Sie tun. Vielleicht findet sich später eine Gelegenheit. Lassen Sie mir deshalb Ihre Adresse hier."

Eine Zeitlang schien es, als würde Carsten Eggeberg Borchgrevink schon bald eine eigene Expedition bekommen. Nach seinem Auftreten in London zeigten mehrere Geographische Gesellschaften Interesse an ihm und luden ihn zu Vortragsreisen ein. So sprach er in England, Deutschland, New York und mehrmals in Australien über aktuelle Probleme der Antarktisforschung. Doch bald erlahmte das Interesse an seiner Person und seinen Absichten wieder. Er nahm deshalb die Arbeit als Geologe und Landvermesser von neuem auf.

Wieder gingen drei Jahre dahin.

In dieser Zeit schien die Antarktisforschung trotz der in London proklamierten guten Vorsätze eingeschlafen zu sein. Weder fuhren Expeditionen in den Süden, noch befaßten sich neue Bücher und die Zeitschriften mit dem sechsten Kontinent. Um so mehr wuchs die Nordpol-Literatur an. Die Arktis war immer wieder Schauplatz kühner Entdeckungsfahrten und verwegener Abenteuer. Die Berichte darüber lasen sich wie spannende Romane. Die Auflagen stiegen und stiegen. Die beteiligten Verlagshäuser wurden reich. In Deutschland machte zum Beispiel der Verlag F. A. Brockhaus das Rennen.

Im Frühjahr 1898 erhielt Carsten Eggeberg Borchgrevink ein Telegramm folgenden Inhalts:

„Ich erwarte Sie umgehend in London. Newnes."

Newnes? Borchgrevink hatte diesen Mann fast vergessen gehabt, doch bald erinnerte er sich und erblickte in der Nachricht einen Wink des Schicksals. Abermals begab er sich per Schiff in die britische Hauptstadt.

Diesmal wurde er mit offenen Armen empfangen.

„Mister Borchgrevink", begann der Verleger ohne Umschweife, „ich benötige ein packendes Buch über die Antarktis, und Sie werden es mir schreiben. Sie wollten damals auf dem Festland eine Hütte bauen und einen Polarwinter durchstehen? Tun Sie es jetzt. Alles, was Sie dazu brauchen, erhalten Sie von mir."

Borchgrevink spürte, wie ihm die Knie weich wurden. Als er sich etwas gefaßt und die so unvermutete Mitteilung verkraftet hatte, sagte er: „Es ist, wie Sie sagen, Sir, und ich habe meine Absicht niemals aufgegeben."

Der Verleger Newnes, vielleicht ein wahrer Förderer der Wissenschaften oder nur ein auf hohen Gewinn bedachter Geschäftsmann, erwiderte, eine andere Antwort nicht erwartet zu haben, und fügte mit leichter Euphorie hinzu: „Was Sie im Sinn haben, wird der Menschheit zu neuen Erkenntnissen über diesen Planeten verhelfen. Möge darum Ihr schöner Plan von Erfolg gekrönt sein!"

Ehe er sich's versah, hielt Borchgrevink einen Scheck in der Hand, und die darauf angegebene Summe ließ dem so plötzlich Beschenkten vor lauter Glück das Herz im Leibe hüpfen: 35 000 Pfund Sterling, umgerechnet mehr als 700 000 Mark! Sir George Newnes plante offensichtlich das größte Geschäft seiner Laufbahn als Verleger. Anders ließ sich diese gewaltige Investition wohl nicht erklären.

Über diese Motive seines Gönners machte sich Borchgrevink allerdings keine überflüssigen Gedanken, hatte er doch jetzt viel Wichtigeres zu tun. Mit dem nächsten Schnelldampfer fuhr er in sein Heimatland Norwegen, denn dort sah er die besten Voraussetzungen, um eine Expedition vorzubereiten.

Da er über sehr viel Geld verfügte, konnte er sich ein ausgezeichnetes Schiff leisten, die „Southern Cross", also Kreuz des Südens. Ihre Maße betrugen 50 Meter in der Länge, 10 Meter in der Breite, sie wies drei Masten, ein Zwischendeck und eine Maschine von 360 PS auf. Der Rumpf war seitlich abgerundet, so daß er starkem Eisdruck widerstehen konnte.

Und wer sollte es befehligen? Borchgrevink kam als Kapitän nicht in Frage, denn seine seemännischen Erfahrungen blieben auf Kohlenschippen und Decksäubern beschränkt. Am liebsten hätte er Kapitän Christensen mit der Führung der „Southern Cross" betraut, doch der lebte mittlerweile auf seinem Altenteil zurückgezogen im wohlverdienten Ruhestand. Die Wahl fiel schließlich auf Bernhard Jensen, der 1895 als Zweiter Steuermann auf der „Antarctic" gedient und inzwischen das Kapitänspatent erworben hatte. Eine glückliche Entscheidung, denn Jensen war mit den Gewässern vertraut, die man nun erneut befahren wollte.

Borchgrevink wußte, daß nicht jeder im Eis arbeitsfähig sein würde. Deshalb heuerte er Männer an – Walfänger und Matrosen –, die bereits an Expeditionen in die Arktis teilgenommen hatten. Sie kamen aus Norwegen, Australien und einige aus England. Mit den magnetischen Beobachtungen betraute er den dafür qualifizierten Seemann William Colbeck, der ebenfalls aus England stammte. Auch zwei Lappländer, Savio und Must, erhielten die Chance, an der großen Fahrt teilzunehmen.

Mit einunddreißig Mann an Bord verließ die „Southern Cross" am 30. Juli 1898 den Hafen von Kristiania. Die eingelagerten Lebensmittelvorräte reichten für drei Jahre. Außerdem gingen neunzig Polarhunde mit auf die Reise.

Zunächst fuhr man nach Tasmanien, von wo aus der Vorstoß ins Südeis unternommen werden sollte.

In großen Zügen sah der Expeditionsplan folgendes vor: Das Schiff sollte die Männer bis zum Bestimmungsort bei Kap Adare bringen, wo gemeinsam mit Borchgrevink neun Freiwillige den südpolaren Winter auf dem Festland zu erleben gedachten. Nach dem Ausladen des Expeditionsgutes würde sich die „Southern Cross" nach Australien begeben, um im Januar 1900 die Überwinterer von Kap Adare wieder abzuholen. Anschließend konnten eine Erkundungsfahrt in die Ross-See und ein Landungsversuch an der von James Clarke Ross entdeckten Eismauer unternommen werden. Danach wollte man die Heimreise antreten.

Die Fahrt von Norwegen nach Tasmanien dauerte lange. Erst am 28. November 1898 lief das Schiff in den Hafen von Hobart ein. Diese mittelgroße Hafenstadt, Sitz einer britischen Kolonialverwaltung und eines ihr angeschlossenen Straflagers, hatte bereits James Clarke Ross als Ausgangsbasis für seine Fahrten gedient und sollte später noch oft von Expeditionsschiffen angelaufen werden. Borchgrevink blieb drei Wochen dort, wozu er freilich begründeten Anlaß hatte. Das Schiff bedurfte einiger Reparaturen, außerdem mußten größere Mengen Gemüse, Obst und Fleisch gekauft und die Tanks mit frischem Trinkwasser gefüllt werden.

Am 18. Dezember 1898 ging es weiter. Schon bald nach Überschreitung des 60. Breitengrades geriet die „Southern Cross" erstmals mit dem Packeis in Berührung, und später, in Höhe der Balleny-Inseln, hatten Schiff und Besatzung schwer mit dem Eis zu kämpfen. Vorübergehend bestand sogar die Gefahr, eingeschlossen zu werden. Zwei Wochen lang konnte die Fahrt nur im Zickzackkurs fortgesetzt werden, zumal auch schwere Stürme der Besatzung arg zu schaffen machten. Erst am 26. Januar 1899 trat überraschend eine Wetterbesserung ein.

Nach weiteren drei Wochen, am 16. Februar 1899, kam Kap Adare in Sicht, wo unaufhörlich der Sturm heulte.

Als vorläufigen Winterplatz wählte Borchgrevink den dreiecksförmigen Strand vor dem Kap, den er seinerzeit als erster betreten hatte.

Er trug ihn nun als *Ridley-Lager* in die Karten ein. Inzwischen lag dieses Stückchen Erde nicht mehr so leblos vor ihnen wie im Jahr 1895, sondern diente als Wohn- und Brutstätte einer ausgedehnten Pinguinkolonie. Auf den Eisschollen davor lagerten zahlreiche Robben und ließen sich von den spärlichen Sonnenstrahlen das Fell wärmen.

Wegen der vielen Klippen und der geringen Wassertiefe konnte das Schiff nicht am Strand festmachen, sondern ging einen guten Kilometer entfernt vor Anker. So mußte das Expeditionsgut – Lebensmittel, technisches Gerät, die beiden zusammenlegbaren Hütten aus Holz sowie Kohlen, Bekleidung, die Hunde und deren Futter – auf Boote umgeladen und zum Winterplatz befördert werden. Das erwies sich als mühselige und langwierige Arbeit. Sie nahm, immer wieder von schweren Küstenstürmen unterbrochen, vierzehn Tage in Anspruch.

Am 2. März 1899, in den späten Abendstunden, war das harte Werk getan und der Augenblick des Abschiednehmens gekommen. Borchgrevink und die anderen Überwinterer, unter ihnen Savio und Must, William Colbeck, ferner der Jäger Hugh Evans, der als Koch fungierende Zimmermann Kolbein Ellefsen, der Präparator Nicolai Hanson und der als Expeditionsarzt tätige Herluf Klövstad, drückten Kapitän Jensen und den Matrosen stumm die Hand. Keiner mochte Worte verlieren. Langsam verschwand die „Southern Cross" in der beginnenden Nacht, um nach einem Jahr wiederzukommen.

Carsten Eggeberg Borchgrevink und die anderen winkten den davonfahrenden Kameraden lange nach. Gewiß, dies waren harte und tapfere Männer, aber in diesen Augenblicken wurde ihnen bewußt, daß über ihrem künftigen Schicksal Ungewißheit lag.

Zeit, um Trübsal zu blasen, blieb glücklicherweise nicht. Bis zum Beginn der Polarnacht galt es noch viel zu tun. Zuerst stellten die Männer die beiden Holzhütten von fünf Meter mal fünf Meter Größe auf. Die eine diente als Wohnraum, die andere als Magazin. In der Wohnhütte gab es wenig Komfort. Ellefsen, der Zimmermann und Koch, baute entlang den Wänden zehn Schlafkojen, fertigte einen länglichen Tisch an und verwandelte leere Proviantkisten in Sitzgelegenheiten. Ärger bereitete anfangs der Ofen, er wollte trotz aller Bemühungen nicht richtig funktionieren und verbrauchte zuviel Kohlen. Als das behoben war, blieb es trotzdem kalt, weil der Frost durch alle Ritzen drang, die man auch erst abdichten mußte. Danach wurden die Temperaturen erträglich.

Zweihundert Meter von beiden Hütten entfernt entstand der Arbeitsbereich William Colbecks. Ein gewöhnliches Zelt diente als Observatorium. Es bestand vorwiegend aus einer Vielzahl von Thermometern, deren Meßwerte alle zwei Stunden, auch während der Nachtzeit, abgelesen und auf einer Liste festgehalten werden mußten. Auf diese Weise sollten die klimatischen Verhältnisse auf Kap Adare gründlich registriert und später analysiert werden.

Carsten Eggeberg Borchgrevink hatte zwar genügend Lebensmittel bei sich, doch hielt er es für ratsam, eine Reserve anzulegen. Hierfür boten sich ihm zahlreiche Möglichkeiten, denn im Ridley-

Lager wimmelte es von Seehunden. Das Schlachten war ein trauriges und blutiges Geschäft. Hugh Evans besorgte es mit einem langen Messer.

Der Wissenschaftler Hans Albert Förster schrieb über diese Art zu töten:

„Die Tiere sind zutraulich, sie kennen den Menschen noch nicht. Streichelt man sie, so strecken sie behaglich die Vorderflossen aus und grunzen vor Vergnügen. Es ist leichter, einer Tierbestie entgegenzutreten, als Zutraulichkeit und Harmlosigkeit mit einem Messerstich zu beenden. Trifft das Messer nicht gleich das Herz, so blickt das todwunde Tier seinen Mörder mit großen, erstaunt aufgerissenen Augen so anklagend an, daß dem stärksten Mann elend werden muß."

Am 15. Mai 1899 leuchtete über Kap Adare für längere Zeit zum letztenmal die Sonne, aber es war nur noch ein sehr schwaches Leuchten. Dann setzte hinter dem südlichen Polarkreis die lange Nacht ein. Nun mußte sich also zeigen, ob Menschen auf dem antarktischen Festland leben konnten.

Draußen erstarrte die Natur. Die Robben hatten sich unter das Eis verkrochen, während die Pinguine und Raubmöwen in unbekannte Weiten abgewandert waren. Erst nach 75 Tagen kehrte in dieser Landschaft wieder Leben ein.

In Borchgrevinks Winterhütte ahnten die zehn Männer schon nach wenigen Tagen, daß sie Unmenschliches würden auszuhalten haben. Bereits der erste Orkan, der über Kap, Strand und die zur Ross-See gehörende Robertsonbucht hinwegbrauste, ließ sie um ihr Leben bangen. Das Dach der Magazinhütte krachte mit donnerndem Getöse zusammen, einzelne Teile wurden durch die Luft geschleudert. Zum Glück nahm das Wohnhaus keinen Schaden. Die Arbeiten in Colbecks Observatorium mußte Borchgrevink auf ein Minimum einschränken. Zwei Temperaturmessungen täglich – mehr konnte niemand beim besten Willen leisten. Für die Männer, die abwechselnd damit beauftragt waren, gestaltete sich der Weg zwischen Zelt und Hütte zu einem Martyrium, wofür vor allem die scharfe Kälte sorgte.

Mit den Hunden hatte es Carsten Eggeberg Borchgrevink schlecht getroffen, denn sie ertrugen die Strapazen nicht, starben dahin. Am Ende mußte der Expeditionsleiter froh sein, daß ihm wenigstens zwanzig Tiere blieben.

Im Holzhaus am weltabgeschiedenen Kap Adare gestaltete sich das tägliche Leben wie erwartet beschwerlich, doch es verlief nicht dramatisch. Die von dem ehrgeizigen Borchgrevink vertretene Auffassung, der Mensch sei auch während des südpolaren Winters

voll einsatz- und arbeitsfähig – ohne diese Überzeugung hätte er sich auf das Abenteuer gar nicht erst eingelassen –, dies schien sich nun zu bestätigen. Allerdings bedurfte es dazu einer möglichst kräftigen Gesundheit und nicht zuletzt ausgezeichneter Nerven. Der Ofen, das wichtigste Einrichtungsstück, eignete sich bestens, um Speisen und Getränke zu kochen. Als Wärmespender blieb er dagegen manches schuldig. Die Innentemperaturen wiesen deshalb ständig Minusgrade auf. Warm wurde den Männern nur in ihren Kojen, wo sie unter dicken Decken und Fellen friedlich schlummern und träumen konnten, sofern, und das geschah zu ihrem Leidwesen häufig, die heftigen Stürme sie nicht zum Aufbleiben zwangen.

Die Tage füllten wissenschaftliche und handwerkliche Arbeiten aller Art, und die Stimmung der Männer war dementsprechend gut. Ausgenommen bei den Mahlzeiten, die immer wieder Verdruß und Ärger bereiteten. Wie ernährt sich der Mensch während der Südpolarnacht am zweckmäßigsten? Diese Frage konnte man im Jahre 1899 noch nicht klären. Dem ewigen Konservenallerlei und dem tranigen Robbenfleisch vermochten die Überwinterer auf die Dauer keinen

Geschmack abzugewinnen. Borchgrevink schrieb unverblümt in sein Tagebuch:

„Das Essen ekelt uns an!"

Unglück suchte die zehn Menschen im Ridley-Lager heim. Einer ihrer Kameraden, der Präparator Nicolai Hanson, erkrankte und wurde von Tag zu Tag schwächer. Die Symptome waren eindeutig: Skorbut, eine bei Matrosen und Polarfahrern damals gefürchtete Krankheit, zurückzuführen auf Vitamin- und Eiweißmangel. Sie bringt binnen kurzem den Verfall der Kräfte mit sich. Hanson machte nicht den Eindruck, als würde er durchkommen. Bald konnte er keine Nahrung mehr zu sich nehmen, und in den Nächten phantasierte er laut vom Weltuntergang und von anderen Katastrophen.

Der bestürzte Borchgrevink wich nicht mehr von Hansons Lager, sprach auf ihn ein:

„Aushalten, Hanson, bald kommt die Sonne!"

Dank seiner eisernen Natur kam Hanson im Laufe der Zeit wieder auf die Beine. Trotzdem sollte ihm die Rückkehr in die Heimat versagt bleiben, er starb am 15. Oktober 1899 an Darmverschluß.

Die Sonne kehrte am 27. Juli 1899 wieder. Aber das bedeutete nicht das Ende des antarktischen Winters, der zog sich noch in die Länge. So richtig hörte er auf Kap Adare nie auf. Wenigstens aber ließen die Stürme nach. Das zurückgekehrte Licht begrüßten alle erleichtert.

Der Koch verkündete: „Zu Ehren der Sonne möchte ich euch einen Festschmaus servieren. Ich denke, Hammelbraten mit grünen Bohnen und Kartoffeln und dazu ein Schokoladenpudding wären nicht schlecht ... Leider habe ich nichts dergleichen auf Lager."

Auf den Tisch kam das Gewohnte: Robbenfleisch in einer undefinierbaren Sauce.

William Colbeck führte Experimente zur Lagebestimmung des magnetischen Südpols durch. Dabei gelangte er zu einem ähnlichen Resultat wie seinerzeit Karl Friedrich Gauß und James Clarke Ross: Der gesuchte Pol liegt irgendwo tief im Victorialand.

Auch Borchgrevink blieb nicht untätig. Er wollte das vergletscherte Bergland der näheren und weiteren Umgebung erforschen, ebenso eine große Gesteinssammlung anlegen. Also brach er zu einer Schlittenreise auf, die ihn weit in das von James Clarke Ross entdeckte Admiralitätsgebirge führen sollte. So sah es jedenfalls sein Plan vor. Ihn begleiteten Savio, Must und zwei Norweger.

Nach einem Marsch von drei Tagen gelangten die Männer an einen Berg, dessen ungewöhnliches Aussehen sie fesselte. Borchgrevink benannte ihn nach einem berühmten Wissenschaftler und Kapitän: *Mount Sabine*. Der Versuch, ihn zu besteigen, scheiterte aber, weil das alpinistische Können Borchgrevinks und seiner vier Begleiter dafür nicht ausreichte. Bald brachen schwere Stürme los und machten dem Ausflug ein vorzeitiges Ende, denn jedes Weiterkommen erwies sich als unmöglich. Nach einem unaufhörlichen Kampf gegen die Orkane und den wieder stärker werdenden Frost kehrten die Männer zu ihrem Lager zurück.

Mitte Dezember begann auf dem sechsten Kontinent die Sommerzeit – mit Sturmgebraus und winterlichen Temperaturen. Bald wurde das Leben bei Kap Adare allerdings etwas erträglicher, und am 11. Januar 1900 zeigte sich die Robertsonbucht zum erstenmal wieder völlig eisfrei. Nun befiel die zehn Männer Unruhe, denn sie warteten auf die „Southern Cross", die sie abholen sollte.

Da ertönte draußen in der Bucht ein langgezogener Pfiff. Das Signal zum Aufbruch: Die Männer blickten sich zuerst fassungslos, danach fröhlich an, ließen alles stehen und liegen, was sie gerade beschäftigte, und rannten zur Bucht hinunter.

Ja, die gute „Southern Cross" war gekommen! Sie hatte in einiger Entfernung vom Ridley-Lager Anker geworfen. Ein Beiboot wurde zu Wasser gebracht und hielt auf den Strand zu. Vorn saß Bernhard Jensen, der Kapitän. Er winkte den Wartenden zu, die ihn wenig später stürmisch empfingen.

Die erste Überwinterung auf dem antarktischen Festland hatte einen glücklichen Abschluß gefunden.

Kap Adare war Borchgrevink und seinen Kameraden ein Jahr lang ein zwar manchmal gefährdetes, aber auch vertrautes Zuhause gewesen. Nun entwickelte jeder einen deutlichen Eifer, sich von hier zu verabschieden. Nicht alles wurde mitgenommen, nur die wissenschaftlichen Sammlungen und Aufzeichnungen, wertvolles Gerät und persönliche Gegenstände. Zurück im Ridley-Lager blieben die beiden Holzhütten, Kohlen, unverderbliche Lebensmittel und Pelzbekleidung. Künftigen Südpolfahrern, die eines Tages hier vorbeikämen, konnten sie bestimmt von Nutzen sein.

Carsten Eggeberg Borchgrevink wandte sich nicht sofort nach Norden, sondern wies den Kapitän an, auf Südkurs zu gehen. Zum einen wollte er den Weg nachvollziehen, den Jahrzehnte vorher sein großes Vorbild James Clarke Ross genommen hatte, und zum anderen hatte er Sir George Newnes versprochen, einen Vorstoß in Richtung Südpol zu unternehmen. So fuhr das Schiff nun die Küste von Südvictorialand entlang, gelangte zur Ross-Insel, wo der Vulkan Erebus wieder Feuer spie und Rauch hervorquoll. Alsbald begaben sie sich schließlich zu der von James Clarke Ross erstmals erblickten großen Eisbarriere, die, mehrere hundert Kilometer breit, die Ross-

See gegen eine bisher unerforschte, noch nie von Menschen betretene Schelfeisplatte abschloß. Borchgrevink – was seinem Vorbild nicht vergönnt gewesen war – fuhr die gesamte Barriere entlang und entdeckte an ihrem äußersten Ende eine Bucht, die *Walbucht*.

Borchgrevink hatte ursprünglich nicht die Absicht, von hier aus den geplanten Ausflug in Richtung Südpol zu unternehmen, denn er mißtraute der Eisbarriere, von deren Beschaffenheit noch niemand etwas Genaues wußte. Weil die Schelfeisplatte aber, wie es den Anschein hatte, von der Walbucht her verhältnismäßig leicht zu besteigen war, änderte er seinen Plan und ließ das Schiff vor Anker gehen. Natürlich dachte er nicht daran, den Südpol zu erreichen, der lag in einer Entfernung von 1600 Kilometern.

„Ich will lediglich herausfinden, wie ein Teil der Strecke beschaffen ist, die man zurücklegen muß, um den Südpol zu erreichen", sagte er zu seinen Kameraden.

Am 17. Februar 1900, zu früher Morgenstunde, machte er sich mit Savio und Colbeck auf den Weg. Sie hatten nur wenig Gepäck bei sich, das auf einem leichten Schlitten verstaut war, den zwölf Hunde zogen. Sie marschierten in südlicher Richtung. Land entdeckten sie nicht. Die Ross-Schelfeisplatte erwies sich als eine Ebene, die kein Ende nehmen wollte. Am Nachmittag machten sie bei 78 Grad südlicher Breite, 164 Grad 32 Minuten 45 Sekunden westlicher Länge halt. Noch niemals waren Menschen so weit nach Süden gelangt wie Carsten Eggeberg Borchgrevink und seine beiden Gefährten.

Doch sie mußten umkehren, weil ein weiterer Vormarsch mit der Gefahr verbunden war, vom Schiff abgeschnitten zu werden. Und das wiederum hätte unter Umständen eine zweite Überwinterung bedeuten können. Borchgrevink wollte sich darauf nicht einlassen. Nur einen Tag hatte diese aufschlußreiche Schlittenpartie gedauert.

Am 18. Februar 1900 nahm die „Southern Cross" Kurs auf die Heimat, die im Spätherbst erreicht wurde. Borchgrevink kehrte mit dem Nachweis zurück, daß man auch im Südpolargebiet das Forschungsgebiet von den Küstengewässern auf das Festland verlegen kann. Diese bahnbrechende Leistung sicherte ihm in der Geschichte der Polarforschung für immer einen Ehrenplatz. Sogleich nach seiner Heimkehr schrieb er für den Verleger Sir George Newnes das vereinbarte Buch. Unter dem Titel „Das Festland am Südpol" erschien es 1904 auch in deutscher Sprache.

Carsten Eggeberg Borchgrevinks Bemühungen, auch weiterhin in der Polarforschung tätig zu sein, schlugen fehl. Er starb, von der Fachwelt anerkannt und geehrt, am 23. April 1934 in Oslo.

6. KAPITEL

Von Hunger und Kälte besiegt

*Am 9. Januar 1909 mußte der Ire Ernest Henry Shackleton
160 Kilometer vor dem ersehnten Ziel den Kampf aufgeben*

In den letzten Tagen vor der Jahrhundertwende, im Dezember
1899, gestaltete sich Berlin zum Schauplatz einer bedeutenden wissenschaftlichen Tagung. Geographen und Polarforscher aus vielen
Ländern trafen sich auf einem internationalen Kongreß zum Thema
Antarktis.

Nachdem bewiesen war, daß Menschen auf dem sechsten Kontinent durchaus leben und arbeiten konnten, geriet dieser Teil unseres Planeten immer mehr in das Blickfeld von Forschern und Entdeckern. Der unerschöpfliche Reichtum an Walen und Robben
hatte für die Weltwirtschaft enorme Bedeutung. Über eine annä-
hernd gerechte Verteilung der Beute mußten sich eines Tages Politiker die Köpfe zerbrechen, ebenso über die Vergabe von Einfluß-
gebieten.

Vorerst war die Antarktis eine Art Niemands- und Jedermanns-
land, vor allem aber Betätigungsfeld für die Wissenschaftler. Meteorologie, Erdmagnetismus, Eisbewegung, Meeresströmungen und
die Grenzenbestimmung von Land und Wasser gaben viele Rätsel
auf. Was sich hieraus an Fragen und Problemen ergab, mußte im
Laufe der Zeit gelöst werden.

Dann hielt die Antarktis für Entdecker, Waghalsige und Todes-
mutige, vielleicht auch bloß für Selbstmordverdächtige, einen An-
ziehungspunkt besonderer Art bereit: den Südpol. In welchem Gebiet befand er sich? War es überhaupt möglich, zu ihm zu stoßen?
Bisher wußte man nur, als günstigste Ausgangsbasis galt die mächtige Eisbarriere der Ross-See, die dem Südpol am nächsten gelegene
Küste des Eiskontinents. Bis zum südlichsten Scheitelpunkt der
Erde mochten es von ihr aus etwa tausendsechshundert Kilometer
sein.

In die Antarktis waren, im Gegensatz zu den nördlichen Polarzonen, bisher nur wenige Expeditionen unternommen worden. Das
lag vor allem an dem unerbittlichen Klima, mit nahezu ganzjährig
anhaltenden Schneestürmen und Orkanen. Männer, die sich in der
Arktis glänzend bewährt hatten, konnten im Südpolargebiet versa-

71

gen. Sechzig Grad unter Null, gegen die man sich noch nicht zu wehren wußte, machten viele schon nach wenigen Tagen mut- und hilflos.

Eine gemeinsame Erkenntnis aller bisherigen Südpolarunternehmen lautete so: Niemals wird es einem einzigen Land möglich sein, allein die gesamte Antarktis zu erforschen. Deshalb war es nur logisch und natürlich, daß die Berliner Konferenz der Geographen und Polarforscher für eine breite internationale Beteiligung plädierte. Mehrere Regierungen wurden aufgefordert, Antarktisexpeditionen auszuschicken und auf der Basis eines gemeinsamen Programms zu forschen.

Zwei Großmächte sagten sofort ab. Zunächst die USA, denn Washington ließ wissen, am sechsten Erdteil überhaupt kein Interesse zu haben. Als nächstes das zaristische Rußland. Trotz des seinerzeit großen Erfolges der Bellingshausen-Expedition gönnte es der Wissenschaft diesmal keine einzige Kopeke. Die Absage aus Petersburg hatte zur Folge, daß Rußland für sehr lange Zeit von der antarktischen Forschung ausgeschlossen blieb. Erst zehn Jahre nach dem zweiten Weltkrieg vollzog sich hier ein Wandel. Heute ist die Sowjetunion bei der Erschließung der Antarktis führend.

Unbeschadet der beiden Absagen kam zwischen 1901 und 1904 ein erster konzentrischer Angriff auf den Eiskontinent zustande, und zwar im wesentlichen nach den Empfehlungen der Berliner Konferenz.

Erich von Drygalski, am 9. Februar 1865 in Königsberg (Kaliningrad) geboren, Geophysiker und Meeresforscher von Beruf, leitete die deutsche Gruppe. Ihr Einsatz erfolgte in Gebieten der östlichen Antarktis. Drygalski und seine Mitarbeiter ließen sich in der Nähe des Gaußberges nieder und entdeckten das *Kaiser-Wilhelm-II.-Land* (heute Prawdaküste). Fast zwei Jahre lang unternahmen sie eine ausgedehnte Erkundung der Küstenregionen und entwickelten dabei die bis heute gültige Theorie des strömenden Eises. Die Forschungsresultate wurden ab 1905 in mehr als zwanzig Text- und Kartenbänden veröffentlicht.

Otto Nordenskjöld, Neffe von Adolf Erik Nordenskiöld, dem weltberühmten Erstbezwinger der Nordostpassage, begab sich mit wenigen Männern zur Ostseite von Grahamland, der Antarktischen Halbinsel, wo er die dort befindlichen gewaltigen Gletschermassive erforschte. Seine Expedition verlief dramatisch. 1901 wurde das Schiff durch schwere Eispressungen wie eine Hutschachtel zerdrückt. Nach zwei Überwinterungen und mehreren glücklichen Zufällen konnten die Schweden von einer argentinischen Hilfsmannschaft aus dem Eis geholt werden. Einen dritten Winter hätten sie bestimmt nicht überlebt, denn als man sie fand, waren sie bereits von schwerem Hunger gezeichnet.

Eine französische Expedition beteiligte sich ebenfalls an dem ersten wissenschaftlichen Generalangriff auf den sechsten Kontinent.

Und schließlich traten auch die Engländer an. Ihre Expedition leitete Kapitän Robert Falcon Scott. Sein Unternehmen war am besten ausgerüstet. Es hatte ein anspruchsvolles und umfangreiches Programm zu erfüllen: Forschungen in der Ross-See, in Victorialand, Erkundung der ausgedehnten Schelfeisplatte und als Krönung die Eroberung des Südpols.

Kaum hatte das teure Schiff, die „Discovery", im McMurdo-Sund nahe der Ross-Insel Anker geworfen, ließ Scott mehrere Abteilungen ausschwärmen, um die Bedingungen in dieser von Menschen noch niemals betretenen Gegend zu testen. Nun, die Verhältnisse, davon konnten sich die ausgesandten Leute schon nach wenigen Stunden überzeugen, waren grauenhaft. Als geradezu tollwütig erwiesen sich die Schneestürme. Blitzartig fielen sie Menschen und Schlittenhunde an, raubten jede Sicht und türmten meterhohe Schneeberge auf. Die Minusgrade sausten in die Tiefe.

Kapitän Scott jedoch blieb hart und trieb seine Männer unbarmherzig zur gewissenhaften Erfüllung ihrer Pflichten an. Am wenigsten schonte er sich selbst. Wiederholt unternahm er Schlittenfahrten. Einmal stieg er sogar mit einem Fesselballon auf, um sich den so grausam erscheinenden Kontinent – erstmalig in der Geschichte der Antarktisforschung – aus der Vogelperspektive anzusehen. Von dort erblickte er nach Süden hin endlose Eisfelder und im Osten ein Hochland mit offenbar scharfkantigen Felsen. Er nannte seine Entdeckung als guter Patriot *König-Edward-VII.-Land*, das sich später als eine Halbinsel erwies.

Mitte September 1902 bereitete sich Kapitän Robert Falcon Scott auf die Erstürmung des Südpols vor. Zuerst ließ er in dessen Richtung mehrere Depots anlegen. Dies geschah bei Sturm und Nebel. Scott rechnete mit einer täglichen Marschleistung von dreißig Kilometern und meinte, den Hin- und Rückweg in rund hundert Tagen bewältigen zu können.

Am 2. November 1902 brach Scott mit nur zwei Begleitern auf. Der eine war Dr. Edward Wilson, Arzt und Naturforscher, der andere Ernest Henry Shackleton, ein Marineleutnant irischer Abstammung. Die drei Schlitten wurden von achtzehn Hunden gezogen. Mit den Tieren gab es schon nach kurzer Zeit Kummer. Ihre Leistungen sanken von Tag zu Tag. Das konnte nicht verwundern, denn ihr Futter war verdorben, aber das bemerkte Scott zu spät.

Einer nach dem anderen verendete. Nach dem zweihundertsten zurückgelegten Kilometer mußte der letzte Hund erschossen werden. Der Traum, dreißig Kilometer am Tag zu schaffen, zerplatzte wie eine Seifenblase. Den Rest besorgten die Tücken des unheimlichen Kontinents. Chaotische Eisverhältnisse, Orkane und die grimmige Kälte schoben den Plänen des ehrgeizigen Kapitäns einen Riegel vor.

„Wir werden den Pol diesmal nicht erreichen", sagte Scott mit unverhohlener Resignation, „denn wir wissen zuwenig von diesen Gebieten, aufgeben wollen wir deswegen vorerst nicht."

So weit wie möglich versuchten sie vorwärts zu dringen. Aber das wurde von Tag zu Tag schwieriger. Die drei Männer mußten die schweren Schlitten selbst ziehen. Erst nach zwei Monaten erreichten sie den 82. Breitengrad. Bis zum Südpol blieben noch 889 Kilometer.

Kapitän Scott gab das Signal zur Heimkehr.

Ein trauriger Marsch begann. Zu allem Unglück erkrankte Shackleton schwer. Dieser Mann, eins neunzig groß, bärenstark und von allen ins Herz geschlossen, konnte aus eigener Kraft nicht mehr weiter. Er litt an Ruhr und Skorbut, hustete Blut, und seine Beine schwollen bedenklich an. Nun schied er für jede Arbeit aus und mußte geführt werden.

Nach fast hunderttägiger Abwesenheit trafen Scott, Dr. Wilson und Shackleton eher tot als lebendig im Lager am McMurdo-Sund nahe der Eisbarriere ein. Unterdessen war aus England ein neues Schiff gekommen, die „Morning". Sie brachte – denn Scotts Unternehmen sollte noch ein weiteres Jahr dauern – frischen Proviant und zusätzliche Ausrüstung mit. Während die anderen Expeditionsteilnehmer im Eis zurückblieben, mußte Leutnant Shackleton schleunigst in die Heimat gebracht werden. Sein Zustand war bedenklich.

Kapitän Scott und seine Männer leisteten in den folgenden Monaten ausgezeichnete Arbeit. Sie erkundeten die Eisbarriere und den Rand des Inlandeises auf einer Höhe von dreitausend Metern. Durch Funde tertiärer Pflanzenversteinerungen erbrachten sie den Nachweis, daß der sechste Kontinent vor sehr langer Zeit ein entschieden milderes Klima gehabt und mit Australien zusammengehangen hatte.

Namentlich diese von Kapitän Scott geleitete Expedition trug dazu bei, daß die verschiedenen 1899 in Berlin geplanten Vorhaben als realisiert angesehen werden konnten.

Bei der Heimkehr in England bereitete man Scott und seinen Männern einen triumphalen Empfang. In der Menge der Jubelnden stand einer, den das Unglück seiner Niederlage besonders in diesem Augenblick schwer traf: Ernest Henry Shackleton.

„Ich habe nicht versagt", erklärte er seiner Frau. „Ich war einfach von Pech und Krankheit verfolgt. Glaube mir, eines Tages bin ich wieder in der Antarktis."

Ja, dieser Shackleton hatte sich dem ewigen Eis verschrieben. Er sprach oft von seinen Plänen. Wer gab ihm aber jetzt noch einmal eine Chance?

Ein paar Jahre vergingen.

Ernest Henry Shackleton, am 15. Februar 1874 in der irischen Kleinstadt Kilkes geboren, übte nach Wiederherstellung seiner Gesundheit wie ehedem Dienst in der britischen Marine aus und arbeitete später als Sekretär in der schottischen Sektion der Geographischen Gesellschaft. Zum Kummer seiner jungen Frau Amely beschäftigte ihn unausgesetzt die Vorstellung, mit einer eigenen Expedition erneut Einzug in die Antarktis zu halten. Diesmal würde ihn keine Krankheit aus dem Rennen werfen. Obendrein hatte er Erfahrungen gesammelt und glaubte zu wissen, wie ein erfolgreicher Marsch zum Südpol organisiert werden mußte.

Freunde, die an ihn glaubten, unterstützten seine Ambitionen. Sie machten Politiker, Journalisten, Bankiers, Reedereibesitzer und namentlich den einflußreichen Automobilfabrikanten William Beardmore auf den „kommenden Mann" aufmerksam. In der angesehenen Zeitschrift „Geographic World" und anderen Blättern publizierte Shackleton mehrere Beiträge, in denen er darlegte, wie er sich ein neues Antarktisunternehmen vorstellte:

„Die aus neun bis zwölf Mann bestehende Landabteilung soll zur Überwinterung so ausgerüstet sein, daß sie im Frühjahr mehrere Gruppen aussenden kann. Die eine Gruppe soll nach Osten gehen, um, wenn möglich, die Barriere zu überschreiten, die zu König-Edward-VII.-Land führt. Dieses Land wurde von Kapitän Scott entdeckt, aber es ist noch völlig unerforscht. Eine andere Gruppe wird sich wahrscheinlich westwärts über die Berge begeben und den magnetischen Südpol erreichen. Ferner schwebt mir vor, daß wir auf der Ross-Insel den Mount Erebus besteigen und den Gipfel des gleichnamigen Vulkans untersuchen. Ich erkläre, daß ich keine Rekorde auf Kosten der Wissenschaft zu brechen oder aufzustellen beabsichtige, doch es ist mein wichtigstes Ziel, den geographischen Südpol einzunehmen. Was die Schlittenreisen betrifft, so soll auf die Mitnahme von Hunden gänzlich verzichtet werden. Sibirische Ponys scheinen geeigneter zu sein."

In Fachkreisen wurden diese Artikel natürlich mit großem Interesse gelesen. Manche Leute stellten allerdings Fragen nach dem

Verfasser. Shackleton? Hieß nicht so der kranke Mann von der „Discovery", der bei Scott beinahe gestorben wäre?

Im Juni 1906 fand in London die Jahresversammlung der Britischen Geographischen Gesellschaft statt. Es wurden Referate gehalten, Diskussionen geführt, ein festliches Bankett veranstaltet, man tauschte Ansichten, Erfahrungen und Meinungen aus. Dabei ging es immer wieder um die Frage, ob es ratsam und zweckmäßig sei, abermals eine Expedition zur Eroberung des Südpols auszurüsten. Wer sollte in diesem Fall die Leitung übernehmen? Kapitän Scott, der in dieser Hinsicht das größte Vertrauen genoß, schied aus. Er hatte bereits vorher wissen lassen, daß er sich einstweilen noch mit der Auswertung seiner letzten Antarktisreise befassen wolle.

Am Ende fiel die Entscheidung doch zugunsten Ernest Henry Shackletons aus. Unklar blieb vorerst, wer das Unternehmen finanzieren sollte. Regierung und Admiralität erklärten, im Augenblick überfordert zu sein, und sprachen Vertröstungen auf die Zukunft aus. Shackletons Freunde organisierten schließlich einen großangelegten Werbefeldzug und veranstalteten öffentliche Geldsammlungen. Einen größeren Betrag stellte der Automobilfabrikant Beardmore zur Verfügung, viele andere folgten seinem guten Beispiel. Nach einem halben Jahr durfte die Expedition als abgesichert gelten. Für Shackleton waren insgesamt umgerechnet eine Million Mark gestiftet worden.

Ehe Shackleton England verließ, führte er ein Gespräch mit Kapitän Robert Falcon Scott. Der Kapitän, ohnedies kein Mann vieler Worte, gab sich zugeknöpft und verschlossen. Den Südpol hatte er eigentlich für die eigene Person reserviert. Nun schien er zu befürchten, daß der so unverhofft aufgetauchte Nebenbuhler ihm zuvorkommen könnte. Als Gentleman, dem Fairneß oberstes Gebot ist, wünschte er ihm dennoch Hals- und Beinbruch.

So richtig konnte wohl niemand begreifen, warum ausgerechnet der Marineleutnant Ernest Henry Shackleton diese teure Expedition erhielt. Vielleicht war es seine unverbrauchte Jungenhaftigkeit, mit der er es verstanden hatte, das auf seiner ersten Antarktisreise erlittene Unglück zu überstehen. Jedenfalls sollte er sich aller ihm entgegengebrachten Vertrauensbeweise in hohem Maße als würdig erweisen.

Die Verabschiedung fand am 4. August 1907 in London statt. Sogar der König und die Königin kamen an Bord der „Nimrod", wie das Expeditionsschiff hieß, um Glück- und Segenswünsche auszusprechen. Danach begann die Fahrt.

Shackleton wandte sich zunächst nach Neuseeland, wo er am 23. November desselben Jahres eintraf.

Seine „Nimrod" war gewiß kein Luxusdampfer, auf dem verwöhnte Dollarmillionäre in die weite Welt hinaus zu reisen pflegten, aber nach einer Reihe von Umbauten immerhin so stabil, daß sie stärksten Belastungen zu widerstehen vermochte. Allerdings erwies sich dieser einstige Walfänger, mit dem bereits seit Jahrzehnten die Meere befahren wurden, für seinen neuen Zweck als entschieden zu klein. An Bord drängten und zwängten sich an die dreißig Personen. Die Schiffsbesatzung mit Leutnant England als Kapitän bildete die kleinste Gruppe. Bei den anderen handelte es sich um Leute, die unmittelbar an der Expedition teilnehmen sollten, also um die Landabteilung. Für diesen umfangreichen Stab mußten große Mengen an Proviant, Trinkwasser und Ausrüstung mitgenommen werden. Viel Raum beanspruchten die zehn Ponys. Das waren ziemlich aggressive Tiere, die sich untereinander nicht vertrugen, immerzu mit ihren starken Beinen Hiebe verteilten und viel ärgerlichen Schabernack trieben. Jedes Tier erhielt einen eigenen Verschlag, denn nur so hatten ihre Artgenossen und die Leute an Bord Ruhe vor ihnen.

Die Abreise von Lyttelton auf Neuseeland erfolgte am 1. Januar 1908, morgens um vier Uhr. Das Wetter hielt sich noch gut. Um Kohlen zu sparen, ließ Shackleton sein Schiff über 2800 Kilometer von dem aus Stahl gebauten Dampfer „Koonya" schleppen. Vier Tage nach Verlassen Neuseelands geriet die überladene „Nimrod" in schwere Stürme, die von ununterbrochenen Regenfällen begleitet wurden. Zwei Wochen lang kamen die übermüdeten Männer nicht aus ihrer durchnäßten Kleidung heraus. Die See ging zuweilen so heftig, daß das Schiff unaufhörlich schwankte und sich um mehr als fünfzig Grad nach jeder Seite legte. Die Tiere gerieten in Panik. Ein Pony erlitt heftige Krämpfe und mußte erschossen werden.

Nach vierzehn Tagen hörten die Stürme auf. Dafür kam der erste Eisberg in Sicht. Nun war es höchste Zeit, sich von dem Schleppdampfer abzuseilen und die Fahrt aus eigener Kraft fortzusetzen. Am 15. Januar 1908 warfen die Matrosen die Leinen los. Zwei Tage später sichtete man die ersten Robben und Pinguine. Die Antarktis hatte Ernest Henry Shackleton wieder.

Sein ursprünglicher Plan, an der großen Eismauer vor Anker zu gehen und dort das Winterquartier aufzuschlagen, mußte aufgegeben werden, weil trotz intensiver Suche kein Platz geeignet dazu schien. Es blieb nichts anderes übrig, als zu versuchen, so tief wie möglich in den McMurdo-Sund vorzustoßen und sich südlich der Ross-Insel häuslich niederzulassen.

Auf dem Wege dorthin geschah ein erster Unglücksfall. Dem Zweiten Offizier wurde versehentlich ein Schiffshaken ins rechte

Auge geschleudert. Das Auge mußte sofort herausgenommen werden.

Einen idealen Platz für das Aufstellen der Winterhütte fand Shackleton bei Kap Royds an der Ross-Insel. Die Entladung des Schiffes begann am 1. Februar. Das war recht mühselig. Wegen zu geringer Wassertiefe mußte die „Nimrod" einige hundert Meter vom Ufer entfernt bleiben.. Das bedeutete, Verpflegung, Kohlen und vieles andere brachte man zuerst in Boote, transportierte sie danach ans Ufer und von dort zu dem einen Kilometer landeinwärts liegenden Lagerplatz. Diese Knochenarbeit, immer wieder von Stürmen und schwerem Seegang unterbrochen, dauerte bis Ende des Monats. Unglücklicherweise kamen die meisten Ponys als Zugtiere nicht in Frage. Teils von der Überfahrt erschöpft, teils weil sie von bockiger Gemütsart und „asozialer Gesinnung" waren, verweigerten sie jedweden Dienst. Nur vier ließen sich einspannen und taten, was man von ihnen mit Fug und Recht erwarten durfte.

Ein anderes Pony, es hörte auf den schönen Namen „Königin", stieß auf dem Lagerplatz einen Kanister mit Petroleum um. Die Flüssigkeit ergoß sich über einen Strohballen, den das muntere, aber leider arbeitsscheue Tier für eine Delikatesse hielt. Wenig später wand sich die unkönigliche Ponydame in Krämpfen und mußte mit einer Kugel von ihrer selbstverschuldeten Qual erlöst werden.

Mit zehn Ponys war Shackleton ausgezogen. Nach diesem Vorfall blieben noch acht. Einen Tag darauf sogar nur sieben, denn „Mac", ein besonders rabiater Geselle, riß sich los, raste davon und stürzte in eine Eisspalte von bodenloser Tiefe.

„Die Ponys scheinen mir kein Glück zu bringen", klagte Shackleton. „Ich hätte mich lieber für Hunde entscheiden sollen."

Diese Einsicht kam zu spät.

Noch ehe das Winterquartier bezugsfertig war, machte sich der Marineleutnant daran, den ersten Teil seines Expeditionsplanes zu erfüllen, nämlich die Besteigung des Vulkans Mount Erebus. Die Hügel an seinem Fuß und die Abhänge begannen einen Kilometer vom Lager entfernt, doch der Gipfel lag an die zwanzig Kilometer weiter. Für den Hin- und Rückmarsch, den Auf- und Abstieg wurde eine Zeitdauer von zehn Tagen berechnet. Wegen der reichlichen Arbeit im Lager konnte Shackleton nicht selbst die Besteigung wagen. Er beauftragte Professor Thomas Edgeworth Davis, als wissenschaftlicher Leiter der Expedition den Aufstieg zu unternehmen.

Mit fünf Begleitern verließ Davis am 5. März 1908 das Lager. Die Bezwingung des Mount Erebus mußte natürlich jeden leidenschaftlichen Bergsteiger verlocken. Sie war gleichzeitig auch vom geologischen und meteorologischen Standpunkt aus wünschenswert.

Zwölf Tage verstrichen. Schneestürme tobten. Shackleton machte sich bereits Sorgen um den Professor und dessen Gruppe und überlegte, ob er eine Hilfsabteilung schicken sollte. Am 16. März stand er wieder vor der Hütte und blickte zum fernen Mount Erebus hinüber. Der Himmel verdunkelte sich. Binnen weniger Minuten würde auf Kap Royds und die ganze Umgebung ein verheerendes Unwetter niedergehen. Da sah Shackleton plötzlich sechs Gestalten auf sich zukommen. Die Entfernung zu ihnen betrug keine dreißig Meter. Sofort lief er auf sie zu und rief:

„Kamt ihr bis zum Gipfel?"

Einer der erschöpft Heimkehrenden wies mit der Hand in die Höhe, und das hieß, daß sie es geschafft hatten. Während eines zu Ehren der Sieger veranstalteten Festschmauses berichtete der Professor, daß Auf- und Abstieg unglaublich schwer gewesen seien. Auf dem glatten Boden kamen alle paar Minuten Stürze vor. Wer keine Steigeisen oder genagelten Schuhe trug, wurde übel mitgenommen. Andererseits hatte sich das Abenteuer in jeder Hinsicht gelohnt. Professor Davis verfaßte einen ausführlichen Bericht darüber. Darin hieß es:

„Nach Messungen am Rande des Kraters erhebt sich der Berg zu einer Höhe von viertausendundfünfsiebzig Metern über dem Meer. Wir standen am Rande eines ungeheuren Abgrunds und konnten wegen der riesigen Dampfmassen, die den Krater füllten und die in hundertfünfzig bis zweihundert Meter hohen Säulen hochstiegen, weder den Grund erblicken noch über den Krater hinausschauen. Nach einem zischenden Ton, der einige Minuten währte, kam aus der Tiefe ein starkes, dumpfes Grollen. Sofort drängten mächtige, kugelförmige Dampfmassen zur Höhe und vermischten sich mit der schneeweißen Wolke, die beständig über dem Krater hing. Dieses Naturschauspiel wiederholte sich in gewissen Zeitabschnitten während unseres ganzen Aufenthaltes am Krater. Die uns umgebende Luft roch stark nach brennendem Schwefel. Plötzlich verjagte eine uns willkommene, aus Norden kommende Brise die Dampfwolke, und der Krater lag vor uns in seiner vollen, mächtigen Ausdehnung und Tiefe. Diese betrug nach unseren Winkelmessungen zweihundertsiebzig Meter, die größte Weite ungefähr achthundert. Auf dem Grund des Kessels befanden sich mindestens drei deutlich wahrnehmbare Öffnungen, aus denen Dampfexplosionen kamen."

In seinem Forschungsbericht beschrieb Professor Davis die interessanten Beobachtungen an anderer Stelle weiterhin wie folgt:

„Im geologischen Bau des Erebus traten zwei bestimmte Züge auf, nämlich die ungeheuren Mengen großer und wohlgeformter Feldspatkristalle und die Eisfumarolen. Seine Lage zwischen dem Gürtel der polaren Windstillen und dem Südpol, seine Isolierung gegenüber dem störenden Einfluß großer Landmassen, seine bedeutende Höhe, die ihn das ganze System der Luftzirkulation durchdringen läßt, und die ständige Dampfwolke auf dem Gipfel, die wie eine riesige Wetterfahne hin und her schwingt, machen den Mount Erebus für den Meteorologen zu einem der interessantesten Punkte der Erde."

Die Ersteigung und Erkundung des seinerzeit von James Clarke Ross entdeckten Mount Erebus mit seinem feuerspeienden Vulkan gehört bis heute zu den unvergänglichen Leistungen innerhalb der antarktischen Forschungsarbeit.

Unterdessen kam der Winter immer näher. Letzte Vorbereitungen mußten getroffen und die Vorräte an frischer Nahrung ergänzt werden. Zu diesem Zweck gab Shackleton zwei Dutzend Robben und hundert Pinguine zum Abschuß frei. Ihr Fleisch verschwand in eisigen Höhlen.

Zu der Zeit, als die Sonne Abschied nahm, zeigte sich der Himmel in zauberhafter Farbenpracht. Sogar die Wolken glänzten in allen Schattierungen des Regenbogens. Der Übergang vom Zwielicht zur Nacht ließ die sonst fahle Mondsichel leuchten. Die Klippen ringsum behielten ihr strahlendes Weiß, die Felsen daneben ihr tiefes Schwarz. Aber als sich im April die Polarnacht über alles legte, entstand ein wahrhaft gespenstisches Bild, das Worte nur schwer beschreiben können.

So war also der antarktische Winter auf Kap Royds eingezogen. Die Temperaturen fielen bis auf vierzig Grad minus – Zeit der vollkommenen Leblosigkeit.

Allerdings, in Shackletons Winterhütte hielt man es aus.

Der nächste Sommer kam bestimmt, aber leider mit erheblicher Verspätung, und das brachte den Zeitplan ziemlich durcheinander. Erst Ende September waren auf Kap Royds die Verhältnisse geeignet, um die Schlitten für beide großen Reisen ins Unbekannte zu beladen. Dies geschah bei grimmiger Kälte und heftigen Sturmböen. Noch länger durfte freilich nicht gezögert werden.

Am 5. Oktober 1908 marschierte eine kleine, von Professor Davis geführte Gruppe los. Ihr Ziel war der südliche Magnetpol, den man tief im Victorialand vermutete. Die Expedition sollte das Geheimnis lüften.

Zugvieh konnte Shackleton der kleinen Truppe nicht bewilligen. Die wenigen Ponys, die sich noch des Lebens erfreuten, brauchte er selbst für seine Reise zum Südpol. Aber der Professor erhielt als Ersatz ein Zugmittel ganz besonderer Art: eine Vierzylinder-Eisli-

81

mousine, die eigens für diesen Ausflug konstruiert und gebaut worden war. Das vielbestaunte Vehikel beluden die Männer nun mit allem Notwendigen. Für alle Fälle – denn erst recht im ewigen Eis galt Vorsicht als Mutter der Weisheit – band man obenauf zwei Reiseschlitten.

Die Abfahrt ging zügig vonstatten. Die Maschine verursachte ein donnerndes Getöse, aber immerhin, sie funktionierte. Nach einer Stunde hatten sie bereits mehr als zwanzig Kilometer zurückgelegt, am Abend hundertfünfzig. Das war in diesen unwegsamen Breiten ein absoluter Schnelligkeitsrekord und nach der Bezwingung des Mount Erebus also ein weiterer Pluspunkt für Shackletons antarktisches Unternehmen. Da legten sich der Professor und seine Mitfahrer fröhlich in die Schlafsäcke und erwachten am anderen Morgen mit neuem Tatendrang.

Den hatten sie aber auch bitter nötig. Ihr wundersames Automobil machte nämlich nicht mehr mit. Es verursachte nach wie vor großen Lärm, doch es war nicht dahin zu bringen, sich noch ein einziges Mal von der Stelle zu rühren. Eine Tagesfahrt im ewigen Eis hatte vollauf genügt, es sozusagen autofriedhofsreif zu machen. Fluchend luden die Männer das viele Gepäck auf die Schlitten um, spannten sich davor und marschierten los. Das Vierzylinder-Wunderding würdigten sie keines Blickes mehr.

Was ihnen jetzt bevorstand, konnten sie sich leicht ausrechnen. Zwei Monate lang kreuzten sie durch Victorialand. Sie überwanden Gebirgsketten und zerrissene Eisfelder, durchlitten Kälte, Hunger und Erschöpfungszustände. Nur den magnetischen Südpol fanden sie nicht. Am 2. Dezember 1908 blies Professor Davis zum Rückzug.

Ein weiterer strapazenreicher Monat folgte. Abermals ging es kreuz und quer durch Victorialand, diesmal auf Kap Royds zu, das sich in weiter Ferne befand. Das Jahr 1909 wurde bei verminderten Rationen und eisiger Kälte in dem kleinen Zelt begrüßt. Dann ging es von neuem weiter. Die Männer marschierten jetzt über eine endlos scheinende Hochebene.

Ungeachtet der ihnen auferlegten Mühen und der drohend vorgerückten Zeit, nahmen die Männer mehrmals am Tage erdmagnetische Messungen vor, denn womöglich ließ sich der Magnetpol doch noch auffinden.

Am 16. Januar 1909 zeigten Kompaß, Inklinationskreis und die anderen Instrumente so auffallende Reaktionen, daß die Nähe des magnetischen Südpols vermutet werden durfte. Im Nu schienen alle Kümmernisse vergessen. Am frühen Nachmittag verfinsterte sich der Himmel, doch den einsamen, durchgefrorenen Männern auf Victorialand leuchtete ganz plötzlich die Sonne: Die Magnetnadel bildete einen rechten Winkel zur Horizontalen, und auch die anderen Instrumente kündigten das große Ereignis an: Auf 72°25′ südlicher Breite, 155°16′ östlicher Länge hatte man das Ziel erreicht.

Der südliche Magnetpol war entdeckt!

Für dieses Bravourstück gebührte der Shackleton-Expedition Ruhm für alle Zeiten. Professor Davis und seine Begleiter errichteten über ihrem Fund keine neue Cheopspyramide, wie James Clarke Ross das einst empfohlen hatte. Dafür hißten sie die Fahne ihres Landes und entblößten für etliche Minuten ihre Häupter.

Jetzt durfte aber kein Tag mehr verlorengehen. Allzu lange war man unterwegs gewesen, erheblich länger als vorgesehen. Der Proviant neigte sich dem Ende zu. Die Gefahr des Verhungerns deutete sich an. Die Männer hasteten und wankten über das Eis. Ihr Ziel war die Winterhütte auf Kap Royds, die sie schließlich mit letzter Kraft erreichten.

Wie erging es unterdessen dem Expeditionsleiter und seiner Gruppe?

Wegen katastrophaler Witterungsbedingungen konnte Ernest Henry Shackleton erst am 29. Oktober 1908 aufbrechen. Freilich, an diesem Tage herrschte glänzender Sonnenschein, und der Himmel blieb wolkenlos. Würde sich der sechste Kontinent eine Weile von seiner besten Seite zeigen, sofern er sie überhaupt besaß? Zu wünschen war das dringend, denn Shackleton und seinen Begleitern stand eine Strecke bevor, die hin und zurück 2825 Kilometer betrug. Und sie mußte nun als Folge der vorgerückten Zeit binnen hundert Tagen bewältigt sein. Für diese Frist nahm der Leutnant Proviant mit, wobei es auf dem Rückmarsch für jeden Mann nur eine einzige Mahlzeit geben würde. Hunger hatte er also von vornherein einkalkuliert. Es gab aber keine andere Möglichkeit, weil der meiste Platz auf den Schlitten zur Unterbringung des Futters für die Ponys – ganze Gebirge von Mais, Preßheu, Kleie und Stroh – dienen mußte.

Zum Südpol wollten alle mit, und zweifellos schien auch jeder für den langen Marsch geeignet. Nur drei Männern konnte Shackleton den Vorzug geben: Leutnant Jameson Boyd Adams, ein Meteorologe, Dr. Eric Stewart Marshall, Arzt und Kartograph, und Frank Wild, der als versierter Proviantverwalter schon an mehreren Polarexpeditionen teilgenommen hatte und mütterlicherseits in direkter Linie von dem berühmten Weltumsegler James Cook abstammte. Die Ponys, die für würdig befunden wurden, als erste Vierbeiner der Welt ihre Hufe auf den Südpol zu setzen, hießen Chinaman, Quan, Grisi und Socks.

Der Abmarsch vom Winterlager erfolgte in aller Frühe. Nach einer Stunde kam es zu einem ersten Zwischenfall. Hunde spannt man vor einen Schlitten, auf den man sich anschließend setzt und sogleich zu kutschieren beginnt. So war und ist es auf Polarfahrten Brauch. Shackletons Ponys hingegen verlegten sich plötzlich auf eine mehr aristokratische Lebensart. Sie ließen sich nicht kutschieren, vielmehr mußten sie am Halfter geführt werden. Daß sie am Ende so aristokratisch auch wieder nicht waren, zeigte sich jetzt.

„Elendes Mistvieh!" brüllte Leutnant Adams und fiel in den Schnee, wo er mit schmerzverzerrtem Gesicht liegenblieb. Das Pony hatte ihm einen derben Tritt versetzt. Ein paar Zentimeter höher, und die Kniescheibe wäre zertrümmert gewesen. Adams hatte starke Schmerzen, er verbiß sie tapfer.

Die Ponys zogen übrigens prächtig, was sie andererseits nicht davon abhielt, immer wieder ihr unangenehmes Wesen zum Vorschein gelangen zu lassen. Namentlich fraßen sie alles, was ihnen irgendwie vors Maul geriet – Seile, Zaumzeug, Leder, Pferdedecken und Futtersäcke. Die Männer waren stets in Sorge, daß diese ungehemmte Freßgier den Tieren zum Schaden gereichen könnte. Einige Tage nachdem der Missetäter Socks Leutnant Adams so übel zugerichtet hatte, traf es das Tier selbst. Es stürzte in eine Eisspalte. Es gelang den Männern aber, Socks wieder nach oben zu ziehen. Seitdem konnte das Pony jedoch nicht mehr richtig gehen. Dieses für antarktische Verhältnisse recht ungewohnte Bild hielt Dr. Marshall mit dem Fotoapparat fest und kommentierte:

„Ein lahmer Mann zieht einen lahmen Gaul!" Alle lachten darüber, am meisten Adams selbst.

Mit Socks ging es daraufhin zu Ende. Schon bald konnte er keinen Schritt mehr tun und mußte deshalb erschossen werden. Das viele Futter für ihn blieb liegen, die übrigen Sachen verteilten die Männer auf die anderen Schlitten. Frank Wild hielt es für ratsam, auf das Fleisch des toten Ponys nicht zu verzichten, sondern einen Teil davon mitzunehmen. Er zerlegte es fachgerecht. Fortan kam des öfteren Ponybraten auf den Tisch, und der schmeckte auch nicht so übel.

Die täglichen Marschleistungen waren teilweise sehr beachtlich, blieben im allgemeinen jedoch hinter Shackletons Erwartungen zurück. Das lag an der Beschaffenheit der Wegstrecke. Überall taten sich im Eis Spalten auf, die manchmal bis zu dreißig Metern breit waren. Es kostete jedesmal viel Zeit, sie zu umgehen. Für weitere Verzögerungen sorgten die Schneestürme. Sie verurteilen die vier Männer dazu, tatenlos in den Schlafsäcken zu liegen und auf besseres Wetter zu hoffen.

Trotzdem, Ernest Henry Shackleton und seine Gefährten kamen ihrem Ziel Stück um Stück näher.

Hinter dem 82. Breitengrad widerfuhr ihnen ein folgenschweres Unglück. Mit einem unterdrückten Aufschrei sprang Dr. Marshall zur Seite und konnte sich in letzter Minute vor dem sicheren Tod retten. Aber im selben Augenblick sauste das von ihm geführte Pony Chinamán in eine tiefe Spalte. Und mit ihm einer der Schlitten, auf dem sich neben vielen anderen nützlichen Dingen hundertfünfzig Pfund Proviant befanden, darunter Pemmikan, Fleischkonserven, Schokolade, Butter und Speck. Die Männer blickten sich erschrocken an, und jeder dachte dasselbe: Mußte der Verlust von so vielen Lebensmitteln nicht das Ende der Expedition bedeuten? War es nicht besser, lieber gleich umzukehren, als auf dem Rückmarsch elend umzukommen? Ausgesprochen wurden solche Gedanken freilich nicht. Niemand wollte sich Zeichen von Schwäche oder Verzagtheit anmerken lassen.

Tatsächlich setzten sie den Marsch noch in derselben Stunde fort.

Ende November 1908 hatten die Männer die Eisplatte, das Ross-Schelfeis, wie sie offiziell hieß, überwunden. In der Ferne tauchten mächtige Bergketten auf, einige von der Größe der Schweizer Alpen und noch höher. Was verbarg sich hinter diesem Wall aus Eis und Granit? Weitere vereiste Felsen, bis hin zum Pol gestaffelt, die einzeln überwunden werden mußten? Eine Hochebene vielleicht oder eine tiefe Senke? Siebenhundert Kilometer mochten es noch bis zum Pol gewesen sein, aber niemand konnte sagen, wie der Weg dorthin aussah, weil kein Mensch je so weit vorgestoßen war wie Ernest Henry Shackleton und seine drei Begleiter.

Für diese Nacht schlugen sie am Fuße eines drohend und finster wirkenden Felsens, der aussah wie ein verzerrter Pferdekopf, das Lager auf. Am nächsten Morgen unternahmen die Männer einen ausgedehnten Erkundungsgang, um das vor ihnen liegende Gelände zu prüfen. Was sie bereits befürchtet hatten, bestätigte sich nun. Das ganze Land schien aus vereisten Bergen und Höhenzügen zu bestehen. Dazwischen Täler, deren Eis- und Schneeböden nicht zu trauen war, weil überall Spalten und Löcher auftauchten. Schon der nächste Schritt konnte lebensgefährliche Folgen haben.

Am 1. Dezember 1908 gingen Shackleton, Adams, Dr. Marshall und Wild die Bergketten an. Sie besaßen nur noch das Pony Grisi, nachdem auch Quan wegen totaler Erschöpfung getötet werden mußte. Grisi zog, von Shackleton geführt, eine Last von vierhundert Kilogramm. Vor den anderen Schlitten mit dreihundert Kilogramm spannten sich Adams, Dr. Marshall und Wild. Der auf dem Gletschereis liegende Schnee war so hoch, daß sie oft bis zum Bauch einsanken. Drei Tage lang schufteten sie wie Galeerensklaven.

Dann bot sich ihnen ein Anblick, der sie erschaudern ließ. Sie standen vor einem gewaltigen Gletscher, über dessen Höhe und Länge sie vorerst nur Vermutungen anstellen konnten. Sicher war, daß sie ihn überwinden mußten, denn er schien wie eine breite weiße Straße direkt zum Pol zu führen. Shackleton nannte ihn *Beardmore-Gletscher*, nach dem Industriellen, der seine Expedition finanziell unterstützt hatte. Dieser Gletscher ist mit seinen fast dreihundert Kilometern Länge der größte der Erde. Und auch der schlimmste. Aber das wußte Shackleton noch nicht.

Ihn traf erst einmal ein weiteres Unglück. Grisi, das letzte Pony, mußte wegen Schneeblindheit getötet werden. Sein Fleisch lagerte Frank Wild zusammen mit anderen Lebensmitteln, Mais und verschiedenen Ausrüstungsgegenständen in ein Depot ein, aus dem man sich auf dem Rückmarsch zu bedienen gedachte. Würden sie aber mit ihren Schlittenlasten, die sie nunmehr allein zu ziehen hatten, gegen diesen Gletscher überhaupt bestehen? Fast sah es so aus, als müßten sie vor ihm kapitulieren.

Das taten sie jedoch nicht.

Sie schleppten sich weiter über Abhänge und Eisstücke, deren Kanten scharf wie Rasiermesser waren. Verletzungen an Armen und Beinen gehörten zum Alltag und wurden kaum noch beachtet.

Hinzu kam der Hunger. Bereits jetzt gab es nur eine Mahlzeit täglich, und die Portionen gerieten immer kleiner. Um das nagende Hungergefühl zu dämpfen, kauten die Männer zuweilen rohes Ponyfleisch oder Maiskörner. Im übrigen sehnten sie den Weihnachtsabend herbei. An ihm, Shackleton hatte das versprochen, durften sie sich einmal richtig satt essen, egal, wie abenteuerlich es danach in den Proviantsäcken aussehen sollte.

Mitte Dezember hatten die Männer an die hundertfünfzig Kilometer auf dem Gletscher zurückgelegt und eine Höhe von fast zweitausend Metern erreicht. Ein Ende dieser Strapazen ließ sich trotzdem nicht absehen. An manchen Tagen herrschte wunderschöner Sonnenschein. Da wurde in Hemdsärmeln geschuftet und dennoch arg geschwitzt, während die Füße litten, weil die Fußbekleidung längst vereist war.

Kurz vor Weihnachten schwoll das Gesicht von Leutnant Adams stark an. Heftige Zahnschmerzen stellten sich ein. Dr. Marshall untersuchte den Patienten und stellte einen vereiterten Backenzahn fest.

„Ich muß sofort ziehen", sagte der Arzt und kramte das für solche Zwecke bestimmte Besteck hervor.

Nun war Leutnant Adams bestimmt nicht wehleidig, doch die Aussicht, in dieser Wildnis ohne Betäubung einen unter Eiter stehenden Zahn entfernen lassen zu müssen, ließ ihn Folterqualen ahnen und dementsprechend reagieren. Seine kühne Behauptung, er fühle sich schon wieder ganz wohl, nützte ihm nichts, der Zahn mußte heraus. Das gelang erst nach mehreren Versuchen. Dr. Marshall dürfte bei dieser Prozedur nicht minder gelitten haben als sein Patient, der sich, von Shackleton und Wild festgehalten, ziemlich tapfer verhielt.

Den Heiligen Abend feierten die Männer bei vierunddreißig Grad unter Null. Das Festmahl gestaltete sich einigermaßen üppig, den tristen Umständen gemäß sogar verschwenderisch. Es bestand aus Ponyfleisch, Pemmikan, Mais, Butter und Zwieback. Und dann kam eine Überraschung: Plumpudding, der zu Weihnachten bekanntlich in keinem englischen Hause fehlen darf. So fehlte er denn auch hier nicht. Shackleton hatte ihn, von den anderen unbemerkt, in seinem persönlichen Gepäck verborgen gehabt und holte ihn jetzt hervor. Dieser festgefrorene Klumpen schmeckte aufgetaut so ausgezeichnet, als hätte ihn der Chefkoch eines Grandhotels zubereitet. Weihnachtsglocken erklangen natürlich nicht. Es gab ja die gewohnte Tafelmusik, für die der Sturm sorgte. Nach diesem weihnachtlichen Festschmaus war nur noch für vierzig Tage Proviant vorhanden, der Südpol noch nicht erreicht und Kap Royds in unendliche Ferne gerückt.

Am 27. Dezember 1908, nach einem dreiwöchigen heldenhaften Kampf, hatten sie den Beardmore-Gletscher überwunden.

Vor Shackleton und seinen drei Begleitern lag ein Plateau, das stetig anstieg und bläulichweiß im Sonnenlicht glänzte, aber sofort eine schmutziggraue Farbe annahm, wenn sich der Himmel verdunkelte und ein Sturm losheulte. Die vier Männer nahmen ihre Kräfte zusammen und schritten voraus. Was hinter ihnen lag, wußten sie, vor ihnen breitete sich jedoch nur unbekanntes Eisland aus. Vielleicht ein neuer Gletscher?

Sie litten unter Schwindel und Kopfschmerz, ihre Lippen rissen auf und bluteten, die Glieder schmerzten, Hände, Arme und Beine waren mit offenen Wunden übersät, die das scharfkantige Eis ihnen zugefügt hatte.

Das Jahr 1909 begann.

Shackleton und seine Kameraden erlebten die ersten Tage des neuen Jahres als eine schreckliche Zeit. Am 4. Januar vertraute Shackleton seinem Tagebuch an, daß er „das Ende in Sicht" sehe. Bis zum Pol blieben noch 230 Kilometer. Einen Tag darauf litten die Männer unter scharfem Gegenwind und unaufhörlichem Schneegestöber. Am 7. Januar maß Adams eine Temperatur von minus 55 Grad Celsius.

Shackleton schrieb ins Tagebuch: „Unser Proviant schwindet zusehends … Wir haben uns einem ernsten Risiko ausgesetzt, doch jetzt müssen wir es durchfechten … Im Zelt türmt sich der Schnee derart, daß wir uns kaum noch bewegen können …"

Aber sie gaben nicht auf, sondern quälten sich weiter voran. Am 9. Januar hatten sie den Scheitelpunkt der Hochebene erreicht, dann ging es eine Weile leicht abwärts. Und bis zum Ziel waren es noch hundertachtzig Kilometer.

Hundertachtzig Kilometer bis zum Südpol!

Die Männer schleppten sich weiter, Schritt für Schritt. In einer Pause blickte Shackleton durch das Fernglas nach Süden. Er sah eine ungeheuer weite tote Schneefläche, die sich mit Bestimmtheit bis zum Pol hinzog, der nunmehr 160 Kilometer entfernt lag. Also war der Weg jetzt zu ihm gewiesen. Eine Ortsbestimmung ergab: 88°23' südlicher Breite, 162° östlicher Länge.

Eine Jahrhundertleistung hatten Ernest Henry Shackleton und seine Männer vollbracht.

Doch plötzlich spürte er ein Würgen in der Kehle, und mit fast erstickter Stimme sagte er:

„Bis zum Pol würden wir es noch schaffen, doch keiner von uns käme in die Heimat zurück."

Und endlich überwand er sich und tat, was jetzt Vernunft und Verantwortung von ihm verlangten, er entschied:

„Unser Werk ist getan. Kehren wir um."

Der Rückzug nach Kap Royds war ein Hunger- und Verzweiflungsmarsch ohne Beispiel, ein unaufhörlicher Kampf gegen den Tod. Nun ging es nicht mehr um den Südpol, das Ziel hieß Rettung des Lebens. Dieser Heimweg erwies sich als eine Kette ununterbrochener Leiden, verursacht durch Hunger, Ruhr, Magenkoliken und Kämpfe gegen Schneestürme, Spalten und den schlechten Boden. Am schlimmsten blieb der Hunger. Nicht nur, daß er die Männer quälte, er machte sie auch mürrisch und reizbar.

„Wir beobachteten einander, während wir unser karges Mahl zu uns nahmen, und konnten ein Gefühl des Unwillens nicht unterdrücken, wenn einer es fertigbrachte, länger an seiner Ration zu essen als die anderen", schrieb Shackleton in sein Tagebuch.

Am 24. Januar befand sich nur noch für zwei Tage Proviant auf dem Schlitten. Das nächste Depot, das sie unterwegs eingerichtet hatten, lag siebzig Kilometer entfernt, die aber wegen der von Spalten zerrissenen Oberfläche in frühestens vier Tagen überwunden werden konnten. Also mußte man mindestens zwei Tage ohne jegliche Nahrung bleiben. Gottlob, auch das wurde durchgestanden. Bedenklich blieb aber, daß sich der Vorrat als wenig ergiebig erwies: etwas Ponyfleisch, Pemmikan, Kakao und Schokolade. So hörte das Hungern nicht auf.

Endlich hatten die Männer den Beardmore-Gletscher hinter sich. An seinem Fuß rutschte Shackleton aus und zog sich eine schmerzhafte Prellung zu. Obendrein kam es ihm vor, bekannte er schwach lächelnd, als habe ihm der Gletscher etwas nachgerufen: „Hier hast du einen Tritt zum Abschied. Bleibe in Zukunft unten!"

„Chef", sagte Frank Wild, „diese Warnung wollen wir beherzigen." Das war scherzhaft gemeint, doch niemand lachte.

Die Eisplatte, die sie jetzt wieder betraten, empfing die Männer mit hochsommerlichen Temperaturen, keine drei Grad unter Null. Das reinste Tauwetter, das sich als gefährlich erwies, weil man im aufgeweichten Schnee nur schwer vorankam. Etwas Schlimmeres gesellte sich hinzu. Das Ponyfleisch vom letzten Depot war verdorben. Die gesamte Mannschaft bekam Durchfall und Ohrensausen. Dr. Marshall erlitt außerdem einen Kreislaufkollaps und blieb stundenlang ohne Bewußtsein. Das verursachte einen längeren Zwangsaufenthalt, den man sich wahrhaftig nicht leisten konnte.

Weiter. Die Angst vor dem Hungertod trieb die vier abgehetzten Männer vorwärts. So verging der Januar.

Mit Beginn des neuen Monats änderte sich das Wetter. Von Osten her fegten schwere Stürme heran und hielten die arg geschwächten Männer gleich für mehrere Tage in den Schlafsäcken fest. Würden sie diesen neuerlichen Verlust wertvoller Zeit noch ausgleichen können?

Am 15. Februar hatte Shackleton Geburtstag. Er empfing von seinen Kameraden ein königliches Geschenk – eine Zigarette aus Pfeifentabak.

„Schmeckt wie eine richtige Havanna", lobte er gerührt. Jeder bekam einen Zug. Ausgenommen Dr. Marshall, der dieses Angebot mit Entrüstung zurückwies. Dafür hielt er einen längeren Vortrag über die Schädlichkeit des Rauchens.

Acht Tage darauf, am 23. Februar 1909, hatten Shackleton, Adams, Dr. Marshall und Wild den weitaus größten Teil der Strecke hinter sich gelassen. Nur noch hundert Kilometer bis Kap Royds, ein Katzensprung. Allerdings waren die Verpflegungsbeutel leer. Nur eine einzige Hoffnung blieb. Vor dem Abmarsch hatte Shackleton Befehl gegeben, in dieser Region ein größeres Depot anzulegen. War dies geschehen und konnte es gefunden werden, durften sich die Männer als gerettet betrachten. So marschierten sie nun unaufhörlich. Marschieren? Sie wankten eher wie müde Gespenster über das Eis. Bekleidung und Schuhwerk hingen zerschlissen an Leib und Füßen.

Die Temperatur betrug mittlerweile wieder minus fünfzig Grad.

Die Kameraden auf Kap Royds hatten Wort gehalten. Shackleton entdeckte das Depot als erster, und im nächsten Augenblick verwandelte sich die trostlose Eisfläche in das Schlaraffenland aus dem Märchenbuch. Die Kisten bargen die herrlichsten Dinge der Welt: kandierte Früchte, Kuchen, Eier, Plumpudding, gekochtes Hammelfleisch, Büchsenwurst, Honig und Käse. Auch frische Bekleidung und ordentliches Schuhwerk fanden sich darunter. Die Zeit des Elends war vorüber.

Am 24. Februar brachen sie bereits früh um vier Uhr auf und schafften bis zum späten Nachmittag vierundzwanzig Kilometer. Den nächsten Tag dagegen nicht einen einzigen. Dr. Marshall konnte nicht aufstehen, er hatte sich eine Magenlähmung zugezogen. Also warteten sie achtundvierzig Stunden, bis es ihm besser ging. Der wiederaufgenommene Marsch brachte ein Rekordergebnis: vierzig Kilometer. Leider hatte diese Spitzenleistung ernste Folgen. Der Arzt brach zusammen. Aus eigener Kraft konnte er das Kap mit der rettenden Winterhütte nicht mehr erreichen.

„Wir werden ihn auf dem Schlitten transportieren", sagte Wild.

Natürlich, eine andere Möglichkeit gab es nicht. Fatalerweise konnte man sie nicht nutzen, denn kurz nach dem Aufbruch versagten Leutnant Adams die Beine. Er fiel vornüber und blieb liegen. Totale Erschöpfung hatte diesen tapferen Mann wie einen Baum gefällt.

Weitere Zeitverluste durfte Shackleton nicht mehr riskieren.

Die „Nimrod" lag bestimmt schon vor Kap Royds. Am 1. März 1909, um der Gefahr des Einfrierens zu entgehen, würde sie sich wie vereinbart wieder nach England begeben. In diesem Falle wären Shackleton und seine drei Gefährten dazu verurteilt, ein weiteres Jahr auf der Ross-Insel zu verbringen.

Shackleton wandte sich an Frank Wild: „Sie kommen mit mir. Wir gehen nach Kap Royds und holen Hilfe."

Er verstaute in seinem Rucksack Proviant für zwei Tage. Sechsunddreißig Kilometer lagen vor ihnen. Die Sorge um die zurückgelassenen Kameraden trieb sie vorwärts. Sturm und Kälte zwangen sie aber, das Tempo zu verlangsamen. Unterwegs gönnten sie sich lediglich drei Stunden Ruhe. Tief in der Nacht des folgenden Tages trafen sie auf dem Kap ein. Dort erlebten sie eine Überraschung.

Die Tür der Winterhütte stand weit offen. Innen war es finster und kalt. Kein Mensch war zu sehen.

„Warum ist niemand da? Man kann uns doch nicht einfach im Stich lassen", rief Shackleton verzweifelt aus.

Auf dem Tisch fand er eine Mitteilung, daß die „Nimrod" weit vor der Küste haltgemacht habe. Der Kapitän wolle eine Rettungsabteilung zusammenstellen, die nach den Verschollenen suchen solle. Er selbst werde sich nach England begeben und zwölf Monate später wiederkommen.

„Aber das Schiff darf nicht abfahren!" murmelte Shackleton vor sich hin.

Er ließ alles stehen und liegen und rannte zur Küste. Dort herrschte dichter Nebel. Der Sturm heulte. Shackleton wartete stundenlang. Gegen Morgen wollte er ein Leuchtfeuer anzünden, wußte allerdings nicht, womit. Nahe der Winterhütte befand sich ein Schuppen, der als meteorologische Station gedient hatte. Shackleton gelang es, ihn in Brand zu setzen. Um die Wirkung des Feuers zu erhöhen, goß er Petroleum in die Flammen.

Das war die Rettung!

Die Signale hatte man auf der „Nimrod" bemerkt. Das Schiff kam näher und näher. Für Begrüßung und Wiedersehensfreude blieb keine Zeit. Die Bergung von Adams und Dr. Marshall hatte Vorrang. An der Spitze einer kleinen Gruppe eilte Shackleton zu ihnen.

Das Unternehmen mußte innerhalb von zwei Tagen abgeschlossen sein, denn länger durfte der Kapitän nicht warten. Im McMurdo-Sund bildeten sich bereits große Eismassen, die das Schiff in die Zange nehmen und vernichten konnten.

Am 4. März 1909 waren alle Schrecken ausgestanden.

Was die Shackleton-Expedition an Ergebnissen und Erkenntnissen einbrachte, stand in der bisherigen Geschichte der Südpolforschung würdig da. Vor allem hatten vier tapfere Männer die Art und Weise einer Erstürmung des Südpols erkundet, die man als längste und vielleicht großartigste Bergbesteigung der Welt ansehen konnte. Wer nach Ernest Henry Shackleton kam, mußte den Pol unbedingt erreichen, oder er blieb im Schatten zurück.

Obwohl Shackleton, Adams, Dr. Marshall und Wild den Südpol nicht erreicht hatten, wurden sie bei ihrem Wiedereintreffen in England wie Helden und Sieger gefeiert.

Leutnant Adams und Dr. Marshall zog es nach den gemachten Erfahrungen nicht wieder ins ewige Eis. Dagegen blieb Ernest Henry Shackleton dem sechsten Kontinent treu.

Im Jahre 1914, nach Ausbruch des ersten Weltkrieges fuhr er – wiederum mit Frank Wild als Proviantmeister – zur Weddellsee. Von dort aus wollte er die Antarktis überqueren: zuerst zum Südpol, anschließend über den Beardmore-Gletscher zur Ross-Insel. Dazu kam es aber nicht. Das Schiff, die „Endurance", wurde dreihundert Kilometer vor der Küste vom Packeis zermalt und ging unter. Auf einer Eisscholle retteten sich die Männer nach einer Irrfahrt von 175 Tagen zur weltabgeschiedenen Elephantinsel. Nur durch Shackletons großen Mut konnte das Abenteuer wiederum glücklich überstanden werden.

1921 brach der Marineleutnant zu einer weiteren Antarktisexpedition auf. Er kam aber nur bis Südgeorgien. Am Abend des 5. Januar 1922 verstarb er plötzlich an Herzversagen, das wahrscheinlich von einer Grippe begünstigt wurde. Auf dem kleinen Friedhof von Grytviken, dem Hauptort der Insel, fand er neben den Gräbern von Walfängern und anderen Fahrensleuten seine letzte Ruhestätte.

7. KAPITEL

Der tödliche Wettlauf

Am 15. Dezember 1911 erreichte der Norweger Roald Amundsen
als erster den Südpol,
während für den Engländer Robert Falcon Scott das Ende kam

„Ich will Polarforscher werden und mein ganzes Leben nichts anderes tun, als Entdeckungen zu machen."

Roald Amundsen war sechzehn, als er dies sagte. Wenn junge Leute so etwas von sich geben, belächelt man sie meist und hält sie für überspannt. Anders bei ihm.

Geboren wurde er am 16. Juli 1872 in Borge, einer norwegischen Kleinstadt. Sein Vater, Jens Amundsen, war dort als Reeder und Kaufmann tätig. Nach dessen Willen sollte der Jüngste mit Namen Roald später einmal eine Technische Hochschule absolvieren. Im übrigen hielt man in der Familie Amundsen auf Tradition und gedachte in Ehren des Urahns und Firmengründers, eines gewissen Niels Mickelsen, der anno 1658, von Amerika herkommend, in Norwegen einen Fischhandel eröffnet hatte.

Jens Amundsen starb früh. Während Roald bei Verwandten in Kristiania aufwuchs, übernahmen seine beiden älteren Brüder das väterliche Geschäft.

Bereits in der Schule zeichnete er sich durch unermüdlichen Fleiß und eine rasche Auffassungsgabe aus. Man staunte über seine Zielstrebigkeit und Energie. Mitschüler und Lehrer wußten sehr wohl, daß er eines Tages bestimmt alles erreichen konnte, was er sich in den Kopf gesetzt hatte. Mühelos absolvierte er die Fächer Geographie und Physik. Ebenso leistungsstark zeigte er sich in den sportlichen Disziplinen. Als Skiläufer gelangte er sogar zu einigem Ruhm. Amundsen, groß und kräftig, wurde damals der „starke junge Mann mit der auffallenden Hakennase und den eishellen Augen" genannt. Heranwachsende haben meist Vorbilder. Seine hießen Willem Barents, James Clarke Ross, Dr. Nansen.

Bis spät in die Nacht las er in naturwissenschaftlichen Wälzern und studierte Landkarten. So lernte er schon bald die ganze Welt kennen, vorerst nur von seinem Zimmerchen aus. An Wochenenden, besonders in den Ferien, unternahm der junge Mann ausgedehnte Wanderungen. Es zog ihn aber nicht hinaus, um die Botanik kennenzulernen, sondern um sich körperlichen Härteübungen zu unterziehen. Im Norden seiner Heimat hatte er hinreichend Gelegenheit dazu. Dort gab es wilde Bergmassive, Gletscher und Sturmgebiete, die so unheimlich anmuteten, daß selbst die Einheimischen sie nur selten aufsuchten. Je näher man dem Nordkap kam, desto schlimmer wurden Kälte und Orkane. Gerade in diese verlassenen Gegenden zog es Amundsen, und stets begab er sich allein dorthin. Auf seinen einsamen Ausflügen setzte er sich den stärksten Belastungen aus, er wollte lernen, Strapazen diszipliniert zu ertragen.

Leider übertrieb er seinen Eifer. Eines Tages brach er zusammen. Er hatte sich eine Herzerkrankung zugezogen, die er niemals wieder loswerden sollte.

Als Roald Amundsen achtzehn Jahre alt geworden war, sagte seine Mutter zu ihm: „Du bist jetzt fast erwachsen und solltest von deinen törichten Träumen Abschied nehmen. Warum willst du dir am Nordpol den Hals brechen?"

Amundsen schluckte, hörte seine Mutter weitersprechen. „Meine Verwandten, deine Brüder und ich haben beschlossen, daß du Arzt wirst."

„Warum gerade Arzt, Mutter?"

„Weil das der sicherste Weg ist, dir eine gute gesellschaftliche Stellung zu schaffen."

Amundsen hing sehr an seiner Mutter, wußte auch, daß sie seit Jahren an einer schweren Krankheit litt und deshalb oft zu längeren Kuraufenthalten ins Ausland reisen mußte. Was sollte er also tun? Gegen ihren Willen den eigenen Weg gehen? Die Entscheidung fiel ihm schwer, er fügte sich.

Mit der ihm eigenen Gewissenhaftigkeit nahm Amundsen seine Studien auf, befaßte sich mit Anatomie, Blutzirkulation und Traumatologie. Seine großen Pläne verlor er dabei trotzdem nicht aus den Augen. Und schon bald, viel früher als erwartet, sollte er sich ihnen wieder widmen können. Die Mutter starb, und nun fühlte sich der junge Amundsen an die alten Zusagen und Versprechen nicht länger gebunden, er eilte zur christlichen Seefahrt, um sich dort auf seine künftige Laufbahn als Polarforscher vorzubereiten. Seine beiden Brüder, die das väterliche Geschäft zu neuer Blüte brachten, und die Verwandten in Kristiania nannten ihn größenwahnsinnig und undankbar und prophezeiten ihm ein schlimmes Ende.

Am meisten entrüstete sich Onkel Svend, der Bruder der Mutter. „Laß dich von den Eskimos erschlagen! Die Eisbären werden dich in tausend Stücke reißen!"

In den folgenden Jahren fuhr Roald Amundsen zur See – als Leichtmatrose, Vollmatrose, Segelmacher und Steuermann.

Kurz vor der Jahrhundertwende durfte er an der Fahrt des Belgiers Adrien de Gerlache in die Antarktis teilnehmen. Und später, zwischen 1903 und 1906, gelangte er nach seiner ersten selbständigen Expedition zu Weltruhm. Nunmehr steuerte er ein neues, ein gewaltiges Ziel an.

Im Spätsommer des Jahres 1909 lag im Hafen von Oslo hoch im Norden Norwegens ein Schiff vor Anker, das zu den berühmtesten der Welt gehörte, die „Fram". Mit diesem schweren, dickwandigen Holzkasten driftete fünfzehn Jahre vorher Dr. Fridtjof Nansen durch das Nordpolarmeer. Nun sollte es zu neuen Ehren gelangen. Es wurde bereits mit Proviant, Ausrüstung, Bekleidung, Kohlen, Treibstoff und vielen anderen Dingen beladen, und zwar für eine Reisedauer von fünf Jahren berechnet. Wollte sich Nansen wieder auf große Fahrt begeben?

Nein, nicht er. Diesmal mußte die „Fram" die Pläne eines anderen verwirklichen helfen. Roald Amundsen hatte es sich in den Kopf gesetzt, als erster den Nordpol zu bezwingen.

In seinem Haus in Oslo saß er mit den wenigen Männern zusammen, die ihn begleiten sollten. Oscar Wisting gehörte dazu, ein langjähriger Freund und enger Vertrauter, aber auch Jüngere, die er von der früheren Fahrt her kannte. Aus Tromso kam der Oberleutnant der Marine Th. Nilsen, dem angeboten wurde, das Kommando über das Schiff zu übernehmen. Natürlich sagte er sofort zu. Mit Amundsen zum Nordpol – das durfte sich ein alter Seebär nicht entgehen lassen!

Amundsens Plan war einfach, logisch, genial, zugleich verwegen und tollkühn. Im wesentlichen entsprach er den Vorstellungen, von denen sich Nansen seinerzeit hatte leiten lassen: mit dem Schiff so weit wie möglich nach Norden vorstoßen, sich einfrieren und von der Drift weiterbefördern lassen, später das Schiff verlassen und mit Hundeschlitten zum „Großen Nagel" ziehen.

„Nansen mußte umkehren", verkündete Amundsen, „aber ich komme ans Ziel."

Gewiß, optimistisch war er, was das Gelingen seines Unternehmens betraf, trotzdem machte er ein sorgenvolles Gesicht.

„Meine Expedition muß ein voller Erfolg werden", fuhr er fort. „Ich bin darauf angewiesen, den Nordpol unbedingt zu erreichen, weil ich sonst ein verlorener Mann wäre. Zwar lebe ich bescheiden wie ein Bettelmönch, trotzdem habe ich Schulden wie ein preußischer Major."

Das war keine hingeworfene Bemerkung, sondern entsprach seinen tatsächlichen pekuniären Verhältnissen. Norwegens Regierung wußte zwar, welch hohen Wert Polarforscher für das internationale

Ansehen des Landes hatten, trotzdem vermochte sie dem ehrgeizigen Entdecker wegen der schlechten Kassenlage keine nennenswerte Unterstützung zu leisten. Sie stellte ihm die seit einiger Zeit dem Reichstag gehörende „Fram" zur Verfügung und bezahlte auch deren Umbau. Das Schiff erhielt einen Dieselmotor und neue Takelung. Aber mehr als dies zu finanzieren war der Regierung nicht möglich.

Deshalb mußte sich Amundsen nach spendablen Gönnern umsehen. Er fand sie auch – Großkaufleute, Schiffseigener und Industrielle. Dennoch reichte das auf diese Weise aufgebrachte Geld nicht. Amundsen mußte weitere Schulden aufnehmen, enorme Schulden. Von den Honoraren aus zukünftigen Buchveröffentlichungen und Vortragsreisen wollte er sie später begleichen.

Unterdessen ging über die Telegrafen der Weltstädte eine Nachricht, die Amundsens Pläne durchkreuzte: „Der Nordpol ist gefallen!"

Amundsen rief aus: „Das ist das Ende! Ich bin verloren. Keinen Menschen wird es noch interessieren, ob ich als zweiter oder dritter den Nordpol bezwinge."

Damit hatte er in der Tat recht.

Der jetzt siebenunddreißigjährige Roald Amundsen war schon immer wortkarg gewesen, stand seit eh und je in dem Ruf, keinen Sinn für Humor zu besitzen. Sein maßloser Ehrgeiz, hieß es, habe alles in ihm zum Verstummen gebracht, was jenseits von Arbeit und Forschung liege. Liebe, Lebensglück und überhaupt die angenehmen Dinge des Daseins gingen ihn nichts an. Wichtig für ihn blieb stets nur der Kampf im ewigen Eis. Bestimmt, denn einem Menschen wird ja schnell etwas nachgeredet, durfte man nur die Hälfte davon glauben. Nach Eintreffen der für ihn so niederschmetternden Mitteilung verschloß er sich mehr denn je und vertraute sich keinem Menschen mehr an.

Sogar Oscar Wisting, Amundsens bester Freund und Vertrauter, beklagte sich bitter: „Der Alte ist ungenießbar geworden."

Aber Amundsen, das mußte einfach auch gesehen werden, hatte jetzt und in der nächsten Zeit genügend Sorgen und Kümmernisse. Für die Reise zum Nordpol war alles vorbereitet, was sollte nun geschehen? Der geplagte Mann schloß sich in den Nächten in seiner Studierstube ein. Dort grübelte er, entwarf neue Pläne und rechnete. Schließlich, denn er mußte wohl alles auf eine Karte setzen, fügte er den bisherigen Schulden noch neue hinzu. Er kaufte neunzig Schlittenhunde und ein zusammenlegbares Holzhaus, ließ alles auf die „Fram" bringen und gab bekannt, schon an einem der nächsten Tage in See stechen zu wollen.

Aber ehe es zur Abreise kam, wurde Roald Amundsen am 1. Juni 1910 bei Hofe empfangen. Zwei Tage darauf stattete das Königspaar der „Fram" einen Besuch ab. Vier Tage später ließ Amundsen die Anker lichten und verließ mit achtzehn Begleitern den Kristianiafjord (heute Oslofjord), und das bislang größte Abenteuer seines Lebens nahm seinen Anfang.

Die Zeitungen schrieben, er habe sich in die Arktis begeben. Da der Nordpol aber schon bezwungen war, dürfte das die Gemüter kaum bewegt haben.

1. Juni 1910.

Über der Stadt Cardiff lag strahlender Sonnenschein. Zu Hunderten strömten die Menschen zum Hafen. Dort fand ein großes Ereignis statt, die Verabschiedung des Expeditionsschiffes „Terra Nova", das Kurs auf die Antarktis nehmen sollte. Eine Jahrhundertsensation wurde anvisiert: England nimmt den Südpol in Besitz!

Schon seit Monaten spendete die Weltpresse Vorschußlorbeeren. Physiker, Meteorologen und Geographen warteten mit Spannung bereits auf die Ergebnisse dieser Reise.

Als Held des Unternehmens traf Kapitän Robert Falcon Scott auf dem Hafengelände ein und wurde sofort stürmisch begrüßt. Ihm zur Seite, bleich und aufgeregt, seine junge Frau, auf dem Arm den kleinen Sohn. Der dreiundvierzigjährige Scott wirkte wie stets sehr diszipliniert. Seit seinen Abenteuern auf dem Ross-Schelfeis und in Südvictorialand gehörte er zu den Lieblingen der Nation.

Aber den Weg zum Südpol hatte Ernest Henry Shackleton gewiesen. Sein Nachfolger mußte dort unbedingt ankommen. Würde Kapitän Scott dieser Mann sein?

England, nach wie vor führende Kolonial- und Seemacht der Erde, betrachtete die Eroberung des Südpols als eine nationale Prestigeangelegenheit, die das schöne Bild von Machtvollkommenheit und Glanz des britischen Imperiums auf eindrucksvolle Weise abrunden sollte. Aus diesem Grunde hatte man die Scott-Expedition geradezu märchenhaft ausgestattet. Umgerechnet zwei Millionen Goldmark ließ sich London das Abenteuer kosten. Der clevere Kapitän bekam auch alles, was er brauchte. Die „Terra Nova", ein geräumiges, stabiles Schiff, wurde vollgestopft mit Proviant, Pelzbekleidung, technischem Gerät, Kohlen und Holz. Mit auf die Reise gingen neunzehn mandschurische Ponys, deren unbegrenzte Ausdauer und Leistungsfähigkeit alle rühmten. Von Hunden als Zugtiere für die schweren Schlitten hielten die Engländer nichts, obwohl Shackleton ihre Mitnahme dringend empfohlen hatte. Als Paradestück der Scottschen Ausrüstung galt eine Zugmaschine, eigens für dieses Unternehmen gebaut, die imstande sein sollte, schwierigste Transportprobleme im Eis zuverlässig zu meistern.

An die hundert Leute begaben sich an Bord: Offiziere, Matrosen, Physiker, Meteorologen, Köche, Ärzte, Mechaniker, Hilfskräfte. Nun fand in Cardiff ein überaus festliches und pompöses Abschiedszeremoniell statt. Als Abgesandte des Königshauses erschien eine Prinzessin, ferner Minister, Admirale, Würdenträger des gesellschaftlichen und kirchlichen Lebens. Fahnen wurden geschwungen, Gebete gesprochen, zahlreiche Reden gehalten, fromme Choräle und flotte Lieder gesungen.

Zum Schluß sprach Kapitän Scott ein paar Worte: „Wir werden den Südpol bezwingen und als Sieger heimkehren."

Donnernde Bravo- und Hochrufe, Glück- und Segenswünsche.

Langsam und schwerfällig dampfte das Schiff zum Hafen hinaus.

Kapitän Scott fuhr nicht mit, sondern folgte der Expedition am 16. Juli 1910 auf einem Schnelldampfer nach Neuseeland, wo die „Terra Nova" einen längeren Aufenthalt einlegen sollte.

Seit Wochen war die „Fram" unterwegs, an Bord alles wohlauf. Auch die vielen Hunde zeigten sich zufrieden. Neunzig Tiere hatte man mitgenommen, nun besaß man schon über hundert, weil der Nachwuchs nicht auf sich warten ließ. Ununterbrochen ertönte das Gekläff der Meute. Manchmal verstanden die Männer das eigene Wort nicht.

In einer Frage herrschten allerdings Ratlosigkeit und Unruhe. Das Schiff hielt unentwegt einen südlichen Kurs, obwohl das Ziel der Reise in entgegengesetzter Richtung lag.

„Chef, was bedeutet das?" fragte schließlich einer der Männer.

Amundsen stellte sich unwissend. „Was meinen Sie?"

„Das wissen Sie ganz genau. Wir wollen zum Nordpol, dagegen lassen Sie nach Süden steuern. Das reimt sich doch gar nicht."

„Sie sollten sich darüber nicht den Kopf zerbrechen", erwiderte Amundsen. Auch andere Fragesteller wies er auf diese Weise ab, nicht unhöflich, aber mit äußerster Bestimmtheit. Amundsen schwieg sich aus. Was er wirklich plante, wußten außer ihm nur Kapitän Nilsen, der treue Wisting und sein Bruder Leonhard Amundsen, der die Geschäftsführung der Expedition besorgte und im nächsten Hafen das Schiff wieder verlassen würde. Diese Herren gaben ebenfalls keine Auskunft.

Unterdessen schrieb man September.

Die „Fram" näherte sich Funchal, dem Hauptort der Insel Madeira, im Atlantischen Ozean westlich vor Marokko gelegen. Dort machte man gewiß nicht Station, wenn man zum Nordpol wollte.

Nun kam der Augenblick, die Katze aus dem Sack zu lassen. Amundsen versammelte die Männer an Bord, stieg auf eine Kiste und erklärte:

„Ich habe euch rufen lassen, um euch zu sagen, daß ich meine Pläne vollständig geändert habe. Selbstverständlich gelten die Verträge nicht mehr, und ich befreie euch von ihnen. Wer nach Norwegen zurückgehen will, kann morgen in Madeira seinen Seesack packen und an Land gehen. Er wird mit dem ersten Schiff, das nach Europa geht, selbstverständlich auf meine Kosten, zurückgebracht. Ihr müßt mich verstehen, Kameraden. Der Nordpol ist entdeckt ... Dort kann ich zur Zeit nichts Neues tun. Ich segle zum Südpol. Die Engländer sind auch schon auf dem Weg dorthin. Wir müssen versuchen, vor ihnen dort zu sein. Ich werde alles unternehmen, Norwegen eine Demütigung zu ersparen. Ich warne euch jedoch, mein Unternehmen ist nicht leicht. Wir müssen ganz große Anstrengungen machen, denn Zeitgewinn ist das Wesen des Erfolges. Darum frage ich euch: Wollt ihr bei mir bleiben?"

Amundsens Erklärung wurde mit einhelliger Begeisterung aufgenommen. Alle blieben an Bord.

Madeira galt wegen seiner landschaftlichen Schönheiten und seines milden Klimas als Trauminsel. Ein Paradies, das die feinsten Leute aus England, Frankreich, Deutschland, Rußland und Amerika bevölkerten. Wo soviel High-Society versammelt war, fehlte es nicht an Zeitungsleuten, die über das Leben und Treiben in den vornehmen Kreisen berichteten. Die Kunde von Amundsens Eintreffen verbreitete sich schnell und löste allenthalben Verwunderung aus.

„Aber in den Zeitungen steht, daß er zum Nordpol fahren will."

Gegenüber Reportern, die ihn dicht umlagerten, gab er sich reserviert. Seine Antworten blieben unklar und wenig überzeugend. „Selbstverständlich ist der Nordpol mein Ziel", sagte er. „Da ich ihn aber von Alaska aus angehen will, muß ich zunächst um Kap Hoorn herum und danach in die Beringstraße."

„Aber die zahlreichen Hunde, Kapitän. Wäre es nicht günstiger, sie erst in Alaska zu kaufen, anstatt sie monatelang durch den Atlantik und dann auch durch den Pazifik zu transportieren?"

Eine begründete Frage. Amundsen überhörte sie.

Nachdem sich die Reporter, kopfschüttelnd und noch weniger klug als vorher, und auch Amundsens Bruder verabschiedet hatten, ließ die „Fram" den Hafen hinter sich.

Zum Südpol!

Monatelang dauerte die Fahrt. Zu Weihnachten hatte man noch

immer nicht die vorgesehene Ausgangsbasis erreicht, den südlichen Polarkreis aber schon hinter sich gebracht. Das Schiff verminderte sein Tempo, schlängelte sich durch Treibeisfelder.

Am 12. Januar 1911 stand Kapitän Nilsen auf der Brücke und suchte mit dem Fernglas die Umgebung ab. Nichts Besonderes gab es zu sehen. Riesige Eisberge, majestätisch und drohend, erhoben sich aus den Fluten der Ross-See. Wale zogen vorüber. Auf Eisschollen ruhten fette Robben. Dann aber, als sich die Nebelschleier plötzlich wie von selbst öffneten, leuchteten Nilsens Augen auf, und er ließ sofort Amundsen holen.

Dieser nahm das Fernglas. Dann rief er aus:

„Das vorläufige Ziel unserer Reise ist erreicht."

Sie waren an der gewaltigen Eisbarriere angelangt. Nilsen hielt Kurs auf die vor der Jahrhundertwende von dem Norweger Carsten Borchgrevink entdeckte und exakt beschriebene Walbucht. An einer Stelle, die sich als idealer Ankerplatz anbot, ließ er das Schiff festmachen. Wale, Robben, Pinguine und Fische aller Arten tummelten sich hier gleich zu Tausenden.

Und wo sollte man das Winterlager errichten?

„Wir werden uns ein wenig umsehen", schlug Amundsen vor.

Gemeinsam mit Wisting und einem weiteren Begleiter betrat er die Eisplatte. Nach einem Marsch von etwa vier Kilometern glaubte er den geeigneten Platz gefunden zu haben. Hier schien das Eis besonders fest, viele hundert Meter dick und auf einem Festlandsockel zu ruhen.

„Dies ist der Ort, an dem wir für eine Weile seßhaft werden wollen", sagte Amundsen.

Auch ein passender Name für das Lager fiel ihm sogleich ein: „Framheim".

Die folgenden Tage füllte harte Arbeit aus. Die Männer mußten das Schiff entladen und das Expeditionsgut auf Schlitten nach „Framheim" bringen. Die Hunde zogen kräftig. Sie standen gut im Futter, frisches Robbenfleisch, das sie täglich vorgesetzt bekamen, machte sie lebendig und arbeitswillig.

Bald war das Holzhaus aufgestellt und mit Hilfe starker Drahtseile und durch einen Wall aus meterdicken Eisblöcken gegen Orkane abgesichert. Der Ofen funktionierte und spendete genügend Wärme. Das erfreute die Männer besonders, denn auch Polarfahrer saßen mitunter lieber an einem warmen Plätzchen. Lindström, der Koch, servierte eine Delikatesse, die wohl nicht einmal das nobelste Hotel der zivilisierten Welt zu bieten hatte: Pinguinbrust, gefüllt mit gehacktem Rindfleisch und Rosinen.

Rund um das Winterhaus wurden geräumige Eishöhlen ausgehoben. Sie dienten als Hundeställe, Vorratskammern, Labors, Schmiede, Sauna, Tischlerwerkstatt und WC. Dies alles geschah nach Amundsens gewissenhaft ausgearbeiteten Plänen. Der erfahrene Mann überließ nichts dem Zufall, kümmerte sich um jedes Detail, prüfte peinlich genau auch die unscheinbaren Kleinigkeiten – ein Stratege im ewigen Eis.

Ende des Monats, als „Framheim" eingerichtet war, mußte Roald Amundsen eine Entscheidung treffen, die ihm nicht leichtfiel und einigen seiner Leute bittere Enttäuschung bereitete. Er konnte nicht mit allen Männern zum Pol aufbrechen. Acht wählte er aus, die anderen mußten auf das Schiff zurück.

Einer fragte beleidigt: „Warum gerade ich nicht?"

„Sie scheinen mir nicht ganz gesund zu sein, lieber Freund", antwortete Amundsen leichthin.

„Das nehme ich Ihnen nicht ab. Wenn hier jemand nicht ganz gesund ist, dann ..., dann sind Sie das vor allem. Sie denken wohl, wir wissen nicht ..."

Amundsen zuckte zusammen, blickte den vorlauten jungen Mann böse an, schwieg aber und dachte nur daran, daß der enttäuschte Begleiter im Grunde genommen ja im Recht war.

Einen Arzt hatte Amundsen übrigens nicht mitgenommen. Wie man Knochenbrüche und Erfrierungen behandelte, Zähne zog und den Skorbut bekämpfte, das zu beherrschen gehörte eben auch zum Einmaleins der Polarforscher.

Amundsen wandte sich nun an Nilsen: „Sie werden die Antarktis verlassen und sich zunächst nach Tasmanien begeben und dort unser Schiff überholen lassen. Anschließend befahren Sie die Ozeane und nehmen wissenschaftliche Untersuchungen vor. Messen sie die Tiefen der Meere, die Geschwindigkeiten des Windes und die Temperaturen von Wasser und Luft. Führen Sie genau Buch darüber. Wir wollen unsere Zeit und unsere Möglichkeiten so gut nutzen, wie wir es unter Aufbietung aller Kräfte vermögen. Nächstes Jahr im März kehren Sie zurück und holen uns."

Die „Fram" legte ab und verschwand bald in den Nebelbänken der Ross-See. Neun Männer blieben zurück und würden in den kommenden vierzehn Monaten auf sich allein gestellt sein.

„Wir wollen auf die Jagd gehen", sagte Amundsen.

Gewiß, der umsichtige Expeditionsleiter hatte genügend Proviant mitgenommen, Fleischkonserven, Pemmikan, eingelegtes Obst, Trockengemüse und vieles andere mehr. Jedoch waren Menschen und Tiere auch auf frische Nahrung angewiesen. Die Jagdbeute nahm sich enorm aus. Sechzigtausend Kilogramm Robbenfleisch, vor allem für die Hunde bestimmt, und Unmengen von Fisch stapelten sich in den eisgekühlten Vorratskammern. Die Pinguine schonte man weitgehend.

Einmal rissen sich allerdings drei Hunde los und richteten in einer nahen Pinguinkolonie ein furchtbares Blutbad an.

In den Monaten Februar, März und April unternahm Amundsen mehrere Erkundungsfahrten. Dabei überprüfte er die Eisverhältnisse und stieß bis zum 82. Breitengrad vor. Unterwegs legte er vier große Depots an, in denen er Nahrung, Kleidung zum Wechseln, Trockenspiritus und anderes einlagerte. Auf dem Weg zum Pol und beim späteren Rückmarsch sollte es an nichts fehlen. Amundsens besondere Aufmerksamkeit galt bei diesen Fahrten den Hunden. Er wollte herausfinden, was sie leisten konnten. Je sechs Tiere zogen einen mit vierhundert Kilogramm Gepäck beladenen Schlitten und schafften eine Tagesleistung von zwanzig Kilometern. Auf dem Rückweg mit leichter Last waren es erheblich mehr, einmal sogar hundert.

Unter diesen Umständen gab sich Amundsen zuversichtlich. Er sagte: „Meine Hunde bringen mich zum Pol und anschließend wieder zurück." Hundertsechzehn Tiere hatte er bis jetzt.

Im Mai verschwand die Sonne. Die Polarnacht zog ein. In „Framheim" litt niemand unter ihr. Arbeit füllte die Tage aus. In den Nächten schliefen die Männer fest und tief.

Auch Kapitän Scott traf im Januar 1911 in der Ross-See ein. Der Versuch, an der Eisbarriere eine Ausgangsbasis zu beziehen, mißlang, weil sich für die „Terra Nova" kein günstiger Anlegeplatz fand. So sah sich der Kapitän gezwungen, sein altes Lager von 1903 anzusteuern, es lag tief im McMurdo-Sund. Zunächst ging alles gut. Bald versperrten aber Packeismassen den Weg. Bei Kap Evans an der Ross-Insel, zwanzig Kilometer vom seinerzeitigen Standort entfernt, hatte die lange Reise ihr Ende. Dort bezog man an geeigneter Stelle Winterquartier.

Die ersten Tage nach der Ankunft standen unter einem unglücklichen Stern. Immer wieder traten Pannen auf, und es zeigte sich, daß das, was gut aussah und viel Geld kostete, nicht unbedingt brauchbar sein mußte. Das Paradestück der Ausrüstung, die nagelneue Zugmaschine, blieb bereits am dritten Tag im Eis stecken, sackte dann plötzlich weg und verschwand in den Tiefen von Eis und Schnee. Auch die beiden modernen Motorschlitten, die man zusätzlich mitgenommen hatte, erfüllten nicht die in sie gesetzten Erwartungen, sie mußten zu oft repariert werden.

Und die mandschurischen Ponys, die man Scott als absolut zuverlässig empfohlen hatte? Der Kapitän erlebte mit ihnen die gleichen

Reinfälle wie vor ihm Ernest Henry Shackleton. Zwei verendeten unterwegs. Die anderen erwiesen sich als Enttäuschung. Man hatte viele Tonnen besten Futters für sie mitgenommen, und sie konnten auch pausenlos fressen. Spannte man sie aber vor einen Schlitten, rebellierten sie, schlugen aus oder legten sich einfach in den Schnee – die reinsten Saboteure. Eine erste Katastrophe trat ein, als Scott zwölf Männer damit beauftragte, in einer Entfernung von zweihundert Kilometern ein Depot mit tausend Kilogramm Lebensmitteln und Tierfutter anzulegen. Die Schlitten wurden von zehn Ponys gezogen. Weit kamen die Männer nicht, da sie in einen Blizzard gerieten, der tagelang anhielt. Auf dem Rückmarsch brachen sechs Ponys vor Erschöpfung zusammen.

„Wenn das so weitergeht", tobte der Kapitän, „ist meine Expedition zugrunde gerichtet, noch ehe sie begonnen hat." Er verbot den weiteren Einsatz der Tiere. „Ich brauche den Rest, wenn ich bis zum Südpol gelangen will."

Das schien eine vernünftige Entscheidung zu sein. Zwischen Kap Evans und dem Pol lag eine Strecke von tausendsechshundert Kilometern, und die mußten die Männer zweimal bewältigen, hin und zurück.

Als die „Terra Nova" entladen war, entschied Kapitän Robert Falcon Scott, daß sie so rasch wie möglich den McMurdo-Sund wieder verließ, um die Heimreise anzutreten. Niemand konnte sagen, wie sich in diesem breiten Wasserarm die Eisverhältnisse noch entwickelten. Nichts wäre so verhängnisvoll wie das Einfrieren und monatelange Festsitzen des Schiffes. Im nächsten Jahr sollte die britische Admiralität sowieso ein anderes Schiff aussenden, um Scott und seine Expedition abzuholen.

Kapitän Victor Campbell, der Kommandant der „Terra Nova", nahm viele Briefe an sich und ließ den Anker lichten.

Scotts Stimmung, die zeitweise ziemlich düster war, besserte sich. Er spürte schon wieder die Zuversicht, die ihn seit Jahrzehnten begleitete. Seine Überzeugung, am Südpol einzutreffen, wuchs von Tag zu Tag und beflügelte sein Tun. Im Herbst wollte er den Sturm wagen.

Fünfundsechzig Männer blieben auf Kap Evans.

In einem Gespräch mit Dr. Edward Wilson, dem langjährigen Freund, sagte der Kapitän: „Ich fürchte, wir sind entschieden zu viele Leute. Auf die meisten hätten wir wohl besser verzichtet. Die Admiralität bestand allerdings darauf, ein solches Aufgebot mitzunehmen, wahrscheinlich aus dem einzigen Grund, der Welt ein Schauspiel zu bieten."

Der Arzt und Wissenschaftler, nebenher auch ein vorzüglicher

Maler und Grafiker, bestätigte Scotts Meinung: „Dieser Heerbann von Offizieren, Soldaten, Medizinern, Hilfsköchen, Kartographen und Ordonnanzen kann uns kaum nützlich sein. Man hätte besser daran getan, einen kleinen Trupp ausgewählter Männer zusammenzustellen."

Da den meisten Lagerbewohnern jegliche Südpolerfahrung fehlte, blieb es fraglich, ob sie einen längeren Aufenthalt in dieser unwirtlichen Gegend heil überstehen würden. Mit Besorgnis sah Scott, wie die Männer reihenweise ausfielen, erkrankten, wie ihnen Hände und Füße erfroren.

Der Kapitän bildete eine kleine Gruppe, der außer ihm und Dr. Wilson der kräftige, urwüchsige Deckoffizier Edgar Evans, Leutnant H. R. Bowers – scherzhaft „das Singvögelchen" genannt – und Rittmeister L. E. C. Oates angehörten. Diese Männer bildeten den Kern der Abteilung, mit der er den Angriff auf den Südpol unternehmen wollte.

Unterdessen gab es ein folgenreiches Zwischenspiel.

Auf der Heimreise nach England begegnete Campbell in der Ross-See der „Fram" und führte mit deren Kapitän Nilsen ein längeres Gespräch. So erfuhr er, daß Roald Amundsen ebenfalls zum Südpol wollte. Natürlich mußte Scott davon in Kenntnis gesetzt werden. Aber wie sollte das geschehen? Wegen des Packeises und der ohnehin schon fortgeschrittenen Zeit würde die „Terra Nova" jetzt nicht mehr bis Kap Evans kommen. Zum Glück fiel Kapitän Campbell Scotts Absicht ein, mehrere Männer zu Übungszwecken zur Nordküste der Ross-Insel zu schicken, damit sie sich an lange und beschwerliche Märsche gewöhnten.

Und bis dorthin konnte die „Terra Nova" noch einigermaßen gefahrlos gelangen. Campbell schrieb an Scott einen ausführlichen Brief. Darin teilte er mit, daß der Norweger mit einer nur kleinen Schar von Begleitern, dafür einer riesigen Hundemeute den Kampf um den Pol aufzunehmen gedenke. Den Brief verstaute er in einer Stahlbüchse, die er in einem rasch angelegten Depot verwahrte, das allen Vorüberkommenden auffallen mußte. Würde aber jemand hierhergelangen?

Tatsächlich war dies der Fall, und am 22. Februar 1911 hielt Robert Falcon Scott Campbells bedeutungsvollen Brief in der Hand. Die Nachricht, daß Roald Amundsen an der Walbucht Quartier bezogen habe, löste bei den Engländern auf Kap Evans Alarmstimmung aus und brachte das Gleichmaß der Tagesabläufe durcheinander. Sogar Optimisten äußerten die Befürchtung, der große Norweger könnte sie am Südpol um den Sieg bringen. Einige behaupteten sogar, er habe die ungeschriebenen Gebote der Fairneß verletzt, denn ihm sei bekannt gewesen, daß sich Scott auf die Eroberung dieses Punktes der Erde vorbereitete. So hätte er sich nicht unterstehen dürfen, ihm zuvorkommen zu wollen. Die Herren übersahen, daß es in der Wissenschaft keine reservierten Plätze gibt.

Auf Robert Falcon Scott, und er verhehlte es nicht, übte Campbells Botschaft anfangs eine niederschmetternde Wirkung aus, kannte er doch die Qualitäten Amundsens. Doch er beherrschte sich, erging sich nicht in Verwünschungen. Als er wenig später seine engsten Vertrauten um sich versammelte, bemühte er sich um Sachlichkeit. Er sagte:

„Kapitän Amundsen ist mir als ein ehrenhafter und tapferer Mann bekannt. Was er in der Arktis geleistet hat, wird in der Geschichte der großen Entdeckungen unsterblich bleiben. Wenn er sich heute veranlaßt sieht, mir im Süden den Ruhm streitig zu machen, so dürften ihn sehr ernste Gründe dazu gezwungen haben. Ich kenne sie nicht. Gleichviel, er ist mein Gegner geworden, und ich habe gegen ihn anzutreten. England erwartet unseren Sieg. Wir dürfen nicht zögern, ihn zu erringen."

Einen Augenblick schwieg er, dann fuhr er fort:

„Unglücklicherweise ist mein Gegner im Vorteil: Er ist in seinem Quartier dem Pol mehr als hundert Kilometer näher. Das kann unter Umständen ausschlaggebend sein. Und dann verfügt er über Hunde, demnach kann er einen ganzen Monat früher aufbrechen, denn Hunden darf man Temperaturen von minus vierzig Grad ohne weiteres zumuten. Bei meinen Ponys geht das nicht, sie würden bald verendet sein. Trotzdem, wir nehmen den Kampf auf." Er blickte seinen Gefährten fest in die Augen und versuchte zu lächeln. „Machen wir uns ans Werk und laßt uns einfach so tun, als gäbe es diesen verdammten Norweger nicht."

Frühlingserwachen im ewigen Eis!

Am 24. August 1911 ging in dem Gebiet rund um die Walbucht wieder einmal die Polarnacht zu Ende. Bei Amundsen in „Framheim" begrüßte man die ersten Sonnenstrahlen mit Fröhlichkeit und Unruhe.

„Das ist der Startschuß für den Aufbruch zum Pol", rief Olaf Bjaaland aus. Dieser kraftstrotzende Bursche, der frühere Holzfäller, wartete schon lange auf das große Abenteuer seines Lebens.

Doch Amundsen mahnte zur Geduld. „Wir dürfen nichts überstürzen. Das Wetter könnte umschlagen und uns unterwegs die schlimmsten Überraschungen bringen. Dieser Gefahr wollen wir lieber aus dem Weg gehen. Außerdem ist es noch zu kalt."

So ruhig und beherrscht, wie er an diesem Morgen schien, war er

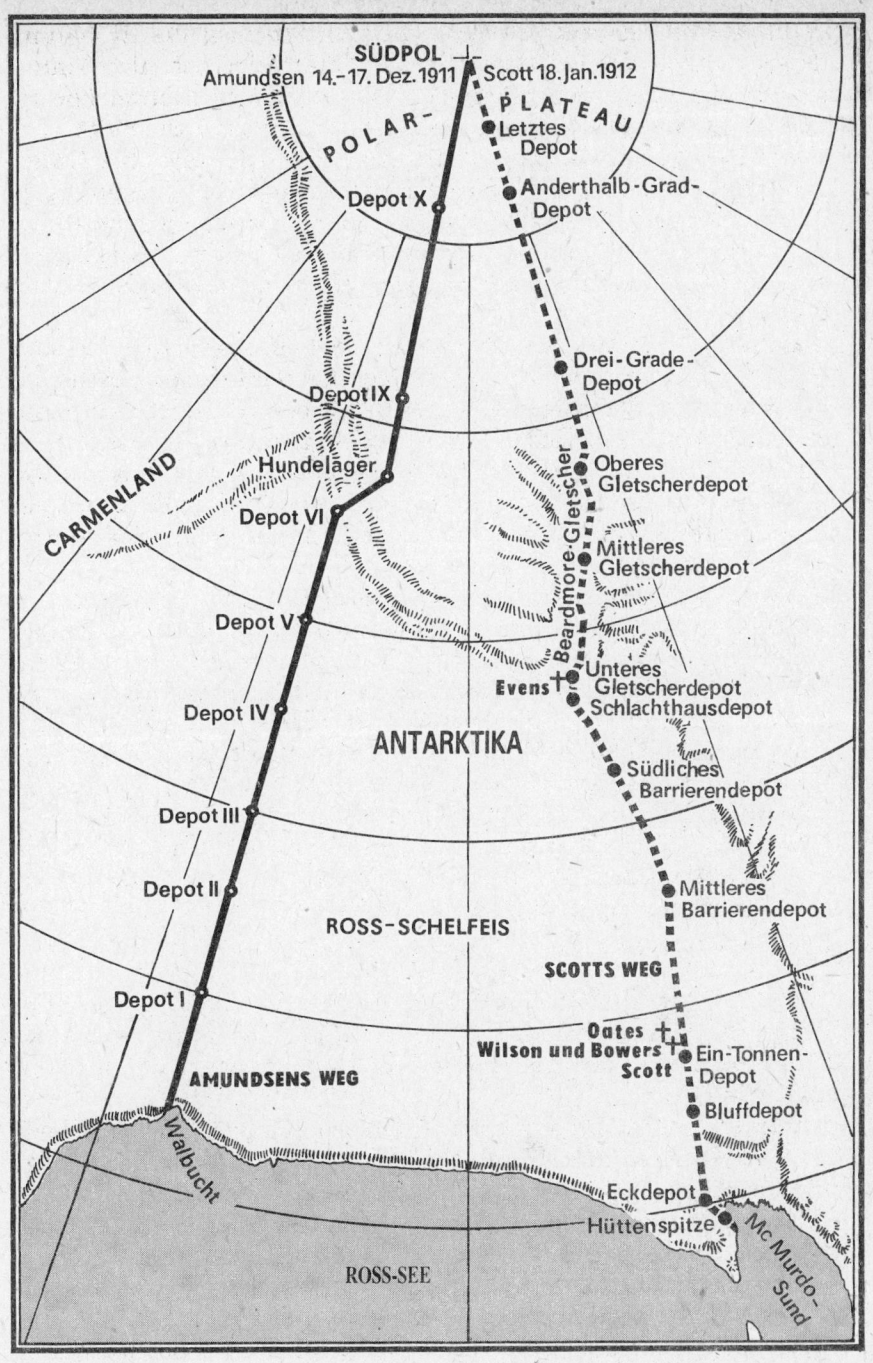

SÜDPOL
Amundsen 14.–17. Dez. 1911 Scott 18. Jan. 1912

POLAR- PLATEAU

Letztes
Depot

Depot X Anderthalb-Grad-
Depot

Drei-Grade-
Depot

Depot IX Oberes
Gletscherdepot

CARMENLAND Hundelager Mittleres
Depot VI Gletscherdepot

Depot V Unteres
Evens Gletscherdepot
Depot IV Schlachthausdepot

ANTARKTIKA Südliches
Barrierendepot

Depot III

Depot II Mittleres
Barrierendepot

ROSS-SCHELFEIS

SCOTTS WEG

Depot I
Oates
Wilson und Bowers Ein-Tonnen-
Scott Depot

AMUNDSENS WEG Bluffdepot

Eckdepot
Walbucht Hüttenspitze Mc Murdo-
Sund

ROSS-SEE

in Wirklichkeit kaum, jedenfalls nicht in diesem Falle. Er wußte, daß er einen überaus ernsthaften Konkurrenten besaß, und wollte deshalb so rasch wie möglich aufbrechen. Der scharfe Wind, der ihm ins Gesicht blies, warnte ihn freilich. Er ging in die Hütte zurück, wo er sich erneut seinen Berechnungen widmete. Dabei kam er zu dem Ergebnis, das Menschenmögliche getan zu haben, um einen Erfolg des Unternehmens zu sichern.

Das Wetter blieb sonnig. Bald konnte auch Amundsen seine Ungeduld nicht mehr bezähmen. Ja, er fieberte dem Pol förmlich entgegen.

„Bereitet alles vor", sagte er, „bepackt die Schlitten. Es geht los."

Am frühen Morgen des 8. September 1911 verließ Kapitän Amundsen mit sieben Männern, zweiundsiebzig Hunden und sechs Schlitten sein Lager. Nur Lindström blieb zurück. Er mußte sich um die vielen anderen Hunde, um Haus und Vorräte kümmern. Einsam würde er sich fühlen.

„Wann sehe ich euch wieder?" rief er den Davoneilenden nach.

„Wenn alles gut geht, in hundert Tagen", antwortete man ihm.

Indes, Amundsen hatte sich diesmal gründlich verrechnet. Er würde eher zurück sein, viel früher, als ihm lieb sein konnte. In den ersten Tagen kam die Gruppe gut voran, doch dann zeigte die Eisplatte ihre Tücken. Bei vierzig Grad minus war man losgezogen, dies in der Erwartung, daß die Temperaturen allmählich stiegen. Auf diese Gefälligkeit warteten die Männer umsonst. Im Gegenteil: Die Kälte nahm unerträglich zu.

„Ein Rasiermesser könnte nicht schärfer sein", meinte Wisting.

Fünfundvierzig Minusgrade, fünfzig. Als die Männer am 80. Breitengrad ankamen, waren es sechsundfünfzig.

„Zurück!" befahl Amundsen. „Es hat keinen Zweck, unter diesen Bedingungen weiterzumachen. Wir sind keine Selbstmörder."

Wieder im Lager.

„Wir sind zu früh losgefahren und haben dafür eine verdiente Lektion erhalten", stellte Amundsen sachlich und ohne Verbitterung fest. „Unser Trost ist, daß es Kapitän Scott sehr wahrscheinlich auch nicht besser hat. So müssen wir eben auf bessere Tage warten."

Es waren nicht nur die starken Fröste, die den Norweger veranlaßten, seinen Expeditionsplan erneut zu überdenken. Zum Beispiel glaubte er herausgefunden zu haben, daß dieser erste mißglückte Angriff mit einem zu großen Aufgebot unternommen worden sei. Aus diesem Grunde reduzierte er Mannschaft und Gepäck. Beim nächsten Mal sollten außer Wisting und Bjaaland nur noch Helmer Hanssen und Sverre Hassel teilnehmen. Die anderen könnten unterdessen dem benachbarten, zwar bekannten, aber gänzlich unerforschten König-Edward-VII.-Land einen Besuch abstatten.

„Dort sind noch niemals Menschen gewesen, ihr werdet die ersten sein", erklärte Amundsen und fügte hinzu: „Wenn ihr einen besonders markanten oder schönen Felsen entdeckt, so benennt ihn nach Robert Falcon Scott."

Diese Geste glaubte Amundsen dem siebenhundert Kilometer von der Walbucht entfernt auf der Lauer liegenden Rivalen schuldig zu sein. Er betrachtete den Engländer nicht als seinen persönlichen Feind, nur als ebenbürtigen Gegner, dem er Respekt zollte.

Vorerst besserte sich das Wetter nicht. Zeitweise verschlechterte es sich sogar. Die Temperaturen sanken weiter ab. Stürme fegten über das Eis. Viele Meter hoch türmte sich der Schnee. Es schien, als wollte die lange Nacht entgegen allen Gepflogenheiten noch einmal hereinbrechen. Quälend lange zogen die Tage dahin. Fast schon sechs Wochen waren seit dem ersten Aufbruch vergangen. Zu diesem Zeitpunkt wollte sich Amundsen bereits auf dem Rückmarsch vom Pol befinden.

Dann aber, am 20. Oktober 1911, hörten Warten und Ungewißheit auf, endlich. Eine Temperaturmessung ergab minus vierundzwanzig Grad, also hatte in der Antarktis der Hochsommer begonnen, die ideale Reisezeit. Nach einem kurzen Frühstück und ein paar herzlichen Abschiedsworten begaben sich Amundsen und mit ihm Wisting, Bjaaland, Hanssen und Hassel auf ihre große Fahrt, nunmehr endgültig. Sie hatten vier Schlitten und zweiundfünfzig Hunde bei sich.

Über ihnen lachte die Sonne. Der Schnee glitzerte wie auf schönen Ansichtskarten. Die Hunde jagten dahin wie über eine Rennpiste, tobten sich aus nach der langen Gefangenschaft. Siebenunddreißig Kilometer betrug die erste Tagesleistung. Am Abend stellte man das Zelt auf, breitete die aus Pelzen, Fellen und Seehundshäuten gearbeiteten Schlafsäcke aus und bereitete auf dem Primuskocher Essen und Tee zu. Inzwischen versorgte jemand die Tiere. Damit sie nicht davonliefen, band man sie an Eisenpflöcke, die mühselig in das Eis gerammt werden mußten. Nach dem Fressen begaben sich die Hunde zur Ruhe. Die Männer fühlten sich wohl in ihrem Zelt, speisten mit Appetit, tranken den starken Tee, verschwanden in ihren Schlafsäcken, rauchten und unterhielten sich.

„Klopft eure Pfeifen aus", sagte Amundsen nach einer Weile. „Jetzt wird geschlafen. Gute Nacht."

Draußen heulte der Sturm.

Am anderen Morgen zogen sie weiter. Schon nach wenigen Stunden zeigte es sich, daß sie siebenunddreißig Kilometer diesmal nicht schaffen konnten, bestenfalls zwanzig. Die Männer hatten eine Gegend erreicht, in der höchste Wachsamkeit geboten schien, denn das Eis war brüchig, und überall zeigten sich Spalten. Gegen Mittag brach ein Schlitten ein und drohte für immer zu verschwinden. Mit letzter Kraft konnten Wisting und Hassel das Unheil abwenden. Nur schrittweise kamen die fünf Männer voran. Alle halben Stunden tauchte eine neue Gefahr auf.

Amundsen fand für dieses Gebiet einen zutreffenden Namen, den er später auch in die Karten eintrug: *Schweineloch*.

Völlig erschöpft gingen die Polstürmer abends schlafen. Als sie am nächsten Morgen erwachten, stellten sie mit Erschrecken fest, unmittelbar neben einer mehrere hundert Meter tiefen Eisspalte genächtigt zu haben!

Es dauerte eine Weile, bis sie das Schweineloch überwunden hatten. Danach ging es wieder flott und ungestüm vorwärts, an manchen Tagen sogar bis zu vierzig Kilometern. Dieser Vorsprung gegenüber der geplanten Marschleistung erlaubte es, eine zweitägige Ruhepause einzulegen. Mit neuen Kräften und bei relativ erträglichen Temperaturen von maximal dreißig Grad unter Null setzten sie ihre Reise fort. Auch weiterhin verlief alles glatt und reibungslos.

Einmal verschwanden jedoch drei Hunde auf Nimmerwiedersehen, sie waren einfach ausgerissen, was keinen großen Verlust darstellte, denn an Zugtieren mangelte es nicht.

Am 15. November 1911 überschritt die Expedition den 85. Breitengrad. Bis zum Pol betrug die Entfernung noch 556 Kilometer, allerdings Luftlinie gerechnet.

„Chef, das machen wir mit verbundenen Augen", meinte Bjaaland lachend.

Amundsen dämpfte diesen Optimismus. Er wußte auch, warum er das tat. „Unsere Arbeit beginnt erst jetzt", sagte er. „Von heute an können wir zeigen, ob wir ganze Kerle sind."

Zugleich fragte er sich, wo Kapitän Scott in dieser Stunde wohl stehen könnte.

Hier, gleich hinter dem 85. Breitengrad, erhebt sich das gewaltige, von Ernest Henry Shackleton entdeckte Gebirge, das sich über mehrere tausend Kilometer quer durch weite Gebiete des antarktischen Festlandes erstreckt. Bis zu 4500 Metern steigen die dunkelbraunen Berge mit den blendend weißen Eiskuppeln an. Sie boten einen Anblick von „überirdischer Schönheit", wie Amundsen in sein Tagebuch schrieb.

Und nun begann für die Männer der schwierigste Teil des Unternehmens. Zuerst mußten sie zwei Gletscher angehen. Den einen benannte Roald Amundsen nach dem Konsul *Axel Heiberg*, einem angesehenen skandinavischen Wissenschaftler und Förderer von Polarfahrten. Der andere erhielt den Namen *Peter-Christophersen-Gletscher*. Es kostete unglaublich viel Mühe und Kraft, sie zu bezwingen. Zudem nahm die Kälte wieder zu. Scharfe Winde machten das Atmen schwer. Die Strapazen waren den Männern anzusehen, sogar Olaf Bjaaland, der sich sonst immer so unverwüstlich gab.

Erstaunlich gut verkrafteten die Hunde die gewaltigen Anstrengungen, viel zu gut. Zweiundvierzig blieben noch, und dabei hatte Amundsen angenommen, daß unterwegs mehr eingehen würden. Jedenfalls kam nun der Augenblick, sich von den meisten Tieren zu trennen, genauer gesagt, sie wurden getötet. Warum dies zu geschehen hatte, erläuterte Amundsen in seinem Bericht über diese Reise wie folgt:

„Ich berechnete, ehe wir ‚Framheim‘ verließen, das Gewicht der Schlitten und der Vorräte, die auf den täglichen Marschleistungen südlich bis zum Pol und wieder zurück nach Norden zu unserem Ausgangslager gezogen werden mußten. Es war klar, daß dieses Gewicht sich Tag für Tag, und zwar in dem Maße vermindern müsse, in dem der mitgeführte Proviant verbraucht würde. Ebenso klar war daher, daß von Zeit zu Zeit ein Punkt erreicht werden mußte, da die so verminderte Schlittenlast die Zugkraft erst eines Hundes und dann weiterer Hunde überflüssig machen mußte. Ich berechnete aufs vorsichtigste das durchschnittliche Gewicht des eßbaren Fleisches eines Hundes und seinen Nährwert für die anderen Hunde. Durch diese Berechnung konnte ich genau die Tage bestimmen, an denen ein Hund nach dem anderen aus einem Transportmittel in ein Nahrungsmittel verwandelt werden konnte. Selbstverständlich verminderte dieser Plan das Gewicht des Hundeproviants, der auf den Schlitten mitgeführt werden mußte, beträchtlich. Diese Gewichtsverminderung vergrößerte unseren ‚Aktionsradius‘ – um mich eines Ausdrucks der Seemannssprache zu bedienen – um Tage und vermehrte so unsere Aussichten für die Erreichung des Pols und die Rückkehr um ein bedeutendes.“

Sechsundzwanzig Hunde mußten ihr Leben lassen. Das blutige Geschäft des Tötens fiel den Männern schwer. In Höhlen lagerte man das Hundefleisch.

Kaum hatten die Norweger die beiden Eisströme hinter sich, standen sie vor einem weiteren Gletscher. Amundsen, ebenso fasziniert von seinem Anblick wie besorgt, meinte: „Dieses Ding wollen wir den *Teufelsgletscher* nennen.“

Noch ahnte er nicht, daß sie viele Tage brauchen sollten, um ihn zu bezwingen, denn seine Höhe betrug fast viertausend Meter.

Manchmal kam man überhaupt nicht vorwärts, es schien, als ginge man gegen eine Mauer an, die nicht nachgeben wollte. Oft war das Eis unter ihren Füßen so beschaffen, daß sie glaubten – wie Wisting es formulierte –, über rollende Fässer zu wandern. Gelegentlich sauste ein Schlitten mitsamt den Hunden hinab, und dann kostete es viel Kraft, den Schaden zu beheben. Aber auch der Teufelsgletscher, eine wahre Festung, konnte am Ende genommen werden.

Roald Amundsen und seine vier Kameraden drangen nun in ein Gebiet vor, das ihnen im ersten Augenblick gespenstisch und nicht geheuer vorkam: zerklüftete Berge ringsum, einsame, hochaufragende Felsen, bizarre Gebilde aus Eis, die der Phantasie eines Künstlers entsprungen sein mochten. Kein Windhauch. Die Männer blickten sich ratlos an und empfanden sogar Scheu weiterzugehen.

Mit einemmal jedoch, von einer Sekunde zur anderen, war es aus und vorbei mit der Grabesstille. Ein Orkan von unvorstellbarer Heftigkeit brach los, wirbelte gewaltige Schneemassen hoch, jagte sie durch die Luft und warf die Männer zu Boden. Um nicht fortgeschleudert zu werden, krallten sie sich im Eis fest oder klammerten sich an Felsstücke. In Sekundenschnelle fielen die Temperaturen auf fünfzig Grad.

Die Expedition geriet in höchste Gefahr.

„Wo sind wir hier?" fragte Hanssen in den Orkan hinein.

„Im Tanzsaal des Teufels", stieß Amundsen hervor.

Kapitän Robert Falcon Scott konnte sein Winterquartier erst im November verlassen, weil der antarktische Frühling im McMurdo-Sund und auf der Ross-Insel arg gewütet hatte. Wochenlang tobten schwere Schneestürme und machten einen rechtzeitigen Abmarsch unmöglich. Nun aber hatten die Meteorologen auf Kap Evans günstiges Wetter prophezeit. Scott hoffte natürlich, daß sie recht behalten mochten. Verlassen wollte er sich indes nicht auf ihre Angaben, er kannte sich schließlich besser aus in dieser Gegend.

„In sechzig Tagen müssen wir den Südpol erreicht haben", sagte er, „der Weg zurück darf nur fünfzig beanspruchen. Wird dieser Zeitplan nicht eingehalten, geraten wir in die Polarnacht. Nach menschlichem Ermessen wäre das unser Ende."

Mit anderen Worten, auf der insgesamt dreitausendzweihundert Kilometer langen Strecke durfte nicht allzuviel Unvorhergesehenes passieren.

In Scotts Begleitung befanden sich zwölf Männer. Die zehn verbliebenen Ponys wurden vor je einen Schlitten mit zweihundert-

siebzig Kilogramm Last gespannt. Auch die beiden Motorschlitten, die bislang mehr Kummer als Freude gemacht hatten, nahm der Kapitän mit. Auf den Schlitten lagerten reichlich gepreßtes Heu und anderes Tierfutter, denn auf die Vierbeiner setzte Scott große Hoffnungen. Dagegen teilte er den Proviant für die Männer streng ein, die Rationen würden zum Leben zuwenig und zum Sterben zuviel sein. Die Verabschiedung der Karawane fand rasch und ohne Umstände statt. Kurzes Händeschütteln, man wünschte sich Hals- und Beinbruch, das war alles. Eine Filmkamera hielt die kleine Szene fest.

In der ersten Zeit verlief der Marsch über die Schelfeisplatte getreu nach Plan.

Solange man die Ponys antrieb, zogen sie gut. Blieben die ständigen Anfeuerungsrufe einmal aus oder klangen sie nicht laut genug, verlangsamte sich sofort das Tempo. Bekamen die Tiere die Peitsche, benahmen sie sich störrisch und blieben stehen. Dann half nur gutes Zureden, um sie zum Weiterlaufen zu bewegen.

„Nicht einmal eine Londoner Primaballerina ist so launisch wie dieses Viehzeug", schimpfte Leutnant Bowers.

Flüche halfen aber nicht, man blieb ja angewiesen auf „dieses Viehzeug". Die Vorstellung, die schweren Schlitten womöglich selbst über das Eis und die entsetzlich lange Strecke ziehen zu müssen, wagte man erst gar nicht weiter auszumalen.

„Fallen die Mistviecher aus, sind wir erledigt", bemerkte Deckoffizier Evans, der die Gestalt eines kräftigen Hünen besaß.

Leutnant Bowers erlaubte sich die Frage, ob man nicht besser daran getan hätte, Hunde mitzunehmen.

Scott hörte solche Redensarten nicht gern, sie lenkten nur ab und machten mutlos. Er sagte grob:

„Verbreiten Sie hier bloß keinen Pessimismus. Wir tun gut daran, uns einzig und allein auf unser Ziel zu konzentrieren. Später können wir uns darüber unterhalten, was wir alles hätten besser machen können."

Zehn Tage waren er und seine Begleiter inzwischen unterwegs. Am elften gab es einigen Ärger. Die beiden Motorschlitten, die fast täglich repariert werden mußten, was jedesmal unnötig Zeit kostete, gaben nun endgültig ihren Geist auf, sie sprangen nicht mehr an. Das auf ihnen lagernde Gepäck mußten sie auf die anderen Schlitten verteilen. Danach ließen die Männer die Errungenschaften der modernen Technik einfach stehen und zogen weiter.

Anfang Dezember hatte die Expedition eine erste kritische Phase zu überstehen. Überraschend, wie das in diesen Breitengraden üblich ist, heulte ein Schneesturm auf. Die erschreckten Ponys rasten entweder wie besessen davon oder ließen sich einfach niederfallen. Da der Sturm an Heftigkeit zunahm, entstand ein nicht zu beschreibendes Chaos. Stunden später, nach einer gewissen Beruhigung, registrierte der Kapitän den entstandenen Schaden. Wichtige Ausrüstungsgegenstände und Verpflegungssäcke hatten sich von den Schlitten gelöst und waren danach durch den Sturm in unerreichbare Fernen getragen worden. Gewiß, ein böser Verlust. Etwas noch Schlimmeres gesellte sich aber hinzu: Eins der Tiere lag tot auf dem Eis, ein anderes befand sich in den letzten Zügen, so daß man es erschießen mußte.

Der Kapitän vertraute seinem Tagebuch an, niedergeschlagen zu sein. Natürlich raffte er sich wieder auf. Kapitulation, das stand unwiderruflich für ihn fest, kam nicht in Frage. Nach England zurück, ohne am Südpol gewesen zu sein? Niemals!

Verbissen setzten die Männer den Marsch fort. Eine Woche verging, eine weitere. Ein voller Monat war mittlerweile seit dem Abmarsch von Kap Evans verstrichen, aber noch immer zogen sie über die Eisplatte, die einfach kein Ende nehmen wollte. Wohin das Auge reichte, dehnten sich Schnee- und Eisfelder aus. Wo befanden

114

sich die von Shackleton erwähnten Berge? Wann konnte man endlich am Fuße des Beardmore-Gletschers stehen?

„Ich kann nichts mehr sehen!" Mit diesem erschreckten Ausruf brach einer der Männer zusammen. Er lag hilflos auf dem Eis, seine Schultern zuckten unnatürlich, heftige Schmerzen in den Augen, Fieber und Erbrechen quälten ihn. Eine von allen Polarfahrern gefürchtete Krankheit hatte ihn befallen, die Schneeblindheit. Viel konnte man im Augenblick nicht für ihn tun. Die Kameraden betteten ihn auf einen Schlitten und hüllten seinen heißen Kopf in dicke Felle.

„Weiter!" drängte Scott. „Nicht stehenbleiben. Vorwärts!"

Gottlob, der erkrankte Mann kam wieder auf die Beine und konnte bald wie gewohnt weitermachen.

Die Anstrengungen der zurückliegenden Wochen standen den Männern in ihren Gesichtern geschrieben, doch sie hielten sich wacker. Und dann, bei strahlender Mittagssonne und klirrendem Frost, kam der gewaltige, fast dreihundert Kilometer lange Eisstrom nun doch in Sicht, der Beardmore-Gletscher. Endlich!

Dort aber schien sich das Ende anzubahnen. Mit den Ponys konnte man ja von Anfang an wenig Staat machen. Ein Wunder, daß sie es überhaupt bis hierher geschafft hatten. Nun versagten sie endgültig, lagen eher tot als lebendig da und besaßen keine Kraft mehr, sich ein weiteres Mal zu erheben.

„Wir müssen sie erschießen", sagte der Kapitän. „Wir müssen alle erschießen." Er wußte, was er seinen Begleitern zumutete.

Die Männer blickten ihn entsetzt an. Jeder ahnte, was dieser Befehl bedeutete. Man mußte sich nun selbst vor die Schlitten spannen, sie über das Hochgebirge bis hin zum Pol ziehen! Und später erneut bis Kap Evans. Bloß nicht daran denken. An alles andere denken, nur daran nicht!

Scott, dem die trüben Gedanken seiner Begleiter nicht unbekannt sein konnten, fragte: „Weiß jemand eine bessere Lösung?"

Schweigen. Die Tiere, von denen man wohl Unmögliches verlangt hatte, wurden erlöst.

Nach einer Ruhepause von nur einem Tag befahl Kapitän Robert Falcon Scott den Weitermarsch. Erbarmungslos begann der Kampf mit dem mächtigsten Gletscher der Erde. Ernest Henry Shackleton quälte sich damals drei Wochen lang mit ihm. Scott, unter Zeitdruck geraten, wollte es in zwei Wochen schaffen. Er mußte ja als erster am Südpol sein. Darauf hatte er sein Wort gegeben.

Das Empire zählte auf seinen Sieg.

Also weiter, vorwärts, dem Triumph entgegen!

Je tiefer die Männer in das unheimlich anmutende Gletscherrevier vordrangen, desto schneller schrumpften ihre Energien zusammen. Die Schritte verloren an Festigkeit. Manche Tage taumelten sie nur von einem Kilometer zum nächsten, brachen zusammen, standen von neuem auf, sprachen sich gegenseitig Mut zu. Und ihr Ziel blieb weit, Hunderte von Kilometern entfernt. Nachts, wenn sie mit bleischweren Gliedern im Zelt lagen, fanden sie keinen Schlaf oder litten unter bösen Träumen. In ihrer zerschlissenen Kleidung sahen sie wie heruntergekommene, glücklose Goldgräber aus. Der Südpol, obwohl noch in sehr weiter Ferne, hatte sie bereits gezeichnet.

Einmal rutschte Rittmeister Oates ab, überschlug sich und landete mitsamt seinem Schlitten in einer Tiefe von gut dreißig Metern. Es grenzte an ein Wunder, daß er mit ein paar Schrammen, blauen Flecken und einem etwas lädierten Kopf davonkam. Die Männer lachten schon lange nicht mehr. Nun aber, da sie dem fluchenden Oates zu Hilfe eilten, taten sie es – eine Art Galgenhumor.

Unter ständigen Mühen, Strapazen und Kämpfen gegen Stürme und Schneegestöber, von der bitteren Kälte erst gar nicht zu reden, überwanden Kapitän Scott und seine Gefährten den Beardmore-Gletscher. Das war eine alpinistische Leistung ersten Ranges. Doch nun sah sich Scott veranlaßt, seine Mannschaft zu verkleinern. Er behielt nur Dr. Wilson, Leutnant Bowers, Deckoffizier Evans und Rittmeister Oates bei sich. Die anderen sieben Kameraden mußte er zurückschicken. Er händigte ihnen Proviant für fünfzig Tage aus.

„Hals- und Beinbruch, Jungs", sagte er, als er sich von ihnen verabschiedete. „Grüßt die Kameraden auf Kap Evans und richtet ihnen aus, daß wir bald nachkommen."

Der Kapitän sah müde aus, sehr müde.

Stundenlang tobte das Inferno und vermittelte eine drastische Vorstellung davon, wie der Untergang der Welt, sollte er je kommen, aussehen könnte. Doch dann zeigte sich die Sonne wieder. Die fünf Norweger erhoben sich. Sie sahen arg mitgenommen aus. Weil sie keine Zeit verlieren durften, machten sie sich augenblicklich an die Arbeit, Hunde, Proviant und Ausrüstung von einer dicken Schneedecke freizuschaufeln. Alle wußten, daß es schlimmer hätte kommen können.

Mit diesem Gebiet, das Roald Amundsen offiziell als *Teufelstanzsaal* in die Karten eintrug, endete das Gebirge. Nun dehnte sich vor den Männern eine Hochebene aus. Unter einem Panzer aus Schnee und Eis lag festes Land. Bis zum Südpol mochten es noch dreihundert Kilometer sein.

Der 8. Dezember 1911 galt als ein besonderer Tag. Die Männer überschritten 88 Grad 23 Minuten südlicher Breite – hatten also die seinerzeit von Ernest Henry Shackleton vollbrachte Leistung nunmehr überboten.

Bewunderung verdienten die Hunde. Der Weg über die Gletscher hatte ihnen viel Kraft abverlangt. Erstaunlich rasch erholten sie sich von diesen Anstrengungen. Jetzt jagten sie über die Schneefelder nur so dahin. Die Zentnerlasten der Schlitten schienen sie überhaupt nicht zu spüren. Vierzig Kilometer betrug die tägliche Marschleistung.

„Sollten wir dieses Tempo halten", sagte Amundsen, „müßten wir in fünf Tagen am Ziel sein." Der strenge Frost hatte sein Gesicht in eine schwärende Wunde verwandelt. Sei es drum, Hauptsache, das Tempo läßt sich durchhalten, dachte er immer wieder.

Je näher sie dem Pol kamen, desto größere Unruhe erfaßte Amundsen. Immer wieder suchte er mit dem Fernglas die Umgebung ab. Die leiseste Andeutung einer Schlittenspur oder der geringfügigste Gegenstand, der achtlos herumliegen konnte, mußte eine niederschmetternde Wirkung auslösen, hätte dies doch bewiesen, daß Robert Falcon Scott, der Rivale, bereits hier gewesen war.

Aber nichts dergleichen. Das besänftigte die Nerven, spornte an, machte siegessicher.

Am 14. Dezember 1911, nach einem strapaziösen Gewaltmarsch, mußte Amundsen viel Mühe aufwenden, seine Begleiter zum Schlafengehen zu bewegen, denn so aufgeregt wie an diesem Abend waren sie noch nie. Eine Entfernungsmessung ergab nämlich, daß sich der Pol bereits in Rufnähe befand, keine vierzig Kilometer vom derzeitigen Standort entfernt, sozusagen gleich um die Ecke.

„Chef", meinte Bjaaland, „anstatt uns hier wie müde Krieger aufs Ohr zu legen, sollten wir lieber weitermarschieren. Ich bin ganz verrückt danach, morgen am Südpol zu frühstücken."

Im Zelt herrschte eine ausgelassene Stimmung, man hätte glauben können, daß die Norweger bereits den Sieg feierten.

„Morgen sind wir am Pol!"

Amundsen aber äußerte sich zurückhaltend. „Wir wollen abwarten. Erst in vierundzwanzig Stunden können wir wissen, ob wir einen Grund zum Jubeln haben."

Ein plötzlich losbrechender Orkan konnte noch in der letzten Minute den Erfolg zunichte machen. Und außerdem, wenn man bloß wüßte: Wo lag Scott in dieser Stunde?

Am anderen Morgen begrüßte die Männer herrliches Wetter.

„Wie geschaffen für die Ankunft am Pol", stellte Amundsen fest.

Er wirkte ausgeruht und souverän wie immer. Durch keine Bemerkung und keine Geste gab er zu erkennen, wie angespannt seine

117

Nerven waren. Sein Innerstes stand in Aufruhr und Flammen. Er wußte, daß er in den letzten Monaten um einen verwegen hohen Preis gepokert hatte: Schaffte er es heute, als erster am Südpol zu sein, so würde er Unsterblichkeit erringen wie einst Kolumbus. Kam er dagegen nur als zweiter an – die Welt nähme das höchstens mit einem Schulterzucken zur Kenntnis. Und die vielen Schulden? Niemals bekäme er sie vom Hals. Den letzten Stuhl würden ihm die Gerichtsvollzieher pfänden.

Das Frühstück nahmen alle diesmal schneller ein als sonst. Olaf Bjaaland trank nur einen Becher Tee.

„Warum essen Sie nichts?" wollte Amundsen wissen.

„Chef", lautete die Antwort, „ich bekomme keinen Bissen herunter, so aufgeregt bin ich. Außerdem habe ich beim Aufwachen der Heiligen Jungfrau geschworen, erst wieder auf dem Südpol zu speisen. Sie wissen, ich bin ein frommer Katholik und muß deshalb mein Gelübde halten."

Zuerst lachte Amundsen. Dann sagte er aber mit einer gewissen Strenge: „Keine Extratouren. Fangen Sie zu essen an. Besonders heute brauchen Sie Ihre ganze Kraft, wie wir alle."

Gegen acht Uhr setzten die Männer zum Endspurt an.

Stunde um Stunde verrann, und die Aufregung des Morgens verflüchtigte sich schnell, weil der weiche Schnee, über den die Männer zogen, seine Tücken hatte. Kurz vor fünfzehn Uhr gab Wisting das Zeichen zum Halten. Mit dem Sextanten und einem künstlich geschaffenen Horizont bestimmte er die Lage des Pols. Danach rief er nach Amundsen.

„Chef", meinte er feierlich, „Sie müssen jetzt wieder die Führung übernehmen. Wir sind da. Noch fünfzig Meter …, vielleicht hundert."

Das Ziel der langen Reise sollte tatsächlich erreicht sein?

Amundsen schien das nicht glauben zu wollen, nicht fassen zu können. Schweigend blickte er die Gefährten an, wollte ihnen etwas sagen, brachte aber kein Wort hervor. Sein Gesicht, vom Eis gezeichnet, wirkte mit einemmal alt, sehr alt.

„Vorwärts", sagte er schließlich.

Die Männer rührten sich nicht von der Stelle.

„Nein, Chef, Sie gehen allein", sagte Bjaaland. „Es ist Ihr Weg. Ihnen steht es zu, den Südpol als erster zu betreten."

Aber Roald Amundsen hielt nichts davon, jetzt als einsamer und alleiniger Sieger dazustehen. Ohne seine Kameraden, das wußte er nur allzugut, hätte er sein Ziel nicht erreicht. Darum forderte er sie auf, das letzte Stück mit ihm gemeinsam zu gehen. Und so geschah es.

Am 15. Dezember 1911 erreichten sie den geographischen Südpol der Erde: 89°59'60''.

Amundsen streifte die Handschuhe ab, um mit den frostwunden
Händen die Fahne seines Heimatlandes zu hissen. Dabei sagte er:
„So pflanzen wir dich am Südpol auf und geben der Ebene, auf der
er liegt, den Namen *König-Hakon-VII.-Land.*"

Nach dem Sieg gab es kein Ausruhen. Die unmittelbare Umgebung des Pols wurde genau vermessen. Um ganz sicher zu sein, daß
der Südpol auch wirklich erreicht worden war, ließ Amundsen seine
Männer kilometerweit nach verschiedenen Richtungen wandern.

Am dritten Tag in aller Frühe stellte er ein kleines Zelt von pech-
schwarzer Farbe auf und hinterlegte darin einen Brief für Kapitän
Scott, worin er den Verlauf seiner Expedition schilderte. In der Mittagsstunde brachen alle zur Rückfahrt auf. Wieder jagten die Hunde
über Schnee- und Eisfelder. Diesmal ging es in nördlicher Richtung.

Nach Hause!

Ein paar Tage darauf betraten Amundsen und seine Männer erneut den Teufelstanzsaal. Merkwürdig still war es, grausig und unheimlich, genau wie damals, ehe die Elemente zu toben begannen.

Niemand wagte zu sprechen. Nur eilig hatten es alle, von hier wegzukommen.

„Der Teufel scheint zu schlafen", bemerkte Amundsen mit leiser Stimme, „wir wollen ihn nicht aufwecken."

Unterdessen hielt ein neues Jahr seinen Einzug.

Am 16. Januar 1912, spätnachmittags, schleppten sich mehrere Männer über die Hochebene. Je zwei von ihnen zogen einen Schlitten hinter sich her. Der Anführer der Gruppe hieß Robert Falcon Scott. Offenbar war er stark angeschlagen, denn er bewegte sich nur noch taumelnd vorwärts. Doch er durfte nicht aufgeben.

Plötzlich hielt er im Weitergehen inne. Er glaubte nämlich, in der Ferne etwas Dunkles wahrgenommen zu haben. Vielleicht einen Schatten? Oder eine Sinnestäuschung? Er winkte die anderen herbei.

Leutnant Bowers blickte durch das Fernglas, setzte es wieder ab, sagte kein Wort.

„Was ist los mit Ihnen?" wollte Scott wissen. „Warum sagen Sie nichts?"

Mußte Bowers überhaupt reden? Der Kapitän kam doch schon seit Monaten von einer ganz bestimmten Befürchtung nicht mehr los.

Nun nahm Rittmeister Oates das Glas. Was er entdeckte, wollte seinen Verstand zum Stillstand bringen. „Mir scheint, dort vorn steht eine Fahne", stieß er hervor.

Eine Fahne?

„Das kann nicht sein." Dr. Wilson wollte dem Rittmeister nicht glauben. Er überzeugte sich selbst, dann senkte er den Kopf.

Ja, eine Fahne. Sie war an einem Schlittenständer befestigt. Beim Weitergehen bemerkten Scott und seine Gefährten nun auch Spuren, die von Schneeschuhen, Schlitten und Hunden stammten. Augenblicklich begriffen sie alles.

Der Kapitän fühlte sich wie von Keulenhieben getroffen. Alles Unglück der Welt hätte ihn heimsuchen dürfen, wäre ihm bloß dieses erspart geblieben! Er mußte sich auf Oates stützen, um nicht niederzusinken. Seine Lippen bebten, während er aussprach, was er in diesem Augenblick empfand:

„So ist es also wahr, der Norweger ist mir zuvorgekommen. Meine Sache ist verloren, mein Kampf umsonst gewesen. Traum meiner Tage, lebe wohl. Mein Gott, wie es mir vor dem Rückmarsch graust!"

Die letzten Worte murmelte er nur noch.

Scott und die anderen besaßen keine Kraft mehr und schlugen ihr

Lager auf. Erst zwei Tage später rafften sie sich von neuem auf und marschierten weiter, betraten nun auch den Südpol. Das geschah am 18. Januar 1912, ohne jede Feierlichkeit, um so mehr mit tiefer Trauer im Herzen, denn der Pol bedeutete nicht mehr jenes winzige Stück unberührter Erde, das zu erobern man ausgezogen war, sondern lediglich Amundsens verlassener Lagerplatz mit dem schwarzen Zelt. Und darüber breitete sich das Universum aus.

„Schlimmer hätte England nicht gedemütigt werden können", sagte Deckoffizier Evans mit dumpfer Stimme.

„Was nun, Sir?" fragte Bowers.

„An die Arbeit", befahl der Kapitän. „Wir wollen zuerst unsere Fahne hissen und anschließend das Lager aufschlagen. Morgen sehen wir weiter."

Schlaf fand keiner, und dabei fühlten sich die fünf Männer völlig zerschlagen und entkräftet. Ihre Gedanken umkreisten immer wieder dieselbe Frage: Wie konnte das geschehen?

„Amundsen hat Glück gehabt", sagte Bowers, „das erklärt alles."

„Nicht alles", widersprach der Kapitän. „Und wenn schon Glück, dann das Glück des Tüchtigen. Seine Expedition war besser organisiert als meine."

Für einen längeren Aufenthalt eignete sich der Südpol nicht. Zudem sanken die Temperaturen.

„Beeilen wir uns mit dem Abmarsch", drängte Leutnant Bowers, „sonst kommen wir hier womöglich noch alle um."

Der Kapitän stimmte dem zu. Zwei Tage nach der Ankunft ordnete er den Abmarsch an. Die Männer waren keine Träumer, hatten keine Illusionen, sie wußten, was ihnen bevorstand. Der Weg, den sie nun zu gehen hatten, entsprach der Entfernung von Leipzig bis zum südlichsten Punkt Siziliens. Und das alles zu Fuß! Eisige Kälte und scharfe Stürme würden ihre ständigen Begleiter sein. Und beeilen mußten sie sich obendrein, um spätestens im April wieder auf Kap Evans zu sein, weil sie sonst der im Mai einsetzenden Polarnacht zum Opfer fielen. Dieser unheimlichen Nacht, die mit ihren wilden Orkanen und sechzig bis siebzig Frostgraden auf der Eisplatte jedes Lebewesen tötete.

Die Männer kamen aber nur schleppend voran, elf Kilometer statt zwanzig, oft erheblich weniger. Kein Zweifel, der böse Schock, den sie am Südpol erlitten hatten, lähmte nun ihre Willenskraft.

Der Stärkste fiel zuerst: Deckoffizier Evans. Seine Füße waren erfroren. Aus eigener Kraft vermochte er keinen Schritt mehr zu tun. Die Kameraden mußten ihn führen. Dabei blieb es indes nicht.

„Evans ist dabei, seinen Verstand zu verlieren", teilte Dr. Wilson dem Kapitän mit. „Er redet wirres Zeug. Ich kenne mich in diesen Symptomen aus. Ein paar Tage weiter, und der arme Kerl wird geistig umnachtet sein. Was tun wir mit ihm?"

„Ich weiß es nicht", antwortete Scott.

Einmal in der Nacht fing Evans fürchterlich zu toben an, schlug um sich, drohte, alle umzubringen. Um seiner eigenen Sicherheit willen mußten ihm die Hände gebunden werden. Später sank er in sich zusammen und fiel in einen hemmungslosen Weinkrampf. Er war nur noch ein hilfloses Bündel.

Am 18. Februar 1912 starb er. Seinen Leichnam bestatteten die Männer unter der Schneedecke.

Weiter!

Die Verpflegungssituation galt von Anfang an als problematisch. Zwar hatte der Kapitän vor dem Abmarsch zum Pol angeordnet, während seiner Abwesenheit an genau festgelegten Punkten Depots anzulegen, eine Garantie, daß dies auch geschehen war, besaß er jedoch nicht. Er selbst hatte auf der Hinfahrt einige eingerichtet, freilich mit geringen Vorräten, denn die Schlitten boten nicht viel Platz. Außerdem befanden sich diese Lager weit auseinander, stellenweise an die dreihundert Kilometer. Was die Männer mit sich schleppten, nahm sich armselig genug aus. In dem Maße, wie sich die Marschleistungen verringerten und die Heimkehr somit hinausgezögert wurde, mußten sie das Vorhandene immer wieder strecken.

So stellte sich nun neben Kälte und Stürmen der Hunger als zusätzlicher Begleiter ein. Am Hungertod, Scott wußte das, sind schon viele Polarfahrer gestorben. Er fragte sich bereits, ob seinen Männern und ihm dasselbe Schicksal drohte.

Wieder vergingen Wochen. Kapitän Scott, Dr. Wilson, Rittmeister Oates und Leutnant Bowers wankten über das Eis, retteten sich von einem Depot zum anderen, stets in der Hoffnung, sich wenigstens einmal satt essen zu können. Das blieb ihnen aber versagt. Wie lange sollte der Hungermarsch noch dauern?

Oates schien das nächste Opfer zu sein. Hunger und Frost zerstörten seine Lebenskräfte.

„Ich habe unerträgliche Schmerzen", sagte er.

Dr. Wilson untersuchte seine übel zugerichteten Füße, die nur aus abgestorbenen Zehen und eiternden Wunden bestanden.

„Legt mich in einen Schlafsack und zieht allein weiter", bat der Rittmeister, der seinen Kameraden nicht länger zur Last fallen wollte.

Natürlich lehnte Scott entrüstet ab. Er entschied sich, den Schwerkranken fortan auf einem Schlitten zu transportieren. In der

Nacht zum 17. März 1912 tobte ein höllischer Sturm, während die Männer im Zelt lagen.

„Ich will einmal hinausgehen", sagte Oates, „und bleibe vielleicht eine Weile draußen."

Die anderen waren viel zu erschöpft, um sich etwas anderes dabei zu denken. Oates kehrte nicht zurück. Er stürzte sich in den brüllenden Orkan ...

„Sollte dies Tagebuch gefunden werden", schrieb Kapitän Scott erschüttert, „so bitte ich um die Bekanntgabe folgender Tatsachen: Oates' letzte Gedanken galten seiner Mutter; unmittelbar vorher sprach er mit Stolz davon, daß sein Regiment sich über den Mut freuen werde, mit dem er dem Tod entgegengehe. Wir drei können seine Tapferkeit bezeugen ..."

Mit zwölf Männern hatte Robert Falcon Scott den Angriff auf den Südpol begonnen. Nun blieben ihm nur noch zwei, Dr. Wilson und Leutnant Bowers. Sie schleppten sich weiter. Mut, Zähigkeit und ihre Ausdauer brachten das Wunder zustande, am 21. März 1912 den größten Teil der Strecke geschafft zu haben. Dafür mußten sie einen sehr hohen Preis zahlen: eine total ruinierte Gesundheit. Seit Tagen nahmen sie keine Nahrung zu sich, weil es absolut nichts mehr gab. Auch keinen Tropfen Öl, um sich wenigstens einen Tee zu kochen. Das nächste Depot bedeutete vielleicht ihre Rettung. Es befand sich in der Nähe, keine zwanzig Kilometer von hier entfernt. Und bis Kap Evans blieben noch dreihundert.

Wieder tobten schwere Stürme, und die Männer mußten deshalb im Zelt bleiben.

„Womöglich schaffen wir es nicht", sagte Scott. „Dann wird man von meiner Expedition sagen, sie habe als Tragödie geendet. Was meint ihr?"

Der Kapitän erhielt keine Antwort.

Bereits am 26. Januar 1912, nach einem mehrwöchigen Gewaltmarsch über das Eis, trafen Roald Amundsen und seine Begleiter zu früher Stunde wieder in „Framheim" ein. Erschöpft, aber glücklich. Die anderen schliefen und mußten erst wachgerüttelt werden. Lindström rieb sich den Schlaf aus den Augen und meinte zuerst, Nachtgespenster vor sich zu haben.

„Chef? Seid ihr das wirklich? Träume ich?" fragte er verwundert. Dann stand er auf, machte Feuer und kochte sofort Kaffee, während sich die Heimgekehrten aufatmend niederließen.

Auch die anderen erhoben sich. Sie waren noch nicht lange zurück, hatten monatelang König-Edward-VII.-Land durchstreift und dort Gebirge entdeckt und Gletscher überwunden.

Eine gemütliche Runde saß jetzt zusammen.

Nach einer Weile vermochte der Koch seine Neugier nicht zu bezähmen und fragte: „Nun sagt endlich, was los ist. Seid ihr am Südpol gewesen?"

Bjaaland grinste. „Warum siehst du mich an? Frag lieber den Chef."

„Natürlich waren wir dort", erwiderte Amundsen.

„Und Scott? Seid ihr ihm begegnet?"

„Nein."

Amundsen hatte es eilig, den Erfolg schnellstens zu nutzen: Bücher schreiben, in vielen Ländern Vorträge halten, Geld verdienen. Der famose Sieg am Südpol blieb das eine, die Bezahlung der daraus entstandenen Schulden etwas anderes.

„Am liebsten würde ich mich ja nur meiner Forschungsarbeit widmen", gestand er, „aber leider zwingen mich die Umstände, dem Geld nachzulaufen."

An der Eisbarriere wartete schon die „Fram". Ein ganzes Jahr lang hatte sie die Ozeane gekreuzt. Nun kam sie wieder, um Amundsen und seine verwegene Schar abzuholen. Die Begrüßung zwischen Nilsen und Amundsen verlief überaus herzlich. Nilsen ließ sogleich ein Schwein schlachten, wofür die Polstürmer sehr dankbar waren. Lange Zeit hatten sie von Konserven, Pemmikan, Robbenspeck und Hundefleisch leben müssen. Deshalb freuten sie sich, endlich wieder zivilisierte Nahrung vorgesetzt zu bekommen. Sie langten ordentlich zu.

Das Lager löste Amundsen in wenigen Tagen auf. Schon am 30. Januar dampfte die „Fram" durch die Ross-See. Langsam geriet die Eismauer außer Sichtweite.

„Mal ehrlich, Chef", fragte Bjaaland, „werden Sie eines Tages in die Antarktis zurückgehen?"

Amundsen erwiderte ruhig: „Ganz bestimmt nicht. Wissen Sie, mein Freund, im Grunde genommen hat mich immer nur der Norden gereizt. Daran wird sich nichts ändern."

Die Fahrt zur Insel Tasmanien, dem nächsten Ziel, dauerte länger als geplant, weil Stürme und Packeis das Schiff behinderten. Erst am 3. März 1912 konnte Nilsen im Hafen von Hobart den Anker werfen lassen. Amundsen ging sofort an Land und fragte sich nach dem Telegrafenamt durch. Er gab zwei Telegramme auf, das eine an seinen König in Oslo, das andere an die Redaktion der Londoner Tageszeitung „Daily Chronicle". Der Text war gleichlautend:

„Südpol am 15. Dezember 1912 erreicht und drei Tage besetzt gehalten. Alles wohl, Amundsen."

Die Welt hatte eine neue Sensation. –

Im Winterquartier auf Kap Evans breiteten sich unterdessen Unruhe und Bestürzung aus.

In zwei Gruppen trafen die von Scott seinerzeit zurückgeschickten Leute ein – als lebende Leichname! Ihre Gesichter waren erfroren und ihre Glieder fast gelähmt. Die Männer hatten Skorbut und litten unter hohem Fieber. Nachdem die Geretteten wieder halbwegs zu Kräften kamen, berichteten sie. Ihre nur mühsam hervorgebrachten Schreckensschilderungen klangen unglaubhaft. Trotzdem mußten sie wahr sein, bedachte man, in welchem Zustand die Männer angekommen waren.

Die Sorge um Scott und seine Begleiter nahm zu. Spätestens Ende März wollten sie wieder auf Kap Evans sein. Inzwischen, Mitte April, gab es noch immer kein Lebenszeichen von ihnen. Vor dem Kap lag ein von der Admiralität geschicktes Schiff, das die gesamte Mannschaft nach Hause bringen sollte. Der Kapitän wurde ungeduldig. Allzu lange durfte er die Abfahrt nicht hinausschieben, denn bald würden die Packeismassen in Bewegung geraten und seinen Dampfer wie eine Zündholzschachtel zerdrücken.

Aber Scott kam nicht.

So mußte eine Entscheidung getroffen werden. „Der größte Teil der Mannschaft geht an Bord", verfügte der Kapitän, „und tritt die Heimreise an. Eine kleine Gruppe bleibt hier, um auf Scott zu warten oder ihm zu Hilfe zu eilen. Im nächsten Jahr kommt hier wieder ein Schiff vorbei."

Zehn Freiwillige nahmen eine zweite Überwinterung in der Einsamkeit der Ross-Insel auf sich. Und sie harrten aus, doch die Verschollenen meldeten sich nicht. Wegen der bereits vorgeschrittenen Jahreszeit und der in Kürze beginnenden neuen Polarnacht war es nicht möglich, den Vermißten entgegenzugehen. Sie mußten warten. Einige im August und September unternommene Versuche, nach ihnen zu forschen, brachten nichts ein, weil die zahlreichen Unwetter zur Umkehr zwangen.

Erst im November 1912 gelang es, weiter vorzudringen. Nach einem kräftezehrenden Marsch und einem dauernden Kampf gegen Sturm und Eis stand der kleine Trupp vor einem einsamen Zelt.

Die Männer hatten Scheu, es zu öffnen. Sie ahnten, was sie gleich erblicken würden.

Kapitän Robert Falcon Scott, Dr. Wilson und Leutnant Bowers lagen friedlich darin, als schliefen sie. Aber sie waren verhungert und erfroren.

Abschiedsbriefe fand man, vor allem Tagebücher, die Scott bis zum Ende gewissenhaft geführt hatte. An einer Stelle hieß es:

„Blieben wir am Leben – ich hätte viel zu erzählen von Unerschrockenheit, Ausdauer und Heldenmut meiner Kameraden ...
Statt meiner müssen diese kurzen Aufzeichnungen ... reden."

Und am 29. März hieß es im Tagebuch:

„Jeden Tag waren wir bereit, nach unserem nur noch 20 Kilometer
entfernten Depot zu marschieren, aber draußen vor der Zelttür ist
die Landschaft ein wirbelndes Schneegestöber. Wir können jetzt
nicht mehr auf Besserung hoffen. Aber wir werden bis zum Ende
aushalten; der Tod kann nicht mehr fern sein. Es ist ein Jammer,
aber ich glaube nicht, daß ich weiterschreiben kann.

Um Gottes willen, sorgt für unsere Angehörigen.

R. Scott."

Unklar schien zuerst, ob man die Leichen mit nach Kap Evans
nehmen sollte.

„Nein", sagte einer der Männer. „Ich bin dafür, sie hierzulassen.
Eine würdigere Ruhestätte könnten sie nirgendwo auf der Welt finden. In der Antarktis haben sie die größte Tat ihres Lebens vollbracht. So mögen sie hierbleiben."

Die persönlichen Gegenstände der Toten, die Aufzeichnungen und Filme wurden geborgen. Die Männer bauten das Zelt ab und breiteten es wie ein Leichentuch über Scott, Dr. Wilson und Leutnant Bowers. Dann errichteten sie ein Denkmal aus Schnee und Eis.

„Wir müssen uns beeilen", sagte jemand. „Ein Sturm zieht auf."

Ja, gleich würde hier wieder die Hölle los sein.

8. KAPITEL

Nur einer kam zurück

Der Australier Dr. Douglas Mawson
stieß 1912/13 600 Kilometer tief in das Victorialand vor

„Im Laufe des Nachmittags wiederholten sich die Anfälle. Dann verfiel er in Delirien und redete bis Mitternacht irre. Endlich schien er in friedlichen Schlummer zu fallen. Ich schloß daher seinen Schlafsack und zog mich erschöpft in den meinen zurück. Da Doktor Mertz sich mehrere Stunden lang nicht rührte, streckte ich meine Hand nach ihm aus und bemerkte, daß er erstarrt war ..."

Dr. Douglas Mawson, den seine Zuhörer anblickten, als wäre er ein Fabelwesen, eine Gestalt aus einer anderen Welt, hielt in seiner Schilderung inne. Die Erinnerung an die Erlebnisse der letzten Wochen bewegten ihn heftig. In sich zusammengesunken, saß er da und stierte vor sich hin. Seine glanzlosen Augen und sein abgezehrtes Gesicht ließen die Strapazen ahnen, denen er ausgesetzt gewesen war. Büschelweise ausgefallene Haare, von Zehen und Fingern gelöste Nägel, einen mit eiternden Wunden übersäten Körper – diese Opfer forderte der erbarmungslose Kampf gegen den weißen Tod von dem vorher so kraftvollen und energiegeladenen Mann.

Mühsam sprach er weiter:

„Einmal hing ich in einer Eisspalte. Unter mir gähnte die schwarze Tiefe. Es wäre das Werk einer Sekunde gewesen, mich einfach fallen zu lassen. Alle Not und Pein hätten mit einem Schlag ihr Ende gehabt. Die Gelegenheit war günstig, sie lockte mich förmlich. Ich konnte Kleines gegen Großes eintauschen, von der kleinlichen Erforschung eines Planeten hinübergehen in den ewigen Frieden. Ich überwand meine plötzliche Todessehnsucht. Aber meine Kräfte nahmen rasch ab, und der Tod meiner beiden Begleiter wollte mich um den Verstand bringen. So ging ich weiter, war wochenlang allein. Der Hungertod schien mir sicher. Meine letzte Lebensmittelreserve war der ungekochte Kopf meines Lieblingshundes Castor. Er hat mir das Leben gerettet ..."

Dr. Mawson brach ab. Er bat um einen starken Kaffee und wandte sich dann an den Funker der Überwinterungsstation, sagte zu ihm:

„Hören Sie, mein Freund, ich bin als Krüppel zurückgekehrt. Geben Sie einen Funkspruch nach Melbourne auf. Man möge meiner Braut ausrichten, daß sie nicht auf mich warten soll, ich gebe sie frei."

Dr. Douglas Mawson glaubte, der jungen Frau das Leben an seiner Seite nicht mehr zumuten zu dürfen. So niedergeschlagen hatte man ihn noch nie gesehen.

Woher kam er, und was widerfuhr ihm?

Als Douglas Mawson am 5. Mai 1882 in Bratford das Licht der Welt erblickte, ereignete sich gerade in England etwas Ungewöhnliches: die Erde bebte. Der glückliche Vater nahm dies als ein gutes Zeichen und rief strahlend aus:

„Mein Sohn ist dazu berufen, außerordentliche Taten zu vollbringen und ein großes Leben zu führen!"

Bestimmt sah Mawson senior in seinem Sprößling den künftigen Premierminister oder einen neuen Admiral Nelson. Glückliche Väter neigen bekanntlich zu solchen Übertreibungen, aber manchmal gibt die Geschichte ihnen sogar recht. Zunächst nahm das Leben des neuen Erdenbürgers einen völlig normalen Verlauf. Gewiß, in der Schule und später auf der Universität, an der er Physik und Geologie studierte, auch Philosophie und Geographie, bemühte er sich, die ihm übertragenen Pflichten gewissenhaft zu erfüllen. Als genial oder wenigstens besonders ehrgeizig entpuppte er sich jedoch nicht. Nur ein gewisses Fernweh überfiel ihn zuweilen, und dann wünschte er, ausgedehnte Reisen in die entlegensten Winkel der Erde zu unternehmen. Nichts Besonderes also, anderen jungen Leuten erging es schließlich ähnlich.

Im Alter von zweiundzwanzig Jahren schloß Douglas Mawson seine Studien ab und stand vor der Berufswahl. Längere Zeit konnte er sich in diesem Punkt nicht entscheiden. Dann kam ihm der Zufall zu Hilfe. In der Londoner „Times" las er, daß die Universität der australischen Stadt Adelaide mehrere Dozenten einzustellen plane. Kaum jemand wollte dem Ruf folgen. In das ferne Australien zog man nicht gern. In den Augen der meisten Europäer und Amerikaner galt dieser Kontinent als eine arge Wildnis, in der man seines Lebens nicht sicher sei. Douglas Mawson aber, der frischgebackene Doktor der Naturwissenschaften, sah das anders. Er suchte eine Aufgabe fürs Leben und bewarb sich. Er wurde genommen und traf 1904 in Adelaide ein, wo er fortan als Dozent wirkte.

Zweifellos wäre ihm künftig eine Gelehrtenlaufbahn beschieden gewesen, dies um so mehr, als es seinem Naturell entsprach, unauffällig in der Stille tätig zu sein. Hast, Hektik, Lärm und Aufregung lehnte er ab. Es kam jedoch anders.

Damals, in der ersten Zeit nach der Jahrhundertwende, ging von der Polarforschung eine ungeahnte Faszination aus. Die Berichte über waghalsige Expeditionen, die Zeitungen und Illustrierte in aller Welt verbreiteten, beflügelten die Phantasie vieler Menschen. Als Ernest Henry Shackleton im Jahre 1907 seine erste selbständige Antarktisexpedition vorbereitete und etliche Mitfahrer suchte, meldeten sich auf ein entsprechendes Inserat hin gleich vierhundert Männer aus allen Ländern.

Auch Dr. Mawson meldete sich.

„Eine überzeugende Erklärung, warum ich das tat, habe ich nicht", sagte er später. „Forscherdrang, plötzlicher Ehrgeiz, Abenteuerlust? Es wird von allem etwas mit im Spiel gewesen sein. Im übrigen rechnete ich mit einer Absage. Um so erstaunter war ich, daß Shackleton mir telegrafisch meine Ernennung zum Physiker seiner Expedition mitteilte."

So wurde Dr. Douglas Mawson, gewissermaßen über Nacht, Polarfahrer. Im Verlauf dieser Expedition nahm er an zwei ebenso riskanten wie bemerkenswerten Aktionen teil, an der Erstbesteigung des Mount Erebus und an der Auffindung des magnetischen Südpols. Das bedeuteten Meilensteine in der Erforschung der Antarktis.

Doch wie ging es mit ihm weiter? Wieder in der Heimat, antwortete er auf die Frage, ob er noch einmal ins Eis gehen möchte, mit einem klaren Nein. Er kam zwar gesund heim, doch nun meinte er, den Strapazen eines solchen Unternehmens ein weiteres Mal nicht gewachsen zu sein.

„Ich bin einmal in der Antarktis gewesen", pflegte er zu sagen, „und das bleibt mir als schöne Erinnerung fürs ganze Leben."

So sprechen manchmal Leute, die sich einen lang gehegten Wunsch erfüllen konnten und damit zufrieden sind.

Dann änderte er seine Meinung trotzdem:

„Als ich aber wieder ein Mensch unter Menschen geworden war, eingelullt durch die gemächliche, schablonenhafte Tagesarbeit, als ich die in der arbeitenden Welt üblichen Pflichten erfüllte, da erwachten alte Gemütsbewegungen von neuem, jene großen, stillen Zeiten kehrten wieder mit ihrem unwiderstehlichen Zauber, und ich beschloß also, mich noch einmal in das Reich des Südpols zu begeben."

Nun reiste man allerdings nicht in die Antarktis, um dort irgendwelche Abenteuer zu erleben. Expeditionen dieser Art hatten gewöhnlich ein klares Ziel und kosteten viel Geld, sie mußten aufgebaut sein auf einem konkreten wissenschaftlichen Programm.

Das wußte natürlich auch Dr. Mawson. Die Eroberung des Südpols reizte ihn nicht, in dieser Hinsicht gedachte er, anderen den

Vorzug zu lassen. Er selbst wollte sich der antarktischen Fest- und Küstenländer annehmen, von denen man bislang noch nicht allzuviel wußte. Während des damaligen Marsches zum magnetischen Südpol konnte er mit einigen anderen in das Innere von Victorialand vordringen. Die äußeren Grenzpunkte dieses Gebietes, im Osten bei Kap Adare und im Westen nahe des Gaußberges, hatten bereits andere Expeditionen abgesteckt. Zwischen diesen beiden Punkten lag aber unberührte Natur, und niemand wußte, wie es dort aussah.

Dr. Douglas Mawson hielt sich berufen und befähigt, die fehlende Klarheit zu erbringen.

Doch wer sollte das Unternehmen bezahlen?

Dr. Mawson legte im Januar 1911 der Australischen Gesellschaft zur Förderung der Wissenschaften seinen Expeditionsplan vor. Oft, wenn es um die Finanzierung eines solchen Vorhabens ging, zeigten sich die angesprochenen Herren zurückhaltend. Nicht so in diesem Falle. Sie äußerten augenblicklich Zustimmung und legten als erste Gabe tausend Pfund Sterling auf den Tisch. Das meiste Geld kam indes von der australischen Regierung in Canberra. Ihre Großherzigkeit erklärte sich aus mehreren Gründen.

Australien galt bei Millionen Menschen als das Ende der Welt und schien dazu verdammt zu sein, für immer eine unbedeutende Rolle zu spielen. Nun waren aber die einstigen britischen Kolonien auf diesem Kontinent unabhängige kleine Staaten geworden, die sich im Jahre 1901 zum Australischen Bund zusammenschlossen. Nationales Prestigedenken bildete sich bald heraus. Begreiflich, denn jetzt wollte man etwas darstellen in der Welt. Eine spektakuläre Polarexpedition, rechneten sich die Regierungsleute aus, könnte durchaus geeignet sein, das internationale Ansehen des jungen Staates zu festigen. Doch dies bildete nur einen Grund. Ein weiterer bestand in Dr. Mawsons Absicht, Klarheit über die unbekannten Gebiete in Victorialand zu schaffen. Einem derart wichtigen wissenschaftlichen Programm konnten die australischen Behörden und Institutionen schwerlich ihre Unterstützung versagen, denn zweifellos wären sie in einen schlechten Ruf geraten.

Und es gab einen dritten Grund: Douglas Mawson gedachte erstmals eine Funkverbindung zwischen der Antarktis und Australien herzustellen. Ob das gelang, stand zwar auf einem anderen Blatt, aber er wollte es in jedem Falle versuchen. Dieser Plan fand auch außerhalb Australiens Interesse. Englands Regierung hielt ihn für so bedeutungsvoll, daß sie zweitausend Pfund Sterling für das Unternehmen beisteuerte.

. In Canberra, der Hauptstadt Australiens, erhob man das Projekt in den Rang einer Staatsangelegenheit und erklärte es offiziell zur „Ersten Australischen Südpolexpedition".

Dem ehrgeizigen und von neuem reiselustig gewordenen Dozenten der Universität von Adelaide konnte dies nur recht sein. Jedenfalls bekam er, was er wollte. Noch im selben Sommer fuhr er nach Norwegen. Dort kaufte er ein Schiff, die „Aurora". Die Dänische Geographische Gesellschaft überließ ihm auf sein Ersuchen hin drei Dutzend grönländische Schlittenhunde. Da er über genügend Geld verfügte, durfte Mawson bei der Anwerbung der Besatzung, der Auswahl seines Stabes, beim Kauf der Ausrüstung sowie bei der Verproviantierung der Expedition großzügig vorgehen. Zum wissenschaftlichen Stab gehörten nur bewährte Männer. Nicht wenige von ihnen hatten sich ihre Sporen 1908/09 bei Shackleton verdient, und das galt als ausgezeichnete Schule, wie Mawson selbst am besten wußte.

Die Abreise der Ersten Australischen Südpolexpedition erfolgte am 2. Dezember 1911 in Hobart auf Tasmanien. Schon bald suchten orkanartige Stürme und Dauerregen die Männer heim, so daß die Wachen an Deck verdoppelt werden mußten, was auf Kosten der ohnedies knappen Schlafenszeit ging.

Die „Aurora", bis vor kurzem noch ein Walfangschiff, war fünfzig Meter lang, neun breit und hatte einen Tiefgang von fünfeinhalb Metern. Ihr starker, mit westindischem Grünholz verkleideter und mit Kiefernholz verschalter Rumpf konnte heftigstem Druck widerstehen. Die zusammengekuppelten Maschinen erhielten den Dampf aus einem einzigen Kessel. Ihre normale Leistung betrug 98 Pferdestärken, von einer vierflügeligen Schraube in Bewegung gesetzt und mit einer Geschwindigkeit von 60 bis 70 Umdrehungen in der Minute angetrieben. Dies entsprach einer Leistung von 11 bis 19 Kilometern in der Stunde. Außerdem wies das Schiff eine Takelage auf. Sechs große in den Boden eingelassene Stahltanks dienten zur Aufnahme der Trinkwasservorräte und konnten in leerem Zustand jederzeit mit Meerwasser gefüllt und so als Notballast verwendet werden.

Die „Aurora" galt als ein großes Schiff. Trotzdem konnte sie für das umfängliche Aufgebot – zu Dr. Mawsons Expedition zählten immerhin vierundvierzig Personen – nicht ausreichen. Geologen, Physiker, Biologen, Kartographen, Meteorologen, Ärzte, Marineoffiziere, Mechaniker, Funker, Matrosen und verschiedenste Hilfskräfte drängten und zwängten sich in der höchst unbequemen Enge. Mit knapp vierzig Hunden kehrte Dr. Mawson aus England zurück. Bei der Abfahrt in Hobart zählte die Meute bereits mehr als sechzig, und zahlreiche weitere Hundedamen erfreuten sich eines gesegneten Leibes.

Viel Platz beanspruchte des weiteren die Unterbringung der Ausrüstung und des Proviants. Da blieb für die Reisenden kaum Bewegungsfreiheit.

Erstes Reiseziel bildeten die Macquarie-Inseln, tausend Kilometer von Australien in Richtung Antarktis entfernt. Zu Zeiten der ersten Robbenjäger oft besucht, waren sie später in Vergessenheit geraten. Auf diesen wahrhaft einsamen Eilanden ließ Dr. Mawson eine aus fünf Mitgliedern bestehende Abteilung zurück. Sie sollte sich vorrangig mit meteorologischen Untersuchungen befassen. Die geographische Lage der Inselgruppe versprach verläßliche Daten über die Luftströmungen der südlichen Halbkugel, und die sollten von größtem Wert für die Schiffahrt Australiens sein. An der Nordseite einer Insel ging die „Aurora" für kurze Zeit vor Anker.

Während nun Ausrüstung und Verpflegung für zwei Jahre ausgeladen wurden, das dauerte etliche Tage, unternahm Dr. Mawson in Begleitung mchrcrer Männer wiederholt Ausflüge, um sich ein Bild von diesem Gebiet zu machen. Die übereinstimmende Meinung lautete, daß die Macquarie-Inseln wildromantische Eilande seien. Das war keine Übertreibung, die unaufhörlichen Stürme und das rauhe Klima ließen eine üppige Vegetation nicht zu. Erstaunlich blieb andererseits der Reichtum an Tieren. In den Küstenregionen tummelten sich namentlich zahlreiche Robben. Weiter hinten, in den schmalen Tälern, wanderten Maorihennen, flügellose Vögel, in großen Scharen einher. Bemerkenswert auch, daß sich rund um die Macquarie-Inseln ganze Regimenter von See-Elefanten aufhielten. Einmal gelang es Mawson, sich so einem sechs Meter langen und gut vierhundert Kilogramm schweren Insulaner zu nähern und ihn gründlich zu betrachten. Dabei sagte er zu seinen Begleitern:

„Der Name See-Elefant, unter dem diese nicht gerade possierlichen Tiere allgemein bekannt sind, bezieht sich auf ihre elefantenhafte Größe und darauf, daß bei den alten Männchen die Nasengegend stark entwickelt ist und sich bei aufgeregter Stimmung zu einem kurzen, rüsselförmigen Fortsatz erweitert."

Nachdem der Dozent aus Adelaide diese sachlich ganz ausgezeichnet begründeten Informationen gegeben hatte, mußte er schleunigst die Flucht ergreifen. Der alte See-Elefant setzte nämlich gerade zur Attacke an.

Nun drängte die Zeit. Nach einem kurzen Abschied von den fünf zurückbleibenden Wissenschaftlern ging man wieder an Bord. Die „Aurora" nahm Kurs auf die Küste von Adélieland. Ende Dezember 1911, im antarktischen Hochsommer, wurden erste Wale gesichtet, die nach Norden zogen. Albatrosse und Wilsonsturmvögel umkreisten das Schiff und verschwanden wieder in der Ferne.

„Eis an Steuerbord voraus!"

Dieser Ruf erscholl, als die meisten beim Frühstück saßen. Das Schiff geriet in ein Treibeisfeld, konnte die Fahrt aber ungehindert fortsetzen. Wenig später zog ein Eisberg vorüber. Seine Länge mochte tausend Meter betragen haben, seine Breite achthundert, er ragte hoch aus dem Meer hinaus. Seine blaugrüne Färbung, die im Sonnenlicht seltsam zu leuchten begann, erregte allgemeine Bewunderung.

Welch ein Zauber, welche Schönheit im ewigen Eis!

In den ersten Januartagen 1912 wurde es dann ungemütlich. Überall stauten sich dicke Eisschollen. Der starke Bug des Schiffes trieb sie auseinander. In immer größerer Zahl tauchten jetzt Seeleoparden und Krabbenfresserseehunde auf. Man schoß mehrere Tiere, um die Hunde mit frischem Fleisch zu versorgen. Das Schiff dampfte seit Tagen in bislang unbefahrenen Gewässern. Aber nirgendwo konnte man eine Küste entdecken. Phantastische Wolkengebilde am Himmel weckten gelegentlich die Hoffnung auf Land, was sich beim Näherkommen jedoch als Täuschung erwies. Wo der Amerikaner Charles Wilkes einst Land entdeckt haben wollte, zeigte sich bisher nur Meer und Eis.

Am späten Abend des 8. Januar 1912 erreichte die Mawson-Expedition an der achtzig Kilometer breiten Commonwealthbucht die Küste von Adélieland. Diesen Teil der Antarktis, von Wilkes und Dumont d'Urville vor langer Zeit lediglich aus weiter Entfernung bemerkt, betraten nun zum ersten Male Menschen.

Dr. Douglas Mawson beschrieb seinen Eindruck so: „Was für ein trostloses Bild. Hier herrscht tatsächlich noch die Eiszeit wie vor fünfzigtausend Jahren in Nordeuropa."

In der Bucht gab es mehrere Inseln. Ihr schroffes Felsgestein bestand hauptsächlich aus Gneis und Schiefer. Zahlreiche Pinguine, Sturmvögel und Albatrosse lebten dicht beieinander. Von einem Paradies konnte allerdings nicht gesprochen werden. Das spürten die Männer bereits bei der Suche nach einem Anlegeplatz in jener grauenvollen Eisblockade mit den ständigen, für Menschen schwer zu ertragenden Orkanen.

Unter diesen Umständen sah sich Dr. Mawson veranlaßt, seinen Expeditionsplan abzuändern. Eine von ihm selbst geführte Hauptabteilung sollte an der Commonwealthbucht bleiben, überwintern und danach in Richtung Victorialand vorstoßen, um dort die noch unbekannten Regionen zu erkunden.

Dem erfahrenen Frank Wild fiel die Aufgabe zu, sich mit einer

anderen Gruppe siebenhundert Kilometer weiter westwärts niederzulassen und das Gebiet rund um den Gaußberg zu erforschen.

Mawson und seine siebzehn Begleiter stellten die größte Abteilung dar, ihr gehörten fast nur Wissenschaftler an. Die Suche nach
einem geeigneten Standort für das Winterquartier verursachte viel
Mühe. Zwei Kilometer landeinwärts tat sich eine für diesen Zweck
brauchbare Felsfläche auf, und zwar von etwa eineinhalb Kilometer
Länge und achthundert Meter Breite. Mawson nannte sie *Kap Denison.*

Die Bewältigung der nächsten Aufgabe stellte an alle Beteiligten
die höchsten Anforderungen, jetzt waren kräftige Muskeln gefragt,
sollte doch das für die Hauptabteilung bestimmte Expeditionsgut
gelöscht und danach zum Lagerplatz transportiert werden. Es handelte sich um dreißig Tonnen Kohle, zwei zusammenlegbare Wohn-
hütten, ein magnetisches Observatorium, die Funkstation samt ihrer
komplizierten Einrichtung, ferner um zweitausend einzelne Lasten
mit Proviant, Werkzeugen, Instrumenten, Benzin, Öl, Schlitten,
mehreren Booten, Hundefutter. Entladung und Transport gestalteten sich deshalb so kompliziert, weil die Arbeiten bei pausenlosen
Stürmen und stark bewegter See zu bewältigen waren.

Am 19. Januar 1912, spätabends, beendeten alle ihr Werk. In der
Offiziersmesse fand eine kurze Feier statt. Während Dr. Douglas
Mawson und seine Mitarbeiter in der Commonwealthbucht zurückblieben, dampfte die „Aurora" weiter, um Frank Wilds Gruppe an
der Westküste von Adélieland abzusetzen.

Die Hauptabteilung begann nun unverzüglich mit dem Aufstellen einer Wohnhütte. Bis zu ihrer Fertigstellung wurde zehn Tage
lang in Zelten übernachtet und entsetzlich gefroren. Am 30. Januar
endlich nahm die „Villa Mawson" ihre Bewohner auf. Die Einrichtung war einfach und zweckmäßig. Ein Ofen in der Mitte des Raumes heizte gut und spendete ausreichende Wärme. Schlafkojen
standen in Doppelreihen an drei Seiten des Hauses. Den Einzug
feierte man mit einem festlichen Bankett, dessen Menü aus Lamm-
fleisch, Gemüse, Weißbrot und Obst bestand. Dazu tranken die
Herren von Kap Denison einen guten Weißwein.

Am anderen Morgen begannen die wissenschaftlichen Arbeiten.

So verliefen zehn Monate, bis in diesem Teil der Antarktis der
Frühling einzog.

Anfang November 1912 hielt Dr. Mawson wegen günstig schei-
nender Witterungsbedingungen den Zeitpunkt für gekommen, mit
der systematischen Erforschung von Victorialand zu beginnen. Er
bildete zu diesem Zweck mehrere kleine Abteilungen. Ihre Aufgabe
bestand darin, strahlenförmig auszuschwärmen und die von ihnen

betretenen Gebiete unter geographischen, geophysikalischen und meteorologischen Gesichtspunkten zu untersuchen und alle dabei gewonnenen Daten sorgfältig zu registrieren. Als Abmarschtag bestimmte er den 6. November.

Doch am Morgen dieses Tages durften die Männer länger schlafen als sonst, ein Schneesturm warf nämlich alle schönen Pläne über den Haufen.

Erst vier Tage später konnte es losgehen, und an jenem 10. November 1912 hatten es alle eilig. Überhaupt war jetzt Eile geboten, denn die „Aurora" wurde bereits Mitte Januar 1913 zurückerwartet. So blieben für die Bewältigung des großen Programms nur noch knapp zweieinhalb Monate, und dabei durften keine zeitraubenden Überraschungen eintreten.

Den wichtigsten und auch schwierigsten Teil der Aufgabe übernahm Dr. Mawson selbst, nämlich den Marsch nach Südosten, wobei er sich bis zu siebenhundert Kilometern von Kap Denison entfernen wollte. Er wußte, was ihn erwartete: Aus Südosten kamen bisher immer die ärgsten Stürme. Als Begleitung wählte er zwei Männer, von denen er meinte, daß sie das bevorstehende Abenteuer durchhalten würden: Dr. Xaver Mertz, ein Arzt und hervorragender Skiläufer aus der Schweiz. Bei dem anderen handelte es sich um Leutnant George Ninnis, der zu einem bei Canberra stationierten Kavallerieregiment gehörte und für die Südpolreise Urlaub erhalten hatte. Mit zwanzig Jahren war er der jüngste Expeditionsteilnehmer.

Ihre drei Schlitten, reichlich mit Proviant und Ausrüstung versehen, zogen achtzehn Hunde.

Die ersten fünfzig Kilometer machten keine nennenswerten Schwierigkeiten. Das blieb aber nicht so. Von den vereisten Bergzügen des Hinterlandes – sie stiegen bis zu tausendfünfhundert Metern hoch – erstreckten sich zwei gewaltige Gletscher zur Küste hin, deren Eiszungen weit ins Meer hinausragten. Sie stellten die erste Entdeckung auf diesem Marsch dar. Dr. Mawson gab ihnen die Namen *Mertz-Gletscher* und *Ninnis-Gletscher*.

Beide galt es zu überwinden, oft an glatten Abhängen empor, dann wieder durch zerklüftete Talkessel hinunter, über kilometerlange Eisfälle, die keinen sicheren Halt boten, vor allem über Spalten und Risse hinweg, deren trügerischer Schneedecke man niemals trauen durfte. Von Zeit zu Zeit brach ein Hundegespann ein. Mehr als einmal bewahrten Glück, Geistesgegenwart und Mawsons Erfahrung die Männer vor dem sicheren Absturz in bodenlose Tiefen.

Dr. Mawson schrieb in sein Tagebuch:

„Die Spalten waren so zahlreich, daß wir besondere Maßnahmen ergriffen, um sie zu umgehen … Einige waren bis zu dreißig Meter breit und mit Schnee gefüllt. Andere glichen großen Löchern oder riesenhaften Kesseln … Während wir ein schneefreies Tal passierten, hörten wir einen Laut wie von dumpf dröhnenden, weitentfernten Kanonen. Allem Anschein nach hatten sich große Höhlen unter dem Schnee gebildet, so daß die Eisdecke sich unter der Belastung durch uns und die Schlitten senkte und die eingeschlossene Luft ausstieß …"

Die Anzahl der täglich zurückgelegten Entfernung schwankte zwischen nur sieben und manchmal fast dreißig Kilometern. Unter diesen Umständen konnte eine genaue Marschleistung niemals vorher geplant werden. Das lag einzig und allein am Wetter, das sich schnell änderte. Herrschte am Morgen noch prächtiger Sonnenschein bei minus sechs Grad, so konnte die Männer zur Mittagsstunde schon ein Schneesturm erreichen, in dessen Verlauf die Temperaturen erheblich sanken. Zuweilen blieben die drei Wanderer tagelang zur Untätigkeit gezwungen. Beispielsweise vom 6. bis 8. Dezember 1912 wütete ein Blizzard mit einer Stundengeschwindigkeit von 112 Kilometern, der Dr. Mawson, Dr. Mertz und Leutnant Ninnis in ihren Schlafsäcken festhielt und ihnen kostbare Zeit raubte.

Dann ging es von neuem weiter. Mehrere Hunde brachen vor Erschöpfung zusammen, erhoben sich nicht wieder und mußten erschossen werden. Von den achtzehn Tieren, mit denen man losgezogen war, lebten noch elf, und die sahen elend genug aus. Auch die Kräfte der drei Männer ließen nach.

Aber trotz aller Schwierigkeiten schränkten die drei Männer das Maß ihrer Tagesarbeit nicht ein. Sorgfältig bestimmten sie die Höhen der Bergketten, den Umfang der Schluchten und Täler, maßen die Temperaturen und trugen die Ergebnisse in ihre Bücher und Hefte ein. Niemals erlahmte ihr Forscherfleiß, wußten sie doch, daß in ihre Expedition große Erwartungen gesetzt wurden. Am 10. Dezember befanden sie sich in der Randzone großer Gletscher inmitten einer Landschaft von schier überirdischer Schönheit. Über ihnen, bei mäßig starkem Wind, breitete sich das Blau des Himmels aus. In der Ferne, westlich einer großen Bucht, sichteten sie Kap Freshfield. Ein friedliches Bild. Dr. Mawson gab sich keinen Illusionen hin, in der nächsten Stunde konnte hier schon alles ganz anders aussehen.

Im übrigen schien es angebracht zu sein, eine erste Bilanz des Marsches zu ziehen. Man hatte sich bereits sechshundert Kilometer vom Winterquartier entfernt. Gemessen an der kurzen Zeit und den äußerst schwierigen Bedingungen, bedeutete das erstaunlich viel.

Langsam mußte an den Heimweg gedacht werden. Nur noch die Hälfte der Lebensmittel stand zur Verfügung. Die Hunde sahen so schwach und müde aus, daß sie es bis Kap Denison wahrscheinlich nicht mehr schaffen würden, also mußten die Männer darauf gefaßt sein, einen großen Teil der Strecke ohne die Hilfe der Vierbeiner auszukommen.

Als Termin für den Rückmarsch setzte Dr. Mawson den 15. Dezember fest. Eine Weile zogen sie also in der bisherigen Richtung weiter.

„Ich bin überzeugt, in dieser Gegend noch einige Entdeckungen machen zu können", sagte er, „aus diesem Grunde wählen wir für unseren Heimweg eine Route, die etwas südlicher als unsere jetzige liegt." Obendrein hoffte er, die neue Strecke würde nicht so gefährlich sein wie die alte.

Es war freilich nur eine Hoffnung, weiter nichts.

Am 13. Dezember 1912 gingen Dr. Mawson, Dr. Mertz und Leutnant Ninnis über eine Hochebene. Plötzlich fiel das Land jäh ab. Tief unter sich erblickten sie Meereswasser, das ebensogut Packeis sein konnte. Auf jeden Fall gelangten sie überraschend schnell zu der hier völlig unübersichtlichen Küste. Ihr über Hunderte Kilometer hinweg bis Kap Denison zu folgen schied wegen der damit verbundenen Gefahren aus.

„Halten wir uns mehr landeinwärts", schlug Dr. Mawson vor. Daraufhin änderte er den Kurs.

Das Gelände blieb weiter unübersichtlich. Überall lauerten Eisspalten, über deren Tiefe nur spekuliert werden konnte. Aber die Sonne schien, und das Thermometer zeigte lediglich einen einzigen Minusgrad. Ein prächtiger Sommertag in der Antarktis. Leider trog das schöne Bild. Gerade dieser Tag hielt für Dr. Douglas Mawson eine schwere Prüfung bereit, eine Katastrophe.

Es geschah zur Mittagszeit.

Dr. Xaver Mertz eilte den anderen auf Skiern voraus. Ihm folgte Mawson auf einem Schlitten, den die Hunde zogen. Dahinter fuhr Leutnant Ninnis mit dem anderen Gespann. Plötzlich glaubte Mawson, das Winseln eines Hundes vernommen zu haben. Er wandte sich um, sah aber nichts als die eigene Spur. Wo war Ninnis mit seinem Gefährt? Im ersten Moment dachte sich Mawson nichts weiter dabei, er meinte, daß eine Bodenerhebung ihm vielleicht die Sicht versperrte und der Leutnant gleich wieder auf der Bildfläche erscheinen würde. Dies geschah allerdings nicht.

Mawson hielt sofort die Hunde an, sprang vom Schlitten und jagte zurück. Bald stand er vor einer gähnenden, vier Meter breiten Eisspalte, die sich wahrscheinlich gerade eben erst geöffnet hatte.

Halb von Sinnen, beugte er sich vor und rief in die dunkle Tiefe hinab:

„Leutnant Ninnis, können Sie mich hören?"

Kein Laut drang nach oben, nur das Winseln eines Hundes. Er hing an einem zufällig sichtbaren Vorsprung in einer Tiefe von etwa vierzig Metern. Das arme Tier hatte sich wahrscheinlich das Rückgrat gebrochen, denn es versuchte, sich vorn aufzurichten, während das Hinterteil wie gelähmt herabhing. Ein weiterer Hund lag reglos daneben. Unweit davon, soweit die Dunkelheit überhaupt eine weitere Sicht ermöglichte, glaubte Mawson die Reste eines Zeltes zu erblicken. Nach einigen Minuten hörte das Winseln des Tieres auf.

Dr. Mawson und Dr. Mertz hielten sich stundenlang an der Unglücksstelle auf, riefen immer wieder Ninnis' Namen, ließen einmal ein fünfzig Meter langes Alpenseil hinab. Doch nichts geschah. Kein Lebenszeichen kam herauf.

Leutnant George Ninnis war also tot, von der grausigen Tiefe binnen weniger Sekunden verschlungen.

Spät in der durchwachten Nacht schrieb Dr. Mawson in sein Tagebuch:

„Wenn Weggefährten gemeinsam durch ein ödes, vom Schneesturm durchtobtes Land hungernd, müde und unter vielen Entbehrungen wandern, dann vereinen sich das Streben und die Schicksale der einzelnen zu einem wundersamen engen Band der Freundschaft und Zuneigung. Ninni's Tod traf uns schwer, er erschütterte uns aufs tiefste. Ninnis war ein guter Mensch und treuer Kamerad gewesen."

Neben ihm saß Dr. Mertz mit einem ausdruckslosen Gesicht.

Am anderen Morgen brachen beide frühzeitig auf. Von Kap Denison trennten sie noch mehr als sechshundert Kilometer. Und der Weg dorthin versprach ein Hunger- und Todesmarsch zu werden. Auf Ninnis' Schlitten hatten sich nämlich außer wertvoller Ausrüstung fast die gesamten Lebensmittelvorräte befunden. Was auf Mawsons Gefährt verpackt lag, konnte im günstigsten Falle für zehn Tage reichen. Rechnete man die verbliebenen fünf Hunde hinzu, konnten die beiden Männer das ihnen jetzt bevorstehende Abenteuer zur Not überleben. Für die Tiere gab es ohnehin kaum noch Futter.

So setzte sich nun der traurige Zug in Bewegung. Mawson und Mertz kamen überein, täglich bis zu zwanzig Stunden zu marschieren, um die gewaltige Entfernung bis zur Winterhütte so rasch wie möglich zu verringern. Über ihnen hing ein dunkler Himmel. Unter den Stiefeln breitete sich harter Firnschnee aus. Die Hunde zogen schlecht, begreiflich, sie mußten ja ohne Nahrung auskommen, und deshalb jaulten sie unaufhörlich vor Hunger. Während einer kurzen Rast erhielten sie als Ersatzfutter ein paar abgetragene Pulswärmer aus Pelz, Finnenschuhe und etliche Streifen von grobem Leder vorgesetzt. Gierig fielen sie darüber her. Dann ging es von neuem weiter, den ganzen Tag lang, die ganze Nacht.

Am anderen Morgen, nachdem sie etwa dreißig Kilometer bewältigt hatten, stellte Mawson das Zelt auf. Mertz bereitete unterdessen ihr Essen vor, die einzige Mahlzeit am Tage: fünfzig Gramm Büchsenfleisch und ein Zwieback für jeden, dazu einen Becher mit geschmolzenem Schnee, vermischt durch ein paar Tropfen Alkohol.

Aus dem anschließenden Schlummer wurden die beiden Männer schon bald gerissen, denn die Hunde veranstalteten eine laute und blutige Szene. Hungrig wie Wölfe fielen sie über einen ihrer Artgenossen her, den sie nun zerfleischten und auffraßen.

Am 23. Dezember begann das Gelände anzusteigen. Tiefer, weicher Schnee erschwerte den Marsch. Am späten Nachmittag hatten sie erst neun Kilometer geschafft, eine klägliche Leistung. Mawson und Mertz zogen die Schlitten selbst, weil die Hunde keiner Anstrengung mehr fähig waren, sie schleppten sich nur noch dahin. Ihr einziger Lebenszweck bestand darin, Nahrungsreserve für die beiden Männer zu sein. In einiger Entfernung zeigten sich Spalten im Eis. Schon der nächste Schritt konnte Tod und Verderben bedeuten, zumal sich die Sicht in dem fahlen Dämmerlicht zusehends verschlechterte. Wohl oder übel mußten sie das Lager diesmal zeitiger als sonst aufschlagen.

Mertz erschoß die Hündin Pavlova und weidete sie aus. Knochen und Fell bekamen die bereits lauernden Tiere. Das Fleisch verarbeitete Dr. Mawson zu Schnitzeln und Ragout. Es schmeckte abscheulich. Dem Erwachen am anderen Morgen folgte ein Erschrecken, das den Männern wie ein Blitz in die Glieder fuhr: Sie hatten die ganze Nacht direkt neben einer meterbreiten Spalte geschlafen!

„Eine falsche Bewegung, und wir wären verloren gewesen wie der gute Ninnis", sagte Mawson.

Dr. Mertz erwiderte nichts darauf. Er stand da, bleich wie der Tod, und blickte verloren in die Runde.

An diesem Tage, dem Weihnachtstag, erlebte Dr. Mawson allerdings auch eine freudige Überraschung. In der Innentasche seiner Pelzjacke entdeckte er eine Tafel Schokolade, die er vor einiger Zeit eingesteckt und danach vergessen hatte. Jetzt war sie als unverhoffte Gabe natürlich sehr willkommen.

Der Weitermarsch gestaltete sich quälend und gefahrvoll. Das Hochplateau, über das die Männer zogen, blieb ein wahrhaft scheußliches Gelände. Noch mehr machten ihnen die Stürme zu schaffen.

„Dieses ewige Heulen, ist das schon unser Grabgesang?" wollte Dr. Mertz scherzhaft wissen.

Mawson zog es vor, nichts darauf zu sagen. Er fühlte sich selbst trübe genug.

Einen weiteren Hund töteten sie. Das arme Tier war aber schon so abgemagert gewesen, daß es kaum noch Fleisch bieten konnte.

Am 6. Januar 1913 lag nach einem mörderischen Kampf gegen Naturgewalten und Hunger der größte Teil des Weges hinter ihnen. Nur noch zweihundert Kilometer bis zum Quartier auf Kap Denison. Für zwei kräftige Männer bedeutete das überhaupt kein Problem. Aber Dr. Mawson und Dr. Mertz hatten die Grenze ihrer Leistungsfähigkeit erreicht.

Mertz erklärte rundheraus, am Ende zu sein und auch nicht mehr den Willen zum Weitermachen zu haben. In der Tat, er sah elend und abgezehrt aus, schien ausgelaugt und ohne jegliche Widerstandskraft zu sein. Er klagte über ständige Leib- und Gliederschmerzen.

„Ich vertrage das Hundefleisch nicht länger. Immerzu verschafft es mir Übelkeit, Brechreiz und Ekelgefühle. Ich rühre nichts mehr davon an."

Dr. Mawson, dem es im Grunde genommen nicht besser erging, reagierte bestürzt und schlug eine Ruhepause von zwei Tagen vor, um wieder zu Kräften zu kommen. Auf seinem Schlitten lagen in geringfügigen Mengen Rosinen und Mandeln, auch etwas Zwieback und Hartbrot, als größte Kostbarkeit sogar ein Klumpen Butter im Gewicht von hundert Gramm. Mawson schlug vor, daß sein Begleiter sich, solange der Vorrat reichte, ausschließlich von diesen Köstlichkeiten ernährte, während er selbst bei Hundefleisch bleiben wollte.

„Hundefleisch, hat man erst einmal Geschmack daran gefunden", sagte er scherzhaft, „schmeckt wie eine seltene Delikatesse."

Dr. Mertz wies das Anerbieten zurück. „Auf eine solche Ungerechtigkeit lasse ich mich nicht ein", erwiderte er heftig.

Ja, es ging bergab mit ihm, dem einst so kraftvollen und sportlichen Mann, der sich nicht nur als versierter Skiläufer, sondern auch als Langstreckenschwimmer einen Namen gemacht hatte. Aber nun, von Stunde zu Stunde, verwandelte er sich in ein Bündel Hoffnungslosigkeit. Bald konnte er keinen Schritt mehr gehen, bekam Fieber und mußte sich von seinem Kameraden auf einen Schlitten betten und über das scharfkantige Eis ziehen lassen.

Das Sturmheulen klang jetzt wirklich wie ein Grabgesang.

Dr. Mertz fieberte, redete wirres Zeug. Einmal meinte er: „Ich höre sie ganz deutlich. Du nicht?"

„Was hörst du?"

„Die Totenglocken, bester Freund, die Totenglocken. Sie läuten schon mein Ende ein."

In der darauffolgenden Nacht holte sich der weiße Tod wieder ein Opfer, Dr. Mertz starb.

Douglas Mawson überlegte lange, was er tun sollte. Die Versuchung einfach im Schlafsack liegenzubleiben und das eigene Ende abzuwarten, wuchs. Er würde einen einsamen Tod in dieser leblosen Welt aus Eis haben. Besaß er überhaupt noch eine Chance, hier jemals herauszukommen? Er glaubte in jedem Augenblick zusammenbrechen zu müssen. Das nagende, bohrende Gefühl im Magen machte es ihm unmöglich, sich aufzurichten. Er verspürte Schmerzen in den Füßen. Einige Zehen eiterten, waren schwarz geworden, und Nägel lösten sich ab. Die Aussicht, in dieser traurigen Verfassung Kap Denison zu erreichen, verringerte sich zusehends. Draußen herrschte wildes Schneetreiben. Da konnte er das Zelt ohnehin nicht verlassen. Dr. Mawson döste vor sich hin, fiel zuweilen in einen leichten Schlaf, aus dem er aber immer wieder, von Alpträumen geplagt, aufschreckte.

Wiederholt blickte er in das Gesicht des Toten, und einmal fragte er laut: „Was ist, guter Freund, soll ich dir Gesellschaft leisten?"

Er redete sich ein, Antwort erhalten zu haben: „Nein, du darfst mir nicht Gesellschaft leisten. Du mußt dich jetzt auf den Weg machen. Erzähle allen, was aus uns geworden ist."

Natürlich hatte Dr. Mawson nichts dergleichen vernommen. Aber in ihm siegte noch einmal der Lebenswille. Er erhob sich, ein mühseliges Geschäft, denn der Körper wollte ihm nicht gehorchen. Als erstes zog er den Schlafsack mit dem toten Gefährten aus dem Zelt. Draußen häufte er Schneeblöcke über dem Leichnam und errichtete aus zwei alten Schlittenkufen ein einfaches Kreuz. Danach suchte er nach geeigneten Worten für ein kurzes Gebet, fand jedoch keine. Diese Stunde schien so trostlos, daß auch keine noch so erhabenen Worte angemessen schienen.

Als nächstes bemühte er sich, seine kranken Füße etwas in Ordnung zu bringen, sie sahen in der Tat schlimm aus. Von beiden Füßen hatte sich die Sohlenhaut gelöst. Eine wäßrige Flüssigkeit aus Blut und Eiter durchnäßte die Socken. Die neue Haut darunter wies überall wunde Stellen auf und war aufgesprungen. Mawson versah sie mit einem Belag von Lanolinsalbe und band daraufhin die alte Sohlenhaut mit Streifen aus Mull an ihrem früheren Platz fest. Darüber zog er sechs Paar Wollsocken, Pelzstiefel und weiche Lederschuhe, die man meistens beim Tragen von Steigeisen verwendet. Das linderte die ärgsten Schmerzen und erlaubte ihm, sich wenigstens fortzubewegen.

Hinterher überprüfte er die noch vorhandene Ausrüstung und Bekleidung. Was er nicht unbedingt zur Rettung seines Lebens brauchte, blieb zurück. Der Kampf gegen den weißen Tod sollte mit leichtem Gepäck aufgenommen werden.

Abenteuerlich stand es um den Proviantvorrat. Er belief sich auf einen Beutel Zwieback, das Säckchen mit Rosinen und Mandeln, einen Rest Butter, Tee, Kakao und etwas Schokolade. Die größte Reserve blieb Castor, der grönländische Schlittenhund, obwohl er fast nur noch aus Haut und Knochen bestand. Mawson sah ihn traurig an und wollte ihn noch ein paar Tage am Leben lassen. Da er jedoch befürchtete, das so wichtig gewordene Tier könnte ihm davonlaufen, tötete er es lieber auf der Stelle.

In zehn Tagen hoffte er auf Kap Denison zu sein. Er nahm Abschied vom Grab des Freundes und machte sich auf den Weg. Auf dieser letzten Etappe des langen Marsches glaubte Dr. Douglas Mawson durch die Hölle zu gehen. Brüchiges Eis, Schneestürme, Orkane, plötzlich einsetzende scharfe Kälte verwandelten die Landschaft in ein Chaos, das jedem, der es durchwanderte, Tod und Verderben verhieß. Die tägliche Leistung betrug selten einmal mehr als fünf Kilometer, und das bedeutete, daß Mawson entschieden länger brauchen würde als geplant.

Doch er schleppte sich weiter, Tag um Tag. In den Nächten lag er hilflos im Schlafsack, Gesicht und Körper von tiefen und eiternden Frostwunden gezeichnet. Wie niemals vorher schmerzten die Füße. Am anderen Morgen raffte er sich von neuem auf.

Noch fünfzig Kilometer bis Kap Denison. Er besaß kaum noch etwas zu essen, nur die Reste von Castors Kopf.

Am 29. Januar 1913, morgens um zehn Uhr, glaubte Mawson zu träumen. Er stand nämlich vor einem Schneemann. Ja, vor einem richtigen Schneemann, wie ihn gewöhnlich spielende Kinder bauen. Aber er träumte nicht. Oben hing ein kleiner Proviantsack. Er riß ihn auf. Seine Hände griffen zitternd hinein. Zum Vorschein kamen einige Lebensmittel, etwas Schokolade, nicht viel. Für einige gute Mahlzeiten würde es jedoch reichen. In einer Blechbüchse fand er eine Notiz mit Angaben zur genauen Lage des Schneemannes und zur Entfernung bis Kap Denison.

In Erregung geriet Dr. Mawson, als er Datum und Zeitangabe las: „29. Januar 1913, morgens 8 Uhr."

Das bedeutete, die Kameraden, die nach ihm, Dr. Mertz und Leutnant Ninnis suchten, waren eben erst hier gewesen! Acht Uhr

morgens – er rechnete aus, daß sich die Männer des Suchtrupps zu diesem Zeitpunkt vielleicht nur einen Kilometer von ihm entfernt aufgehalten hatten.

Nur einen einzigen Kilometer!

Da entdeckte er auch schon die frische Schlittenspur, die offenbar zum Winterlager führte. Wie besessen, seiner geschundenen Füße nicht achtend, rannte er ihr hinterher, von der Hoffnung beherrscht, die davongeeilten Kameraden einholen zu können. Vielleicht machten sie unterwegs eine Rast oder kehrten noch einmal um.

Immer wieder rief er: „Wartet, Freunde! Wartet auf mich!"

Er bekam keine Antwort.

Mitten in der Spur brach er zusammen und stieß keuchend hervor: „Warum muß ich hier sterben! Warum?"

Nun, Dr. Douglas Mawson starb nicht. Allerdings benötigte er für die letzten siebenunddreißig Kilometer eine volle Woche. Das unwegsame Gelände, Stürme, seine zerrüttete Gesundheit mit totaler körperlicher und nervlicher Erschöpfung erlaubten ihm lediglich, sich schrittweise vorwärts zu tasten.

Er schaffte es.

Am 8. Februar 1913 stand er nur noch wenige hundert Meter von der Winterhütte auf Kap Denison entfernt. Er stand da als Sieger gegen das Eis, obschon er im nächsten Augenblick zusammenbrechen mußte. Als er sich aber nach Westen umwandte und tief unter sich Wasser erblickte, das Meer, verschlug es ihm den Atem. Er sah, wie in der Ferne ein Schiff davondampfte – die „Aurora".

Der Kapitän, für die Sicherheit aller Expeditionsteilnehmer und der Besatzung verantwortlich, durfte schließlich nicht riskieren, daß das Schiff vom Packeis eingeschlossen würde. Fünf Freiwillige blieben aber zurück, um auf die Verschollenen zu warten.

Dr. Mawson betrat die Hütte.

Die fünf Männer sprangen hoch und trauten ihren Augen nicht ...

„Ja", wiederholte er am Schluß seines mühsam vorgetragenen Berichtes, „telegrafiert meiner Braut, daß ich sie freigebe. Sie soll ihr Leben nicht an einen Krüppel binden."

Die Antwort der Braut, ebenfalls per Funktelegramm, traf bereits am anderen Tage ein und lautete kurz und knapp:

„Vorschlag abgelehnt. Ich begnüge mich mit den Resten."

Ein Jahr später stand sie am Hafen von Melbourne und nahm den Heimgekehrten in Empfang.

1929 reiste Dr. Mawson zum dritten Male in die Antarktis. Diesmal erforschte er die noch unbekannten Randgebiete von Enderbyland bis zur Ross-See. Er brachte die südpolaren Küstenforschungen zu einem ersten Abschluß, da er durch seine Entdeckungen feststellte, daß sich die Festlandküste des sechsten Kontinents in ununterbrochener Folge von Victorialand bis zum Enderbyland fortsetzt.

Douglas Mawson – inzwischen vom britischen Königshaus geadelt und in den Rang einer Lordschaft erhoben – hatte ein stürmisch bewegtes und oft gefährdetes Leben hinter sich. Als er aber am 14. Oktober 1958 in Adelaide das Zeitliche segnete, geschah das ganz friedlich im Bett.

Mit Dr. Douglas Mawson galt die Grundlagenforschung in der Antarktis im wesentlichen als abgeschlossen, die bewegte Zeit der kühnen Entdecker und Polstürmer in dieser Gegend der Erde konnte als beendet betrachtet werden. Nun begann eine neue Ära.

Einen grandiosen und furiosen Anfang machte der Amerikaner Richard Evelyn Byrd. In der Nacht zum 29. November 1929 überflog er als erster Mensch den Südpol. Im Verlauf von drei weiteren Expeditionen, die er zumeist mit Flugzeugen von seinem Lager

146

„Little America", nahe der Walbucht, aus unternahm, erkundete er vor allem die Länder zwischen der Ross-See und der Weddellsee, wobei er auf einer Fläche von etwa fünfhunderttausend Quadratkilometern neues Land und bislang unbekannte Gebirgsketten entdeckte.

Nach dem zweiten Weltkrieg setzte dann aber eine systematische wissenschaftliche Erforschung der Antarktis ein, die bis heute anhält. Im Südsommer 1955, also im Monat Dezember jenes Jahres, traf die erste Südpolarexpedition der Sowjetunion unter Leitung von Professor Michail Somow an der ostantarktischen Küste ein. Seitdem nimmt die UdSSR, was von international anerkannten Gelehrten und Institutionen immer wieder gerühmt wird, die führende Stellung bei der weiteren wissenschaftlichen Durchdringung der Antarktis ein. Ihre ständig besetzten Stationen „Wostok 1", „Mirny", „Komsomolskaja" und andere haben sich inzwischen zu ausgedehnten Forschungszentren mitten im ewigen Eis des Südens entwickelt. Von ihnen aus unternehmen immer wieder Expeditionen mit Raupenschleppern ihren Weg durch Regionen, die noch niemals ein Mensch betreten hat. Im Laufe solcher Reisen haben sowjetische Wissenschaftler wiederholt den Südpol überquert, jenen winzigen mathematischen Punkt, um den einst zwei Helden der Polarforschung, Roald Amundsen und Robert Falcon Scott, auf Leben und Tod kämpften.

Auch andere Länder sind bemüht, mit der Entwicklung Schritt zu halten und ihren Beitrag zur Aufhellung der letzten Rätsel um den Südkontinent zu leisten. Dazu gehören die USA, Großbritannien, Frankreich, Australien, Belgien, Chile, Argentinien, Japan, Norwegen und die Republik Südafrika, ebenso die Bundesrepublik Deutschland und Neuseeland.

Nicht zuletzt beteiligt sich ebenfalls die Deutsche Demokratische Republik seit 1959 mit einer Forschungsgruppe an der wissenschaftlichen Arbeit auf dem sechsten Kontinent. Seitdem überwintert dort alljährlich eine andere Abteilung.

Die Antarktis ist vorerst der einzige Erdteil, auf dem die friedliche Koexistenz wirksam und gut funktioniert. Im Jahre 1985 lebten dort, verteilt auf rund vierzig Stationen, über tausend Menschen. In der Zukunft werden es bestimmt noch mehr sein.

DER KAMPF UM DEN
NORDPOL

9. KAPITEL

Eisbären greifen an

*Der Holländer Willem Barents
verlor 1596 sein Schiff und mußte im Eis überwintern*

Wie weit reicht die Erde, wo ist sie zu Ende?

Bereits die Kulturvölker der frühen Antike machten sich Gedanken darüber und waren bestrebt, mehr zu erfahren. Das Ende der Welt vermutete man damals in den nördlichsten Regionen des Planeten. Altgriechische Astronomen meinten nämlich, daß mehrere Sterngruppen, vor allem der Arktos – so nannte man den Großen Bären zu jener Zeit –, einen festen Punkt im Norden umkreisten, den Pol. Die Bezeichnung Arktis hat also etwas mit dem Großen Bären zu tun, der durch das Universum zieht und nachts am Himmel leuchtet.

An wagemutigen Seefahrern, die sich auf Reisen ins Unbekannte begeben wollten, mangelte es nicht. Wir wissen nicht, wer sie waren, aber als gesichert darf gelten, daß bereits vor fünftausend Jahren Menschen die Arktis betreten haben. Wie anders wäre es sonst zu erklären, daß in Überlieferungen aus jener weit zurückliegenden Zeit Begriffe wie Polartag und Polarnacht auftauchten?

Im 4. Jahrhundert vor unserer Zeitrechnung, als Alexander der Große seine ausgedehnten Feldzüge unternahm und ein Weltreich eroberte, wohnte in Massalia, dem heutigen Marseille, ein Mann namens Pytheas. In Massalia lebten Gallier, Römer, Abkömmlinge der Phönizier und Griechen friedlich miteinander. Die Stadt erfreute sich eines hohen Ansehens, weil die emsigen Bürger es verstanden, aus ihr ein wichtiges Handelszentrum für die Länder des Mittelmeerraumes zu machen. Im Hafen legten Tag für Tag fremde Schiffe an. Aber auch die Kaufmannschaft Massalias gebot über eine eigene Handelsflotte. Nahrungsgüter aller Art, Gewürze, Waffen und Stoffe warfen hohe Gewinne ab. Am besten florierten die Geschäfte allerdings dort, wo es um Zinn ging. Es war unentbehrlich, weil es zur Herstellung von Bronze diente, dem wichtigsten Metall des Altertums. Die Gruben befanden sich im fernen Britannien. So wurden denn die Bürger Massalias immer wohlhabender, und ihre schöne Stadt wuchs unaufhörlich.

Zu ihrem Leidwesen erfuhr diese lebhafte Geschäftstätigkeit

einen empfindlichen Rückschlag. Die mächtigen Karthager rissen nämlich das Monopol für Zinn an sich, und zwar recht drastisch und gewaltsam, indem sie die Straße von Gibraltar kurzerhand blokkierten. Keine fremden Schiffe, nur die eigenen, durften fortan das Mittelmeer in Richtung Britannien verlassen. So blieb lediglich der beschwerliche Weg mitten durch das Land der Kelten (heute Frankreich) bis zur Mündung der Loire und von dort aus per Schiff durch die Biscaya nach Britannien. Diese Möglichkeit – denn man hätte zuerst in Corbilo an der Loiremündung neue Schiffe bauen lassen und obendrein gefahrenreiche Karawanenzüge über unwegsames Land auf sich nehmen müssen – schied als unrentabel aus.

Kurz, in Massalia hatte man seine Sorgen. Aber einer lebte dort, den das alles nicht so sehr interessierte, nämlich der Grieche Pytheas. Über seine Herkunft wissen wir nichts. Überliefert wurde jedoch, daß er sich als unruhiger Geist mit allerlei Wissenschaften befaßte. Wie sein berühmter Landsmann Aristoteles und mithin in schroffem Gegensatz zur herkömmlichen und offiziellen Lehrmeinung war er der Überzeugung, daß die Erde die Gestalt einer Kugel habe. Um das beweisen zu können, konstruierte und baute er die verschiedensten Geräte und nahm mit ihrer Hilfe Messungen der Sonnenhöhe und des Horizontes vor. Zu seinem Bedauern erreichte er nichts damit, und so meinte er schließlich, es müßten völlig neue Wege beschritten werden, um dem Geheimnis von der Gestalt der Erde auf die Spur zu kommen. Gehe man davon aus, behauptete er, daß die Erde tatsächlich eine Kugel sei, so werde sich also im höchsten Norden ein Pol befinden, von dem aus es wieder abwärts, also nach Süden gehe.

Etwa um 330 vor unserer Zeitrechnung verschwand Pytheas aus Massalia und befand sich einige Zeit darauf, reichlich mit Proviant versorgt, auf einer Bootsreise im Atlantik. Wollte er allen Ernstes zum Nordpol, oder war er womöglich in geheimer Mission der Kaufleute unterwegs, um einen neuen Weg zu den britannischen Zinngruben zu suchen? Und wie gelangte er überhaupt in den Ozean? Genaues wissen wir nicht. Wahrscheinlich konnte er bei Gibraltar die karthagischen Wachen überlisten oder sie von seiner Harmlosigkeit überzeugen. Über diese abenteuerliche Reise schrieb er seinen Bericht „Vom Ozean", der in späteren Überlieferungen gelegentlich erwähnt wurde. Und so können wir seine Nordlandfahrt, um eine solche handelte es sich, nachvollziehen.

Zuerst segelte er bei erträglichem Wetter und einigermaßen ruhiger See nach Britannien, wobei er darauf achtete, sich nicht allzu weit von den Küsten zu entfernen. Sorgfältig beobachtete er alle Erscheinungen, namentlich Ebbe und Flut. Dabei kam er zu dem richtigen Resultat, daß die Gezeiten wesentlich vom Mond beeinflußt werden. Das war eine große Entdeckung, deren Gültigkeit bis heute unbestritten ist. In welchen Gegenden sich die britannischen Zinngruben befanden, wußte man in den Südländern. Aber noch niemand hatte sich die Mühe gemacht, mehr über Britannien in Erfahrung zu bringen, über seine Ausdehnung und zahlreichen Inseln im Westen und Norden. Pytheas umsegelte ganz Britannien. Danach besuchte er mehrere Zinngruben und studierte Land und Leute. Was er sah und nach seiner Heimkehr weitergab, veranlaßte den griechischen Geschichtsschreiber Diodoros zu folgender Darstellung:

„Die Bewohner Britanniens sind Ureingesessene und haben sich einen einfachen Lebensstil bewahrt ... Ihr Benehmen ist schlicht und hat nichts mit der Verschlagenheit und Gaunerhaftigkeit neumodischer Menschen zu tun. Ihre Ernährung ist bescheiden und kennt die Genußsucht nicht ... Die Insel ist reichlich bevölkert und hat ein überaus kaltes Klima ...“

Eingehend befaßte sich Pytheas in Britannien mit dem Abbau von Zinn, was den Schluß erlaubt, er hätte sich möglicherweise doch im Auftrag der Kaufleute seiner Stadt auf die lange Reise gemacht. Von ihm selbst sind nur einige Fragmente nachgelassener Schriften erhalten geblieben, aber Diodoros, der sein diesbezügliches Wissen den Berichten des Mannes aus Massalia verdankte, schrieb:

„Die Britannier ... gewinnen das Zinn durch ein kunstvolles Verfahren. Es ist in Felsen gebettet, die jedoch erdgefüllte Flöze führen, in die sie Stollen treiben. Wenn sie das Zinn durch Schmelzen gereinigt haben, bringen sie es in würfelförmige Barren und bringen es auf Wagen zur nahe gelegenen Insel namens Iktis, indem sie warten, bis die Ebbe das dazwischenliegende Watt freigelegt hat. Dort handeln die Kaufleute das Zinn von den Bewohnern ein und bringen es nach Gallien hinüber.“

Von Nordengland aus trat Pytheas schließlich die Weiterreise an in Richtung Island – in alten Überlieferungen nur unvollkommen beschrieben. Wahrscheinlich deshalb, weil es von Menschen des Südens schon seit Jahrhunderten nicht mehr, wenn überhaupt jemals, besucht worden war, ebenso wie das sagenhafte Land „Thule“, das man von alters her in verschiedenen Schriften und zum Beispiel auch in dem berühmten Gedicht „Der König in Thule“, von Goethe, das später auch vertont wurde, erwähnte. Hoch im Norden sollte Thule liegen, von Geheimnissen umwittert. Wahrscheinlich handelte es sich um Mittelnorwegen oder um eine der Shetlandinseln. Pytheas nannte sie, vielleicht aus einer trüben Stimmung heraus, öde, dunkle, furchterregende Eilande und legte nur selten an ihren Küsten an. Vermutlich waren sie nicht besiedelt. Während der Heimfahrt machte er kurz auf Jütland Station, wo er größere Mengen Bernstein fand, der in Massalia und anderswo zur Herstellung von Schmuck diente. Als Pytheas die Mündung der Elbe erreichte, traf er auf Germanen, die nun erstmals historisch erwähnt wurden.

Pytheas galt als der erste Forschungsreisende, von dem man genau weiß, daß er bis hoch in den Norden gelangte. Danach wurde es von neuem still um die dortigen Gebiete.

Über eineinhalb Jahrtausende waren seit Pytheas' Reise vergangen.

Im Jahre 1291 fanden die 1096 begonnenen Kreuzzüge zum Heiligen Grab ins Gelobte Land ihr Ende. In ihrem Verlauf hatten die christlichen Heerscharen, die angeblich das Grab des Heilands Jesus Christus schützen wollten, ungezählte Grausamkeiten verübt. Etwas Positives kam während dieser barbarischen Zeit allerdings auch heraus: Die Länder des Orients, besonders Indien, wurden für zahlreiche Europäer interessant und übten eine unbeschreibliche Faszination auf sie aus. Indien – das verhieß Märchen, Gold, kostbare Seide, Edelsteine und seltene Gewürze. Dieses angebliche Wunderland entfesselte die Phantasie tatkräftiger Kaufleute. Wie man auf einem Fußmarsch zu den begehrten Schätzen gelangte, wußte man spätestens seit den Feldzügen Alexanders des Großen. Doch der Weg blieb weit und gefährlich, dauerte viele Jahre. Auf diese beschwerliche Weise waren lohnende Geschäfte nicht zu machen.

Aber wiederum zweihundert Jahre später schienen sich die Ereignisse überstürzen zu wollen, binnen weniger Jahre trat eine neue Situation ein. 1492 entdeckte der Genuese Christoph Kolumbus, der in spanischen Diensten stand, einen bislang unbekannten Erdteil: Amerika. Diese Erkenntnis veränderte das Bild von der Erde grundlegend, es erhob sich die Frage, wer sie fortan beherrschen, wem die Erde gehören sollte. Spanien und Portugal waren zu dieser Zeit die führenden Mächte. Es dauerte nicht lange, bis zwischen ihnen schärfste Rivalitäten ausbrachen. Da die heilige Kirche in Rom ebenfalls „Interessen" an der Neuen Welt anmeldete, mußte sie danach trachten, diese Rivalitäten zu beenden.

Papst Alexander VI. erließ die Bulle „Linea de mercatino". Sie sicherte Spanien und Portugal die alleinige Verfügung über sämtliche Seewege der Erde zu. Das blieb indes nicht alles. Unter der Schirmherrschaft des Papstes schlossen Spanien und Portugal im Jahre 1493 den berüchtigten Vertrag von Tordesillas. In diesem wurde die

Neue Welt in zwei Hemisphären aufgeteilt, die westliche fiel an Spanien, die östliche an Portugal. Allen anderen Ländern, besonders auch den noch schwachen nordeuropäischen, war somit die Teilnahme am Welthandel untersagt.

Nur wenige Jahre nach diesem Vertrag, nämlich 1497/98, entdeckte der portugiesische Seefahrer Vasco da Gama den lang gesuchten Seeweg nach Indien um Südafrika. Von nun an entwickelte sich der überseeische Handel flott und nahm einen immer größer werdenden Umfang an. Spanien und Portugal errichteten in den fernen, fremden Ländern mit grausamer Gewalt Kolonien und wurden noch mächtiger.

Amsterdam im Jahre 1594.

Hollands bedeutendste Hafenstadt – neben London, Paris und Madrid unbestritten der wichtigste Ort Europas – schien aus allen Nähten platzen zu wollen vor Geschäftigkeit und Lebensfülle. In den großen Handelshäusern rollte der Gulden. Die Verbindungen reichten bis Skandinavien und Sizilien, bis Prag und tief nach Rußland hinein. Trotzdem fühlten sich die Kaufherren unzufrieden. Die höchsten Gewinne versprachen sie sich vom Überseehandel, aber in dieser Hinsicht kamen sie keinen Schritt voran.

Und warum nicht?

Spaniens König, trotz mancherlei Niederlagen noch immer im Besitz einer starken Kriegsflotte, bestand auf der strikten Einhaltung des schon hundert Jahre alten Vertrages von Tordesillas. Seine Galeonen lagen überall im Ozean auf der Lauer, um fremden Schiffen, die sich indischen, südamerikanischen oder chinesischen Gewässern zu nähern wagten, den Garaus zu machen. Namentlich die Engländer bekamen das schmerzhaft zu spüren. Es war aber nicht nur die Unsicherheit auf den Meeren, die die holländischen Kaufherren veranlaßte, mit dem Einstieg in das Überseegeschäft zu warten. Sie schreckten auch vor der langen Reisedauer nach Indien und China zurück.

Kein Wunder, daß eines Tages Überlegungen laut wurden, ob sich vielleicht ein anderer, ein kürzerer und sicherer Seeweg nach Indien finden ließe. Engländer beschäftigten sich als erste mit dieser Frage. Einige ihrer Geographen vertraten die Meinung, daß die gesuchte Route wahrscheinlich am Nordpol vorbeiführe. Zwei Expeditionen, die dann tatsächlich auf diesen gefährlichen Weg geschickt wurden, kamen nicht weit.

Doch die Idee von einem nördlichen Seeweg nach Asien blieb lebendig.

In Holland setzten sich im Jahre 1594 Vertreter der Regierung, der Kaufherrengilde und der Wissenschaftler an einen Tisch, um sich nun ebenfalls dieser Sache anzunehmen.

„Meine Herren", sagte einer der Gelehrten, „die Erde ist eine Kugel. Das ist bekannt. Wie groß diese Kugel ist, wissen wir nicht. Trotzdem, wenn wir davon ausgehen, daß die Natur beim Aufbau der Welt eine gewisse Symmetrie hat walten lassen, dann muß es im Norden eine Straße in den Großen Ozean geben wie auch im Süden, besonders wenn Gott in seinem Schöpfungsplan ein wenig Rücksicht auf die Bedürfnisse unseres Handels genommen hat."

Die Herren der Wissenschaft breiteten Landkarten aus und erläuterten ihren Plan. „Wenn es gelingt, vom Eismeer aus so weit wie möglich nach Osten vorzustoßen, muß sich dort nach einiger Zeit eine Durchfahrt in den Großen Ozean auftun. Bis nach Indien wäre es dann nicht mehr weit."

Die Kaufleute horchten auf und wollten wissen, ob auf die ihnen vorgelegten Karten auch wirklich Verlaß sei. Das konnte bejaht werden, die Karten stammten von den besten Fachleuten der Zeit, die Engländer John Davis und Smith hatten sie angefertigt.

„Wie lange würde eine solche Reise dauern?"

„Bei gutem Wind nicht länger als drei Monate", lautete die Antwort.

Nur drei Monate! Indien kam wieder in Sicht. Die Herren gerieten in Bewegung und bewilligten alles, was für eine Erkundungsfahrt erforderlich war, nämlich Geld, Mannschaften, Schiffe, Ausrüstung und Proviant. Noch im selben Jahr stellte die Regierung ein Geschwader aus vier Segelschiffen zusammen, das den Auftrag erhielt, diesen Seeweg zu finden und zu erkunden.

Zum Leiter des Unternehmens wurde Hollands erster Seemann berufen, Admiral Cornelis Nay, ein vornehmer Herr, dessen feine Manieren und faszinierende Erzählkunst besonders die Damen der reichen Häuser schätzten. Leider sollte es sich schon bald zeigen, daß die ihm übertragene Aufgabe seine Kräfte und Möglichkeiten bei weitem überstieg.

Bis zur russischen Küste Lapplands verlief die Fahrt einigermaßen glatt, doch dann erreichte man die eisigen Regionen. Der Admiral stand den Treibeismassen ziemlich ratlos gegenüber und wußte zuerst nicht, wie er sie überwinden sollte. Er spielte bereits mit dem Gedanken, nach Holland zurückzukehren und den Herren zu sagen, daß sie sich geirrt hätten.

Glücklicherweise befand sich ein Seefahrer unter den Besatzungsmitgliedern, der aus derbem Holz geschnitzt war, nämlich der Steuermann Willem Barents. Um das Jahr 1550 in Amsterdam geboren, arbeitete er lange Zeit als Schiffsjunge und einfacher Matrose.

Er kannte sich aus auf den Meeren. Im übrigen gehörte er zu den Stillen im Lande. Tat er aber einmal den Mund auf, dann durfte man sicher sein, daß er etwas Wesentliches mitteilen wollte.

So auch jetzt. „Admiral", sagte er, „ich bin nicht der Meinung, daß wir aufgeben sollten. Im Gegenteil, ich sehe gute Möglichkeiten, trotz der aufgetretenen Schwierigkeiten ans Ziel zu kommen."

„Soso, was Sie nicht sagen." Admiral Nay blickte den Steuermann verwundert an. Er schätzte es nicht, von Untergebenen belehrt zu werden. Bei ruhiger See oder im heimatlichen Hafen hätte er sich das ganz energisch verbeten. Aber im Augenblick befand man sich in einer reichlich vertrackten Situation. Der Rat eines erfahrenen Steuermannes konnte nützlich sein.

„Sprechen Sie."

Mit fester Stimme fuhr Barents fort: „Mit viel Geschick und ein wenig Glück dürfte sich das Treibeis überwinden lassen. Ich bin allerdings dafür, das Geschwader zu teilen. Sie, Admiral, sollten versuchen, entlang der russischen Küste zu fahren und in die Karasee vorzustoßen. Dagegen könnte ich mit den beiden anderen Schiffen prüfen, ob sich um Nowaja Semlja herum eine geeignete Route finden ließe. Eine andere Möglichkeit sehe ich nicht, denn wie Sie ja selbst wissen, ist das Eismeer noch so gut wie unerforscht. Steht der Himmel uns bei, sehen wir uns bald an der Insel Waigatsch wieder, um von dort aus die Reise gemeinsam fortzusetzen."

Nay hatte aufmerksam zugehört und dachte lange nach. Seine Miene, die bislang eisern und verschlossen gewesen war, hellte sich auf. Dann sagte er: „Ihr Vorschlag überzeugt mich, Steuermann. Sie sind ein praktischer Mann mit einem klaren Kopf. Geben Sie mir Ihre Hand. Ich bin einverstanden, nach Ihrem Plan weiterzureisen. Unter uns, mein lieber Barents, ich spüre nun wieder Boden unter den Füßen. Es wäre in der Tat fatal, mit leeren Händen nach Amsterdam zurückzukehren." Der hohe Herr fürchtete um seine gesellschaftliche Stellung, um seinen guten Ruf. Dann fügte er hinzu: „Sobald wir aus Indien zurück sind, das verspreche ich Ihnen, werden Sie zum Kapitän befördert. Doch nun lassen Sie uns ans Werk gehen. Die Zeit drängt."

Sie besprachen noch Einzelheiten, und schließlich nahmen die beiden Männer mit einem Händedruck Abschied voneinander.

Barents segelte in nördlicher Richtung weiter. Scharfe Winde und eine stürmisch bewegte See machten die Reise zu einem gefährlichen Abenteuer. Obendrein bedrohten die beiden Segler Tag und Nacht treibende Eisschollen. Die Schiffswände bestanden aus gewöhnlichem Holz und konnten leicht aufgerissen werden.

Indes, Willem Barents war ein erfahrener und umsichtiger Mann, der solche Hindernisse zu meistern verstand. Nach relativ kurzer Zeit erreichte er in Höhe des 73. Breitengrades Nowaja Semlja.

„Wie wüst und unheimlich es hier aussieht", sagte er, als er das Land betrachtete. „Begraben möchte ich nicht auf dieser Insel sein."

Den anderen erging es ebenso. Der Anblick der trostlosen Landschaft jagte ihnen Schauer über den Rücken.

Unterdessen gab Barents die Kommandos: „Richtet die Segel! Nach Norden! Wir wollen so rasch wie möglich die Nordspitze dieser verdammten Insel umfahren und danach in südlicher Richtung zur Karasee vorstoßen."

Gottlob, das Wetter hatte sich wieder beruhigt, der Wind war günstig, man kam gut voran. Noch niemals waren Menschen derart weit nach Norden vorgedrungen. Willem Barents, bemüht, jedes Risiko zu vermeiden, segelte in Küstennähe. Auf diese Weise konnten sich die Männer schnell in Sicherheit bringen, falls plötzlich ein Sturm aufkam, womit man in dieser rauhen Gegend jeden Augenblick rechnen mußte. Barents' beide Schiffe waren klein, ihr Rauminhalt betrug hundert bis dreihundert Tonnen. Diese Nußschalen, in denen die Mannschaften zusammengepfercht lebten und wo die gesamten Vorräte lagerten, galten in den stürmischen Gewässern des hohen Nordens immer als gefährdet.

Am 6. September ereignete sich ein schreckliches Unglück. Mehrere Matrosen gingen an Land, um nach Kristallsteinen zu suchen, denen man einen hohen Wert zuschrieb. Während sich die anderen auf die Suche machten, legte sich ein Matrose auf den Boden, um sich auszuruhen.

Plötzlich fühlte er sich beim Genick gepackt und gewürgt.

„Hört bloß mit diesem Unsinn auf", keuchte er.

Als es ihm mit letzter Kraft gelang, sich umzuwenden, blickte er in den Rachen eines Eisbären. Er wollte um Hilfe rufen, kam aber nicht mehr dazu, denn das Tier zermalmte ihm mit einem schweren Prankenhieb den Kopf.

Einige Zeit später kehrten die Kameraden zurück. Entsetzt sahen sie, wie der Bär den Matrosen auffraß. Mit Flinten und Spießen gingen sie auf ihn los. Der Bär, in Wut geraten, stürzte sich auf die Männer, bekam einen zu fassen und riß ihn sofort in Stücke.

Daraufhin ergriffen die Matrosen die Flucht und eilten in panischer Angst zum Schiff zurück, wo sie schreckensbleich über ihr Erlebnis berichteten. Barents hörte mit aufgerissenen Augen zu. Dann entschied er: „Sofort zur Insel!"

„Aber der Bär wird uns alle töten."

„Schweigen Sie. Wir haben die Pflicht, unsere toten Kameraden zu bestatten."

Barents und einige andere beherzte Männer machten sich auf den Weg. Schon von weitem sahen sie, daß der Bär noch immer bei seiner grausigen Mahlzeit war. Diesmal blieb er erstaunlich ruhig. Er ließ sich nicht stören, als die Männer näher kamen.

„Vorwärts, tötet ihn!" forderte Barents seine Begleiter auf.

Mit Flintenschüssen und Säbelhieben wurde dem Bären ein Ende gemacht. Für die beiden toten Matrosen ließ Barents ein Grab richten, anschließend sprach er ein Gebet.

Die Fahrt zur Nordspitze von Nowaja Semlja wurde fortgesetzt. An Bord der Schiffe herrschte eine niedergedrückte Stimmung. Die Matrosen konnten den Schock, den ihnen der Bär versetzt hatte, so rasch nicht überwinden. Auch Willem Barents war betroffen und sprach noch seltener als sonst.

Die Nordspitze konnte am 21. Juli 1594 erreicht werden, fünf Wochen nach der Abreise aus Amsterdam. Erstaunlicherweise fand Barents das ganze Gebiet eisfrei vor, weshalb er weiter nordwärts segeln ließ. Am 23. Juli stand er bei 77°55′ nördlicher Breite. Für lange Zeit sollte diese Position einen Rekord darstellen.

Weiter nördlich ging es allerdings nicht mehr. Mit der Urgewalt eines Tornados brach unvermittelt ein Sturm los. Die Schiffe gerieten in höchste Gefahr. Die Mastspitze des einen Seglers wurde wie ein Zündholz geknickt. Eine schützende Bucht kam nirgendwo in Sicht, nur der Küste vorgelagerte Klippen und Felsen. Drei Tage lang kämpfte Willem Barents mit seinen Männern gegen den Untergang. Schließlich legte sich das Unwetter. Für Optimismus und Hoffnung bestand trotzdem kein Anlaß, denn nun tauchte ein ernstes Hindernis auf. Gewaltige Packeismassen versperrten den Weg. Fassungslos starrte Barents die vielen Meter hohen Ungetüme an. Er wußte: Setzte sich dieses Eis erst einmal in Bewegung, dann waren Schiffe und Mannschaften rettungslos verloren.

„Hier ist kein Durchkommen", sagte der Steuermann niedergeschlagen. „Ich fürchte, wir müssen umkehren."

Die Matrosen, erschöpft und entnervt, waren heilfroh über diese Entscheidung. Sie hatten genug von dieser abenteuerlichen Fahrt, hofften, bald wieder in der Heimat zu sein.

Allerdings zeigte Barents nicht die Absicht, schon jetzt nach Amsterdam zurückzukehren, er wollte nicht heimreisen, ohne alles unternommen zu haben, die ihm gestellte Aufgabe zu lösen.

„Admiral Nay", sagte er, „erwartet uns an der Waigatsch-Insel. Wir müssen zu ihm."

Er ließ nach Süden abdrehen.

Das Wiedersehen fand an einer kleinen Insel statt. Der Admiral hatte mit seinen beiden Schiffen recht weit vordringen können, nämlich durch die Jugorstraße zwischen der Insel Waigatsch und der russischen Küste bis in die Karasee hinein.

„Wir haben Schreckliches durchgemacht", berichtete Nay. „Zuerst kamen wir sehr gut vorwärts, leider machte uns danach das Eis einen dicken Strich durch unsere Rechnung. Mehrmals blieben wir stecken und konnten uns nur mit großer Anstrengung aus der Umklammerung befreien. Einer meiner Leute wurde von einem Eisbären angefallen und getötet. Der verrückte Kerl hatte allen Ernstes versucht, die Bestie zu fangen und sie lebend nach Holland zu bringen. Unterwegs stießen wir auf Menschenspuren. Wir erblickten einen Opferhügel, der aus Bärenschädeln und Rentierknochen bestand und einigermaßen kunstvoll aufgetürmt war. Obenauf ein aus Treibholz geschnitztes Menschenantlitz, über und über mit Blut beschmiert. Ein grausiger Anblick, wie Sie mir glauben dürfen. Später machten wir die Bekanntschaft von Eingeborenen. Zuerst bedrohten sie uns mit ihren primitiven Waffen. Mit Pfeil und Bogen. Es gelang uns aber, mit ihnen Freundschaft zu schließen. Wir erfuhren, daß die Karasee nicht immer so vereist ist, wie wir sie vorgefunden haben. Wären wir früher losgefahren, hätten wir unser Ziel sehr wahrscheinlich ohne besondere Mühen erreicht."

Barents horchte auf. „Wenn es sich so verhält, wie Sie sagen, Admiral, dann war unsere Expedition durchaus kein Mißerfolg. Der nördliche Seeweg nach Indien ist vorhanden. Es kommt nur darauf an, rechtzeitig mit der Reise zu beginnen."

Nay nickte. „Das ist auch meine Überzeugung. Ich werde in Amsterdam entsprechend berichten."

Zuversichtlich segelte man in die Heimat· zurück. In Holland wurde den heimgekehrten Nordlandfahrern ein begeisterter Empfang bereitet. Held des Tages war Admiral Cornelis Nay. Seine malerischen Reiseschilderungen entzückten die Herren der Regierung und die Kaufleute, erst recht die Damen der vornehmen Häuser.

„Frühzeitig aufgebrochen, und alles ist gewonnen!" rief er aus.

Es verstand sich von selbst, daß man für das kommende Jahr wieder eine Expedition vorbereitete. Zu deren Leiter wurde aber nicht Nay bestimmt, sondern Barents. Der Admiral erhielt eine andere Aufgabe.

Die Kaufleute, vom Erfolg des neuen Unternehmens überzeugt, ließen gleich sieben Handelsschiffe mit Waren aller Art beladen. Im Austausch dafür wünschten sie einiges von den märchenhaften Schätzen Indiens zu erhalten – Elfenbein, Seide und Gold.

„Das ist doch heller Wahnsinn", empörte sich Barents bei seinem Freund Gerrit de Veer. „Wie kann man sieben Schiffe mit teurer Ladung auf eine Route schicken, die noch gar nicht erforscht ist!"

Gerrit de Veer hatte schon an der ersten Reise teilgenommen und machte nun auch diese mit. Er ging gewöhnlich dem Beruf eines Baders nach, war also zuständig für Wundbehandlung, Haareschneiden und Zähneziehen. Als Schriftkundiger verfaßte er außerdem die Expeditionsberichte. Nun erwiderte er: „Unsere Handelsherren sind eben aufs Geld versessen. Deshalb schrecken sie vor nichts zurück."

Barents' Versuche, mit weniger Schiffen auf die Reise zu gehen, scheiterten. Die Kaufleute ließen sich nicht umstimmen. Es könne überhaupt nichts passieren, sagten sie. Obendrein, denn sie wollten sich nicht betrügen lassen, beorderten sie Schreiber und Rechnungsprüfer auf die Schiffe, lauter Leute, die in Kontorstuben gut zu gebrauchen waren, aber von der christlichen Seefahrt keine Ahnung hatten. Im übrigen verzögerte sich die Abreise. Spätestens Mitte Mai wollte Barents Holland verlassen. Aber erst am 18. Juni 1595 konnte er, mit unguten Gefühlen, die Kommandos zum Ablegen erteilen. Unter den gegebenen Umständen war er nicht mehr von einem Erfolg des Unternehmens überzeugt.

Anders seine Auftraggeber. Durch das Nördliche Eismeer nach Indien! Diesmal mußte es klappen. Der spanische König sollte geschlagen werden! So redeten Amsterdams Kaufherren und veranstalteten nach Ausfahrt der Schiffe ein Festessen.

Zunächst verlief auch alles gut. Bei glatter See wurde Norwegen bald umsegelt, und auch später hielt sich das Meer einigermaßen friedlich. Viel eher als erwartet erreichte die gewaltige Flottille südlich von Nowaja Semlja die Eingangspforte zur Karasee. Vielleicht barg sie den Schlüssel zum Erfolg, die Durchfahrt in den Pazifischen Ozean. Man wußte ja noch nichts von ihr, und dann mußte sie erst einmal befahren werden.

Dazu kam es nicht. Die Schwierigkeiten, mit denen Willem Barents von Anfang an gerechnet hatte, ließen nicht lange auf sich warten. Überall versperrten Packeismassen den Weg. Es gab kein Weiterkommen mehr. Zu allem Unglück setzten auch heftige Stürme ein, die überladenen Schiffe gerieten in Gefahr.

„Wir sind eben zu spät ausgelaufen", sagte Barents und gab seinen Auftraggebern die Schuld.

Enttäuscht ordnete er die Rückreise an. Diesmal hatte man nichts erreichen können.

Enttäuschung breitete sich etliche Wochen später auch in Amsterdam aus – die begehrten Schätze des Orients schienen unerreichbar zu sein. Barents mußte viele Vorwürfe über sich ergehen lassen.

Er verteidigte sich: „Ich glaube nach wie vor an den nördlichen Seeweg nach Indien. Geben Sie mir ein zuverlässiges Schiff und eine kleine Mannschaft, und ich werde ihn finden. Dann soll in Ruhe geprüft werden, mit welcher Art von Schiffen er zu befahren ist. Solange wir das nicht wissen, hat es keinen Zweck, Handelsschiffe in das Eismeer zu schicken."

Ein vernünftiger Vorschlag, er entsprach dem Gebot der Stunde. Die Regierungsleute lehnten ihn trotzdem ab. Sie taten das mit dem Hinweis auf die gespannte politische Lage, man müßte jetzt jeden Gulden für den Aufbau einer starken Kriegsflotte verwenden.

Ablehnend verhielten sich auch die Herren der Amsterdamer Kaufherrengilde. Sie begruben ihre indischen Blütenträume fürs erste und konzentrierten sich wieder mehr auf die europäischen Märkte. Dort ließ sich schließlich auch nicht schlecht verdienen.

Am Ende fanden sich aber doch einige Kaufleute, die Barents eine dritte Reise in die Arktis ermöglichten. Leider waren sie dabei gar nicht freigebig. Was sie auf den Tisch legten, reichte nicht einmal aus, um ein ordentliches Schiff zu beschaffen. Barents mußte sich mit einem ausgedienten Kasten begnügen. Und mit dem sollte er durch das Eismeer nach Indien segeln ...

Bei der Auswahl seiner Begleiter ließ er größte Vorsicht walten. „Von dieser Fahrt hängt viel ab", sagte er. „Es kann auf Leben und Tod gehen, denn es ist meine Absicht, eine Entscheidung zu erzwingen. Aus diesem Grunde nehme ich nur unverheiratete Männer mit, die unterwegs keine Sehnsucht nach Weib und Kind haben. Ich brauche Leute, die sich nicht grämen, notfalls auf Jahre von der Heimat getrennt zu sein." Froh zeigte er sich, daß sein Freund Gerrit de Veer auch diesmal wieder mitreisen wollte. Auf seinem Schiff nahm Barents auch den erfahrenen Heemskerk mit.

Mitten in den Reisevorbereitungen erlebte er eine unangenehme Überraschung. Die Kaufherren trauten ihm offenbar nicht zu, allein ans Ziel zu gelangen. Deshalb stellten sie ein zweites Schiff zur Verfügung und übertrugen dessen Kommando einem gewissen Jan Rijp. Er und Barents sollten gleichberechtigte Expeditionsleiter sein. Davon hielt Barents nichts. Auf hoher See und namentlich in gefährlichen Situationen durfte nach seiner Meinung nur die Entscheidung eines Verantwortlichen Geltung haben. Wie sollte er handeln, wenn Rijp einmal anderer Auffassung war als er? Gegen die Entscheidung der Kaufherren trat er jedoch nicht auf. Er hoffte, mit Jan Rijp keinen Ärger zu bekommen.

Im Morgengrauen des 18. Mai 1596 verließen beide Schiffe Holland. Bis zum nödlichsten Punkt Norwegens verlief die Fahrt reibungslos. Doch bereits nach Passieren des Nordkaps traten zwischen beiden Kapitänen Meinungsverschiedenheiten auf. Barents schlug vor, auf Ostkurs zu gehen, um so schnell wie möglich Nowaja Semlja zu erreichen, während Jan Rijp lieber weiter nach Norden segeln wollte. Eine Einigung kam nicht zustande. Deshalb ließ Rijp die Mannschaft abstimmen. Ein solches Verfahren galt damals als durchaus nicht ungewöhnlich. Barents wurde überstimmt und fügte sich. Er tat dies mit einem tiefem Groll im Herzen, denn nach wie vor hielt er seine Argumente für die richtigen.

So fuhr man in nördlicher Richtung weiter.

Am 9. Juni 1596 stand Barents am Bug seines Schiffes und entdeckte in der Ferne Land, genauer eine Insel, von der man bisher nichts wußte. Die Schiffe gingen vor Anker. Barents meinte, daß man die Insel – sie war ziemlich klein – näher untersuchen sollte. So richtig Lust hatte keiner dazu. Die Matrosen fürchteten, von Bären angegriffen zu werden. Sogar der sonst so forsche Jan Rijp blieb lieber an Bord. Schließlich meldeten sich doch einige Freiwillige, insgesamt sieben Mann, und mit ihnen zog Barents los. Viel zu sehen gab es nicht. Die Insel erwies sich als einzige Gebirgslandschaft. An ihren Küsten tummelten sich zahlreiche Robben.

„Laßt uns wieder zu den Schiffen gehen", schlug Barents vor. Kaum hatte er diesen Satz ausgesprochen, trat eine völlig neue Lage ein.

„Ein Eisbär!" schrie jemand erschrocken.

Unvermittelt und mit fürchterlichem Gebrüll raste ein riesengroßer Bär heran, offensichtlich entschlossen, mit den ungebetenen Gästen kurzen Prozeß zu machen.

Barents und seine Begleiter waren so sehr überrascht, daß sie nicht an Flucht dachten, sondern den Atem anhielten und erstarrt stehenblieben. Erst als der vierbeinige Geselle einen der Matrosen zu packen versuchte, kam Leben in die Gruppe. Die Männer griffen nach ihren Säbeln und wehrten sich ihrer Haut. Indes, dieser Bär schien unverwundbar zu sein. Die acht Männer mochten noch so wild auf ihn einschlagen, es zeigte keine Wirkung.

Eine gute Stunde verging, und nun erst ließen die Kräfte des Eisbären etwas nach. Dennoch blieb er weiter gefährlich und griff unverdrossen an. Unheimlich klang sein Gebrüll. Endlich, nach einer weiteren Stunde, brach er zusammen. Willem Barents schnitt dem gefährlichen Feind der Menschen die Gurgel durch.

Völlig erschöpft ließen sich die Männer zu Boden fallen. Unter ihnen war einer, der sich auf das Fleischerhandwerk verstand. Er zog dem Bären das Fell ab und schnitt aus dem warmen Leib die besten Stücke heraus. Saftige Bärenkeulen und Bärentatzen, kräftig durchgebraten und anschließend gedünstet, galten als eine Delikatesse. Inzwischen prüfte Barents die Maße des erlegten Tieres. Der Eisbär hatte die respektable Größe von mehr als dreieinhalb Metern!

„Nun weiß ich auch, wie wir dieses gottverfluchte Eiland nennen werden", sagte Barents. „Wir wollen es als *Bäreninsel* in unsere Karten eintragen."

Weiter ging die Fahrt. Man blieb auf Nordkurs. Nach etwa einer Woche entdeckten die Männer abermals unbekanntes Land vor sich, eine Inselgruppe von nicht überschaubaren Ausmaßen.

„Das ist der Ostzipfel Grönlands", rief Rijp aus.

„Ausgeschlossen", widersprach Barents. „Grönland liegt weiter westlich, mindestens vierhundert Seemeilen von hier."

Diese Inselgruppe war auf dem 76. Breitengrad erreicht worden. Deshalb wunderten sich die Matrosen, an den Ufern und den Abhängen der hoch aufragenden Berge grüne Wiesen zu sehen.

Vorsichtig, um nicht wieder von Eisbären angefallen zu werden, gingen mehrere Männer an Land.

„Hier wächst tatsächlich Gras", riefen einige überrascht aus. „Löffelkraut und Sauerampfer gibt es auch."

Eine weitere Überraschung: Zwischen den Felsen nisteten zahlreiche Vogelarten. Sogar die Rotgans, die man gewöhnlich nur in gemäßigten Zonen antrifft, brütete hier. Und dies alles weit oberhalb des Polarkreises, hart am Rande des Arktischen Ozeans.

Viele Rätsel bargen die Gebiete des ewigen Eises.

Barents und Rijp kamen überein, der Inselgruppe den Namen *Spitzbergen* zu geben, wegen der vielen hohen Bergspitzen. Möglicherweise kommen sie als Entdecker Spitzbergens aber nicht in Frage. Nach altisländischen Quellen sollen Normannen bereits im Jahre 1104 die Inselgruppe gesichtet und auch mit einem Namen versehen haben: Svalbard – kalte Küste.

Die Meinungsunterschiede der beiden Kapitäne hielten an. Rijp erklärte, der kürzeste und schnellste Weg nach Indien führe bestimmt direkt über den Nordpol, und dies müßte jetzt herausgefunden werden, weshalb er eine Kursänderung ablehne. Hingegen bestand Barents darauf, endlich auf Nowaja Semlja zuzuhalten, um von dort aus in die Karasee vorzustoßen und danach stur gen Osten zu fahren. Zu einer Abstimmung kam es diesmal nicht. Barents und Jan Rijp trennten sich und wollten jeder für sich den richtigen Weg suchen.

Willem Barents begab sich mit seinem Schiff und der sechzehnköpfigen Besatzung in Richtung Nowaja Semlja.

Eine lange und beschwerliche Reise stand ihnen bevor.

Unentwegt tobten Stürme. Tag und Nacht mußten die Matrosen auf ihren Posten ausharren. Einmal stieß das Schiff mit einem vorbeiziehenden Wal zusammen, wäre beinahe gekentert und in den eisigen Fluten versunken. Schließlich gelang es, das Nordkap der Insel zu umsegeln. Man befand sich nun in der Karasee.

„Wir können sofort auf Südostkurs gehen", sagte Barents zu seinem Freund Gerrit de Veer, „und bei etwas Glück kämen wir bald ein schönes Stück nach Osten weiter. Ist aber dem Wetter zu trauen? Ich darf kein Risiko eingehen. Wir wollen deshalb hart an der Küste entlangsegeln."

Im Verlauf seiner ersten Reise in diese Gegend war Barents die Westküste von Nowaja Semlja hinaufgefahren, nun segelte er die östliche hinab. Die Stürme nahmen bedrohlich zu. Von Osten her schoben sich gewaltige Eismassen heran.

„Ich bin in großer Sorge, ob wir in diesem Jahr unser Ziel erreichen", sagte Barents. „Der Winter wird uns wohl daran hindern."

„Was schlagen Sie vor? Nach Holland zurück?"

„Nein, dazu dürfte es inzwischen zu spät sein. Wir würden unterwegs im Eis steckenbleiben", lautete die Antwort. „Ich sehe aber die Möglichkeit, vor Einbruch der Polarnacht an der russischen Küste zu sein. Dort sollten wir ein Winterlager einrichten. Im nächsten Frühjahr setzen wir die Fahrt fort. Ich bin sicher, daß wir mit Hilfe der Küstenbewohner, es soll sich um Samojeden handeln, die Polarnacht überstehen."

Als einige Matrosen das hörten, erbleichten sie.

Einer sagte: „Nicht zu diesen Leuten, dann lieber gleich in die Hölle. Über diese Samojeden erzählt man sich die schlimmsten Geschichten. Das sollen lauter Wilde sein. Ich habe gehört, daß sie einen grausamen Gott haben, dem sie Menschenopfer darbringen."

Barents lachte. „Das ist überhaupt nicht bewiesen. Admiral Nay ist glänzend mit ihnen ausgekommen."

Die Frage, ob zu befürchten sei, von den Samojeden getötet und geopfert zu werden, beantwortete sich von selbst, und zwar am 26. August zur Mittagszeit.

Seit Stunden war die Karasee vom Toben eines Orkans erfüllt. Meterhoch türmten sich die Eisschollen und trieben auf die Küste zu. Barents stand selbst am Steuer und versuchte durch geschicktes Manövrieren das sich anbahnende Unheil zu verhindern. Das Schiff wurde von mehreren Eisblöcken gerammt und krachte in allen Fugen. Die Bordwände wurden aufgerissen. Jede neue Bewegung des Eises konnte das kleine Schiff zerquetschen.

Barents rief aus: „Das Ruder ist beschädigt, es funktioniert nicht mehr!"

Jeder wußte, was das bedeutete: Trieb das Schiff steuerlos in diesem aufgepeitschten Meer, dann waren alle verloren.

Als Willem Barents ein wenig Sicht bekam, entdeckte er in einer Entfernung von zweihundert Metern eine Bucht. Vielleicht bot sie Schutz.

„Betet zu Gott, daß das Ruder noch bis dahin hält", sagte er.

Mit letzter Kraft und recht viel Glück konnten die Männer in der Bucht vor Anker gehen und dort das Abflauen des Orkans abwarten.

Was sie anschließend zu sehen bekamen, ließ sie das Schlimmste befürchten. Das Schiff war geborsten, ein Wrack geworden, mit dem man sich nicht mehr auf das Meer hinauswagen durfte.

Die Matrosen machten betroffene Gesichter und blickten Barents an, sie erwarteten ein klärendes Wort von ihm. Jedoch machte der Kapitän in diesen Augenblicken auch nicht gerade einen zuversichtlichen Eindruck. Nach längerer Zeit sagte er dann:

„Wir befinden uns in einer fatalen Lage. Verloren sind wir deswegen nicht. Wir haben die zwei Beiboote. Mit ihnen reisen wir im nächsten Jahr in die Heimat zurück. Ich denke, wir werden im Mai aufbrechen können. Bis dahin ..., bis dahin ... Nun, wir werden es uns hier gemütlich machen müssen."

Die Matrosen blickten sich ratlos an. In dieser Wildnis bleiben? Und wie den arktischen Winter mit seiner grimmigen Kälte überstehen? Man weiß doch, daß während der Polarnacht in der freien Natur jedes Leben erstirbt. Sogar die Eisbären fürchten sich vor ihr und ziehen sich in sichere Höhlen zurück. Es gab keine Erfahrungen, wie der menschliche Organismus auf die Tücken der Polarnacht reagiert. Barents mußte sich in diesem Punkt ganz auf günstige Verhältnisse verlassen. Um aber nicht noch mehr Beunruhigung in die Mannschaft zu bringen, brach er dieses Thema ab.

„Natürlich", sprach er weiter, „auf dem Schiff können wir nicht bleiben, denn über kurz oder lang wird es das Eis ganz zerdrücken. Deshalb wollen wir an Land gehen und uns eine feste Hütte bauen. Am Strand liegt Treibholz, das die Strömung aus den russischen Flüssen gebracht hat. Wenn wir uns also beeilen, werden wir in vierzehn Tagen in einem warmen Haus sitzen."

Unter den gegebenen Umständen, das mußte jeder einsehen, war dies die vernünftigste Lösung.

Um die Stimmung der Matrosen etwas aufzuheitern, sagte Barents in scherzhaftem Ton: „Ehe wir uns an die Arbeit machen, müssen wir eine feierliche Handlung vornehmen. Wir nehmen Nowaja Semlja hiermit in unseren Besitz und erklären es zum Königreich. Dazu brauchen wir aber auch einen Monarchen. Wer will das sein? Niemand? Nun, so soll das Los entscheiden."

Das Los fiel auf einen körperlich etwas klein geratenen Matrosen namens Reever. Dieser nahm die Berufung an und gab sofort eine Regierungserklärung ab: „Als meine erste Amtshandlung verkünde ich, daß jedem freien Bürgersmann von Nowaja Semlja täglich eine Räuchergans zusteht, die ihm auf Staatskosten zu servieren ist."

Woher man die vielen geräucherten Gänse nehmen sollte, verriet der frischgebackene „König von Nowaja Semlja" nicht.

Die Arbeit gestaltete sich hart und schwierig. Das Treibholz, darunter ganze Baumstämme, war naß und von einer dicken Eisschicht überzogen. Es ließ sich nur unter großen Mühen bearbeiten. Da aber alle kräftig zupackten, kamen die Männer mit den Wintervorbereitungen gut voran. Während sich die einen mit dem Bau der Hütte beschäftigten, holten andere vom Schiff alle irgendwie brauchbaren Gegenstände und die in einem kleinen Bunker lagernde Steinkohle. Wieder andere begaben sich auf die Jagd, denn man hatte Rentierspuren entdeckt. Das Jagdglück war ihnen hold, sie brachten einen ansehnlichen Fleischvorrat zusammen. Zu verhungern brauchte also niemand.

Wie aber würden sie die Kälte verkraften? Das schien das Hauptproblem zu sein. Barents rechnete mit fünfzig, sechzig und mehr Minusgraden. So sah er nur einen Ausweg: Sobald die Hütte halbwegs stand, mußten die Männer Brennholz beschaffen, hacken und sägen. Von früh bis abends wurden also die Strände abgesucht.

Die Tage waren jetzt kürzer, bereits am frühen Nachmittag ging die Sonne unter. Scharfe Winde und zunehmender Frost erschwerten alle Arbeiten. Viele Männer litten unter heftigen Schmerzen, die zahlreiche Eiterbeulen im Gesicht, an Händen und Füßen verursachten.

Eines Tages schreckte ein gellender Hilfeschrei die Männer auf. Als sie sich umwandten, sahen sie, wie ein Eisbär einen ihrer Kameraden gepackt hatte und gerade mit ihm das Weite suchen wollte. Nicht jedesmal töteten die Eisbären ihre Opfer an Ort und Stelle, oft genug kam es vor, daß sie sie ein paar hundert Meter weit schleppten, mit ihnen Katze und Maus spielten und erst danach ihr tödliches Werk vollendeten. So sollte es wohl auch diesmal sein.

Die Männer griffen sogleich nach Flinten, Spießen, Säbeln und Äxten und jagten hinterher, allen voran Willem Barents. In einem kurzen Kampf gelang es, das Tier zu töten und sein Opfer zu retten. Der angefallene Kamerad hatte schwere Bißwunden und einen Nervenschock erlitten. Aber er blieb am Leben.

Von nun an kamen die Bären jeden Tag, bildeten eine ständige Gefahr für Leib und Leben der einzigen Bewohner von Nowaja Semlja. Obwohl diese Tiere gewöhnlich Einzelgänger sind, griffen sie das Lager auch zu dritt und zu viert an. Barents konnte nur noch die Hälfte der Mannschaft für die Arbeiten einsetzen, die anderen mußten Hütte und nähere Umgebung sichern. Manchmal gelang es, die Bären durch brennende Holzscheite in die Flucht zu jagen. Eine harmlose Waffe, auf die die angriffslustigen Tiere nur am Anfang hereinfielen. In der Folgezeit waren sie nur nach einem blutigen Kampf zu besiegen.

Insgesamt haben Willem Barents und seine Leute mehr als dreißig Tiere zur Strecke gebracht.

Einmal machten sich zwei Matrosen auf den Weg zum Schiff, das bereits weitgehend vom Eis umklammert war. Kaum hatten sie das Deck betreten, erschraken sie fast zu Tode. Das Schiff hatte nämlich eine neue Besatzung: eine Eisbärin mit ihrem Jungen. Die beiden Matrosen eilten zum Lager zurück. Seitdem wurde das Schiff nicht wieder betreten.

Am 3. November 1596 blieben die Eisbären plötzlich weg. Die

Sonne ging früher unter als sonst. Die von allen Nordlandfahrern gefürchtete Polarnacht hielt ihren Einzug. Bis auf fünfzig Minusgrade sanken die Temperaturen und verwandelten die ohnedies trostlose Landschaft in eine Eiswüste.

Willem Barents glaubte, alles Menschenmögliche getan zu haben, um seinen Leuten das Überleben zu sichern. Die Hütte, stabil gebaut, war zehn Meter lang und sechs breit, mit drei Türen, aber keinem Fenster. Die Wände hatte man mit Schiffsbrettern verschalt und deren Ritzen sorgfältig abgedichtet. Die Feuerstelle in der Mitte des Raumes und der Kamin an der Stirnseite funktionierten zunächst einwandfrei. Sogar ein Dampfbad stellte Barents seinen Gefährten zur Verfügung – ein umgebautes Weinfaß, das sie nun regelmäßig benutzten.

Trotzdem, Willem Barents und seine sechzehn Begleiter waren eingesperrt, und das auf engstem Raum. Bestand da nicht die Gefahr, daß sich die Männer eines Tages gegenseitig auf die Nerven gingen und Feindschaft und Streit ausbrachen?

„Wir dürfen nicht trübselig werden", sagte Barents, „darum werden wir uns von morgens bis abends beschäftigen."

Arbeit und Beschäftigung gab es ausreichend. Barents hatte ein umfängliches Programm zusammengestellt. Zunächst gingen die Männer daran, aus den Fellen der erlegten Eisbären Bekleidung herzustellen. Gerben und Schneidern erfolgten zwar unter höchst primitiven Umständen, doch am Ende kamen ordentliche Pelzmäntel und -jacken zustande. Im kommenden Jahr würde man sie gut gebrauchen können. Heizen und Sauberhalten der Unterkunft waren streng geregelt, an jedem neuen Tag mußte ein anderer Mann dieses wichtige Amt ausüben. Der Koch war angewiesen, für täglich zwei warme Mahlzeiten zu sorgen, ebenso für Tee, den man frühmorgens und abends trank.

Die schwierigste und von allen am meisten gefürchtete Arbeit blieb das Heranholen von Schnee. Er wurde, weil man ja Wasser zum Leben brauchte, geschmolzen. Zweimal täglich begaben sich mehrere Männer mit Eimern und Kübeln hinaus. Jedesmal kamen sie blau gefroren zurück. Längerer Aufenthalt im Freien verursachte an Gesicht, Lippen und Ohren Eiterbeulen.

Kalt war es aber auch in der Hütte. Immer wieder versagte der Kamin. Am 6. Dezember fror es außen und innen so sehr, daß die Männer befürchteten, schon bald den Kältetod erleiden zu müssen. Am Tage darauf gingen Barents und einige Matrosen zum Schiff hinüber, um einen Rest Steinkohle zu holen, der sich dort befand. In der Nacht wurde es dann einigermaßen warm in der Hütte. Allerdings wären die Männer beinahe im Kohlendunst umgekommen, einige lagen bereits betäubt in ihren Kojen. Gerrit de Veer riß noch rechtzeitig die Tür auf und ließ frische Eisluft herein.

Oft heulte der Sturm so furchterregend, daß die Männer glaubten, im nächsten Moment mitsamt der Hütte fortgeschleudert zu werden. Sie blieben hellwach und warteten auf eine Katastrophe. Die Hütte hielt allerdings den stärksten Belastungen stand, sie schien für die Ewigkeit gebaut zu sein.

Endlich, lange genug hatte man sie entbehrt, kam die Sonne wieder zum Vorschein. Gewiß, sie leuchtete noch nicht, ihre Strahlen blieben einstweilen noch blaß und schwach, aber sie kehrte zurück. Dieses Ereignis wurde mit Jubel aufgenommen. Denn mit der Sonne kehrte auch die Hoffnung auf eine glückliche Heimkehr wieder.

Ihr Schiff indes war während der Polarnacht tatsächlich zerpreßt worden und gesunken.

Ende April 1597 ließ die Kälte nach. Barents befahl, die beiden Beiboote herzurichten für eine Reise ins Ungewisse. Sein Plan bestand darin, mit den Booten die russische Küste zu erreichen und sich danach zu Fuß nach Holland durchzuschlagen.

„Binnen eines Jahres sind wir wieder daheim", sagte er.

Glaubte er selbst daran?

Die Abreise verzögerte sich von Woche zu Woche, denn nirgendwo zeigte sich freies Wasser, die Karasee blieb total vereist. Der Mai verstrich, und noch immer geschah nichts. Endlich aber, im Juni, gab das Eis nach, die See kam in Bewegung.

Am 12. Juni 1597 unterschrieb Willem Barents einen Bericht, an dem er längere Zeit gearbeitet hatte, und verstaute die Blätter in einem Pulverhorn. Irgendwann würde hier vielleicht jemand vorbeikommen und die Aufzeichnungen finden.

Zwei Tage darauf bestiegen die Männer ihre Boote und stießen von der Insel Nowaja Semlja ab.

Sie durchlebten schlimme Wochen, immerzu von Eis und Stürmen bedroht. Sie segelten auf die russische Küste zu. Am 30. Juni 1597 traf sie ein schwerer Schlag: Barents saß über eine Karte gebeugt und bat um einen Schluck Wasser. Nachdem er getrunken hatte, überfiel ihn eine seltsame Schwäche. Plötzlich sank er in sich zusammen und starb im Alter von siebenundvierzig Jahren. Es gab keine Möglichkeit, den Toten zu bestatten, weil weit und breit kein Land zu sehen war. So mußte der Leichnam den Fluten überlassen werden.

Vierzehn Tage später trat ein weiterer Todesfall ein. Der junge Matrose Claas Andreszoon zeigte sich den Strapazen nicht länger gewachsen und starb an Erschöpfung.

An einem düsteren Tage, an dem die Holländer bereits die Hoffnung aufgegeben hatten, die Heimat je wiederzusehen, sollte ihnen Rettung zuteil werden. Russische Fischer und Robbenschläger befanden sich draußen auf dem Meer. Schon von weitem erblickten sie die fremden Boote. Und weil sie ahnten, daß die Männer darin sich in Not befanden, fuhren sie zu ihnen. Das bedeutete Hilfe im letzten Augenblick.

In der Tat hatten die Schiffbrüchigen die äußerste Grenze ihrer Kräfte erreicht. Nun erholten sie sich bei den freundlichen Menschen, die selbst nicht viel besaßen. Ihr Leben bedeutete Kampf gegen die Natur und mußte jahrein, jahraus geführt werden.

Zehn Tage nach ihrer Rettung setzten sie unter Führung Gerrit de Veers die Reise fort. Vielleicht trafen sie unterwegs auf ein Schiff, das sie aufnahm und in die Heimat brachte. Lange Zeit sah es nicht so aus. Aber an der Murmanküste erlebten die Holländer eine Überraschung, mit der sie wahrhaftig nicht gerechnet hatten: Jan Rijp war da!

Bis zum Nordpol hatte er es im Vorjahr natürlich nicht geschafft, er kehrte noch rechtzeitig genug nach Amsterdam zurück. Nun befand er sich auf einer neuen Reise, um nach Willem Barents und den anderen Seeleuten zu forschen. Und diesen Auftrag konnte er glänzend erfüllen. Er brachte die Überlebenden im Triumph nach Holland.

Dies geschah am 8. November 1597.

Fast dreihundert Jahre vergingen. Im Sommer 1871 verschlug es den norwegischen Kapitän Carlsen, dessen Walfangschiff in einen Sturm geraten war, nach Nowaja Semlja. Er ging mit einigen Matrosen an Land und entdeckte durch Zufall Reste der längst verfallenen Barents-Hütte. Das Pulverhorn, an einem verwitterten Nagel befestigt, fanden andere Besucher fünf Jahre später. Als man es öffnete, fielen mehrere engbeschriebene Blätter heraus.

Willem Barents' Bericht hatte die Jahrhunderte überdauert.

10. KAPITEL

Meuterei in der Hudsonbucht

*1610/11 fuhr der englische Kapitän Henry Hudson
zum vierten Male in die Artkis,
doch er kehrte nicht mehr zurück*

An einem sonnigen Septembertag des Jahres 1613 herrschte im Londoner Hafen beträchtliche Aufregung. Von der Themse her näherte sich ein Segler, der schon von weitem wie ein Wrack aussah. Matrosen, Schauerleute und Hafenbeamte liefen zusammen und staunten nicht schlecht, denn einen derart ramponierten Kasten hatten sie schon lange nicht mehr zu Gesicht bekommen.

„Ein Gespensterschiff", sagte jemand. „Woher mag es kommen?"

„Keine Ahnung", erwiderte ein anderer, „aber man sieht, daß es unterwegs gehörig durchgeschüttelt wurde."

Als der so arg mitgenommene Segler festgemacht hatte, löste sich das Rätsel um seine Herkunft.

„Das ist doch die ‚Discovery'!" riefen mehrere Männer zugleich.

Andere bezweifelten dies, weil jenes Schiff nach ihrer Meinung längst irgendwo in den Weltmeeren untergegangen sein mußte.

Es war aber die „Discovery", mit der Kapitän Henry Hudson am 17. April 1610 von London aus seine vierte Entdeckungsreise begonnen hatte. Sie galt als verschollen, weil keine Nachrichten mehr nach London kamen.

Von Bord gingen verwilderte und halbverhungerte Gestalten, denen, jeder sah es, das Schicksal übel mitgespielt haben mußte. Sie wurden sofort mit Fragen überschüttet, die sie jedoch nicht beantworteten, wahrscheinlich ihrer großen Erschöpfung wegen. Mehrere Hafenbeamte führten die Männer in ein nahe gelegenes Verwaltungsgebäude. Dort erhielten sie Gelegenheit, sich gründlich zu säubern. Die Beamten gaben ihnen frische Kleidung und reichlich zu essen und zu trinken.

Kapitän Henry Hudson befand sich nicht unter den Heimgekehrten.

Wenig später erschienen zwei Marineoffiziere, um sich Klarheit über das Geschehene zu verschaffen. Ihre erste Frage galt Henry Hudson, denn es war ja schon vorgekommen, daß ein Kapitän ohne sein Schiff heimkehrte, der umgekehrte Fall hingegen selten.

„Kapitän Hudson ist tot", erklärte der Steuermann Bylot, „Indianer

173

haben ihn umgebracht. Sie dürfen mir glauben, Sir, den Tag, an dem dies geschah, rechne ich zu den schlimmsten meines Lebens."

„Ich glaube Ihnen. Nun meine nächste Frage: Wir wissen, daß Kapitän Hudson seinen Sohn mit auf die Reise genommen hat. Ich sehe ihn aber nicht bei Ihnen. Was ist aus ihm geworden?"

„Leider auch tot, Sir. Eskimos haben ihn auf dem Gewissen. Wir wurden von ihnen in einen Hinterhalt gelockt, und dann haben sie ..."

„Einzelheiten später", unterbrach der Marineoffizier. Und zu den Hafenbeamten sagte er: „Eine schreckliche Geschichte." Abermals wandte er sich an den Steuermann: „Da ich vermute, daß Sie nach dem Tod des Kapitäns das Kommando übernahmen, möchte ich Sie bitten, mir jetzt die Schiffspapiere auszuhändigen – Hudsons Tagebücher, das Logbuch, die Seekarten, überhaupt alles, was an Aufzeichnungen und Dokumenten vorhanden ist."

Offenbar war Bylot auf eine solche Frage nicht vorbereitet, denn er machte einen hilflosen Eindruck. Unsicher erwiderte er: „Ich weiß von derartigen Papieren nichts, habe auch nie welche zu Gesicht bekommen. Einige Seekarten sind allerdings vorhanden. Ich kann sie sofort holen lassen. Aber Tagebücher, Dokumente, Logbuch? Wahrscheinlich ging alles verloren."

Die Marineoffiziere und Hafenbeamten sahen einander verdutzt an. Was sie soeben hörten, klang sehr unglaubwürdig, und sie gewannen die Überzeugung, daß man ihnen die Wahrheit verschwieg. Indes, was sollte der Steuermann Bylot zu verbergen haben? Noch in derselben Stunde fand eine Durchsuchung des Schiffes statt. Hudsons Papiere konnte man nicht finden. Aus diesem Grunde mußten die heimgekehrten Matrosen nunmehr eingehend verhört werden, wobei sie sich in haarsträubende Widersprüche verwickelten.

Schließlich gelangten grausige Tatsachen ans Tageslicht.

In der verräucherten Londoner Hafenkneipe „Big Elephant" tauchte von Zeit zu Zeit ein Mann auf, der zum Fürchten aussah. Immer wirkte er mürrisch und verschlossen. Seinen Branntwein trank er stets allein und verschwand wieder. Manchmal blieb er länger weg.

Oft fragten sich die anderen Gäste, wer dies sein mochte. Nach und nach erfuhren sie, daß er der Kapitän Henry Hudson war, der bei Kaufleuten und Reedern trotz seiner finsteren Erscheinung in einem ausgezeichneten Ruf stand. Er hatte oft genug Beweise seiner Zuverlässigkeit und seines Durchsetzungsvermögens gegeben. Obendrein imponierten seine geographischen Kenntnisse. An Land galt Hudson als ein Trinker und Grübler, von tiefer Schwermut befallen. Befand er sich dagegen auf hoher See, pflegte er wie ein Despot aufzutreten. Von seinen ihm Unterstellten verlangte er bedingungslosen Gehorsam. Nachlässigkeit bei der Arbeit an Bord oder Feigheit in kritischen Situationen ahndete er gewöhnlich mit der Peitsche oder kräftigen Fausthieben. Niemals ließ er eine andere Meinung gelten als die eigene.

Woher er kam und wer seine Eltern waren, blieb im Dunkel. Es hieß lediglich, daß er um das Jahr 1550 geboren worden sei, eine Frau und einen Sohn habe. Genaues wußte keiner, weil Hudson niemals über seine persönlichen Angelegenheiten sprach.

Die Sorgen der führenden Leute in England unterschieden sich im Grunde genommen nicht von denen der Holländer. Allerdings gelang es den Briten, die Weltlage zu ihren Gunsten zu verändern. Unter dem Zepter der energischen Königin Elisabeth I. begannen sie mit dem Aufbau einer starken Kriegsflotte. Spaniens König Philipp II. sah die ihm nun drohende Gefahr und versuchte, sie durch die Eroberung Englands abzuwenden. Aber er verrechnete sich gründlich. Nach mehreren mörderischen Seegefechten verschwand die für unbesiegbar gehaltene spanische Armada im Jahre 1588 auf dem Meeresgrund. Das waren immerhin 160 Schiffe im Werte von 200 Millionen Dukaten. Von diesem Verlust erholte sich Spanien nicht mehr und büßte seine bisherige Stellung als Weltmacht ein. Vor allem konnten die großen Herren in Madrid die Blockade der Ozeane nicht mehr fortsetzen. Die Meere, nachdem inzwischen auch Portugal seinen bestimmenden Einfluß nicht länger auszuüben vermochte, standen wieder allen Ländern offen.

Das nutzten eroberungslüsterne Politiker, Handelsherren und Militärs augenblicklich aus. Jetzt endlich konnten sie sich daranmachen, die Reichtümer des Ostens und des Südens in Besitz zu nehmen. Und das taten sie. Mit starken Geschwadern, die über bestmögliche Bewaffnung verfügten, drangen sie bis nach Afrika, Indien und Amerika vor, überfielen ein Volk nach dem anderen, erklärten die geraubten Gebiete zu Kolonien und errichteten dort ein grausames Terrorregime. Den Kriegsflotten folgten Handelsschiffe, auf die man alles lud, was der unterjochten Bevölkerung geraubt oder im Tausch gegen billigen Tand abgegaunert worden war, und zwar edle Hölzer, Gewürze, feine Seide, auch Gold, Silber, Perlen und vieles andere mehr. Ein schwunghafter Handel mit Sklaven kam hinzu, weil der Bedarf an billigen und genügsamen Arbeitskräften immer mehr stieg.

Die englische Krone und die Londoner Handelshäuser, so vornehm und würdevoll ihre Repräsentanten nach außen hin auch in Erscheinung zu treten wußten, erwiesen sich als Räuber und Plünderer größten Ausmaßes. Das derart rasche Aufblühen von Wirtschaft und Handel machte die Gründung von Börsen und neuen Banken notwendig. Und endlich entstanden zwei Einrichtungen, die sich speziell auf den überseeischen Handel und die koloniale Ausbeutung konzentrierten. Im Jahre 1610 wurde in London die Ostindienkompanie gegründet, während zwei Jahre darauf in Amsterdam die Niederländische Ostindienkompanie ihre unheilvolle Tätigkeit aufnahm. Das blieb nicht alles. Da seit der Versenkung der spanischen Kriegsflotte wieder eine ungehinderte Fahrt durch die Ozeane möglich war, zeigten sich die Kaufherren in London am Handel mit China und Japan lebhafter interessiert als je zuvor.

Den Weg nach China und Japan kannte man seit längerem, nämlich über den Atlantik, dann durch die Magellanstraße bei Feuerland und schließlich durch den Pazifischen Ozean, der allerdings noch weitgehend unbekannt war. Solche Reisen dauerten lange, und das stand in krassem Widerspruch zu den Wünschen der Kaufleute, möglichst schnell Gewinne zu machen.

Nun vertraten etliche Wissenschaftler die Ansicht, daß es einen kürzeren Weg in den Pazifischen Ozean geben müsse, und sehr wahrscheinlich führe der geradewegs durch die Meere des hohen Nordens. Englands Handelshäuser, von dem fleißig mitverdienenden Königshof ermuntert, setzten für die Auffindung dieses nördlichen Seeweges eine Prämie von 20 000 Pfund Sterling aus.

Als Henry Hudson davon hörte, erfaßte ihn eine große Unruhe. Wieder suchte er den „Big Elephant" auf, trank dort Branntwein und grübelte. Schließlich sprach er leise vor sich hin: „Dieses Geld hole ich mir. Es gehört mir und keinem anderen!"

Schon in den nächsten Tagen machte er in der Admiralität, bei Reedern und Kaufherren seine Aufwartung. Er bewarb sich um den verheißungsvollen Auftrag, den nördlichen Seeweg nach Asien zu suchen, erläuterte seine eigenen Vorstellungen, fand Gehör, stieß auf Wohlwollen und Interesse. Natürlich wäre es seinen einflußreichen Gesprächspartnern entschieden lieber gewesen, einen der schneidigen Marineoffiziere auf die Reise zu schicken, unter ihnen fand sich aber kein geeigneter Bewerber. So gaben sie schließlich Hudson den Vorzug, diesem verschlossenen Mann, der nie an gesellschaftlichen Festlichkeiten teilnahm, sich nirgendwo hervortat, von dem man im Grunde nur wußte, daß er ein erfahrener und unerschrockener Seemann war. Aber darauf kam es schließlich an.

Am 1. Mai 1607 verließ Hudson auf einem kleinen Segler namens „Hopewell" den Hafen von Gravesend.

Die Mannschaft bestand aus zwölf Leuten, lauter rauhbeinigen Gesellen, zäh und verbissen wie der Kapitän. Hudson versprach ihnen zehn Prozent seiner Prämie, falls die Reise Erfolg haben sollte.

Die Route, klar vorgezeichnet, erschien phantastisch, ja fast todesmutig: London – Grönland – Nordpol – China. Würde Hudson das schaffen, war ihm der unsterbliche Ruhm schon jetzt sicher, ein neuer Kolumbus zu sein.

In der ersten Zeit gab es keine nennenswerten Schwierigkeiten. Bereits am 13. Juni lag die „Hopewell" vor der grönländischen Ostküste. In den folgenden neun Tagen segelte man geradewegs nach Norden und gelangte bis zum 73. Breitengrad. Aber das Eis machte den Männern bereits hier schwer zu schaffen und zwang den Kapitän, nach Süden in Richtung Norwegen abzudrehen. In Höhe des Nordkaps nahm er erneut eine Kursänderung vor, ließ sein Schiff nunmehr direkt in Richtung Nordpol segeln. Lange geschah nichts Ungewöhnliches. Die „Hopewell" kam in dem eiskalten Wasser erstaunlich schnell vorwärts. Die Männer hatten Muße, den Reichtum an Walen, Robben und Fischen zu bestaunen.

Plötzlich erscholl ein Ruf aus dem Mastkorb: „Land in Sicht!"

Hudson ließ nicht beidrehen, sondern weiterfahren. Man befand sich in einer Welt, die den Menschen nicht gerade freundlich erschien. Überall Berge von bizarrem Aussehen, Gletscher und Eis – Spitzbergen war erreicht. Eisbären ließen sich blicken. Die Männer wollten einige Tiere erlegen.

Der Kapitän verbot das kategorisch: „Man tötet nicht ohne Not. Das machen nur Barbaren."

Im übrigen lag es nicht in seiner Absicht, sich hier aufzuhalten. „Vorwärts!" rief er. „Weiter! Wir haben eine lange Reise vor uns."

So nahm die Fahrt ihren Fortgang, immer nordwärts. Schon gelangte die „Hopewell" über den 80. Breitengrad. Dieser Henry Hudson schien tatsächlich ein Teufelskerl zu sein. Ein Vergnügen war sein Unternehmen allerdings nicht. Die Kälte nahm erheblich zu. Die Matrosen, an solche Minusgrade nicht gewöhnt, stöhnten und klagten.

Für ihr Jammern hatte der Kapitän jedoch nichts übrig. „Ich friere auch wie ein Hund", erklärte er ihnen grob, „aber ich lasse mir das nicht gleich anmerken. Reißt euch zusammen. Tut eure Pflicht. Am Pol wird es noch viel kälter sein."

Eines Tages ging es nicht mehr weiter. Schwere Packeismassen taten sich auf und drohten Schiff und Mannschaft zu vernichten. Hudsons Stimmung grenzte an Verzweiflung. Tagelang bemühte er sich darum, eine Lücke in dieser Barriere zu finden. Er hatte kein Glück. Schweren Herzens und böse gab er den Befehl zur Umkehr.

Unterwegs prüfte er seine Karten und dachte über Möglichkeiten nach, sich entlang der Westküste Grönlands zum Pol vorzuwagen und von dort nach China zu gelangen. Er mußte jedoch einsehen, zuviel Zeit verloren zu haben. Auch gingen die Vorräte zur Neige. Die Hälfte seiner Leute lag krank in den engen Kajüten, hatte sich Erfrierungen zugezogen oder litt an Grippe und totaler Erschöpfung. Tatsächlich hatte Kapitän Hudson den Matrosen zu große Anstrengungen zugemutet.

„Das ist eine schreckliche Blamage", schimpfte er nun.

Nach nur viereinhalbmonatiger Abwesenheit traf er am 15. September 1607 wieder in London ein.

Zu seinem Erstaunen hörte er wegen seines Mißerfolges keine Vorwürfe.

„Wissen Sie, Kapitän", sagte einer seiner Auftraggeber, „im Prinzip befinden wir uns ja auf der richtigen Fährte, der kürzeste Weg nach Ostasien geht über den Nordpol. Man muß allerdings von einem anderen Punkt aus zum entscheidenden Vorstoß ansetzen. Wollen Sie es nicht noch einmal versuchen?"

Dieser Vorschlag war nach Hudsons Geschmack. Die hohe Prämie lockte, und dann brannte auch der Ehrgeiz des Entdeckers in ihm. Seine zweite Reise begann am 22. April 1608.

Schon nach zwölf Tagen kam er am Nordkap an. Von dort aus wollte er eine Weile nach Osten segeln und anschließend nach Norden abdrehen, wo er auf einen eisfreien Kanal bis hin zum Pol hoffte. Es kam jedoch anders. Diese zweite Reise stand unter einem unglücklichen Stern. Am Nordkap tobten schwere Stürme. Hudsons schmaler Segler wurde arg mitgenommen, befand sich in ständiger Gefahr, gegen die Klippen geworfen zu werden und dort zu zerschellen.

Endlich legten sich die Stürme.

Die Weiterfahrt gestaltete sich als unaufhörlicher Kampf gegen das Treibeis. In den Gewässern zwischen dem 74. und 75. Breitengrad zeichnete sich schon das Ende ab. Hudson vertraute seinem Tagebuch an, sich in einem Paradies für Wale und Robben zu befinden, nur könne er dabei nichts Tröstliches empfinden, denn seine Sorgen seien gewaltig. Kein Wunder, kilometerbreite Eisfelder, besonders nach Norden hin, ließen seine Hoffnung, diesmal ans Ziel zu gelangen, buchstäblich erfrieren. Er fluchte fürchterlich, stieß Verwünschungen aus, schlug sich wütend gegen die Stirn und mußte dennoch begreifen, machtlos zu sein.

So nahm er eine Kursänderung nach Süden zur Karasee vor, um dort einen Durchschlupf zu finden. Die hohen Eismauern an der Insel Waigatsch versperrten ihm allerdings auch hier den Weg.

Also mußte er abermals umkehren und wiederum mit leeren Händen nach London fahren.

Während der Heimreise sprach Hudson kaum ein Wort. Die meiste Zeit verbrachte er in seinem engen Holzverschlag, über Karten gebeugt, und rechnete. Schon fragte er sich, ob es überhaupt einen Weg zum Nordpol gab.

In London war sein Kredit fürs erste verspielt. Die Kaufherren wollten wissen, wie man durch das Eismeer nach China kam, aber der Kapitän konnte es ihnen nicht klar sagen. Immerhin war er unterwegs zu Erkenntnissen gelangt, die für Geographen und Physiker von einigem Wert sein konnten. Als er sich deswegen mit mehreren Wissenschaftlern unterhielt, stieß er auf taube Ohren. Begreiflich, haftet einem Fachmann erst einmal der schnöde Makel der Erfolglosigkeit an, wird ihm nicht mehr getraut.

Den Gedanken, daß Reisen nach China und Japan über den Nordpol möglich seien, wollte Hudson trotz allem nicht aufgeben. Er zeigte sich bereit, einen dritten Versuch zu wagen. Doch wer sollte ihm erneut Schiff und Mannschaft geben?

Eines Tages erfuhr Henry Hudson von einem Reisenden, daß die Niederländische Ostindienkompanie ebenfalls Ausschau nach einem nördlichen Seeweg zu den Schätzen des Orients und des Fernen Ostens hielt. Ja, dem glücklichen Finder winkte obendrein eine Belohnung von 25 000 holländischen Gulden, die umgerechnet der englischen Prämie kaum nachstand. Auch diesmal war also viel Geld im Spiel.

Hudson zögerte nicht einen Augenblick, diese Chance wahrzunehmen. Sofort begab er sich nach Amsterdam. Dort eingetroffen, berichtete er den interessiert zuhörenden Mynheers von seinen bisherigen Fahrten.

„Ich bin fest davon überzeugt", sagte er, „daß der Durchbruch zum Nordpol irgendwo bei Nowaja Semlja erfolgen muß. Ist das gelungen, dürfte es keine größeren Probleme mehr geben, denn nach meinen Berechnungen müßte sich die Einfahrt zum Pazifischen Ozean auf der anderen Seite des Pols befinden."

Die hohen Herren nickten. Vor ihnen stand ein weitgereister Kapitän. Sie vertrauten ihm. So trat Hudson nunmehr in die Dienste der Niederländischen Ostindienkompanie.

Die Mynheers zeigten sich nicht kleinlich. Der Engländer bekam gleich zwei Schiffe, die bestmögliche Ausrüstung und Proviant für mehr als zwei Jahre. Das Flaggschiff „Halbmond" war das schönste, das er je befehligt hatte, obendrein stabil und sehr geräumig. Auch das andere konnte sich sehen lassen, nur schenkte ihm Hudson wenig Aufmerksamkeit, zumal es wegen geringerer Leistungsfähigkeit auf hoher See meist weit hinter der „Halbmond" zurückblieb. Die Mannschaft hätte sich der Kapitän am liebsten selbst ausgesucht. Dies wurde ihm jedoch nicht erlaubt, weil sich für solche Angelegenheiten die Reeder zuständig fühlten.

Taten sie in diesem Falle aber das Richtige?

Am 25. März 1609 verließen die beiden Schiffe den kleinen Hafen an der westfriesischen Insel Texel und segelten ins offene Meer hinaus.

Als man am Nordkap ankam, das sich wiederum von seiner schlechtesten Seite zeigte, mußte Hudson zu seinem Leidwesen feststellen, daß nur die Schiffe aus dem besten Holze bestanden, hingegen eignete sich die Mannschaft nicht für eine Fahrt zum Nordpol. Sie waren an Reisen in südliche, also wärmere Regionen gewöhnt, und nun froren sie entsetzlich. Zunächst tat der Kapitän so, als bemerke er das nicht. Nachlässigkeiten oder gar aufsässiges Benehmen duldete er ohnedies nicht. Mit äußerster Strenge bestand er darauf, daß jeder seinen Dienst verrichtete.

Einmal verweigerte ein Matrose den Gehorsam, wobei er behauptete, den Strapazen nicht länger gewachsen zu sein. Hudson geriet in Zorn und verlor die Selbstbeherrschung. Eigenhändig band er den Matrosen an den Mast und verprügelte ihn so heftig, daß sich der arme Mann tagelang nicht bewegen konnte.

Am 19. Mai 1609 erblickte Hudson bei klarem Wetter erneut das Tierparadies von Nowaja Semlja. Die Temperatur lag bei dreißig Grad unter Null. Für Hudson kein Problem, er konnte Kälte vertragen. Anders verhielt es sich bei den Matrosen. Sie schienen kaum noch in der Lage, einen Handgriff zu tun. Verstört blickten sie in die Runde. Am liebsten hielten sie sich unter Deck am Ofen auf.

„Wie kalt wird es am Nordpol sein?" fragten sie Hudson.

Da er das selbst nicht wußte und in diesem Punkt lediglich auf Vermutungen angewiesen war, erwiderte er, man täte gut daran, auf eine noch ärgere Kälte gefaßt zu sein.

Einen Tag darauf bat Henry Malbo, einer der Matrosen, um eine Aussprache.

„Die Kameraden haben mich zu ihrem Sprecher ernannt", begann er, „um Sie zu bitten, die Expedition abzubrechen. Wir halten die Fröste nicht mehr aus."

Das hörte Hudson nun wirklich nicht gern. „Interessant", entgegnete er. „Sprechen Sie sich ruhig aus."

Malbo blieb sachlich. „Wir sind keine Feiglinge, wie Sie vielleicht denken. Aber wir meinen, daß wir für diese Reise nicht genügend vorbereitet wurden. Betrachten Sie unsere Kleidung, Kapitän, und

Sie werden bemerken, daß sie uns nicht gegen diese Kälte schützen kann."

Der Matrose trug einen Anzug aus Segeltuch und darunter einen Pullover. Seine Stiefel, aus gewöhnlichem Filz gearbeitet, waren längst steif gefroren. Ja, zog man die extremen Witterungsbedingungen in Betracht, so sahen die Matrosen tatsächlich dürftig und unzureichend bekleidet aus.

„Ich bin auch nicht in dicke Pelze gehüllt", brauste der Kapitän auf. „Auch mir geht die Kälte durch Mark und Bein. Breche ich deswegen in Wehklagen aus?"

„Natürlich nicht, Kapitän", antwortete Malbo. „Offen gesagt, wir bewundern Ihre Standhaftigkeit und Stärke. Allerdings wissen wir auch, daß für Sie erheblich mehr auf dem Spiel steht als für uns. Ihnen winkt eine Prämie, von der unsereins nicht einmal zu träumen wagt. Auf Sie warten Ruhm und Ehre. Wir haben dagegen mit nichts dergleichen zu rechnen. Obendrein befinden sich nur wenige Kameraden an Bord, die freiwillig an dieser Fahrt teilnehmen."

Malbo berichtete, daß etliche Matrosen vor der Fahrt betrunken gemacht und anschließend gewaltsam an Bord gebracht worden waren. Zwei andere wiederum, es handelte sich um Diebe, hatte man vor die Wahl gestellt, entweder ins Gefängnis zu wandern oder mit Hudson auf große Fahrt zu gehen. Ins Gefängnis wollten sie natürlich nicht. Dort, das begriffen sie erst jetzt, wäre es ihnen aber nicht so übel ergangen wie auf dieser Reise.

„Galgenvögel", entfuhr es dem Kapitän.

Die Mitteilungen des Matrosen Malbo überraschten ihn natürlich nicht, wußte er doch, wie schlecht es um den Ruf der Seefahrt stand.

Aussicht auf viel Geld und gesellschaftliches Ansehen hatten nur die Kapitäne und andere Offiziere, in bescheidenem Maße auch der Steuermann und die Bootsmänner. Den Mannschaften, ob mit oder ohne seemännische Ausbildung, blieben stets nur die Schattenseiten des Lebens reserviert. Matrosen, zumal wenn sie aus einfachen Verhältnissen stammten, und das war die Regel, kamen selten auf höhere Posten. An Bord waren sie den Launen und der Willkür der Offiziere ausgesetzt. Selbst bei geringsten Vergehen erhielten sie Prügelstrafen. Unzureichend und eintönig war ihre Verpflegung, die in der Hauptsache aus Pökelfleisch, Stockfisch und Zwieback bestand. Während der gewöhnlich monatelangen Fahrten faulte das Trinkwasser, was Krankheiten und späteres Siechtum zur Folge hatte.

Kein Wunder also, daß es die jungen Männer nicht zu den Schiffen zog und die Reeder sich veranlaßt sahen, immer häufiger gescheiterte Existenzen, Alkoholiker und Kriminelle anzuheuern.

Verständlich auch, daß in solchen bunt zusammengewürfelten Haufen nicht die Neigung aufkam, sich durch hohes Pflichtbewußsein und überragende Leistungen hervorzutun. Viel eher stand den unter ständigem Druck gehaltenen Schiffsbesatzungen der Sinn nach Meuterei, obwohl jeder wußte, daß in einem solchen Falle der Galgen drohte.

Kapitän Henry Hudson kannte sich in diesen Dingen aus, hatte aber keine Möglichkeit, an der Misere seiner Leute etwas zu ändern, und Neigung spürte er auch nicht dazu. Er musterte den Matrosen scharf und sagte zu ihm: „Ich habe nicht die Absicht, Ihrem Jammern nachzugeben. Wenn nämlich ein Kapitän vor der Mannschaft kapituliert, läutet er das Ende der Seefahrt ein."

„Kapitän ..."

„Unterbrechen Sie mich nicht." Zu Malbos Überraschung fuhr der Kapitän wie folgt fort: „Richten Sie Ihren Leuten aus, daß sie nicht mehr lange kalte Füße haben werden, denn ich bin dabei, in eine Gegend mit milderem Klima zu segeln. Der Kurs wird geändert." Als sich Malbo bereits zum Gehen wandte, rief er ihm nach: „Untersteht euch, mir noch einmal ein solches Angebot zu machen. Gott ist mein Zeuge, daß ich recht daran täte, euch mit der neunschwänzigen Katze zu züchtigen."

Aber warum den Kurs ändern?

Hudson war der Gedanke gekommen, daß der nördliche Seeweg nach Ostasien möglicherweise nicht über den Nordpol führt, sondern durch ein Gebiet weit westlich von Grönland, im Norden Amerikas. In dieses unbekannte Gebiet stießen die beiden Schiffe nun vor. Dies geschah bei günstigem Wind, Sonnenschein und deutlich gebesserter Laune an Bord.

So gelangte Kapitän Henry Hudson schließlich vor die Küste Amerikas, während die Mynheers in Amsterdam glaubten, er müßte zu diesem Zeitpunkt den Nordpol bereits hinter sich gelassen haben. Tatsächlich erreichte er gerade jenen im Jahre 1524 von dem Seefahrer Verrazano entdeckten und erstmals befahrenen Fluß, der inzwischen *Hudson River*, auch Hudsonfluß, heißt und an dessen Mündung schon bald Neu-Amsterdam gegründet wurde, das heutige New York. Dieser Teil des Unternehmens, und der Kapitän wußte es, glich eher einer Erholungsreise als einer kühnen Entdeckungsfahrt. Der nördliche Seeweg nach dem Fernen Osten blieb jedenfalls auch diesmal unauffindbar.

Enttäuscht kehrte Hudson nach Holland zurück. Für seine Bemühungen empfing er Dank und Anerkennung. Die 25 000 Gulden gaben ihm die Handelsherren natürlich nicht. Mit dem nächsten Schiff trat er die Heimreise nach England an.

Im Februar 1610, wie das alljährlich geschah, fand in London eine Zusammenkunft maßgeblicher Kaufleute, Reeder und Admirale statt. Auch mehrere angesehene Wissenschaftler nahmen daran teil, namentlich Geographen und Physiker. Kapitän Hudson hatte man nicht eingeladen. Es gelang ihm aber, sich Zutritt zu verschaffen. Ohne dazu aufgefordert gewesen zu sein, entwickelt er vor dieser ehrwürdigen Versammlung seine neue Theorie:

„Über den Nordpol, Gentlemen, kommt man nicht nach China und Japan. Auf drei Fahrten habe ich mich überzeugt, daß dem Pol eine nicht zu überwindende Barriere aus Eis vorgelagert ist. Es gibt kein Schiff und keine Besatzung, die sie je durchbrechen könnte. Der Nordpol wird für alle Zeiten unerreichbar bleiben. Deshalb müssen wir andere Wege suchen, um zu den gewünschten Zielen zu gelangen. Nach meiner Überlegung muß eine nordwestliche Durchfahrt vorhanden sein. Ich vermute sie im hohen Norden Amerikas. Geben Sie mir ein Schiff, und ich werde sie finden. Ich bin ganz sicher, daß es mir diesmal gelingt."

Zuerst herrschte Schweigen. Vielleicht hielten die gewichtigen Gentlemen den ungebetenen Gast für anmaßend, da er es gewagt hatte, in diesem erlauchten Kreis Belehrungen von sich zu geben.

Ein Herr in prunkvoller Londoner Kaufmannstracht räusperte sich schließlich und sagte: „Ich will nicht bestreiten, daß Sie unter Umständen recht haben mit Ihrer Behauptung. Ich finde, wir sollten das eingehend prüfen. Werden wir Ihrer hilfreichen Dienste bedürfen, Kapitän, so wenden wir uns zu gegebener Zeit an Sie."

Damit entließ man Hudson. Tagelang wartete er auf ein Zeichen der Herren, doch sie meldeten sich nicht. Ob sie einem anderen ihr Vertrauen schenken würden? Er wartete zuversichtlich, manchmal auch verzweifelt. Henry Hudson ging wieder in den „Big Elephant", trank dort Branntwein, einen nach dem anderen. Finster wie gewöhnlich saß er da, grübelte, sprach mit keinem Menschen.

Die Gäste an den Nebentischen steckten die Köpfe zusammen und flüsterten geheimnisvoll. Dieser Kapitän Hudson sei jemand, der weder Gott noch den Teufel fürchte, und ganz bestimmt spuke er nach seinem Tode als Gespenst durch alle Meere der Welt.

Irgendein Diener erschien und bat Hudson heraus. Dort wurde der Kapitän in eine wartende Droschke gebeten und später vor einem vornehmen Bürgerhaus zum Aussteigen aufgefordert. Drei Kaufleute baten ihn zu einem Gespräch.

Der eine sagte: „Wir haben neulich Ihre Ausführungen mit dem größten Interesse verfolgt und beschlossen, Ihnen die Möglichkeit zur Auffindung der nordwestlichen Durchfahrt zu geben. Wir rüsten ein Schiff aus und stellen Ihnen eine Mannschaft zur Verfügung, die aus zuverlässigen Leuten besteht. Wir gestatten Ihnen, zwei bis drei Männer Ihrer persönlichen Wahl mitzunehmen." Der noble Herr legte eine Pause ein und sprach danach mit ein wenig gepreßter Stimme weiter: „Haben Sie aber Verständnis dafür, daß wir Ihnen eine Persönlichkeit zur Seite stellen, die unser Vertrauen genießt und ganz gewiß auch Ihnen nützlich sein wird. Mister Coleburn verfügt über ausgezeichnete seemännische Kenntnisse, er wird Ihnen ein verläßlicher Berater sein und uns bei der Auswertung eurer gemeinsamen Reise helfen."

Hudson schluckte und biß sich auf die Lippen. Er hatte gut verstanden: die edlen Herren mißtrauen mir und setzen mir deshalb einen Aufpasser vor die Nase. Dieser Mister Coleburn, der im Hintergrund stand und sich seine gepflegten Fingernägel besah, was für ein unsympathischer Mensch! Jedoch brauchte Hudson ein Schiff und eine Mannschaft, denn er wollte so schnell wie möglich wieder aufs Meer hinaus. Das Leben in den Städten behagte ihm nicht. So machte er gute Miene zum bösen Spiel, lächelte schwach, verbeugte sich und sagte: „Es wird mir eine Ehre sein, Mister Coleburn an meiner Seite zu wissen."

Insgeheim aber sann er nach einer Möglichkeit, sich diesen verdammten Aufpasser vom Halse zu schaffen.

Das dem Kapitän als geeignet gepriesene Schiff war bei Licht besehen ein jämmerlicher Holzkasten, mit dem man sich im günstigsten Falle vor die Küste Englands wagen durfte. Und die Mannschaft – angeblich wetterfest und zuverlässig? Hudson sah auf den ersten Blick, daß er es mit wüsten Burschen zu tun hatte, die man aus Zuchthäusern und Spelunken zusammengeholt hatte. Mit starker Hand würde dieser Haufen vielleicht unter Kontrolle zu bringen sein.

Als Begleiter eigener Wahl nahm der Kapitän seinen vierzehnjährigen Sohn John mit. Hudson junior sollte nämlich zu einem guten Seefahrer ausgebildet werden. Auch Ronald Green gehörte zur Familie. Hudson hatte ihn vor Jahren aus einem Waisenhaus geholt und wie einen leiblichen Sohn erzogen. Nun durfte er als Diener des Kapitäns die Fahrt mitmachen.

Zur Besatzung gehörten auch mehrere Matrosen mit seemännischer Ausbildung, beispielsweise Bylot, Juet und King. Wegen ihres fachlichen Könnens waren sie auch als Steuermänner einsetzbar.

Am 17. April 1610, von vielen guten Wünschen begleitet, begann die Reise.

Bereits nach wenigen Meilen – das Schiff, die „Discovery", befand sich noch auf der Themse – bat der Kapitän den „Aufpasser" in seine Kajüte.

„Mein lieber Mister Coleburn", begann er mit gutgespieltem Bedauern, „dieser Umschlag enthält eine äußerst wichtige Mitteilung für meine Auftraggeber. Ich hätte sie selbst in London überreichen müssen, habe das aber leider vergessen. Haben Sie also die Güte, nach London zu eilen und diesen Brief, den ich nur einem Mann Ihres Charakters anvertrauen kann, in meinem Namen zu übergeben. Eilen Sie, lieber Mister Coleburn, wir warten hier auf Sie."

Coleburn sah den Kapitän mißtrauisch an. Der Briefumschlag war jedoch schwer und fest versiegelt, konnte also durchaus eine bedeutende Nachricht enthalten. So eilte Mister Coleburn auch gleich los.

Kaum war er außer Sichtweite, ließ Hudson das Gepäck des unliebsamen Mannes zum Themseufer schaffen und den Anker lichten.

In dem Umschlag befanden sich unbeschriebene Pergamentbogen. Die ehrbaren Kaufleute und der hereingelegte Mister Coleburn schimpften und fluchten, waren jedoch bereit, dem eigenwilligen Kapitän diesen Streich zu vergeben, sofern er mit einem großen Ergebnis heimkehrte, nämlich mit dem Nachweis, den nördlichen Seeweg nach Ostasien gefunden zu haben.

Die Themsemündung war schnell passiert, und von dort aus ging es eine Weile nordwärts, bis man oberhalb Schottlands nach Westen abbog und in das offene Meer hineinfuhr. Bis Island hielt sich die See ruhig, nur selten kam Sturm auf. Dann freilich, in Richtung Grönland, wurde es bald ungemütlich. Stürme und Orkane lösten einander ab. Das ohnedies brüchige Schiff drohte zu einem Sarg zu werden. Kapitän, Navigator und Steuermann hatten Mühe, den Kurs zu halten. Was ihnen an Geräten und sonstigen Hilfsmitteln zur Verfügung stand, war denkbar primitiv.

Die Männer, die nun Tag und Nacht aus der völlig durchnäßten und steifgefrorenen Kleidung nicht herauskamen, fühlten sich unzufrieden und schimpften um die Wette. Man hatte sie mit dem Versprechen an Bord gelockt, sie nach erfolgreicher Rückkehr fürstlich zu belohnen, mit purem Gold und feinster Seide aus China. Aber Hudson gab sich streng und unerbittlich, fest entschlossen, sich von keinem das Konzept verderben zu lassen. Er drohte mit Peitsche und Galgen. Englische Matrosen standen sich nicht besser als die Sklaven im alten Rom.

Ursprünglich verfolgte der Kapitän die Absicht, der Südküste Grönlands einen Besuch abzustatten. Wegen der ungünstigen Witterungsbedingungen nahm er davon Abstand, er segelte am Kap Farvel vorbei. Nachdem er eine Zeitlang die Davisstraße hinaufgefahren war, ließ er scharf nach Westen einschwenken. Er nahm jetzt Kurs auf die Küste von Labrador in der Annahme, dort eine Durchfahrt zu finden. Dieser Teil Nordamerikas wurde nun gründlich abgesucht, zunächst ohne Erfolg. In der Folgezeit hielt Hudson sich weiter nördlich.

Hier glaubte er das Ziel seiner Wünsche erreicht zu haben: Eine breite Wasserstraße tat sich auf. Da sie auf keiner Karte verzeichnet war, mußte angenommen werden, daß der Kapitän sie als erster entdeckt hatte. Er gab ihr den Namen *Hudsonstraße*.

Mit vollen Segeln und bester Hoffnung wurde die Fahrt fortgesetzt. Und der Kapitän, offenbar vom Märchenglück begünstigt, erlebte einen weiteren Triumph. Ende Juli 1610 fuhr sein Segler in offenes Wasser hinein, das sich nach allen Seiten hin endlos ausdehnte und ein großes Meer zu sein schien. Wochenlang segelte Hudson die nordwestliche Küste entlang, doch das Meer wollte kein Ende nehmen.

„Wir befinden uns mitten in einem Ozean, aber der Atlantik ist das nicht", sagte einer der Matrosen.

Hudson glaubte auch daran. Das veranlaßte ihn schließlich, die Mannschaft zu versammeln und siegesgewiß zu verkünden: „Es ist geschafft! Wir haben Amerika durchfahren und befinden uns bereits in der Südsee. Der nördliche Seeweg nach Ostasien ist gefunden. Bald werden wir in China sein."

Die Matrosen brachen in Jubel aus. Die Aussicht auf pures Gold und feinste Seide machte sie übermütig. Hudson, was er gewöhnlich nicht tat, gab Branntwein aus. An Bord wurde eine ausgelassene Siegesfeier veranstaltet, bei der keiner lange nüchtern blieb.

Begeisterung und Freude hielten aber nur kurze Zeit an. Unvermittelt und mit Unbarmherzigkeit brach der arktische Winter herein. In dieser Gegend? Ja, was der Kapitän eben noch für die traumhafte Südsee gehalten hatte, verwandelte sich innerhalb weniger Tage in einen mörderischen Eiskeller.

Henry Hudson hatte nicht den nördlichen Seeweg nach China und Japan entdeckt, sondern eine Bucht von riesenhaften Ausmaßen, im äußersten Norden Amerikas, die später nach ihm benannte *Hudsonbucht*, die inzwischen zu Kanada gehört. Was für ein böser, folgenschwerer Irrtum!

Das Schiff geriet in Gefahr, von mächtigen Eisschollen zerrieben zu werden. Hudson ordnete die sofortige Rückreise an. Das Schiff kam aber nur im Schneckentempo vorwärts, was viel Zeit kostete. Er schickte einen Erkundungstrupp zur Hudsonstraße, um dort die Lage zu prüfen. Dieser kam mit einer Schreckensnachricht zurück: Diese Wasserstraße, die man überwinden mußte, um wieder in den

Atlantischen Ozean gelangen zu können, war total vereist und nicht befahrbar. Also war man eingeschlossen.

Ein Teil der Mannschaft geriet in Panik.

Auch Henry Hudson erfaßte große Unruhe, er hatte das Gefühl, seiner Handlungsfreiheit beraubt zu sein. Auf dem Meer mochten die schlimmsten Stürme toben, trotzdem konnte ein fähiger Kapitän ihnen mit Energie, Geschick und Können beikommen. Anders verhielt es sich hier. Man war in Gefangenschaft geraten. Alle jetzigen Tätigkeiten hingen nicht vom eigenen Willen ab, sondern einzig und allein vom Eis, und das zeigte sich im Augenblick als unberechenbar. Es zwang den Kapitän zu einer Entscheidung, die gewiß schwerwiegend, unter den gegebenen Umständen aber gut war und zudem die einzige Möglichkeit, überhaupt etwas zu tun.

Hudson sagte: „Wir werden hier überwintern und abwarten, bis das Eis sich öffnet und den Weg wieder freigibt. In einem Jahr sehen wir die Heimat wieder, sofern es uns nicht gelingt, trotz allem nach China zu gelangen."

Die Männer nickten, fügten sich in das Unvermeidliche, sie sahen ein, keine andere Wahl zu haben.

Nur einer, von heilloser Angst gepackt, bäumte sich auf, und gerade von ihm hatte der Kapitän eine entschieden bessere Haltung erwartet. Das war Juet. Unbeherrscht erklärte er, dem Kapitän nicht länger gehorchen zu wollen. Ja, er rief zur offenen Meuterei auf. Nach altem Seemannsbrauch ließ Hudson den aufsässigen Mann in Ketten legen und unter Deck bringen.

Dort hielten sich schon vier andere auf, die von einer unbekannten Krankheit befallen waren. Sie litten unter ständigen Magenkrämpfen, fieberten und konnten sich kaum rühren. Ein Arzt befand sich nicht an Bord, so konnte ihnen nicht geholfen werden.

Henry Hudson ging mit Umsicht ans Werk. Um die Proviantvorräte stand es nicht schlecht, zumindest Pökelfleisch und Zwieback würden für einen längeren Aufenthalt an Land ausreichen. Um dem Mangel an Frischfleisch abzuhelfen, stellte der Kapitän Jagdkommandos zusammen, die in der näheren und weiteren Umgebung nach Beute Ausschau hielten. An Bären und Vögeln fehlte es nicht. Auch der Fischreichtum wurde für die Winterbevorratung genutzt. Die Männer schlugen tiefe Löcher in das Eis und holten die Fische mit Angelleinen heraus. Alle Vorräte lagerte man in Höhlen aus Eis. Unter halbwegs erträglichen Bedingungen brauchte also niemand ernsthafte Nahrungssorgen zu befürchten.

„Nun laßt uns eine Hütte bauen", sagte der Kapitän, „denn wir brauchen ein ordentliches Dach überm Kopf."

Die Männer schlugen Bäume, errichteten ein geräumiges Blockhaus. Andere sammelten Holz zum Heizen. Vom Schiff wurde der Ofen geholt und in der Mitte des Raumes aufgestellt. Die Arbeiten mußten schnell geschehen, weil die Tücken des Winters keine längeren Aufenthalte im Freien mehr erlaubten. Vom fernen Nordpol her kündeten sich Stürme an. Bald würde rund um die Hudsonbucht alles Leben erlöschen. Aber die Männer hatten zu essen, und in der Hütte konnte man es aushalten.

„Wir werden sicher und friedlich überwintern", prophezeite der Kapitän.

Wie sehr er irrte!

Die festgefügte Blockhütte verwandelte sich schon bald in ein Haus des Unfriedens. Die Leute, mit denen Hudson ausgezogen war, um eine der größten Entdeckungen des Jahrhunderts zu machen, hätten eine verschworene Gemeinschaft bilden müssen. Sie taten es jedoch nicht, begriffen kaum Zweck und Bedeutung dieser Reise, hatten nur auf die Belohnung spekuliert, die mittlerweile in weite Ferne rückte. Nur noch die Rettung der eigenen Haut zählte. Aber vielleicht durfte man das diesen armen Teufeln nicht verübeln. Die Untätigkeit, zu der die Mannschaft verdammt war, setzte böse Triebe frei. Rivalitäten, Feindschaft und Mißgunst.

Mit eiserner Hand versuchte Hudson, Ruhe und Ordnung aufrechtzuerhalten. Er drohte: „Wer noch länger Unruhe stiftet und gegen die Disziplin verstößt, kommt in London an den Galgen."

Nennenswerten Eindruck erzielte er damit nicht mehr. Er verlor zunehmend an Einfluß. Einmal wurde er sogar mit dem Messer bedroht. Er fragte sich, wie man unter diesen Umständen über den Winter kommen sollte, und wußte schon bald keine Antwort mehr darauf.

Am ärgsten trieb es Green, dessen Gehässigkeit keine Grenzen mehr zu haben schien. Das schmerzte den Kapitän besonders, glaubte er doch, bei ihm ein wenig Dankbarkeit voraussetzen zu dürfen. Schließlich hatte Hudson ihn an Kindes Statt angenommen, ihn viele Jahre hindurch wie seinen eigenen Sohn erzogen. Eines Morgens nahm Green eine herausfordernde Haltung ein und höhnte in Gegenwart der ganzen Mannschaft: „Bis heute habe ich vor dir Respekt gehabt, Hudson. Damit ist es vorbei. Im Ernst, wer bist du? Ein bedeutender Kapitän? Da kann ich nur lachen. Nach China wolltest du uns führen. Gold und Seide hast du uns versprochen. Und von der Südsee hast du phantasiert. Und wo sind wir wirklich? Irgendwo am Nordpol. Ein schöner Kapitän bist du."

Am liebsten hätte sich Hudson auf den unverschämten Menschen gestürzt und ihm den Schädel eingeschlagen, doch er begnügte sich mit einer scharfen Zurechtweisung: „In London sprechen wir uns wieder. Der Galgen ist dir sicher, Green. Mein Wort darauf, und alle sollen es hören: Du wirst hängen."

„Ich weiß Bescheid", erwiderte Green mit einem tückischen Grinsen. „Du kannst mich trotzdem nicht erschrecken. Ich habe nämlich meine eigenen Pläne."

Das hörte sich an, als plante Green eine Meuterei.

Der Winter zog sich in die Länge. Die Hoffnung, man würde im März aufbrechen können, erfüllte sich nicht. Im April rührte sich das Eis noch immer nicht. Auch im Mai geriet es nicht in Bewegung. Nach wie vor war die Hudsonbucht in Leblosigkeit erstarrt. Die Lebensmittelreserven nahmen ab. Hudson mußte die Rationen kürzen, was ihn bei den meisten Matrosen noch unbeliebter machte. Jagd und Fischfang waren nicht möglich, das Wetter erlaubte es nicht. Der Juni des Jahres 1611 hielt seinen Einzug – das Eis brach nicht auf. Acht Monate lang saß man schon fest. Sollten sich die Tore dieser Hölle niemals mehr öffnen? So fragten sich alle.

Endlich, am 23. Juni, gab das Eis nach, und das Ende der unheilvollen Gefangenschaft kam in Sicht.

Kapitän Henry Hudson war kein Phantast, er wußte, daß er auch in diesem Jahr nicht nach China kommen würde. Wieder einmal hatte das Eis seine ehrgeizigen Träume durchkreuzt. So rasch wie nur möglich heimwärts segeln, das war darum auch sein Wunsch. Obendrein bitter notwendig, denn eine nochmalige Überwinterung, mit der man bereits in zwei oder drei Monaten rechnen mußte, durfte nicht riskiert werden.

Aber wenigstens ein paar Meilen westwärts wollte er noch segeln, um Verlauf und Struktur der Küstenregionen zu erkunden. Auf Verständnis bei der Mannschaft zählte er nicht, dennoch gab er seinen Entschluß bekannt und verlangte bedingungslosen Gehorsam.

Da brach der Aufruhr gegen ihn los, die offene Meuterei. An deren Spitze standen Green und Juet. Sie hatten aber nicht alle auf ihrer Seite, ein Teil der Besatzung hielt zum Kapitän. Es kam zu einer blutigen Schlägerei, in deren Verlauf vier Matrosen getötet wurden. Die Meuterer hatten ihre Aktion freilich gut vorbereitet und fast alle Waffen in ihren Besitz bringen können. So gelang es ihnen am Ende, den Kapitän und die ihm ergebenen Männer zu überwältigen und festzusetzen.

Green, bis an die Zähne bewaffnet, baute sich in der Pose eines berauschten Triumphators vor dem gefesselten Hudson auf und erklärte ihm: „Du bist abgesetzt. Wir fahren jetzt nach Hause. Dummerweise sind zu viele Fresser an Bord. Deshalb können wir nicht alle mitnehmen. Dich, das verstehst du doch, lassen wir auf alle Fälle hier."

189

Hudson erschrak bis ins Mark. In der Einsamkeit dieser Landschaft würde er bald umkommen. Er wollte etwas erwidern, brachte jedoch keinen Ton hervor, so niedergeschmettert fühlte er sich.

„Außerdem", sprach Green weiter, „lassen wir auch deinen Sohn hier. Das geht nicht anders, denn in London würde er uns ans Messer liefern. Ja, und sieben andere, die die Hand gegen mich zu heben wagten oder krank sind, nehmen wir auch nicht mit."

Damit hatte Green das Todesurteil über insgesamt neun Menschen gesprochen.

Der Kapitän, ohnmächtig in seinem Zorn, blickte Green haßerfüllt an, der sich in dem schäbigen Glanz seiner so unverhofft erlangten Macht sonnte. Indes, es mußte versucht werden, diesen gefährlich gewordenen Mann zur Vernunft zu bringen.

Hudson sagte: „Höre mich an, Green, was du dir ausgedacht hast, ist ein Verbrechen. Leider habe ich nicht die Möglichkeit, dich aufzuhängen, wie du das verdient hast. Doch damit wollen wir uns im Augenblick nicht aufhalten. Für meine Person erbitte ich nichts. Das wäre wohl zwecklos, denn deine Unbarmherzigkeit ist ja in erster Linie gegen mich gerichtet. Auch fühle ich mich stark genug, noch eine Weile durchzuhalten. Eines Tages kehre ich nach England zurück und rechne mit dir ab. Aber ich appelliere an dich, die Kranken mitzunehmen und meinen Sohn nach England zu bringen. Er hat noch das ganze Leben vor sich. Warum soll er hier sterben? Du kannst nicht so unmenschlich sein, mir das abzuschlagen – nach allem, was ich für dich getan habe."

„Du redest viel Unsinn, großer Kapitän", antwortete Green kalt.

Hudson, sein Sohn John und sieben weitere Männer wurden gewaltsam ausgesetzt. Green und Juet überließen ihnen eine alte Flinte, ein paar Patronen, einige Messer und einen Sack mit verschimmeltem Schiffszwieback.

Zum Abschied höhnte Juet: „Alles Gute, Kapitän Hudson!"

Bei stürmischem Wetter fuhr die „Discovery" los, wobei der ungetreue Bylot zum Kapitän avancierte.

Mit Henry Hudson war aber der fähigste Mann von Bord gegangen. Darum gerieten Schiff und Besatzung von einer Katastrophe in die andere. Zuerst verloren die Meuterer die Orientierung und saßen mitten in der Hudsonbucht, weit vom Atlantik entfernt, einen weiteren Winter im Eis fest. Dabei verhungerten und erfroren mehrere Matrosen, unter ihnen einer der Rädelsführer, nämlich Juet. Bei einem Versuch, einige Eskimos zu berauben, wurde Ronald Green 1612 von diesen totgeschlagen. Die anderen kamen nach einer langen Irrfahrt völlig zerlumpt in London an.

Ihre Hoffnung, man würde sie als Helden feiern, ging nicht in Erfüllung. Ihre Erzählungen klangen so verworren und unglaubwürdig, daß der oberste Richter es für geboten hielt, sie erst einmal in Haft zu nehmen. Bei den anschließenden Verhören beschuldigte jeder jeden und versicherte im übrigen, selbst zu Kapitän Hudson gehalten zu haben. Das Gericht schaffte es nicht, die Wahrheit herauszufinden. Als erwiesen galt nur, daß Green und Juet die Meuterei angezettelt hatten, und die waren inzwischen tot. So ließ man die Heimgekehrten wieder laufen.

Und was wurde aus Hudson und seinen Leidensgefährten?

Die Admiralität schickte augenblicklich eine Suchexpedition auf die Reise. Monatelang forschte man nach den Verschollenen, aber nirgendwo fand sich eine Spur von ihnen.

Sie blieben verschwunden für immer.

11. KAPITEL

An unbekannten Küsten

Unter Vitus Jonassen Bering fand zwischen 1734 und 1746
die russische Große Nordische Expedition statt

Der hohe Norden mit seinen schier unendlichen Eiswüsten blieb
auch weiterhin im Gespräch. Während die dramatischen und mit
der Zeit reichlich ausgeschmückten Geschichten um Henry Hudson
nach wie vor die Gemüter bewegten, machte sich ein anderer Engländer auf die Reise, nämlich William Baffin (1584–1622). Auch
diesmal ging es darum, einen nördlichen Seeweg nach Indien und
Ostasien zu finden.

Baffin stach im Frühjahr 1616 in See. Im Verlauf seiner monatelangen Reise gelangte auch er zwar nicht an das gewünschte Ziel,
doch brachte er Erkenntnisse mit nach Hause, die für spätere Nord-
landfahrer von größter Wichtigkeit sein sollten.

So befuhr er die im Jahre 1585 aufgefundene Davisstraße auf
ihrer gesamten Länge, durchquerte anschließend die nach ihm benannte *Baffinbucht* und wurde erst an deren nördlicher Begrenzung,
dem Smithsund, von unübersehbaren Packeismassen an der Weiterfahrt gehindert.

Auf der Rückreise machte er eine Entdeckung von höchstem
Wert, er fand den *Lancastersund.* Dieser Sund sollte ab 1819 bei der
weiteren Suche nach einer Nordwestdurchfahrt vom Atlantik in den
Pazifik eine herausragende Rolle spielen und manchen Expeditionen zum Verhängnis werden.

Nach dieser bemerkenswerten Reise William Baffins blieb es
lange Zeit still um die Gewässer im Norden.

Aber das sollte sich eines Tages ändern.

Rußland gegen Ende des 17. Jahrhunderts. Es reichte vom Dnepr
bis an die Gestade des Pazifischen Ozeans, war groß und weit, und
doch lebten viele Millionen Bewohner, zumeist Bauern, in bitterster
Armut. Sie sahen sich der grausamen Gewaltherrschaft des Zaren
gegenüber völlig rechtlos. Damit nicht genug. Während sich in
einer Reihe westlicher Länder ein Aufschwung gewaltigen Ausmaßes abzeichnete, von dem Wirtschaft und Wissenschaften gleichermaßen begünstigt wurden, versank Rußland immer mehr in Rückständigkeit und außenpolitischer Bedeutungslosigkeit.

1689 kam in Rußland ein junger Herr von siebzehn Jahren auf den Thron, der sich schon bald des Beinamens „der Große" erfreuen sollte: Zar Peter I. Er unternahm gewaltsame Versuche, die Rückständigkeit des Landes zu überwinden. In den Städten entstanden binnen kurzem zahlreiche Manufakturen. Als bedeutsam erwies sich die von dem neuen Zaren befohlene Eisengewinnung im Ural. Ferner gründete er Handelshäuser und berief ausländische Wissenschaftler und Spezialisten. Der so forsch in Gang gesetzte Aufschwung verlangte natürlich Opfer, und für diese hatten vor allem die ohnedies unterdrückten Bauern aufzukommen. Noch mehr als bisher unterlagen sie einer rücksichtslosen Ausbeutung. Widerstand gegen seine Maßnahmen pflegte der junge Zar mit äußerster Strenge zu ahnden.

Im Jahre 1709, in der Schlacht bei Poltawa, siegte seine Armee über den Schwedenkönig Karl XII. Als Folge dieses militärischen Sieges fielen Livland, Estland und Ingermanland an Rußland, das nunmehr erneut einen Zugang zur Ostsee erhielt. Jetzt konnte der Zar endlich an den Aufbau einer großen Kriegs- und Handelsflotte denken und seine diesbezüglichen Pläne in die Tat umsetzen.

Die Erfolge blieben nicht aus. Zwar stöhnten die Völker Rußlands unter den ihnen aufgebürdeten Lasten, doch das internationale Ansehen des Staates wuchs von Jahr zu Jahr. Kam irgendwo die Rede auf Rußland, so sprach man nicht länger von einem Reich der Finsternis, der Unwissenheit und des Aberglaubens, sondern zollte ihm Respekt, zumal Peter der Große seine Diplomaten in viele Länder aussandte.

Das Interesse des Zaren, Rußland weiter zu erschließen und Unbekanntes zu entdecken, hielt ungebrochen an. In seinem Arbeitszimmer – man schrieb das Jahr 1724 – beriet er sich einmal mit Ministern und Gelehrten. Er stellte ihnen Fragen, die ihn schon seit längerem beschäftigten:

„Erstreckt sich Asien bis zum Nordpol? Sind Asien und Amerika miteinander verbunden? Wie sieht es in den unzugänglichen Gebieten des hohen Nordens aus, und wie weit reicht überhaupt mein russisches Reich?"

Tatsächlich konnte zu Zeiten des Zaren kein Mensch exakt angeben, wie weit sich Rußland nach Norden und Osten hin ausdehnte.

Die angesprochenen Herren sahen sich überrascht an, erstaunt, daß sich der Zar nunmehr auch mit derartigen Fragen befaßte, die bis dahin niemanden interessiert hatten. Das Land war riesengroß, irgendwo würde es schon seine Grenzen haben. Eine verbindliche Antwort wußten die Herren natürlich nicht.

„Die Gebiete im hohen Norden sind noch nicht erforscht, Majestät", erwiderte einer aus der Runde. „Über die Küstenregionen wissen wir so gut wie gar nichts."

Der Finanzminister warf scherzhaft ein: „Womöglich leben dort Millionen Leute, die uns nur deshalb keine Steuern zahlen, weil sie nichts von uns und wir nichts von ihnen wissen."

„Ja, Klarheit muß man endlich schaffen", entschied der Zar.

Aber wie sollten die geographischen Zusammenhänge zwischen Asien und Amerika im Norden und Osten aufgehellt werden?

Darüber unterhielt sich Peter der Große mit seinem Generalsadmiral, dem Grafen Fjodor Apraxin. Während sie eine der vielen Karten studierten, zeigte der Zar auf das Ostkap Asiens und sagte: „Was meint Ihr, Apraxin, wenn hier Wasser wäre, dann könnte man doch durch das Nördliche Eismeer nach Kamtschatka und nach China segeln."

Der Generalsadmiral entgegnete: „So könnte es sein. Seit Generationen träumen die Seefahrer aller Nationen von einem Großen Nördlichen Seeweg. Und sonderbar genug, auf der berühmten Weltkarte des Sebastian Münster, Allerhöchste Majestät, ist hier wirklich ein Sund eingezeichnet."

Nur gesehen oder gar befahren hatte noch kein Mensch diesen Sund. Und wer von Petersburg oder Moskau zur Halbinsel Kamtschatka gelangen wollte, mußte das nach wie vor zu Fuß erledigen. Der Zar wies den Grafen Apraxin an, zuverlässige Männer nach Kamtschatka zu entsenden, um dort ein Schiff zu bauen und entlang der Küste nach Norden zu segeln. Sie sollten herausfinden, ob und wo der asiatische Teil Rußlands mit Amerika verbunden ist.

Diese Reise in unbekannte Gewässer und Gebiete konnte natürlich nur ein erfahrener Seemann unternehmen. Graf Apraxin entschied sich für Vitus Jonassen Bering.

Bering, 1681 in Horsens auf Jütland geboren, hatte als junger Matrose an zwei Reisen nach Indien teilgenommen, sah in seiner dänischen Heimat jedoch auf Dauer keine Möglichkeit, seine ehrgeizigen Pläne zu verwirklichen. Deshalb trat er in russische Dienste. Er machte rasch Karriere und wurde schon bald zum Offizier befördert. Er zeichnete sich in den Seekriegen gegen Schweden durch strategisches Talent und Unerschrockenheit aus. Als er nun den ebenso ehrenvollen wie risikoreichen Auftrag erhielt, die äußersten Grenzen Rußlands im Norden und neue Schiffahrtswege zu erkunden, stand er im dreiundvierzigsten Lebensjahr. Als Mann schneller Entschlüsse galt er nicht. Manchmal hielt man ihn sogar für einen Zauderer. Allerdings sprach ihm niemand die Fähigkeit ab, die ihm gestellten Aufgaben mit Sorgfalt und Bedacht lösen zu können.

Solche Charaktereigenschaften konnten für die Bewältigung der nunmehrigen Aufgaben nur von Nutzen sein. Dazu gehörte auch seine stille und ernste Art, mit Unterstellten umzugehen. Man rühmte ihn, ein beliebter Vorgesetzter zu sein.

Vitus Bering wählte als Begleitung lediglich zweiunddreißig Männer aus. In der Hauptsache waren sie Handwerker, die sich auf den Schiffsbau verstanden. Des weiteren nahm er etliche Matrosen mit. Am 5. Februar 1725, drei Tage vor dem plötzlichen Tod des Zaren, begann der Aufbruch nach Osten.

Auf Pferdefuhrwerken lagerten große Mengen an Proviant, Baumaterial, Werkzeugen und Bekleidung. Der Marsch führte durch Steppen, Sümpfe, Urwälder und über Gebirge hinweg. Die Männer waren stärksten Belastungen ausgesetzt, hatten pausenlos mit Witterungsunbilden, unwegsamem Gelände, mit Entbehrungen und Krankheiten zu kämpfen. Doch keiner brach zusammen oder kehrte um. Längere Aufenthalte durften nicht gemacht werden, denn verlorengegangene Zeit konnte nicht mehr aufgeholt werden. Bering und seine Gefährten durchquerten Gebiete, die auf keiner Landkarte verzeichnet waren, weil kaum ein Europäer sie bislang betreten hatte.

Mehr als zwanzig Jahre lang befuhr Vitus Behring die Weltmeere. Nun mußte er Tausende von Kilometern zu Fuß zurücklegen. Derartiges dürfte einem Seemann selten einmal passieren. Oft genug geschah es, daß selbst ihm die Strapazen unerträglich erschienen. Mit mustergültiger Disziplin raffte er sich indes immer wieder auf und behielt souverän in jeder Phase des Marsches den Überblick.

Ein großer Teil des Weges wurde auf den sibirischen Strömen Ob, Jenissej und Lena zurückgelegt. Im Januar 1728 erreichten die dreiunddreißig Männer den kleinen Ort Ochotsk am Ochotskischen Meer.

„Wir wollen unser Schiff schon hier bauen", schlug Bering vor, „und dann nach Kamtschatka übersetzen."

Diese Absicht ließ sich aber nicht verwirklichen, weil es in der ganzen Gegend kein geeignetes Bauholz gab. Bering mietete drei kleine Reiseboote, mit denen er und seine Kameraden über das Ochotskische Meer fuhren. Bei Bolscherezk an der Westseite Kamtschatkas betraten sie Land. Dann zogen sie durch dichte Wälder zur Ostküste. In Nishne-Kamtschatsk erklärte Bering die Reise für beendet.

Ein erlösendes Wort.

Lang und hart war der Weg von Petersburg bis an die Gestade des Pazifischen Ozeans gewesen. Nun besaßen die Männer keine Kraft mehr, sondern verspürten Müdigkeit, sie sehnten sich nach Ruhe und Erholung. Aber Vitus Bering, ebenso erschöpft und kraftlos wie sie, durfte ihnen den begreiflichen Wunsch nicht erfüllen. Der lange Marsch hatte erheblich mehr Zeit in Anspruch genommen als ursprünglich vorgesehen: drei volle Jahre. Und das nur, weil man an einem bestimmten Punkt der Erde ein Schiff bauen wollte.

„Laßt uns an die Arbeit gehen", sagte Bering.

Und so geschah es. Am 4. April 1728 legten Berings Handwerker das Schiff auf Kiel, und schon am 9. Juni lief es vom Stapel. Es erhielt den Namen eines von allen gläubigen Russen hoch verehrten Heiligen, nämlich „Gabriel".

Am 9. Juli 1728 unternahm Vitus Bering einen ersten Vorstoß in unbekannte Gewässer. Diese Fahrt in einem Gebiet, das eines Tages *Beringmeer* heißen sollte, verlief nicht gefahrlos. Nebelbänke behinderten oft die Sicht. Nicht weniger schlimm stand es um die Stürme, die manchmal Orkanstärke aufwiesen. Um von ihnen nicht in das offene, noch von keines Menschen Auge erblickte Meer abgedrängt zu werden, hielt Bering den Kurs hart an den Küstenregionen entlang. Wenigstens am Anfang. Später segelte er doch in das Meer hinaus. Einen ganzen Monat lang war man bereits unterwegs, ohne daß sich etwas Besonderes ereignete. Am 10. August 1728 kam eine Küste in Sicht. Zunächst konnte nicht ausgemacht werden, ob sie zu einem Land oder zu einer Insel gehörte. Im Laufe des Tages fand sich die Antwort darauf – Vitus Bering hatte die *St.-Lorenz-Insel* entdeckt, die zwischen der Tschuktschenhalbinsel und Alaska liegt.

Nach kurzem Aufenthalt ließ er weiterfahren. Die „Gabriel" erreichte bald den Ausgang jener nördlichen Meerenge, die man später *Beringstraße* nannte. Auf 67° 18' nördlicher Breite herrschte so dichter Nebel, daß Vitus Bering die Küste Amerikas nicht sah. So wurde er daran gehindert, die wichtige Entdeckung zu machen, daß Asien und Amerika nicht miteinander verbunden sind, weil die Beringstraße sie voneinander trennt.

Darin mochte eine gewisse Tragik liegen, andererseits gewann Bering eine Erkenntnis von nicht geringer Tragweite: In diesem Gebiet nahm die sibirische Küste eine starke Wendung nach Westen. Allem Anschein nach hatte man also das östlichste Kap Asiens bereits passiert. Beweise fehlten allerdings, ließen sich im Verlauf dieser Fahrt auch nicht erbringen, die zunehmend mit Problemen belastet war.

Ein großer Teil der Mannschaft erkrankte. Hinzu kam, daß die Vorboten des Winters böse Zeiten verhießen. Und endlich die Tschuktschen, die Bewohner der nach ihnen benannten Halbinsel gegenüber von Alaska, die das vor ihrer Küste kreuzende Schiff mißtrauisch beobachteten und sofort zu den Waffen griffen, wenn sich jemand von Berings Besatzung an Land wagte. In den Fremden erblickten sie feindliche Gesellen, die ihnen nur die Jagdgründe streitig machen wollten. Die Tschuktschen, bedingt durch die harten Lebensbedingungen, denen sie ausgesetzt waren, gaben sich wild und kriegerisch, erlaubten keinem, sich an den Pelztieren zu vergreifen, die auf ihrer Halbinsel in überreichem Maße lebten. Kurz, diese betont feindselige Haltung bestärkte Bering, die Rückreise anzutreten.

Aber die Erkundungsfahrten sollten im nächsten Jahr von neuem aufgenommen werden. Mit der „Gabriel" erforschte man im Sommer 1729 vorwiegend Gewässer und Gebiete ost- und südostwärts von Kamtschatka. Mit greifbaren Ergebnissen vermochte Vitus Bering zu seinem Bedauern nicht zu glänzen. Nirgendwo gab es Anhaltspunkte, um auf die von Peter dem Großen gestellten Fragen eine Antwort zu finden. Wo war Asien zu Ende, und wo begann Amerika? Auch diesmal konnte Bering das nicht ergründen. Enttäuscht und niedergeschlagen gab er den Befehl zur Rückreise, die sich wegen Sturm und Nebel in die Länge zog.

Als die „Gabriel" in Nishne-Kamtschatsk vor Anker ging, wütete dort eine Grippewelle.

„Wahrscheinlich ist es unmöglich, den Auftrag des Zaren zu erfüllen", meinten einige von Berings Mitarbeitern.

„Dieser Auffassung bin ich ganz und gar nicht", erhielten sie zur Antwort. „Ich glaube fest daran, daß wir uns auf dem richtigen Weg befinden. Allerdings sehe ich die Notwendigkeit, die Methode zu ändern."

Einsam und kalt verliefen die Nächte auf Kamtschatka. Während die anderen schliefen oder sehnsuchtsvoll an die ferne Heimat dachten, entwarf Vitus Bering den Plan zu einer Expedition von gewaltigem Ausmaß.

„Ich bin mir darüber im klaren", erläuterte er später seinen Mitarbeitern, „daß mein Vorhaben phantastisch anmutet und vielleicht größenwahnsinnig klingt. Jedoch versichere ich Ihnen, daß es durchführbar ist. Man muß mehrere Abteilungen bilden. Die eine versucht von Kamtschatka aus noch einmal einen Vorstoß nach Norden und dringt soweit wie möglich über die Lorenz-Insel hinaus. Von vier verschiedenen Punkten untersuchen andere Abteilungen die gesamte sibirische Küste. Ein solches Vorgehen erlaubt es uns, den nördlichen Seeweg auf seiner ganzen Länge zu erkunden, unter Umständen bis nach Amerika. Gehen wir gründlich ans Werk und lassen keine Einzelheit ungeprüft, können wir in Zukunft einigermaßen sicher voraussagen, ob und zu welchen Zeiten das vereiste Nordmeer befahren werden kann."

Hatten doch die Reisen von Willem Barents und Henry Hudson den Beweis erbracht, daß das Nördliche Eismeer zumindest zeitweise Schiffsreisen gestattet.

Als Vitus Bering seine Ausführungen beendete, schwiegen seine Zuhörer und dachten lange darüber nach. War dieser Plan wirklich so phantastisch? Immerhin galt der bedächtige Vitus Bering nicht als Mann von fixen Ideen.

„Ich weiß", nahm Bering noch einmal das Wort, „daß meine Große Nordische Expedition – so möchte ich das Unternehmen nennen – den Einsatz gewaltiger Mittel erfordert. Man muß starke Schiffe bauen. Zuverlässige und harte Männer sind gefragt. Geographen, Physiker, Mathematiker, Botaniker und Kartographen braucht man. Das kostet viel Geld. Sobald die Regierung einsieht, daß die Große Nordische Expedition von hoher Bedeutung ist, wird sie alles bewilligen ..."

Also, auf nach Petersburg!

Auf Kamtschatka, wo es jetzt ohnedies nichts mehr zu tun gab, wurden die Zelte abgebrochen. Abermals mußte sich der alte Seebär Vitus Bering auf eine Landpartie größten Stils begeben. Doch nun, im Herbst 1729, reisten er und seine zweiunddreißig Kameraden mit leichtem Gepäck, und im Gegensatz zur Hinreise war die Route jetzt bekannt.

Am 1. März 1730 traf man wohlbehalten in der Metropole des russischen Reiches ein.

Nach fünfjähriger Abwesenheit erlebten sie den Wandel, der sich inzwischen in Petersburg vollzogen hatte, und dies keineswegs zum Vorteil des Landes. Nach dem Tode von Peter I. regierten zunächst Katharina I. und Peter II. Freilich nicht lange, dann raffte der Tod 1727 die Zarin und 1730 Peter II. dahin. Gerüchte wollten wissen, es wäre bei ihrem Ableben nicht mit rechten Dingen zugegangen. Vielleicht stimmte das sogar, denn in der Geschichte des Zarenreiches hatten Würgeengel, vergiftete Dolche und Palastrevolutionen ja schon öfter eine Rolle gespielt.

Derzeit übten die Zarin Anna Iwanowna und ihr Liebhaber Johann von Buhren die Herrschaft aus. Ihre Prunk- und Vergnügungssucht belasteten die Staatskasse aufs äußerste. Natürlich setzten sie das Werk ihres Vorgängers nicht fort. Wo früher eine Atmosphäre von Betriebsamkeit geherrscht hatte, breiteten sich nunmehr Verschwendung, Günstlingswirtschaft, ja Schlamperei aus.

Unter diesen Umständen sah der heimgekehrte Vitus Bering kaum eine Chance für seine Große Nordische Expedition. Wer würde ihm das Geld dafür geben?

Glücklicherweise fügte sich alles anders. Im Senat und in der Admiralität gab es weitsichtige Leute, die sich für die Fortsetzung der geographischen Forschungen von Bering stark machten und sich auch durchsetzten. So wurden umgerechnet eineinhalb Millionen Mark zur Verfügung gestellt. Gewiß, das war viel Geld, andererseits aber nur ein Bruchteil dessen, was man am Hofe zur Finanzierung von Freizeitspielen verpulverte.

Vitus Bering empfing die Beförderung zum Kapitän-Kommandeur, was dem Rang eines Kommodore entsprach, und ging nun daran, seine Expedition vorzubereiten. Dafür brauchte er mehrere Jahre.

Mit der ihm eigenen Gewissenhaftigkeit wählte er die Teilnehmer aus. Matrosen, Handwerker, Soldaten, Vermessungstechniker, Zimmerleute, Schiffsbaumeister. Wegen der zu erwartenden Strapazen mußten sie alle kerngesund sein und natürlich Meister in ihrem jeweiligen Fach.

Auf besonderen Wunsch der Akademie der Wissenschaften nahmen auch mehrere deutsche Gelehrte an der Expedition teil. Zum Beispiel der Chemiker und Arzt Dr. Johann Georg Gmelin und der Historiker Gerhard Friedrich Müller. Später stieß auch der aus Franken stammende Naturforscher Georg Wilhelm Steller hinzu.

Insgesamt gehörten 570 Männer zu Berings Aufgebot.

Viel Zeit und Geld erforderte die Beschaffung der wissenschaftlichen und technischen Geräte. Zum größten Teil mußten sie aus dem Ausland bezogen werden. Hohe Sorgfalt ließ Bering bei der Bereitstellung der Bekleidung und des Proviants walten.

Die erste Gruppe, zu der etliche Offiziere gehörten, setzte sich 1734 von Archangelsk aus in Bewegung. Ihr Hauptziel bestand darin, die gesamte Küste bis hin zur Jugorstraße zu erforschen und auf Karten zu übertragen.

Die nächste Gruppe nahm zur selben Zeit die Küstenregion bis zur Mündung des Ob ins Visier. Schwere Stürme aus der Richtung Nowaja Semlja machten das Vorwärtskommen zu einer bitteren Qual, zwangen auch zu vielen Unterbrechungen. Indes, keiner der Männer gab auf, alle bemühten sich redlich, die ihnen gestellten Aufgaben zu erfüllen.

Aber Rußlands Küsten hatten gewaltige Ausmaße, reichten von Europa über Asien bis nach Nordamerika, vom Weißen Meer bis zur Beringstraße. Oft war es ausgeschlossen, sie zu befahren, weil Sturm und Eis jedes Vorwärtskommen unmöglich machten. Die Mündungen von Kolyma, Lena, Ob und anderen Flüssen zeigten sich stark vereist, so daß die Schiffe steckenblieben und die Mannschaften in Lebensgefahr gerieten. Erst nach Jahren konnten die Abteilungen ihre Arbeiten abschließen.

Zu den schwierigsten Abschnitten gehörte die aus zahlreichen Buchten bestehende Küste der Taimyr-Halbinsel, die man von der See aus trotz mehrerer Versuche nicht erreichen konnte. Einmal wurde ein Schiff von den Packeismassen zerdrückt, ein andermal die ganze Besatzung von einer schweren Krankheit heimgesucht. Schließlich beauftragte Bering den Steuermann Semjon Tscheljuskin, mit Hundeschlitten vorzugehen. Nach einem gefährlichen Marsch bei Sturm und ständigem Schneetreiben erreichte der wagemutige Mann im Alleingang die nördlichste Landspitze Asiens, das nach ihm benannte *Kap Tscheljuskin*. Dies gelang im Mai 1742.

Ein Ende der Großen Nordischen Expedition war allerdings noch längst nicht abzusehen.

Andere Abteilungen zogen zur Laptewsee und zur Ostsibirischen See, wo sich überall unbekannte Gebiete befanden. Zahlreiche Inseln wurden im Verlauf dieser Fahrten erstmals gesichtet.

Die Große Nordische Expedition forderte ihre Opfer. Unglücksfälle und Krankheiten rafften viele Menschen dahin. Mehrere Schiffe versanken in den Fluten.

Sollte Vitus Bering aufgeben?

Er durfte und konnte es nicht, er wußte um die Größe seiner Aufgabe, er blieb zuversichtlich, daß sie trotz der Rückschläge zu bewältigen war. Mit zähem Fleiß und rastloser Energie leitete er das Riesenunternehmen, kümmerte sich um jedes Detail, richtete verzweifelte und mutlos gewordene Männer wieder auf. Doch die Entbehrungen und Anstrengungen zerrütteten auch seine Gesundheit und ließen ihn vor der Zeit altern. Dabei stand ihm der schwerste Teil noch bevor. Den entscheidenden Vorstoß, als Abschluß des Unternehmens gedacht, wollte er selbst mit einem kleinen Stab ausgesuchter Mitarbeiter führen.

Zu diesem Zweck begab er sich noch einmal zur Halbinsel Kamtschatka, kämpfte er sich wiederum durch Wälder, Steppen, Sümpfe. Wiederholt fielen Bären und Wölfe den Zug an. Oft blickten die Männer dem Tod ins Auge, wehrten sich mit letzter Kraft ihrer Haut.

Kaum am Ziel eingetroffen, gab Bering Befehl zum Bau zweier Schiffe, der „Sankt Peter" und der „Sankt Paul". Er setzte große Hoffnungen in sie.

Vor der Abfahrt sagte er: „Ich werde nicht zurückkehren, ohne Amerika gesehen oder betreten zu haben ... Ich werde klären, ob Amerika und Asien miteinander verbunden sind oder voneinander getrennt. Und bald werden wir genau wissen, an welchem Punkt im äußersten Nordosten Rußland zu Ende ist."

Gemäß der Landessitte sprach er ein Gebet und bestieg im Monat

Juni des Jahres 1741 sein Schiff „Sankt Peter". Die „Sankt Paul"
wurde von Kapitän Alexej Tschirikow befehligt. Die Fahrt verlief
ostwärts auf die zweitausend Kilometer entfernte Küste von Alaska
zu. Vierzehn Tage lang hielten sich beide Schiffe auf Sichtweite.
Nach Berings Plan sollte die Große Nordische Expedition von
ihnen gemeinsam abgeschlossen werden. Er hatte nicht den Ehrgeiz, allein auf einsamer Höhe zu stehen, nach seinen Erfahrungen
konnte ein derartiges Unternehmen nur als Gemeinschaftswerk gelingen.

Plötzlich brach ein furchtbarer Sturm los. Das Unwetter tobte drei
Tage lang und spielte mit den Schiffen Katze und Maus. Als es endlich abflaute, senkten sich dichte Nebelschwaden herab und raubten
den Seefahrern die Sicht. Die Schiffe wurden voneinander getrennt,
und es gelang den beiden Kapitänen trotz aller Anstrengungen
nicht mehr, Verbindung aufzunehmen.

Die „Sankt Paul" setzte die Reise fort und gelangte bis zur amerikanischen Küste. Unmittelbar vor Alaska ließ Kapitän Tschirikow
den Anker werfen. Zunächst wollte er selbst an Land gehen. Wegen
der anhaltenden Stürme beschloß er aber, an Bord zu bleiben. Das

Schiff mußte vor unliebsamen Überraschungen sicher sein. Ein Beiboot wurde zu Wasser gebracht und elf Matrosen als Kundschafter an die Küste geschickt. Ihr Befehl lautete, sich umzusehen und binnen vierundzwanzig Stunden wieder zurückzukehren.

Sie blieben aber aus.

Tschirikow wartete einige Tage, um danach einen Suchtrupp auszusenden. Doch auch er blieb verschwunden, und niemand konnte sagen, was den Männern zugestoßen sein mochte. Obendrein büßte der Kapitän sein zweites und letztes Beiboot ein. Wohl oder übel sah er sich genötigt, den Anker lichten zu lassen. Das ungewisse Schicksal der verschollenen Matrosen lastete schwer auf ihm. Nach wochenlanger Fahrt, oft am Rande einer Katastrophe, kehrte die „Sankt Paul" nach Kamtschatka zurück.

Und Kapitän-Kommandeur Vitus Bering?

Viele Wochen lang fuhr er die Küsten Alaskas entlang und entdeckte dabei eine Vielzahl von Inseln. Zum Beispiel die *Insel Kajak*. Auf der weiteren Reise erblickte Bering als erster den Vulkan *St. Elias*. Später gelangte man zu einem aus vielen kleinen Inseln bestehenden Archipel, den *Aleuten*, doch als sie passiert waren, kam unverhofft das böse Ende.

Die „Sankt Peter" geriet in einen Orkan, strandete und verlor mit einem Schlage ihre Seetüchtigkeit. Die Besatzung konnte sich retten. Die Männer betraten ein Eiland, das seitdem den Namen *Bering-Insel* trägt. Das wurde die Toteninsel der Großen Nordischen Expedition.

Tag und Nacht waren die Schiffbrüchigen Kälte und Stürmen ausgesetzt. Ein Teil der Besatzung hauste unter erbärmlichen Bedingungen in dem Wrack, andere fanden in einer elenden Hütte Unterschlupf, die sie aus Wrackteilen notdürftig gezimmert hatten. Am schlimmsten blieb jedoch der Hunger. Manchmal bildete Wurzelwerk die einzige Nahrung. Stellte sich Jagdglück ein, besserte sich die Lage vorübergehend. Das ständige Hungern zerstörte die Lebenskraft der meisten Besatzungsmitglieder. Sie starben dahin.

Kapitän-Kommandeur Vitus Bering litt an Skorbut und einer Unterleibsinfektion, die nicht geheilt werden konnte. Er verstarb am 8. Dezember 1741 auf der Insel.

Die wenigen Überlebenden, unter ihnen Steller, dem wir die Schilderung dieses Teils der Reise verdanken, trafen im Sommer 1742 in einem selbstgebauten Segelboot nach langer Irrfahrt wieder auf Kamtschatka ein. Dort wurden nun die Zelte abgebrochen. Die Große Nordische Expedition des Vitus Bering hatte ihre Ziele erreicht. Bis Ochotsk ging es per Schiff, danach zu Fuß durch die sibirischen Wälder, Sümpfe, Steppen und Flüsse. Unendlich schwer war dieser Heimweg, und er kostete noch manchen Teilnehmern das Leben.

Die verschiedenen Ergebnisse der Großen Nordischen Expedition hielten zahlreiche Protokolle, Berichte, Land- und Seekarten fest und wurden nun in Petersburg vorgelegt. Weil der nördliche Seeweg Rußlands, also Barents-, Kara-, Laptew- und Ostsibirische See, offenbar wegen der schwierigen Eisverhältnisse nicht befahrbar war, zeigte die zaristische Admiralität an den neuen Inseln, Buchten, Vorgebirgen und Flußmündungen, die man im Verlauf der abenteuerlichen Expedition entdeckt hatte, wenig Interesse.

Hingegen machten sich die Gelehrten der Akademie der Wissenschaften ziemlich rasch an die Auswertung. Ein Teil der von Vitus Bering und seinen Mitarbeitern gewonnenen Erkenntnisse floß bereits im Jahre 1745 in das von der Akademie veröffentlichte umfängliche Kartenwerk „Atlas des Russischen Reiches" ein.

12. KAPITEL

Erst nach vier Jahren gerettet

*1829 fuhr der Engländer James Clarke Ross
mit seinem Onkel John Ross
in die Arktis und entdeckte 1831 den magnetischen Nordpol*

Zu Beginn des 19. Jahrhunderts, besonders seit dem 21. Oktober 1805, jenem Tage, da in der Schlacht von Trafalgar Napoleons Kriegsflotte von den Geschwadern des Admirals Horatio Nelson auf den Meeresgrund geschickt wurde, hatte England auf den Ozeanen keinen ernsthaften Konkurrenten mehr. So konnten sich die maßgeblichen Leute in London auf ein Ziel konzentrieren, das ihnen schon seit längerem vorschwebte: England, so meinten sie, müsse die führende Nation der Erde werden. Die größte Kolonialmacht war es ohnedies schon längst.

Der technische Fortschritt auf verschiedenen Gebieten begünstigte die expansiven Bestrebungen der besitzenden Schichten Englands. Zum Beispiel konstruierte James Watt eine Dampfmaschine, deren Einführung in Fabriken und Werkstätten zu einer Revolutionierung des industriellen Geschehens führte. Seit 1802 baute man in England auch schon vereinzelt Dampfschiffe. Infolge ihrer geringen Maschinenleistung konnten sie jedoch nur Binnengewässer befahren.

Für die englischen Industriellen, Großkaufleute, Bankiers und Spekulanten aller Art schien das Goldene Zeitalter angebrochen zu sein. Wer über einiges Kapital verfügte, geschäftstüchtig und flexibel war, konnte bald zu großem Reichtum gelangen.

Dennoch, so richtig glücklich und zufrieden fühlten sich die hohen Herren in London nicht. Die Wege zu den reichen fernen Ländern waren entschieden zu lang. So eine Reise dauerte in der Regel viele Monate, oft ein ganzes Jahr.

Kurz, wieder einmal rückte eine ganz bestimmte Frage ins Zentrum der Aufmerksamkeit: Gab es einen kürzeren, einen nördlichen Seeweg nach Indien und China, in den Pazifischen Ozean oder vielleicht gar direkt über den Nordpol oder quer durch den nordwestlichen Teil der Arktis?

Vor allem Sir John Barrow kam von diesem Gedanken nicht los. Das verwunderte nicht. Dieser Gentleman – am 19. Juni 1764 in Dragley Beck geboren – hatte in jüngeren Jahren China und das südliche Afrika bereist und darüber mehrere Bücher geschrieben. Große Bedeutung erlangte eine von ihm verfaßte Geschichte über die bisherigen Reisen in die Arktis, in der er Grundsätze für die künftige Forschungsarbeit in diesen Regionen aufstellte. Nun arbeitete er als Sekretär der britischen Admiralität. Er und einige Leute der späteren, 1830 offiziell gegründeten Geographischen Gesellschaft saßen fast täglich über Karten gebeugt, studierten und rechneten.

Barrow, ein weitsichtiger Mann, meinte, daß Englands Industrie in den folgenden Jahren und Jahrzehnten noch weiterwachsen würde und ebendeshalb Rohstoffe brauchte, die in den Kolonien lagerten. Das war einer der Gründe, warum England die Nordwestdurchfahrt dringend brauchte.

Die Admiralität setzte für die Auffindung des nördlichen Seeweges eine Belohnung fest von umgerechnet einer Million Mark.

An Bewerbern mangelte es nicht. Abenteurer, Glücksritter, auch etliche ernsthafte Leute, denen allerdings die erforderliche Erfahrung fehlte. Aber schließlich meldete sich jemand, der der Richtige zu sein schien, nämlich Kapitän John Ross, geboren 24. Juni 1777 in Inch Schottland und soeben von einer Indienreise zurückgekehrt. Hochgewachsen war er, kräftig und diszipliniert. John Ross, der sich in der Seeschlacht von Trafalgar glänzend geschlagen hatte, galt als einer der besten Kapitäne Englands.

„Ross wird es schaffen", äußerte sich Lord Barrow.

Den nördlichen Seeweg nach Indien zu suchen – diese Aufgabe entsprach dem Ehrgeiz des Kapitäns. Die Admiralität zeigte sich großzügig und bewilligte für das Unternehmen viel Geld. Ross bekam zwei ausgezeichnete Schiffe, „Isabella", die er selbst befehligte, und „Alexander", dessen Kommando man dem Marineoffizier William Edward Parry übertrug. Parry, bereits achtundvierzig Jahre alt, kannte sich in den arktischen Gewässern gut aus. Am liebsten hätte er wohl selbst die Leitung der Expedition übernommen.

Im Frühjahr 1818 fand im Londoner Hafen die Verabschiedung statt. Lord Barrow hielt eine kurze Ansprache und gab jedem Expeditionsteilnehmer die Hand.

Die Winde waren günstig. Die Fahrt verlief zunächst ohne unangenehme Überraschungen. Bald hatte man Island und Grönland passiert und konnte später in die Davisstraße einbiegen. Ross durchquerte die Baffinbucht, denn er wollte so weit wie möglich nach Norden vorstoßen. So gelangte er schließlich bis zum Smithsund. Vor diesem Sund hatte seinerzeit William Baffin kehrtmachen müssen. Auch Kapitän John Ross erging es jetzt so. Der Smithsund glich einem Festungswall aus Packeis und ließ kein Schiff hindurch. Diese rätselhafte Welt, in der es nur Schnee und Eis gab, schien ihre Geheimnisse für sich behalten zu wollen.

„Niemals wird es gelingen, diese Straße, die wahrscheinlich direkt zum Nordpol führt, zu befahren", schrieb der Kapitän enttäuscht in sein Tagebuch.

Zur Rechten, man befand sich oberhalb des 78. Breitengrades, lag der Norden Grönlands. Dort ging John Ross mit wenigen Begleitern an Land. Eine trostlose, völlig vereiste Landschaft in tiefster Einsamkeit. In dieser Gegend tobten gewöhnlich schwere Stürme.

Grönland, die größte Insel der Welt, hat eine Gesamtfläche von mehr als 2 Millionen Quadratkilometern. Nur Teile der Küstenregionen sind für die Besiedlung geeignet. Das übrige Land ist von ewigem Eis bedeckt, dessen Dicke bis zu 3000 Metern beträgt. Der Sommer dauert auf Grönland höchstens vier Monate und hat eine Durchschnittstemperatur von 3 bis 10 Grad Celsius über Null, im Winter indes zwischen minus 7 und 34 Grad Celsius. Im Norden der Insel betragen die Temperaturen zu bestimmten Zeiten nicht selten 50 Minusgrade.

Im Jahre 870 wollte der normannische Häuptling Gumbjörn nordwestlich von Island, aber in sehr großer Entfernung, eine Küste gesehen haben. Seit dieser Zeit glaubten manche Leute, daß dort bewohnbares Land läge. Klarheit schaffte erst ein auf Island lebender Normanne namens Eirik Rauda, den man schließlich wegen seiner zahlreichen Missetaten des Landes verwies und der sich eine neue Heimat suchen mußte. 982 segelte er mit Frau und Kind sowie einer kleinen Schar von Auswanderern nach Norden und wurde zum Entdecker Grönlands. Damit begann die Besiedlung dieser schnee- und eisbedeckten Insel, und zwar vorwiegend in ihren südwestlichen Gebieten.

Im Laufe der Jahrhunderte siedelten sich immer mehr Menschen in Südwestgrönland an. Schließlich lebten dort etwa zehntausend Einwohner. Auf das Eintreffen der Geistlichkeit brauchte nicht lange gewartet zu werden. Priester und Mönche errichteten in der folgenden Zeit fünfzehn Kirchen und drei Klöster. In der kleinen Ortschaft Gardar wurde sogar ein Bischofssitz eröffnet.

Im 14. Jahrhundert kam dann die Katastrophe. In Europa wütete die Pest und raffte Hunderttausende dahin. Einwanderer brachten diese heimtückische Krankheit auch nach Grönland, und bald setzte das Massensterben ein. Ansiedlungen und Höfe verwaisten. Orkane, Schneestürme und nicht zuletzt die Kälte setzten das Vernichtungswerk fort. Wahrscheinlich hatte niemand die Katastrophe überlebt. Jedenfalls wurde nichts darüber bekannt. Die gelegentlichen Berichte von Seeleuten waren unpräzise und voller Widersprüche. Sie bezogen sich hauptsächlich auf Kälte, Schneestürme, Eskimos und furchtbare Erlebnisse mit Eisbären.

Kapitän John Ross und seine Männer waren eine Weile landeinwärts marschiert, da kamen ihnen plötzlich in Felle gehüllte, gesund und fröhlich aussehende Menschen entgegen. Es handelte sich um die nördlichsten Bewohner der Erde, um die Eskimos. Nachdem sie sich davon überzeugt hatten, daß die Fremdlinge offenbar mit friedlichen Absichten gekommen waren und nicht danach trachteten, ihre Vorräte an Bärenfleisch und Robbenspeck zu stehlen, zeigten sie sich zur Begründung eines Freundschaftsbundes bereit.

Für Ross und seine Begleiter sollte das lebensrettend sein. Plötzlich brach ein Schneesturm los, vor dem es kein Entrinnen zu geben schien. Für den Rückmarsch zum Schiff war es zu spät. Man wäre unterwegs umgekommen. So wurden die Fremden eingeladen, das Ende des Unwetters in den Iglus abzuwarten.

Tagelang genoß Ross die Gastfreundschaft der Eskimos, studierte ihre zwar recht ungebundene, aber auch harte Art zu leben, machte sich viele Notizen. Den in den Iglus herrschenden Eßgewohnheiten konnte er allerdings keinen Geschmack abgewinnen. Er brachte es nicht über sich, eine rohe, halbgefrorene Bärenkeule zu vertilgen oder Robbenspeck ebenfalls roh zu genießen.

„Hier im hohen Norden kommen wir nicht weiter", stellte John Ross in seinen Aufzeichnungen fest. „Über den Nordpol, das kann endgültig gesagt werden, und in diesem Punkt hatte Henry Hudson absolut recht gehabt, führt kein Weg nach Asien. Wir wollen es weiter südlich versuchen."

Er steuerte nun das kanadische Inselgewirr an, hoffte, dort das Tor zur Durchfahrt in den Pazifik zu finden. Diese Annahme war gerechtfertigt. Ross hatte nämlich die inzwischen zum Teil veröffentlichten Berichte der Großen Nordischen Expedition von Vitus Bering studiert und rechnete sich aus, daß man wahrscheinlich zur Beringstraße gelangen mußte, um die Wasser des Pazifischen Ozeans unter den Kiel zu bekommen. Aber wo befand sich der Weg für ein Schiff dorthin? Gab es ihn überhaupt von der Baffinbucht aus?

Ross versuchte es, indem er in den Lancastersund einbog. Diese breite Wasserstraße nördlich von Baffinland war schon vor längerer Zeit entdeckt, jedoch nur auf ganz kurzen Strecken befahren worden. Männer wie Davis, Baffin sowie der Geophysiker und Seefahrer Edward Sabine hatten den Eisverhältnissen nicht getraut und befürchtet, eingeschlossen zu werden. Derartige Ängste bedrückten John Ross nicht, da der Sund um diese Zeit einigermaßen eisfrei blieb, man befand sich im arktischen Sommer. Nicht zuletzt deshalb verlief die Fahrt relativ störungsfrei.

Doch dann tat sich ein Hindernis anderer Art auf. Der Kapitän glaubte dies wenigstens.

Schloß ein Gebirge den Lancastersund ab? Da bislang kein Mensch so weit vorgedrungen war, nahm Kapitän John Ross für sich das Recht in Anspruch, dem Gebirge einen Namen zu geben.

„Das sind die *Crokerberge*", verkündete er. Ein gewisser Sir Croker gehörte zu den liebsten Verwandten der Familie Ross. Nun wurde er auf diese seltsame Weise geehrt. Er sollte allerdings keine Freude daran haben.

William Edward Parry widersprach dem Kapitän. „Sir", sagte er, „wir sollten uns nicht täuschen lassen. Was dort so grandios und majestätisch wie ein Gebirge aussieht, dürfte nichts anderes als eine Nebelbank sein, die sich quer über den Sund gelegt hat. Ich bin überzeugt, die Crokerberge werden sich in ein Nichts auflösen."

Ross ließ nicht mit sich reden, er brauste auf. „Wollen Sie mir unterstellen, ich könnte ein Gebirge nicht von einer Nebelwand unterscheiden? Ich sehe, was ich sehe", beharrte der Kapitän. „Vor uns liegen die Crokerberge. Wir kommen nicht weiter." Nein, er ließ nicht mit sich reden. Diese Halsstarrigkeit paßte eigentlich nicht zu ihm.

Dann machte Ross ein ernstes Gesicht. „Wir werden es im nächsten Jahr noch einmal probieren und die Durchfahrt woanders suchen. Für diesmal sollten wir abbrechen. In einigen Wochen beginnt die Polarnacht, und die würden wir nicht überleben. Wir segeln nach London zurück."

Parry sah den Kapitän fassungslos an. Für ihn stand fest, daß man nahe am Ziel und es daher nicht zu verantworten sei, jetzt schon aufzugeben.

Das bisher so gute Einvernehmen zwischen den beiden Männern war nach dieser Aussprache vorbei.

Später, inzwischen kam der November heran, wurden die Differenzen zwischen Kapitän Ross und Leutnant Parry in den Räumen der Admiralität offen ausgetragen.

Parry bestand darauf, die Crokerberge nicht erblickt zu haben. Beschwörend sagte er: „Wir sind der Nordwestdurchfahrt auf der Spur. Wenn es gelingt, durch den Lancastersund in die Beaufortsee zu gelangen und danach die Beringstraße zu erreichen, wird das Rätsel des nördlichen Seeweges nach Ostasien ein für allemal gelöst sein."

Ross tobte, verbat sich, von einem Untergebenen lächerlich gemacht zu werden.

Parry setzte sich aber durch. Er wurde zum Kapitän befördert, erhielt ein Schiff und den Auftrag, Klarheit über die Verhältnisse im Lancastersund zu schaffen. Für den Fall, daß er wenigstens die Beaufortsee erreichte, stellte man ihm eine Prämie von fünftausend Pfund Sterling in Aussicht.

Lord Barrow wünschte freilich nicht, daß man Kapitän Ross demütigte. Aus diesem Grunde ließ er ihm für die Auffindung der *Etah-Eskimos* – so wurden die nördlichsten Erdenbewohner jetzt offiziell genannt – eine Belohnung von tausend Pfund auszahlen. Am liebsten hätte Ross darauf verzichtet, denn wegen der Crokerberge hegte er einen tiefen Groll in seinem Herzen.

Parry stach bereits im Mai 1819 erneut in See. Auf die Reise nahm er einen hoffnungsvollen jungen Seemann mit, der später einmal zu den ganz Großen der Polarforschung zählen sollte: James Clarke Ross, den Neffen von John Ross.

Parry durchquerte den gesamten Lancastersund, entdeckte dabei zahlreiche Inseln, auch eine Straße, die er respektvoll nach Lord Barrow benannte. Bald darauf stieß er mit Bravour und Glück bis zur Melvillebucht hart an der Beaufortsee vor. Weiter kam er nicht. Mächtige Eisbarrieren wiesen ihn zurück. Immerhin, die von der Admiralität ausgesetzte Belohnung hatte er sich damit verdient.

Die Crokerberge waren übrigens spurlos verschwunden. Es gab sie nicht. John Ross hatte sich tatsächlich von einer Nebelbank täuschen lassen. Er hatte, denn die Mitwelt zeigte sich mitunter grausam und gehässig, sein Ansehen vorläufig verspielt. Er bekam kein Schiff und kein Kommando mehr, sosehr er sich auch darum bemühte. Betrat er gelegentlich den Klub der Admiralität, steckten die ehrenwerten Lords und Gentlemen die Köpfe zusammen und tuschelten: „Die Crokerberge!"

Über den Irrtum eines verdienstvollen Mannes kann eben jeder Witze machen!

Der nördliche Seeweg nach Asien wurde nicht gefunden. Und dabei durfte Parry, der Held, noch eine weitere Reise in die Arktis unternehmen. Aber das Eis drängte ihn frühzeitig zurück und ließ eins seiner beiden Schiffe, nämlich die „Fury", bersten. Nachdem Parry ein größeres Lebensmitteldepot zurückgelassen hatte, trat er bald darauf die Heimreise an. Sein Wiederauftauchen in London mit einer nervlich zerrütteten Mannschaft und einem zerbeulten Schiff gestaltete sich zu einem betrüblichen Ereignis. Auch Parry geriet in die Schußlinie der Spötter, an denen es auf dieser Erde bekanntlich nie mangelte.

Unterdessen verfluchte John Ross den Müßiggang, zu dem er schon seit zehn Jahren verdammt war. Das Fiasko wegen der Crokerberge brannte noch immer wie eine Wunde, die nicht vernarben wollte. Er sann auf Rache und Rehabilitierung, wollte zeigen, was in ihm steckte. Und er glaubte endlich zu wissen, wie die Nordwestdurchfahrt zu finden wäre.

„Man fährt durch den Lancastersund", erläuterte er im engsten

Freundeskreis, „und biegt später nach Süden ab, schlängelt sich bis zur kanadischen Küste durch. Von dort aus geht es geradewegs zur Beringstraße. Ein paar Tage darauf erreicht man den Pazifik. Ich habe alle Karten studiert. Ja, so muß es gemacht werden."

So einfach sollte das sein?

Lord Barrow erteilte Ross eine Absage, er war nicht bereit, ihm noch einmal Schiff und Mannschaft zu geben. Noch zugeknöpfter zeigten sich die maßgeblichen Reeder Londons. Sie wußten, daß John Ross mittlerweile sechzig Jahre alt geworden war. Auf ihren Gesichtern standen Spott und Hohn, als Ross seinen Plan erläuterte. Nur Phantasten, Verrückte oder Selbstmörder, dachten sie, lassen sich in so einem Alter auf eine Reise in die Arktis ein.

Mit vorgetäuschter Höflichkeit erwiderten sie: „Kapitän, wir bedauern sehr. Für ein solches Unternehmen haben wir derzeit kein Geld."

Am Ende bekam Ross doch seine Expedition.

Sein langjähriger Freund Felix Booth, schwerreich und Herr über die größten Schnapsfabriken Europas, schenkte ihm 17 000 Pfund Sterling. Aus purer Nächstenliebe oder um der britischen Nation einen Dienst zu erweisen, tat Booth dies allerdings nicht. Er stellte die Bedingung, eine auf der geplanten Reise entdeckte Insel oder ein anderes Gebiet mit seinem Namen zu versehen. Eine Felix-Booth-Insel oder ein Booth-Meer wären nicht schlecht als Geschäftsreklame. Seiner persönlich empfundenen Wichtigkeit und Eitelkeit wäre außerdem Genüge getan.

Ross gab dieses Versprechen. Er hatte keine andere Wahl, er brauchte Geld.

17 000 Pfund Sterling mochten eine respektable Summe sein, zur Finanzierung einer größeren Expedition reichten sie jedoch kaum aus. Ross mußte daher mit jedem Penny rechnen. Gut die Hälfte des Geldes verbrauchte der Kauf eines Schiffes, eines altgedienten Seglers, der „Victory" hieß und eine phantastische Neuerung aufwies, er war mit einer Dampfmaschine ausgerüstet. Ross versprach sich viel von ihr. „Diese Maschine", prophezeite er, „bringt mich bis ans Ende der Welt."

Die Besatzung, zweiundzwanzig Matrosen und Offiziere, wählte er mit Sorgfalt aus. Die Männer mußten nicht nur gesund sein, sondern auch aufgeweckt und mutig, fähig, selbst in schwierigen Situationen einen kühlen Kopf zu behalten. John Ross, so zuversichtlich er auch immer war, wußte, daß er sich auf eine Fahrt voller Risiken begab. Zu seinem Stellvertreter ernannte er den Neffen James Clarke Ross. John Ross ging von der Annahme aus, daß er tausend Tage unterwegs sein werde, und für diesen Zeitraum nahm er Proviant mit. Notfalls gab es eine Reserve. Parry, mit dem er sich wieder bestens vertrug, erläuterte, wo er vor Jahren sein Lebensmittellager zurückgelassen hatte.

Die Abreise erfolgte im Mai 1829 bei schönstem Sonnenschein. Zur Verabschiedung erschienen diesmal keine offiziellen Vertreter. Der Erfinder der Crokerberge reiste schließlich privat. Nur Fabrikant Felix Booth ließ sich mit seiner ganzen Familie und einer größeren Anzahl von Verwandten sehen. Händeschütteln, Schulterklopfen, allezeit gute Fahrt und eine glückliche Heimkehr – gleich darauf dampfte die „Victory" ab.

Man befand sich noch auf der Themse, als es den ersten Ärger gab. Die Dampfmaschine streikte. Mit einiger Mühe konnte sie repariert werden. In Höhe der Shetlandinseln kam es im Maschinenraum zu einer Explosion. Das technische Wunderding, das Ross angeblich bis an das Ende der Welt bringen konnte, flog auseinander. Feuer brach aus. Der Maschinenmeister erlitt eine gefährliche Verletzung und mußte von einem vorbeifahrenden Segler nach London ins Hospital gebracht werden.

Die Reise schien unglücklich verlaufen zu wollen.

Gottlob, das war nur am Anfang so. In den nächsten Wochen traten neue Probleme nicht auf. Nach dem Ausfall der Maschine war man wie zur guten alten Seefahrerzeit wieder auf Wind und Segel angewiesen. Und damit ging es flott vorwärts.

Beim Einbiegen in den Lancastersund leuchtete die Sonne. Der Sund, vom Eise befreit, erlaubte eine ungehinderte Durchfahrt. Kurz vor der Position, an der er seinerzeit die Crokerberge gesichtet haben wollte – wie hätte er diese Stelle je vergessen können! –, ließ John Ross nach Süden abdrehen. Dort befand sich die von Parry entdeckte Prinzregentenstraße (Prince Regent Inlet). Nach etlichen Meilen wurde eine Ruhepause eingelegt.

Eine wichtige, von allen lebhaft begrüßte Aktion bestand darin, sich der Reste der Dampfmaschine zu entledigen. Man brachte sie an Land, wo sie sich möglicherweise noch heute befindet, als ein Zeugnis technischer Unvollkommenheit inmitten einer Wüste aus ewigem Eis.

Ein Kommando mit John Ross und seinem Neffen James Clarke Ross an der Spitze begab sich auf die Suche nach der von Kapitän Parry zurückgelassenen Speisekammer und fand sie auch. Auf den ersten Blick sah es allerdings trübe aus, denn diesen einsamen Selbstbedienungsladen hatten bereits andere Gäste aufgesucht: Eisbären. Glücklicherweise waren sie an das Gros der Lebensmittel nicht herangekommen. So konnten jetzt ganze Berge von Konservenbüchsen mit Fleisch, Butter, Obst und Gemüse geborgen wer-

211

den, auch Brot, Mehl, Zucker, Petroleum und Zündhölzer, dies alles in bestem Zustand. So ein Eiskeller funktioniert wie eine ordentliche Tiefkühltruhe.

Vom Schicksal reich beschenkt und frohen Mutes, setzten die Männer der „Victory" ihre Fahrt fort. Sie segelten nun in ein Gebiet hinein, das vor ihnen kein Mensch gesehen und je betreten hatte. Ein wildes, in Eis erstarrtes Land mit schneebedeckten Gipfeln. Ross, obwohl er auf ein bis zwei Überwinterungen vorbereitet war, hoffte, daß der schmale Sund, durch den man gerade fuhr, noch eine Weile eisfrei bleiben würde.

Vor ihm lag eine Halbinsel. Ross ließ sofort festmachen, ging an Land und erfüllte dort eine erste Verpflichtung, indem er dieses Stück Erde *Boothia-Halbinsel* taufte. Ein Schnapsbrenner wurde unsterblich.

In den folgenden Tagen segelte die „Victory" die Küste entlang, deren exakte Erkundung einem späteren Zeitpunkt vorbehalten sein sollte, denn es kam anders. Orkane und sich auftürmendes Eis läuteten den arktischen Winter ein. John Ross ließ die Weiterfahrt sofort abbrechen und das Schiff vor Anker gehen. Die kleine Bucht, in der die „Victory" nun festmachte, ließ Ross als *Felix-Hafen* in die Karten eintragen. Eine weitere Verbeugung vor dem Wohltäter im fernen London. Dies geschah in der letzten Septemberwoche des Jahres 1829.

Ross zeigte sich als kluger Expeditionsleiter. Er kümmerte sich darum, daß seine Männer während der langen Wintermonate nicht untätig blieben und auf diese Weise trübselig wurden. Ein strenges Reglement für Wach- und Ordnungsdienste garantierte einen geregelten Tagesablauf. Jeder hatte seine Pflichten und war beschäftigt. Die Matrosen, kräftige und aufgeweckte Burschen, fühlten sich wohl. Nur einige murrten manchmal, taten dies freilich heimlich, wenn der Kapitän nichts hören konnte. Der Grund ihrer Unzufriedenheit: An Bord befand sich in ausreichender Menge Branntwein, ein Geschenk von Felix Booth. Während der Fahrt nach getaner Arbeit hatte Ross gelegentlich etwas ausschenken lassen. Damit war es jetzt vorbei, für die Zeit des Winters galt strenges Alkoholverbot.

Damit glaubte er, das Thema aus der Welt geschafft zu haben. Es kam aber noch einmal zur Sprache, als man nämlich zwei Besatzungsmitglieder sinnlos betrunken auffand. Nach ihrer Ausnüchterung ließ Ross die Schnapsdiebe für einen Monat unter Deck sperren.

Sobald die Witterungsverhältnisse es erlaubten, begann John Ross mit der Erforschung der Halbinsel Boothia. Sie war erheblich größer als ursprünglich angenommen, an ihren Küsten gab es zahlreiche Buchten. Mit dem Erscheinen von Ureinwohnern konnte man nicht rechnen. Nach bisherigen Erkenntnissen lebten Eskimos ausschließlich auf Grönland und in einzelnen Gebieten Alaskas. Wie hätten sie auch in dieses Gewirr von Inseln gelangen sollen? Zwischen Grönland und diesem großen Archipel lag die mehrere hundert Kilometer breite Baffinbucht.

Indes, auf der Boothia-Halbinsel lebten Menschen!

John Ross war mit einigen Matrosen auf einem Erkundungsgang. Plötzlich sah er sich mehreren Eskimos gegenüber, die, mit Speeren und langen Spießen bewaffnet, eine Haltung demonstrierten, die nichts Gutes verhieß. Würde es zu einem Kampf kommen?

„Legt die Gewehre weg", befahl John Ross seinen Begleitern.

Dann ging er furchtlos und mit ausgebreiteten Armen auf die Eskimos zu. Und diese begriffen sofort, daß von den Fremden keine Gefahr drohte. Sie legten ebenfalls ihre Waffen nieder. Natürlich gab es Sprachschwierigkeiten, man verstand einander nicht. Die Begrüßung verlief dennoch herzlich.

„Es ist mir offenbar bestimmt, immer wieder einen Eskimostamm zu entdecken", sagte Ross. Und dann lachte er die Ureinwohner an. „Ich könnte euch ‚Felix-Booth-Eskimos‘ nennen. Diesen Schimpf will ich euch aber ersparen. Ihr sollt nicht mit einem Schnapsbrenner in Verbindung gebracht werden."

Die Eskimos verstanden kein Wort. Weil dieser Mensch aber so herzhaft lachte, lachten sie eben mit.

Die Entdeckung der *amerikanischen Eskimos* – so wurde dieses kleine Volk später genannt – war ein beachtliches Ereignis. Man schloß einen Freundschaftsbund und erfüllte ihn sogleich mit Leben: Der ganze Stamm zog nämlich mit Sack und Pack zur „Victory", und der Felix-Hafen entwickelte sich rasch zu einer Eskimosiedlung mit vielen Iglus, lautem Kindergeschrei, mit Trubel und Geschäftigkeit. Die Eskimos ließen die Fremden großzügig von ihren angestammten Jagdgründen profitieren, lieferten Bärenfleisch und herrliche Fische, die sie aus einem nahen Fluß holten, nachdem sie vorher das Eis aufgeschlagen hatten. Der Handel erstreckte sich nicht nur auf Lebensmittel, sondern auch auf Felle und Pelze, ebenso Schmuck aus Rentier- und Bärenknochen.

John Ross war kein Betrüger. Deshalb drehte er seinen Handelspartnern für ihre gute Ware weder Glasperlen noch anderen Tand an, sondern gab ihnen Dinge, die sie tatsächlich gebrauchen konnten: Messer, Werkzeuge, Segeltuch und Leder.

Zwischen den Eskimos und den „Victory"-Leuten auf Boothia herrschte gutes Einvernehmen. Man lebte in Frieden und Freundschaft miteinander, half sich gegenseitig, ertrug gemeinsam die Tükken dieses strengen arktischen Winters mit der Polarnacht.

Doch dann bahnte sich eine Katastrophe an.

Mehrere Eskimomänner betraten wutentbrannt das Schiff, verlangten den Kapitän zu sprechen. Sie trugen ihre Waffen bei sich, sahen aus, als wollten sie sich gleich auf die Fremden stürzen. Immer mehr Eskimos kamen in die unmittelbare Nähe des Schiffes, darunter auch Frauen und Kinder. Ihre Blicke verrieten Bestürzung und Feindseligkeit.

Ross wußte nicht gleich, was die sonst so liebenswürdigen Menschen in derartigen Zorn versetzt haben mochte. Als er es begriff, erbleichte er. Etwas Unglaubliches war vorgefallen. Einer seiner Matrosen hatte eine Eskimofrau vergewaltigt.

Bei den Eskimos herrschten strenge Moralgesetze. Sie liebten und achteten ihre Frauen. Sie durften also nicht zulassen, daß ihnen derartige Schande angetan wurde.

Ross mußte handeln, er konnte sich auf Feindschaft mit den Ureinwohnern nicht einlassen. Zudem war er selbst empört über den Zwischenfall. Er ließ den Missetäter in Gegenwart der beleidigten Innuit verprügeln und anschließend in Ketten legen.

„In England kommt er an den Galgen", versprach er. Damit war der Friede auf Boothia wiederhergestellt.

Und das mußte auch sein, denn diese Überwinterung stellte die Engländer vor schwerste Belastungsproben. Sie zog sich in die Länge. Nach einem Jahr saß man noch immer fest. Erst Anfang Oktober 1830 öffnete sich das Eis.

Ross gab das Signal zur Weiterreise. Nach wenigen Meilen mußte sie aber schon wieder als beendet gelten. Ohne Übergang hielt der nächste arktische Winter seinen Einzug. Keine zwei Tage hatte auf Boothia der Sommer gedauert.

„Ob wir in eine Falle geraten sind, aus der wir nicht wieder herauskommen?" fragte der Kapitän besorgt.

Eine Antwort erhielt er nicht. Gleichviel, die „Victory" mußte erneut vor Anker gehen. Vielleicht hatte man im kommenden Jahr mehr Glück, gelangte in den Pazifik oder wenigstens nach Hause. Die Nahrungsmittel der Expedition reichten einstweilen. Die freundlichen Eskimos, die sich auch bald wieder einfanden, würden zur Not mit Bärenfleisch und Fischen aushelfen. Den neuen Lagerplatz nannte John Ross *Sheriff-Hafen*. Natürlich hatte er nicht die Absicht, Trübsal zu blasen und untätig auf das nächste Jahr zu warten. Er wollte aus dem Zwangsaufenthalt das Beste machen. Schließlich befand man sich in einer unbekannten Gegend.

Hier nun war es vor allem James Clarke Ross, der Neffe des Kapitäns, der sich auf mehreren Gebieten Verdienste erwarb, die bis auf den heutigen Tag gültig sind. Gemeint ist besonders jene universelle Entdeckung, die in geographischer, mehr noch in geophysikalischer Hinsicht fundamentale Bedeutung besitzt.

Schon seit längerem existierte eine Theorie, wonach es im nördlichen Zentrum des Erdmagnetismus einen Punkt geben sollte, an dem alle Magnetlinien der nördlichen Halbkugel zusammenlaufen. Mit diesem Problem hatte sich auch Kapitän Parry schon befaßt und die Vermutung geäußert, daß der Magnetpol auf 70 Grad Nord und auf 98 Grad 30 Minuten West liegen müsse. Den Beweis konnte er nicht antreten, weil er seinerzeit bis zu diesem Punkt nicht gekommen war.

Am 27. Mai 1831, bei eisigem Sturm und strengem Frost, verließ James Clarke Ross in Begleitung einiger Eskimos und Matrosen die „Victory", um die Westküste der Halbinsel Boothia in näheren Augenschein zu nehmen und ihren Verlauf zu erkunden. Zugleich wollte er den Magnetpol finden. Deshalb nahm er außer seinem Kompaß ein Chronometer und mehrere aufhängbare Magnetnadeln mit.

„Wir müssen aber sehr vorsichtig sein", mahnte er, „denn der Magnetpol soll ein gewaltiger Berg sein, der jeden Eisensplitter mit elementarer Wucht an sich reißt."

Zunächst geschah nichts dergleichen.

Nach fünf Tagen bemerkte Ross, daß die Magnetnadel seines Kompasses ungewöhnliche Reaktionen zeigte. Befand man sich bereits in der Nähe des gesuchten Pols? James Clarke Ross ließ sofort ein Lager aufschlagen und begann augenblicklich mit der Arbeit. Hier bei Kap Adelaide sollte sich dann auch alles entscheiden. Gegen Mitternacht fühlte sich Ross am Ziel seiner Wünsche. In einem ausführlichen Bericht an die Royal Society schrieb er dazu:

„Der Platz unseres Observatoriums befand sich so nahe am Magnetpol wie möglich. Meine Inklinationsnadel erreichte 89°59', wich also um eine Bogenminute von der Vertikalen ab. Daß wir am Pol oder in seiner unmittelbaren Nähe standen, wurde auch dadurch bestätigt, daß alle horizontal aufgehängten Magnetnadeln, die ich besaß, völlig inaktiv blieben. Auch wenn sie auf das sorgfältigste aufgehängt waren, standen sie in ihrer jeweiligen Lage unbeweglich."

Mit anderen Worten, James Clarke Ross hatte den nördlichen Magnetpol praktisch unter seinen Füßen. Und sofort bestimmte er seine geographische Lage: 70°5'17" nördlicher Breite, 96°46'45" westlicher Länge. Eine Jahrhundertleistung!

Anschließend setzte der junge Ross die Erforschung der Boothia-

Halbinsel fort. Die von ihm angefertigten Karten zeichneten sich durch größte Genauigkeit aus. Sie bereicherten das Wissen um einen bislang unerforschten Teil der Erde. Am 19. Juni 1831 kehrte James Clark Ross erschöpft, aber glücklich und zufrieden zum Schiff zurück.

Kurz darauf war für die Expeditionsteilnehmer der zweite arktische Winter vorbei. Das Eis geriet mit gewaltigem Getöse in Bewegung und gab die „Victory" frei. John Ross ordnete die sofortige Abreise an. Wieder nahm man von den freundlichen Eskimos Abschied, diesmal freilich kurz und bündig. Die Engländer hatten es sehr eilig.

Doch schon erlebten sie eine neue Überraschung.

Die Gegend rund um die Boothia-Halbinsel wurde von einem entsetzlichen Unwetter heimgesucht. Es begann mit Schneetreiben, nachher lösten mehrere Orkane einander ab. Das ging tagelang so. John Ross mußte froh sein, im letzten Augenblick eine schützende Bucht ausfindig gemacht zu haben. Als sich die Orkane gelegt hatten, war an die geplante Heimreise trotzdem nicht zu denken, und dies aus einem ganz einfachen Grunde: Der neue arktische Winter begann.

Der Ankerplatz, der den Namen *Victory-Hafen* erhielt, fror binnen weniger Stunden zu.

„Hier kommt keine Maus mehr heraus", sagte John Ross deprimiert.

Er stellte sich vor, daß diese dritte Überwinterung schrecklich sein würde. Innerhalb der Mannschaft breitete sich Hoffnungslosigkeit aus. Einige Matrosen sprachen von ihrer Angst, hier sterben zu müssen. Die beiden vorausgegangenen Winter mit ihren ständigen schweren Stürmen und der niemals nachlassenden Kälte hatten an ihren Kräften gezehrt. Die nunmehrige dritte Polarnacht, die sie erlebten, führte bei den meisten Männern zu einem rapiden Kräfteverfall. Krankheiten traten auf, auch mehrten sich Fälle von Depressionen und erhöhter Reizbarkeit. Einige Male kam es sogar zu Schlägereien. Der Kapitän hatte Mühe, die Disziplin, auf die es jetzt besonders ankam, aufrechtzuerhalten. Wissenschaftliche Arbeiten mußten eingeschränkt werden.

James Clarke Ross begann mit der Auswertung seiner Entdeckungen. Sein ausgeglichenes Temperament half ihm, diese schwierige Situation mit Fassung und Ruhe zu ertragen, sich ins Unvermeidliche zu fügen.

„Zum Glück", bekannte er seinem Onkel gegenüber, „habe ich genug Arbeit. Das wird mich daran hindern, schwermütig zu werden."

Begleitet von einigen Matrosen, unternahm James Clarke Ross

zwei ausgedehnte Schlittenreisen. Wieder gelangte er zu unbekannten Inseln und Festländern. Unermüdlich vermaß und kartierte er neue Küsten, Buchten und Gebirge. Auf der zweiten Schlittenreise entdeckte er eins der größten Gebiete im amerikanisch-kanadischen Inselgewirr, nämlich *King-William-Land* (heute King-William-Insel), von dessen Vorhandensein bislang niemand etwas gewußt hatte.

Eines Tages überprüfte John Ross die Lebensmittelbestände. Er stellte fest, wie sehr sie inzwischen zusammengeschrumpft waren. Die ohnedies schon knappen Tagesrationen mußten weiter gekürzt werden. Die „Victory"-Leute wurden nicht mehr richtig satt. Und das blieb nicht alles. Offenbar wegen der ungewohnten Anwesenheit so vieler Menschen hatten sich Rentiere, Robben und Fische andere Plätze gesucht. Das brachte besonders die Eskimos in eine schwierige Lage. Ross bot ihnen Konserven, Pökelfleisch und Zwieback an. Sie lehnten dankend ab. Die Nahrung der Fremden schmeckte ihnen nicht. Man bevorzugte das Fleisch von Bären und Robben, frische Lachse aßen sie besonders gern. So räumten die Eskimos ihre Iglus und zogen weiter. Sie taten das ohne ein einziges Abschiedswort. Eines Morgens waren sie auf und davon.

Zurück blieb ein Gefühl von Verlassenheit und Traurigkeit.

„Wir wissen, daß wir von aller Welt abgeschnitten sind", sagte John Ross zu seinen Leuten. „Trotzdem wollen wir uns nicht unterkriegen lassen. Der Tag wird kommen, an dem wir wieder in der Heimat sind."

Tröstende Worte. Sie halfen keinem. An Heimkehr war vorerst überhaupt nicht zu denken.

In jungen Jahren hatte John Ross an mehreren Seeschlachten teilgenommen und dabei einige Verwundungen erlitten. Nun, unter Einwirkung der grausamen Kälte, brachen die Narben auf, verursachten ihm starke Schmerzen und beraubten ihn seiner Arbeitsfähigkeit. So gut er es vermochte, ließ er sich das nicht anmerken. Aber jeder an Bord wußte es doch.

In diesem Winter schlug der Skorbut zu. Diese besonders bei Seeleuten gefürchtete Krankheit tritt in Hungerszeiten auf, ist auf einseitige Ernährung und Vitaminmangel zurückzuführen. Sie äußert sich in Fieberanfällen, Erbrechen, Gelenk- und Rückenlähmungen. Zuerst wurden zwei Matrosen davon befallen, doch bald lag die Hälfte der Besatzung auf dem Krankenlager.

Monat um Monat schlich dahin. Eine trübe Zeit.

Im Sommer 1832 – mehr als drei Jahre waren seit der Abreise aus England vergangen – brach das Eis auseinander. Wieder einmal kam die „Victory" frei. Vielen Stürmen hatte sie standgehalten, doch einen Hafen würde sie nicht wieder anlaufen können. Eis und Kälte hatten das Schiff unbrauchbar gemacht.

Also war es Gewißheit geworden, meinten die Matrosen, daß man in dieser Eiswüste von Boothia bleiben, verhungern und erfrieren müßte. Einige der bis dahin so kräftigen und frohen Burschen bekamen Weinkrämpfe.

Die Verantwortung für das weitere Schicksal der „Victory"-Männer lag bei John Ross und lastete schwer auf ihm, denn er war in der Tat alt und krank geworden. Aber er raffte sich auf, rief seine Männer zusammen und erklärte ihnen kurz und bündig ihre Lage.

„Ich habe im Laufe meines Lebens auf sechsundzwanzig Schiffen Dienst getan und kein einziges verlassen, denn wer ohne Not von Bord flieht, ist ein elender Wicht. Heute verhält sich das anders. Einen vierten Winter überlebt hier niemand. Deshalb bin ich dafür, diese verdammte Gegend auf dem schnellsten Wege zu verlassen. Zum Glück haben wir noch ein paar Boote, mit denen rudern wir bis zum Ausgang des Lancastersundes. Dort warten wir so lange, bis uns ein Schiff entdeckt und aufnimmt. So Gott will, wird uns eine gute Heimkehr gelingen."

Die Leute begriffen, was Ross ihnen zumutete. Eine andere Chance, der Halbinsel Boothia zu entrinnen, gab es allerdings nicht. Darum mußte das riskante Abenteuer gewagt werden. Entweder kam man durch, oder man würde einen elenden Tod erleiden.

In dieser wahrhaft trüben Situation übernahm James Clarke Ross vorübergehend die Führung, denn der Kapitän hatte hohes Fieber bekommen und litt an Magenkrämpfen. Die Matrosen wunderten sich nicht schlecht. James Clarke Ross, den sie bisher als einen überaus ruhigen, zurückhaltenden Mann kennengelernt hatten, entpuppte sich plötzlich als ein versierter Seeoffizier, der die Lage gut überblickte und dementsprechend klare Kommandos gab. Das machte auf alle einen gewaltigen Eindruck.

Die Männer ruderten bis zur Erschöpfung. Am Ende kamen sie aber nur bis zu einem Ufer, das Parry einst Fury-Strand genannt hatte, weil er dort eins seiner Schiffe verlor. Nützliche Gegenstände lagen noch herum. Aus den Wrackteilen der geborstenen „Fury" bauten die Männer eine Hütte. Ihre Absicht, die Fahrt schon bald wieder fortzusetzen, erfüllte sich nicht. Überall türmte sich das Eis, obendrein tobten arge Schneestürme. Geduld haben und die Nerven behalten, darauf kam es jetzt an.

Am 28. August 1832 ging es aber von neuem los. Vielleicht würde man diesmal das offene Meer erreichen und sich von einem vorbeifahrenden Schiff mitnehmen lassen können. In den drei Booten breitete sich Hoffnung aus. Die von den Naturgewalten gebeutelten

Männer faßten wieder Mut. Mühsam und nur meterweise ging es vorwärts. Als man in einer Bucht eine Ruhepause einlegte, fegte ein Blizzard über den Archipel und warf alle zu Boden. Mit Mühe und Not retteten sich die Männer an Land und vergruben sich in Schneelöchern, warteten dort das Ende des Unwetters ab. James Clarke Ross untersuchte mit einigen Begleitern in der geplanten Fahrtrichtung die Eis- und Witterungsbedingungen. Das Resultat war niederschmetternd, und am 24. September 1832 erklärte er: „Wir müssen zurück zur Hütte am Fury-Strand."

Die Boote wurden nicht mitgenommen. Das wenige Gepäck schleppten die Männer auf ihren Rücken. Ein Wunder, daß bei diesem Gewaltmarsch bei Hunger und Durst niemand sein Leben verlor. Die Hoffnung des Kapitäns, man werde im Oktober einen neuen Vorstoß zum Lancastersund unternehmen können, erfüllte sich nicht. Ein Schneesturm nach dem anderen raste heran und zwang zum Bleiben.

An ihre Zukunft dachten die Männer nur noch mit Grauen.

Ende Oktober begann die vierte Überwinterung. Die Sonne verschwand und tauchte lange Zeit nicht mehr auf. John Ross, kaum wieder auf den Beinen, bemühte sich, seine Leute bei Laune zu halten. Das gelang ihm nur noch selten. Die Männer schliefen oder dämmerten dahin. Essen gab es nur einmal am Tag. Der alte Ross verzichtete manchmal auf seinen Anteil, ließ seine Mahlzeit den Kranken geben, begnügte sich mit einem Teelöffel Branntwein je Tag.

Dann traf alle ein schwerer Schlag. Der Schiffszimmermann, bisher der kräftigste und lustigste Kerl von allen, wurde wahnsinnig und starb. Das machte auf die Mannschaft einen niederschmetternden Eindruck. Drei weitere Besatzungsmitglieder erkrankten so schwer, daß mit ihrer Genesung kaum gerechnet werden konnte.

Als dann endlich die Sonne aus der Finsternis zurückkehrte, war das Aufatmen allgemein. Der Aufbruch zum Lancastersund mußte aber verschoben werden. Stürme und fünfzig Grad minus erwiesen sich als ein unüberwindbares Hindernis.

Am 29. Juni 1833 – so lange hatte man warten müssen! – konnte man dann aber wirklich aufbrechen. In Eilmärschen bei Tag und in der Nacht ging es zu den Booten. Der Transport der Schwerkranken erwies sich als besonders schwierig, aber Ross überließ niemanden seinem Schicksal, obwohl einige der Kranken erklärten, man sollte auf sie keine Rücksicht nehmen und sie liegenlassen. Der Lancastersund wurde rasch durchrudert. Und bereits zwei Wochen nach dem Aufbruch – eine wahre Rekordleistung – standen Ross und seine verwegenen Männer an der Baffinbucht.

Welch ein Wunder: Ein Schiff fuhr vorüber.

Die Männer brüllten aus Leibeskräften, schossen mit ihren Flinten in die Luft und winkten mit breiten Segeltüchern. Das Schiff drehte bei. Ein Mann kam an Land.

John Ross ging ihm entgegen.

„Wer seid ihr?" wurde er gefragt.

„Wir haben unser Schiff verloren. Ich bin Kapitän John Ross."

Der Mann wollte das nicht glauben. „Ausgeschlossen", erwiderte er heftig, „John Ross und alle seine Männer sind tot. Schon seit einigen Jahren!"

„Man hält uns für tot?" Der Kapitän wußte in diesem Moment nicht, ob er lachen oder weinen sollte. „Aber ich bin John Ross!"

Am 19. Oktober 1833 kehrten er und seine Mannschaft wieder in die Heimat zurück.

Die Begeisterung kannte keine Grenzen. Von den Crokerbergen sprach niemand mehr. Das gehörte sich einfach nicht. John Ross und sein Neffe James Clarke Ross waren die Helden der Nation. Den einen beförderte man zum Admiral, der andere nahm seine Ernennung zum Kapitän entgegen.

Glücklich war auch der Schnapsbrenner Felix Booth. Die Halbinsel und der kleine Hafen trugen nun für alle Zeiten seinen Namen.

John Ross starb am 30. August 1856.

Sein Neffe James Clarke Ross übernahm 1839 den Oberbefehl der von der Regierung ausgerüsteten Expedition zum Südpol. Die für Botanik, Zoologie, Geologie, Meteorologie und Erdmagnetismus wertvollen Resultate dieser Reise legte er in zwei Bänden ausführlich dar, die 1846 in London, ein Jahr darauf in Leipzig verlegt wurden.

James Clarke Ross starb am 3. April 1862 in Aylesbury.

13. KAPITEL

Mit 139 Mann verunglückt

Die englische Sir-John-Franklin-Expedition von 1845/47
führte zur größten Polarkatastrophe aller Zeiten

Zwölf Jahre waren seit der wundersamen Rettung der Ross-Expedition vergangen. Der Traum von der nordwestlichen Durchfahrt beschäftigte nach wie vor Kaufherren, Reeder, Admirale und Geographen. Diese Durchfahrt mußte es einfach geben!

Lord Barrow, Sekretär der Admiralität, setzte schließlich durch, daß zur Auffindung der Nordwestpassage eine neue Expedition in die Arktis geschickt wurde. Gemeinsam mit John Ross, den er allabendlich im Klub der Geographischen Gesellschaft traf, legte er die Route fest: Lancastersund – Melvillesund – Banksland (heute Banks-Insel) – Beaufortsee – Beringstraße – Hawaii. Und von dort aus entweder nach China oder nach Indien.

„Eine phantastische Sache", meinte Ross. „Am liebsten würde ich das selbst machen. Aber die Gicht, mein Freund. Sogar wenn ich am warmen Kamin sitze, plagt sie mich."

Von einem solchen Auftrag, wie Barrow ihn zu vergeben hatte, träumten Schiffsjungen wie Kapitäne. Diesmal, um sicherzugehen, wollte man die Fahrt mit zwei Schiffen unternehmen. Sie lagen im Londoner Hafen fest, starke Segler, die sich gerade erst in der Antarktis bewährt hatten, „Erebus" und „Terror". James Clarke Ross hatte sie im Südpolargebiet befehligt. Nun erfuhren sie eine gründliche Überholung und wurden neu gerüstet.

In der Überlegung, wer das neue Unternehmen leiten sollte, fiel die Wahl – und das wunderte keinen – zunächst auf Kapitän James Clarke Ross. Der aber lehnte ab. Nachdem er vier Jahre lang die südpolaren Gewässer befahren und dort wichtige Entdeckungen gemacht hatte, wollte er die nächste Zeit darauf verwenden, die erzielten Ergebnisse auszuwerten. Wer also?

Während sich Lord Barrow und Admiral Ross darüber die Köpfe zerbrachen, erschien in London ein Mann, um seine Pensionierung zu beantragen. Es war Sir John Franklin, sechzig Jahre alt und bis zu seiner Heimkehr britischer Gouverneur auf Tasmanien. Als er von den neuen Plänen hörte, bewarb er sich sofort um die Leitung der Expedition.

Barrow schüttelte den Kopf. „Das geht nicht, mein Lieber, bedenken Sie die vielen Jahre, die Sie auf dem Buckel haben."

Franklin, der sich soeben noch zur Ruhe setzen wollte, fühlte sich mit einemmal jung und kräftig. Er ließ nicht locker, bis man ihm schließlich die Leitung der Expedition übertrug. Ausschlaggebend hierfür waren Ereignisse, die lange Zeit zurücklagen.

Anfang Mai 1819 verließ John Franklin die britische Hauptstadt, um einen wichtigen Auftrag zu erledigen. Er sollte nämlich die unbekannten Gebiete nördlich der Hudsonbucht erforschen. Nach langer Fahrt wurde die nach Henry Hudson benannte Straße befahren und schließlich das Westufer der ausgedehnten Bucht erreicht. Dort hatte die Yorkfaktorei ihren Sitz, eine Filiale der Hudsonbucht-Handelsgesellschaft.

Was aber wollten Kaufleute in dieser Wildnis? Ganz einfach, sie trieben mit den Ureinwohnern, das waren vor allem Indianer, vereinzelt auch Eskimos, einen schwunghaften Handel. Die Eingeborenen lieferten Felle und Pelze und erhielten dafür abgetragene Kleidung, alte Gewehre und – Schnaps. Das Geschäft florierte.

Von der Yorkfaktorei aus begann John Franklin am 19. September 1819 seinen Vorstoß. Außer ihm als Leiter gehörten zwanzig Männer zur Expedition. Der Arzt Dr. John Richardson und Leutnant George Back mochten als zuverlässig gelten. Die übrige Besatzung bestand größtenteils aus recht fragwürdigen Gestalten. Mit so einer illustren Truppe begab sich höchstens ein kaltblütiger Piratenhäuptling auf Reisen.

Jedoch John Franklin, damals noch jung an Jahren, galt als überaus verwegener und tollkühner Mann, entschlossen und imstande, sich in vielen Situationen zu behaupten.

Die Fahrt in den kleinen Booten verlief halsbrecherisch und lebensgefährlich, führte durch enge Felsschluchten und an plötzlich auftauchenden Klippen vorbei. Oft mußten die Boote aus dem Wasser gezogen und über das Land getragen werden.

Unter der ohnedies demoralisierten Mannschaft machte sich schon bald Unruhe bemerkbar. Aufsässigkeit breitete sich aus. Franklin trieb seine Leute jedoch unerbittlich vorwärts. Einige liefen ihm kurzerhand davon. Er trauerte ihnen nicht nach.

Die Reise verlief in nördlicher Richtung. Franklin entdeckte Seen, Flüsse und Berge, notierte alles sorgfältig, fertigte Karten an. Die erste Überwinterung wurde halbwegs überstanden. Die zweite verlief schon schwieriger. Die Mannschaft schmolz zusammen. Zwei Männer starben an Erschöpfung. Andere schlugen sich gegenseitig im Streit tot. Wieder andere suchten das Weite und kehrten niemals zurück. Franklin gab nicht auf.

Im Verlauf der zweiten Überwinterung weit nördlich der Hudsonbucht machte er bei den Indianern eine wichtige Entdeckung, den Pemmikan: Und zwar wird Büffelfleisch in Streifen geschnitten, an der Sonne gedörrt, zu Pulver zerrieben und mit Fett vermischt. Dieses Fleischmehl, eine Erfindung der Indianer, wiegt wenig, verdirbt nicht und begleitete sie, in Säcken verpackt, auf ihren Jagdzügen. Seit Franklins Bekanntschaft mit diesem Artikel wurde Pemmikan ein unentbehrlicher Proviant auf allen künftigen Polarexpeditionen.

Längst hätte Franklin daheim sein müssen. Er galt deshalb schon als verschollen. Der angeblich spurlos Verschwundene fuhr unterdessen mit zwei Kanus und einer kleinen Begleitung durch das Polarmeer. Wenig später gingen die Boote in einem schrecklichen Sturm verloren. Der Rückmarsch erfolgte zu Fuß.

Ende 1823 traf Franklin wieder in England ein, wo er mit Ehrungen überhäuft wurde.

Nun, das lag also zweiundzwanzig Jahre zurück. Inzwischen schrieb man das Jahr 1845. Würde John Franklin auch die Strapazen einer neuen Nordlandfahrt überstehen? Er selbst war davon überzeugt, und Lady Franklin sah ihren ehrgeizigen Gemahl bereits als Admiral in der königlichen Loge sitzen.

Zuversichtlich zeigten sich schließlich auch Lord Barrow und Admiral Ross. Beide wollten vor Ende ihrer Tage noch die Meldung vernehmen: „Die Nordwestdurchfahrt ist gefunden!"

April und Mai 1845. In den Leibern der Schiffe „Erebus" und „Terror" verschwanden Proviant und Kohlen für mindestens drei Jahre. Auf Grönland würde man Zwischenstation machen und die Vorräte ergänzen. Die Herstellung des Pemmikans, von dem er soviel wie möglich mitzunehmen gedachte, überwachte Franklin persönlich. Ärger gab es allerdings auch. Einen Teil der Fleischkonserven hatte man sich aus Berlin und Hamburg kommen lassen, wohl deshalb, weil die deutschen Konserven in dem guten Ruf standen, besonders lange haltbar zu sein. Als Franklin etliche Büchsen öffnete, stellte er fest, daß das Fleisch schon vollkommen verdorben war.

„Elende Geschäftemacher!" empörte er sich.

An Bord der beiden Schiffe befanden sich Dampfmaschinen und die neuesten technischen Geräte. Zur Expedition gehörten neben John Franklin als Expeditionsleiter 139 ausgesuchte Seeleute, unter ihnen siebzehn Offiziere und zwei Ärzte.

Die beiden Schiffe wurden von London nach Greenwich geschickt. Dort fand Ende Mai 1845 die offizielle Verabschiedung statt. Viele Schaulustige strömten in dem kleinen Hafen zusammen.

Ein Abgesandter des Königshauses überbrachte herzliche Grüße, die von Sir John Franklin ebenso herzlich erwidert wurden, denn das gehörte sich so. Lord Barrow und Admiral Ross umarmten Franklin gerührt und spendeten den Segen der Admiralität und der Lords:

„Gute Fahrt und eine glückliche Heimkehr!"

Langsam und unter den Klängen flotter Musik stampften „Erebus" und „Terror" in das Meer hinaus.

Viele Wochen später brachte ein Transportdampfer Post nach England. Die Besatzungen beider Schiffe schickten von den Walfischinseln bei Grönland Grüße nach Hause. Die nächsten Briefe würden sie dann wohl auf Hawaii schreiben oder in Indien oder in China. Wer weiß, wer weiß.

Ein Jahr ging dahin. Von Franklin traf keine Nachricht ein. Das war nicht ungewöhnlich. Barrow und John Ross überlegten sich, daß „Erebus" und „Terror" wahrscheinlich an der Melvillebucht überwintert hatten und sich inzwischen in der Beaufortsee auf die Beringstraße hin bewegten, diese vielleicht schon passiert haben konnten. Demnach würden sie sich bereits in warmen Gewässern befinden und Hawaii ansteuern. An eine Katastrophe glaubten die Lords der Admiralität nicht. Franklin war ja ein erfahrener Mann und hatte Leute bei sich, die ihr Fach verstanden.

Zum Beispiel Leutnant Francis Richard Crozier, dem das Kommando über „Terror" anvertraut war und der jahrelang mit James Clarke Ross in der Antarktis gewesen war.

Unruhe entstand erst, als die Sommer 1847 und 1848 ebenso ohne Nachricht vergingen.

Drei Jahre lang war Franklin jetzt unterwegs, da hätte er sich längst melden müssen. Walfänger, die gewöhnlich hoch im Norden kreuzten, wurden ausgefragt, aber sie konnten keine Auskunft geben, hatten von Franklin und seinen Männern nichts gesehen und nichts gehört. Wohl oder übel mußte man in London daran denken, Hilfsexpeditionen auf die Reise zu schicken. Wo aber sollte man die Vermißten suchen? Die Lords studierten die Karten und gelangten zu dem Ergebnis, daß verschiedene Möglichkeiten in Betracht kamen.

So konnte Franklin ähnlich wie John Ross im nordkanadischen Inselgewirr steckengeblieben sein. Vielleicht war er auch durch den gesamten Lancastersund und in die sich anschließende Barrowstraße gefahren und saß nun irgendwo an der Küste Alaskas im Eis. Ebenso konnte er, nachdem sich die vereinbarte Route als untauglich erwiesen hatte, einen vollkommen anderen Weg gesucht haben, beispielsweise nördlich des Lancastersundes. In diesem Falle mußte befürchtet werden, daß er in dem mörderischen Gebiet zwischen Nordgrönland und Grinnelland verunglückt war.

Franklins einstiger Begleiter, der Arzt Dr. Richardson, äußerte folgende Vermutung: „Wahrscheinlich ist John Franklin nördlich der Hudsonbucht verunglückt und wird nun versuchen, sich auf dem Landwege zu retten. Das ist deshalb möglich, weil er die dortige Gegend von früher her kennt."

Nördlich der Hudsonbucht? Das bedeutete, daß Franklin gar nicht bis zum Lancastersund gekommen war, denn der lag Hunderte von Meilen weiter nördlich. Andererseits konnte Richardsons Ansicht nicht einfach von der Hand gewiesen werden, und so erhielt er den Auftrag, den Freund dort zu suchen.

Dr. Richardson brach sofort auf. Mit zweiundvierzig Begleitern, verteilt auf fünf Boote, drang er von der Hudsonbucht aus in Richtung Norden vor. Schon nach wenigen Wochen zwangen ihn die extremen Witterungsbedingungen zur Umkehr. Einen langen Winter verbrachte man in einer primitiven Blockhütte. Monate später wurde ein neuer Versuch unternommen. Dr. Richardsons Truppe erreichte nach einem Gewaltmarsch von der Hudsonbucht aus und einer gefährlichen Bootsfahrt auf dem Mackenziefluß die Küste der Beaufortsee. Orkane jagten über viele Meter hohes Eis, machten ein Weiterkommen unmöglich. Eisberge schoben sich langsam vorwärts und drohten jeden zu vernichten, der sich ihnen nähern wollte.

„Sollte Franklin tatsächlich hierhergelangt sein, dann dürfte er unweigerlich untergegangen sein", sagte Dr. Richardson.

Ohne Erfolg und enttäuscht trat er den Rückzug an.

Zur selben Zeit, da Dr. Richardson zur Hudsonbucht segelte, machte sich eine zweite Hilfsexpedition auf den Weg. Sie stand unter dem Kommando von Kapitän James Clarke Ross, dem wohl erfahrensten Seeoffizier, der damals in britischen Diensten stand. Zwei vorzügliche Schiffe stellte man ihm zur Verfügung, „Enterprise" und „Investigator". Die Fahrt vollzog sich unter großen Mühen. Hatte man sich bereits bis in die Baffinbucht vorgekämpft, so wollte von dort aus gar nichts mehr gelingen. Die Schiffe fuhren zunächst zur Westküste Grönlands, um später in das Gebiet südlich von Ellesmereland (heute Ellesmereinsel) abzudrehen. Schweres Packeis bildete allerdings eine so starke Riegelstellung, daß es nicht gelang, diese zu durchbrechen. Die beiden Schiffe wären wie Korn zermahlen worden, hätten sie sich weiter vorgewagt. Ein wütender Orkan brachte weitere Gefahren. Nun suchte man die Küsten am Lancastersund und von Cockburnland gründlich ab. Wieder ohne den mindesten Erfolg.

Wo waren Sir John Franklin und seine 139 Männer?

Auch die Befragung von Eskimos ergab keinerlei Anhaltspunkte. James Clarke Ross dirigierte die Schiffe nunmehr direkt in den Lancastersund. Tag und Nacht standen die Matrosen auf ihren Posten und richteten die Blicke auf die leblose Eiswüste. Suchkommandos machten sich mit Hundeschlitten auf den Weg. Sie kehrten zurück, ohne eine Spur von der Franklin-Expedition entdeckt zu haben. Dann fiel die Polarnacht herein und machte weitere Nachforschungen für lange Zeit unmöglich. Im Augenblick kam es darauf an, das eigene Überleben zu sichern. Und das war gar nicht so einfach.

Nach und nach fiel ein Teil der Besatzung für jede Art von Dienst aus. In der Mannschaft befanden sich zahlreiche junge Leute, die sich gewiß durch Eifer und Pflichtbewußtsein auszeichneten, leider aber keine Erfahrung besaßen, sich gegen die strenge Kälte zu schützen. Sie zogen sich schwere Erfrierungen zu. Die Schiffsärzte hatten alle Hände voll zu tun. In mehreren Fällen mußten sie Finger und Zehen amputieren. Das erfolgte bei vollem Bewußtsein der Unglücklichen und verursachte ihnen Folterqualen.

Die Polarnacht ging zu Ende, die Sonne kam wieder hervor. Nur gab das Eis die Schiffe aus der Gefangenschaft so schnell nicht wieder frei, wie angekettet lagen sie da. Erst Ende August 1849 wurde es möglich, Fahrt und Suche wiederaufzunehmen.

Während Kapitän Ross nach Franklin suchte, wurde ihm ein Entsatzschiff entgegengeschickt, die „Nordstern", vollgeladen mit Proviant und Brennstoff und der Anweisung für Ross, die Suche noch ein weiteres Jahr fortzusetzen. Der Kapitän der „Nordstern" verfehlte jedoch sein Ziel und verirrte sich am Ende so hoffnungslos in der arktischen Gespensterlandschaft, daß er fünf Jahre brauchte, um wieder den Weg nach Hause zu finden.

Und James Clarke Ross?

Der gab natürlich nicht auf. John Franklin kannte er zwar nicht persönlich, unter den Verschollenen befand sich aber sein bester Freund, der Leutnant Crozier. Den wollte und mußte er retten und wohlbehalten nach London bringen. Crozier hatte dort eine Frau und vier Töchter.

Schließlich kehrte auch Ross ohne Resultat nach England zurück, verzweifelt, entnervt, mit einer sterbenskranken Mannschaft.

Wie nun weiter?

Lord Barrow und Admiral John Ross konnten in dieser Angelegenheit nicht mehr tätig werden. Barrow hatte sich 1845, bald nach Franklins Abreise, im Alter von einundachtzig Jahren von allen Ämtern zurückgezogen, während Admiral Ross so schwer erkrankte, daß es ihm nur noch erlaubt war, das Geschehen mit Hilfe der Zeitungen zu verfolgen.

Aber es geschah weiterhin viel, um die Verunglückten aus dem Eis herauszuholen. Eine schöne Geste war es, daß die hohe Geldsumme, einst als Prämie für die Auffindung der Nordwestdurchfahrt ausgesetzt worden, nunmehr derjenige erhalten sollte, der die Franklin-Leute rettete. Regierung und Königshaus bewilligten weitere Mittel zur Ausrüstung neuer Hilfsexpeditionen, insgesamt eine Million Pfund Sterling, was umgerechnet einem Betrag von zwanzig Millionen Goldmark entsprach.

An der Finanzierung solcher Aktionen beteiligte sich auch Lady Franklin, deren Privatvermögen an die dreihunderttausend Goldmark betrug. Allerdings mußte sie zuvor einen höchst unangenehmen Prozeß überstehen, und zwar gegen die eigene Tochter.

John Franklins einziges Kind war eine verwöhnte und zur Verschwendung neigende junge Dame. Mißtrauisch und um ihr stattliches Erbe besorgt, sah sie, daß die Mutter viel Geld für eine nach ihrer Meinung verlorene Sache ausgeben wollte. In der Überzeugung, daß ihr Vater längst tot wäre, verklagte sie die Mutter und wollte auf diese Weise erreichen, daß weder bares Geld noch andere private Vermögenswerte für die Rettung Franklins ausgegeben würden. Dieser Prozeß erregte ziemlich viel Aufsehen. Die Zeitungen, die täglich über die Franklin-Tragödie schrieben, hatten eine willkommene Sensation. Ganz England nahm am Schicksal der Verschollenen Anteil. Da konnten die Richter gar nicht anders entscheiden, als die Klage der undankbaren Tochter abzuweisen. Nach diesem Prozeß war die junge Dame gesellschaftlich erledigt. Kein Gentleman zog mehr den Hut vor ihr.

Im Jahre 1850 befanden sich insgesamt vierzehn Schiffe in der Arktis, um Franklin zu suchen.

Der gesamte nordkanadische Archipel wurde systematisch abgesucht. Überall legte man Lebensmittel- und Brennstoffdepots an, stellte Flaggenmasten auf und zündete viele Leuchtfeuer an. Dreihundert Polarfüchse mußten es sich gefallen lassen, gefangen und mit Briefkapseln versehen zu werden, die Nachrichten für die Vermißten enthielten. Danach durften sie wieder in alle Himmelsrichtungen davonstürmen.

Mehrere Schiffe fuhren bis zum Smithsund hinauf. Trupps mit Hundeschlitten unternahmen auf dem gefürchteten Ellesmereland wochenlange Suchaktionen.

Was immer aber auch versucht wurde und geschah, es brachte nichts ein. Von „Erebus" und „Terror" nirgendwo eine Spur, kein Hinweis darauf, wo Franklin und seine 139 Begleiter verunglückt sein konnten. Trotzdem setzte man die Aktionen fort. Im Laufe der Zeit beteiligten sich mehr als vierzig Expeditionen daran, auch amerikanische und französische. Das Schicksal der Franklin-Leute bewegte die gesamte zivilisierte Welt. Es galt als Ehrensache, ihnen zu Hilfe zu kommen. Nur eine deutsche Expedition lief nicht aus. Deutschland war damals noch aufgeteilt in mehrere selbständige Königreiche und Großherzogtümer. Die Majestäten und Durchlauchten wollten kein Geld für Franklins Rettung ausgeben.

Zwischendurch trat ein höchst bemerkenswertes, um nicht zu sagen, ein sensationelles Ereignis ein. Es lenkte zwar nicht vom Schicksal der Verschollenen ab, beschäftigte dennoch die Gemüter sehr stark. In London war die Vermutung aufgekommen, Franklin habe die Beaufortsee oder sogar die Beringstraße erreicht und sei dort oder in der Nähe zu Schaden gekommen. Da es sich aber als aussichtslos erwiesen hatte, von Norden her in diese Gegend zu gelangen, sollte jetzt ein Versuch aus der entgegengesetzten Richtung unternommen werden, also in der Route: Atlantik – Magellanstraße – Pazifik – Beringstraße.

Die Kapitäne R. Collinson, Kapitän der „Enterprise", und Robert John Le Mesurier MacClure, der die „Investigator" befehligte, erhielten den Auftrag, diese Fahrt zu unternehmen. An einem der ersten Januartage des Jahres 1850 machten sie sich auf die Reise. Eile war geboten, denn gemäß ihrer Order mußten sie bereits im August in der Beaufortsee sein. Wochenlang geschah nichts Außergewöhnliches. Die Reise verlief ruhig und planmäßig. Nach Passieren der Magellanstraße gerieten die beiden Schiffe jedoch in einen Sturm und verloren die Verbindung zueinander. Natürlich war das kein Grund, das Unternehmen abzubrechen. Collinson und MacClure sahen sich allerdings gezwungen, nunmehr unabhängig voneinander zu handeln.

MacClure hielt Kurs auf die bei Seefahrern als geheimnisumwittert geltende Osterinsel, durchquerte später das Zentralpazifische Becken und bog dann, nachdem er Hawaii hinter sich gelassen hatte, nach Nordosten ab. Während der Fahrt durch die Beringstraße ließ der Kapitän das Tempo drosseln. Auch schickte er wiederholt Suchgruppen los, doch diese kehrten jedesmal ohne Ergebnis zurück. Von Franklin keine Spur, ebenso fand sich nirgends ein Hinweis darauf, daß die „Enterprise" mit Kapitän Collinson und seiner Mannschaft bereits hier gewesen war.

Am Nordausgang der Beringstraße tat sich das Tschuktschenmeer auf, gleich darauf die Beaufortsee. Also Unbekanntes, Fremdes. Unheimlich hörte sich das Schlagen der Wellen an. Der Himmel war düster, und Stürme heulten.

Die Matrosen sahen sich schweigend an und fragten sich, was bereits ein paar Meilen weiter mit ihnen geschehen könnte.

„Alle Kraft voraus!" kommandierte MacClure. „Kurs Nordnord-ost!"

„Zu Befehl, Sir!"

Langsam schob sich das Schiff vorwärts. Das Eis ließ nicht lange auf sich warten. Kleinere und schließlich immer größere Treibeisfelder umzingelten sie und vereitelten den Plan des Kapitäns, durch die Beaufortsee auf direktem Wege zur Melville-Insel vorzustoßen und sich von ihr aus zum Lancastersund durchzuschlagen. Dafür sah er sich gezwungen, fast die gesamte Banks-Insel zu umfahren. An ihrer südöstlichen Seite entdeckte er einen schmalen Meeresarm, in den er einbiegen ließ. Er gab seiner Entdeckung den Namen *Prince-of-Wales-Sund* (heute als Prince-of-Wales-Straße bekannt). Als MacClure ihn nahezu auf der ganzen Länge durchfahren hatte, dem vorläufigen Ziel, der Melvillebucht, bis auf weniger als hundert Kilometer nahe gekommen war, veränderte sich der bis dahin so friedliche Sund in einen Malstrom, der mit schweren, fürchterlich krachenden Eisschollen die überraschten Männer an den Rand des Untergangs brachte. Die „Investigator" konnte bald keine Bewegung mehr machen und saß schließlich fest.

Dies geschah Anfang Oktober 1850.

MacClures Hoffnungen, das Eis könnte in ein bis zwei Wochen wieder aufbrechen und den Weg freigeben, gingen nicht in Erfüllung. Da mußten er und seine Mannschaft sich auf einen längeren Zwangsaufenthalt einrichten. Nachdem die Lage einigermaßen überschaubar geworden war, stellte der Kapitän kleine Abteilungen zusammen, die im weiten Umkreis nach Franklin suchten. Wieder ohne Erfolg.

Sich selbst hatte MacClure eine ganz besondere Aufgabe zugedacht. Am 21. Oktober 1850, frühmorgens, brach er mit nur wenigen Begleitern in Richtung Melvillebucht an der gleichnamigen Insel auf.

„Sir", fragte man ihn, „würden Sie uns bitte verraten, was wir dort sollen?"

Der Kapitän, gewöhnlich offenherzig, nicht selten auch leutselig, was bei einem englischen Offizier eine Seltenheit war, antwortete ausweichend.

Dieser Kapitän MacClure, vierundvierzig Jahre alt, hochgewachsen und breitschultrig, stand niemals in dem Ruf, übermäßig ehrgeizig zu sein. Bisher hatte er vorwiegend auf Kriegsschiffen Dienst getan, und dort war seine Laufbahn im Rahmen der üblichen Normen verlaufen. Alle fünf Jahre, einwandfreie Führung vorausgesetzt, erfolgte eine weitere Beförderung. Natürlich träumte auch MacClure manchmal davon, ein Held zu sein. Nur fehlte es an Gelegenheiten, sich auszuzeichnen. Seit Trafalgar hatte England keine nennenswerten Seeschlachten mehr führen müssen.

Der Auftrag, mit dem er es jetzt zu tun hatte, bot entschieden mehr Chancen, sich hervorzutun. Gelang es ihm, die Franklin-Expedition zu finden oder gar zu retten, winkten ihm Ruhm und Ehre. Doch seltsam, an die Wahrscheinlichkeit, daß er damit würde glänzen können, glaubte er nicht. Nein, sein Traum seit der Abreise aus England, über den er noch mit keinem Menschen gesprochen hatte, sah ganz anders aus. Und an diesem eisigen Morgen erblickte er in greifbarer Nähe die Möglichkeit, mit einer einzigartigen Leistung alle englischen Kapitäne um Längen zu schlagen.

So begann also der Marsch zur Melvillebucht. Starke Regenfälle, Stürme und scharfkantiges Eis, über das sie sich schleppen mußten, machten den Männern das Vorwärtskommen nicht gerade leicht. MacClure gönnte sich und seinen Leuten keine Ruhe, trieb zur Eile an, ging selbst immer voran.

Endlich, am 26. Oktober 1850 zur Mittagszeit, erklärte der Kapitän den Marsch für beendet, nachdem er zuvor eine Ortsbestimmung vorgenommen hatte.

„Wir haben es geschafft", sagte er.

Was geschafft? Die Männer blickten um sich und sahen nichts anderes als die ihnen inzwischen vertraute, gewöhnliche Schnee- und Eislandschaft.

„Nehmt eure Pickel und schlagt das Eis auf", befahl der Kapitän. „Aber seid vorsichtig, damit ihr nichts beschädigt."

Abermals Erstaunen bei seinen Begleitern, doch sie gehorchten. Nach einer halben Stunde kam ein Gegenstand zum Vorschein, eine Zinnbüchse.

MacClures Augen leuchteten auf. Ja, er hatte das Ziel seiner Wünsche erreicht, sein Traum war Wirklichkeit geworden. Die Büchse beinhaltete zwei beschriebene Blätter.

„Eine Nachricht von Franklin?" fragte einer der Männer aufgeregt.

„Nicht von ihm", erwiderte der Kapitän. „Ein anderer Mann hat etwas für spätere Besucher hinterlassen. Ich habe das einmal in einem Bericht gelesen und mir alles gut gemerkt."

MacClure stand genau an jenem Punkt, den Kapitän Parry im Jahre 1819 auf der Suche nach der Nordwestdurchfahrt erreicht hatte, ehe ihn das Eis in den Lancastersund zurücktrieb. Parry war damals vom Atlantik her gekommen. Und diesmal kam noch jemand hierher, nämlich Francis Leopold MacClintock, der sich derzeit zum zweiten Male auf der Suche nach Franklin befand.

Aber Kapitän MacClure kam vom Pazifik!

Also galt es damit als erwiesen, daß die Nordwestpassage, nach

231

der mehr als dreihundert Jahre lang gesucht worden war, tatsächlich existierte. Und er, MacClure, hatte sie gefunden.

Die nördliche Verbindung zwischen Atlantik und Pazifik hatte allerdings den Nachteil, daß sie wegen der Eisverhältnisse unbefahrbar war. Andererseits konnte der Arktis wieder eins ihrer Geheimnisse entrissen werden.

Für seinen Triumph mußte MacClure zunächst einen sehr hohen Preis bezahlen. Er kam aus dem Eis nicht heraus, verlor sein Schiff und riskierte nach der dritten Überwinterung einen Fußmarsch von achthundert Kilometern in der Hoffnung, an der Baffinbucht von einem vorbeifahrenden Schiff aufgenommen zu werden. Im September 1854 hatten sie die Hälfte der Strecke bewältigt, und Kapitän MacClure und seine Männer wurden tatsächlich von einem Schiff, dessen Besatzung ebenfalls nach Franklin suchte, gerettet.

Wieder zu Hause, erstattete der Kapitän Bericht. Die Herren der Admiralität, der Geographischen Gesellschaft und der Ostindienkompanie hörten interessiert zu. Dann nahmen sie mit bekümmerten Mienen von der Vorstellung Abschied, daß ihre Schiffe jemals über einen nördlichen Seeweg nach Ostasien gelangen würden. Kapitän MacClure zahlten sie als Belohnung für diese unter Einsatz seines Lebens gewonnene Erkenntnis zehntausend Pfund Sterling. So wurde er über Nacht zu einem reichen Mann und hatte bis an sein Lebensende ausgesorgt. Er gab seine Laufbahn auf und zog sich mit seiner Familie aufs Land zurück.

Indes, während dieses Zwischenspiels ging die Suche nach dem Verbleib von John Franklin und seinen 139 Begleitern weiter.

Endlich, im Jahre 1853, wurde auf der Beecheyinsel im nordkanadischen Archipel ein längst verlassenes Winterlager entdeckt. Die verstreut herumliegenden Gegenstände, leere Flaschen und Konservendosen bewiesen eindeutig, daß Mannschaften britischer Schiffe hier gewesen sein mußten. Später fand man dort auch Gräber, deren Inschriften bewiesen, daß es sich um verstorbene Mitglieder der Franklin-Expedition handelte. So wußte man endlich, welchen Weg Franklin und seine Leute genommen hatten.

Ebenfalls 1853 wurde ein weiterer wichtiger Fund gemacht: Einer der Franklin-Sucher, der Polarforscher Dr. John Rae, der Jahre zuvor den Archipel auf einer Länge von tausendundzweihundert Kilometern erkundet hatte, traf auf der Boothia-Halbinsel mit Angehörigen des seinerzeit von John Ross entdeckten Eskimostammes zusammen. Vom Stammesältesten erfuhr er auf seine zahlreichen Fragen folgendes:

„Ein großes Schiff ist vor vielen Jahren bei King-William-Land eingefroren. Die Fremden retteten sich an Land und versuchten, den

Backfluß zu erreichen. Sie kamen aber alle um. Dreißig Leichen habe ich selbst im Fluß gesehen. Nein, von diesen Männern lebt keiner mehr." Und später fügte er hinzu: „Ja, sie wollten Fleisch von uns haben. Wir haben ihnen aber nichts gegeben, sie sahen schon so elend aus, daß es ihnen nicht mehr geholfen hätte. Wir wissen, wann der Tod zu einem kommt. Und dann hatten wir selbst wenig zu essen. Es war ein schlimmer Winter."

Mit Hundeschlitten ging es nun zum Backfluß.

Dort suchte Dr. Rae das gesamte Flußgebiet ab. Leichen fand er nicht. Vielleicht lagen sie erstarrt unter dem Eispanzer oder waren in der Zwischenzeit abgetrieben worden.

Während Dr. John Rae auf Boothia Felix die Innuit ausfragte, mußten die Lords der britischen Admiralität, einem alten Gesetz gehorchend, eine traurige Pflicht erfüllen und John Franklin und seine 139 Gefährten amtlich für tot erklären.

Admiral Walcott sagte dazu: „Alles, was zur Ehre des Landes erheischt, um Sir John Franklin aufzufinden, ist getan worden. Ich bin der Meinung, daß die Mannschaften des Unternehmens und die Schiffe untergegangen sind, und beantrage, ihre Namen aus den Listen der Königlichen Marine zu streichen."

Das war, fast neun Jahre nach der Abfahrt von „Erebus" und „Terror" aus dem Hafen von Greenwich, ein routinemäßiger Akt, nicht zuletzt deshalb erforderlich, um die Ansprüche der Hinterbliebenen sicherzustellen.

Die Suche wurde aber fortgesetzt und auch von der Regierung weiterhin unterstützt. Führende Männer vertraten nämlich die Ansicht, daß man dies dem Ansehen Englands schuldig sei. Viel Geld kam namentlich aus privaten Spendenaktionen zusammen. Die englischen Matrosen, die selbst wenig verdienten, veranstalteten eine eigene Sammlung. Auch die Nachfolger des Schnapsbrenners Felix Booth stellten erhebliche Summen zur Verfügung.

Obwohl man ihren Gatten für tot erklärt hatte, glaubte Lady Franklin unerschütterlich daran, daß er noch am Leben sei. Sie rüstete nun selbst eine Hilfsexpedition aus, die den größten Teil ihres Vermögens verschlang.

Wieder verstrich ein Jahr um das andere, und wieder machten sich Schiffe auf den Weg, um nach den Verschollenen zu suchen. Alle Bemühungen blieben umsonst. Anfang 1857, zwölf Jahre nach Franklins Aufbruch, erklärte die Regierung, daß weitere Suchaktionen zwecklos seien.

Lady Franklin schrieb dem Premierminister Henry John Palmerstone sogleich einen dringlichen Brief:

„Sir John Franklin, seine Offiziere und Mannschaften haben unter

Entbehrungen und furchtbaren Qualen ihr Leben im Dienst des Vaterlandes geopfert. Ich erhebe meine Stimme für diese Männer und fordere, daß nach ihren Gebeinen gesucht werde, daß man ihre Aufzeichnungen berge und ihre letzte schriftliche Botschaft vor der Vernichtung bewahre. Dies ist eine heilige Aufgabe. Um diese letzte Nachforschung bitte ich Sie."

Der Premierminister antwortete in durchaus bewegten Worten, stellte auch eine angemessene Witwenpension in Aussicht, aber weitere Gelder, Schiffe und Mannschaften bewilligte er nicht.

Da blieb Lady Franklin nun nichts anderes übrig, als ihr letztes Vermögen zu opfern und noch einmal eine eigene Expedition auszurüsten. Sie wußte, daß sie nun als arme Frau sterben würde. In MacClintock, dem inzwischen siebenunddreißigjährigen Kapitän, fand sie einen Verbündeten. Er übernahm die Leitung der Expedition.

Während seiner Vorbereitungen für die Reise kam von der Hudsonbucht-Handelsgesellschaft eine wichtige Mitteilung. Zwei Mitarbeiter der Gesellschaft hätten vor einiger Zeit auf dem Wege zur Mündung des Backflusses bei King-William-Land (heute King-William-Insel) Überreste der Franklin-Expedition gefunden: Kochkessel, einen Briefhalter, auch Bootsteile und ein Stück Holz mit der Aufschrift „Terror". Unterhaltungen mit Eskimofrauen hätten außerdem ergeben, daß viele Jahre zuvor, wahrscheinlich 1848, ein Boot mit Fremden am Ufer des Backflusses gestrandet und dessen Männer alle verhungert seien.

MacClintock wußte also, wo er ansetzen konnte.

An Bord des 180-Tonnen-Dampfers „Fox" und von einer fähigen Besatzung begleitet, trat er im Juni 1857 die Reise an. Da nach so vielen Jahren das öffentliche Interesse am Schicksal der vermißten Franklin-Expedition nachgelassen hatte, erschien nur Lady Franklin zur Verabschiedung. Regierung, Admiralität und Geographische Gesellschaft schickten keine Vertreter. Die Suche nach den sterblichen Resten John Franklins und seiner 139 Männer war zu einer privaten, familiären Angelegenheit geworden.

Kapitän MacClintock bemühte sich, sein gefährliches Unternehmen mit der größtmöglichen Umsicht und Sorgfalt zu führen. Er wußte, daß er die wahrscheinlich letzte Suchexpedition in dieser Sache übernahm. Diese mußte mit einem Erfolg enden, und wenn dieser auch nur darin bestehen konnte, Gewißheit über den Tod der Verschollenen zu erlangen. Lebend würde er wohl keinen mehr antreffen.

Die „Fox" steuerte nicht sogleich die King-William-Insel an, sondern nahm zuerst Kurs auf Grönland. Dort kannte MacClintock einen landes- und sprachkundigen Dänen namens Petersen. Ihn wollte er unbedingt für sein Anliegen gewinnen. Zudem beabsichtigte er, bei den Eskimos Hunde und Schlitten einzukaufen. Petersen war zur Mitreise bereit. Von den Eskimos erhielt der Kapitän, was er brauchte. Kein Glück hatte er allerdings, als er etliche Ureinwohner Grönlands bat, ihn zu begleiten. Als Grund gaben sie an, daß nach ihrer Meinung jenseits der Baffinbucht nur Menschenfresser lebten, denen man lieber nicht begegnen wollte.

Die Abfahrt von Grönland erfolgte ohne Schwierigkeiten. Der Kapitän glaubte, schon bald in den Lancastersund einlaufen zu können. Das erwies sich jedoch als Irrtum. Als sich die „Fox" etwa in der Mitte der Baffinbucht befand, schlug das unberechenbare Packeis unbarmherzig zu und nahm das Schiff in die Zange. Die Eispressungen waren zeitweilig so stark, daß MacClintock bereits die Aufgabe des Schiffes erwog. In diesem Falle wäre das Unternehmen gescheitert gewesen, ohne richtig begonnen zu haben. An Bord lagerten größere Mengen Sprengstoff. Der Kapitän und seine Freunde versuchten, eine Fahrrinne in das Eis zu sprengen. Hoffnungslos. Das Eis reagierte nicht. Dafür trugen zwei Matrosen Verletzungen davon. Der Kapitän rechnete sich aus, daß diese unvorhergesehene Überwinterung drei Monate dauern würde. Abermals irrte er sich: Aus drei Monaten wurden genau 242 Tage!

In der Polarnacht lernten die Männer das Gruseln. Eine bleierne Stille lag über der Baffinbucht, unterbrochen durch das Eis, das von Zeit zu Zeit die Schiffswände sehr heftig attackierte.

In diesem unheimlich-düsteren Polarwinter entstand jene Sage, an die selbst erfahrene Seefahrer noch Jahrzehnte später glaubten: Irgendwo bei der Beecheyinsel befindet sich John Franklins einsames Grab. Ein Bär hält Wache davor und tötet jeden, der sich dem Grab nähern will.

Die Polarnacht fand nach vielen Wochen ihr Ende. Die Sonne stand wieder am Himmel. Nur das Eis blieb fest, rührte sich nicht. Erst im Sommer 1858 konnte die „Fox" ihre Fahrt von neuem aufnehmen. Mit Volldampf ließ Kapitän MacClintock den Lancastersund ansteuern. Sein Ziel bildete die Beecheyinsel. Dies nun freilich nicht deshalb, weil sich seine Männer während der langen Winternächte ein Märchen zusammenphantasiert hatten, sondern weil er aufgrund der Berichte früherer Franklin-Sucher zu der Überlegung gekommen war, dort den entscheidenden Durchbruch erzielen zu können.

Die Insel konnte man bald erreichen.

John Franklins einsames Grab mit einem wachehaltenden Eisbären davor wurde natürlich nicht ausfindig gemacht. Bei relativ günstigen

Wasserverhältnissen schickte MacClintock Boote hinaus, die nach dem Verbleib von Franklins beiden Schiffen forschten. Das brachte nichts ein. „Erebus" und „Terror" blieben nach wie vor verschwunden. Und dabei hatte man kilometerlange Küsten und Dutzende von Buchten abgefahren. Also wieder einmal ein Mißerfolg.

MacClintock zeigte sich jedoch nicht weiter beunruhigt. Er sagte: „Die Schiffe werden untergegangen sein. Franklin dürfte daher versucht haben, sich zu Fuß zu retten. John Ross hatte das ja seinerzeit auch so gemacht. Ich schlage vor, daß wir uns um die beiden Schiffe nicht mehr kümmern."

In einer der Inselbuchten ließ er die „Fox" vertäuen und von einer kleinen Mannschaft bewachen. Danach stellte er zwei Schlittenabteilungen zusammen. Die eine, die er selbst führte, sollte jeden Quadratmeter der Beecheyinsel, später auch das Gebiet zwischen der Boothia-Halbinsel und King-William-Insel durchkämmen. Die andere unter Leutnant Hobson erhielt Befehl, vorwiegend die Nordspitze der King-William-Insel zu untersuchen.

Ehe die Abteilungen aufbrachen, hatte Kapitän MacClintock noch eine Pflicht zu erfüllen. Auf der Beecheyinsel enthüllte er eine Gedenktafel zu Ehren der Franklin-Expedition. Sie war von Londoner Privatleuten und Lady Franklin gestiftet worden. Königshaus, Regierung, Admiralität und Geographische Gesellschaft hatten sogar dafür kein Geld mehr genehmigt.

In der Nähe eines kleinen Vorgebirges, Kap Felix genannt, zeigte sich ein erstes Resultat. Drei große Zelte wurden gefunden. Sie enthielten Decken, Bekleidung, Gewehre und Munition. Wer mochte das zurückgelassen haben? Vielleicht John Ross, denn er war ja bis hierher gekommen? Vorerst blieb alles vage.

Gemäß der ihm erteilten Weisung setzte Leutnant Hobson seine Nachforschungen auf der King-William-Insel fort. Bei Point Victory erregte ein Steinhügel sein Interesse. Er untersuchte ihn und fand eine fest verschlossene Zinnbüchse, die er öffnete. Zum Vorschein kam ein Fund von außerordentlicher Bedeutung, nämlich ein Schriftstück. Es hellte das Geheimnis um die Franklin-Expedition zwar nicht ganz auf, gab aber einigen Aufschluß über ihren Untergang. Weitere Dokumente wurden nicht gefunden.

Am Kopf des Briefbogens stand eine in sechs Sprachen vorgedruckte Bitte: „Wer diesen Zettel findet, wird gebeten, ihn an den Sekretär der Admiralität in London zu senden, unter Angabe, wann und wo er ihn gefunden hat." Solche Briefbogen bekamen alle englischen Polarexpeditionen mit auf den Weg.

Darunter eine Mitteilung, die John Franklin selbst geschrieben hatte, sie lautete:

„28. Mai 1847. H. M. S. Erebus und Terror überwintern im Eise auf 70° 5′ n. Br., 98° 23′ w. L. Den Winter 1846/47 verbrachten wir bei der Beecheyinsel, nachdem wir den Wellington-Kanal bis 77° n. B. hinaufgegangen und an der Westseite der Cornwallisinsel wieder zurückgekehrt waren. Sir John Franklin führt die Expedition. An Bord alles wohl.“

Allerdings mußte John Franklin ein Schreibfehler unterlaufen sein, denn nicht der Winter 1846/47 konnte gemeint sein, sondern der von 1845/46.

Ein Jahr später wurde der von Franklin angefertigten Mitteilung ein Zusatz angefügt:

„Erebus und Terror wurden am 22. April verlassen, fünf Meilen nordwestlich von dieser Stelle, nachdem sie seit dem 12. September 1846 im Eise festgelegen hatte. Offiziere und Mannschaften landeten hier, im ganzen 105 Seelen. Sir John Franklin starb am 11. Juli 1847. Der Gesamtverlust durch Todesfälle beträgt bis heute 9 Offiziere und 15 Mann. Morgen, 26. April, Abmarsch nach Backs Fischfluß. 25. April 1848: F. R. M. Crozier, Kapitän und Senior-Offizier. James Fitzjames, Kapitän der Erebus.“

John Franklin war also tot. Aber kein Hinweis über die Todesursache und wo sich seine letzte Ruhestätte befand.

Die Suche wurde nun verstärkt fortgesetzt. Das mußte schnell geschehen, der nächste arktische Winter kündigte sich schon an.

Auf der King-William-Insel fand Kapitän MacClintock dann die Reste der Franklin-Expedition.

Ein Fund war grausiger als der andere. Skelette lagen herum, viele von Bären und Füchsen angefressen. Immer wieder sah man weggeworfene Bekleidung, Instrumente, sogar Proviant und Tabak. An der Ostküste der Insel stolperte Leutnant Hobson über einen Haufen Gepäck. Darunter befanden sich zwei menschliche Skelette. Und gleich daneben stand ein Schlitten, vollbeladen mit Lebensmitteln, zwanzig Kilogramm Schokolade, auch mit Kaffee und Tee. Demnach konnten diese beiden Männer bestimmt nicht verhungert sein.

Aber woran waren sie gestorben? Hatten sie sich in ihrer Verzweiflung selbst den Tod gegeben?

Am 21. September 1859 kehrte Kapitän MacClintock mit seiner Begleitung wohlbehalten in die Heimat zurück. Er brachte die Gewißheit mit, daß John Franklin und mit ihm 139 Männer im ewigen Eis den Tod gefunden hatten.

Mit einem Schlage rückte Franklin wieder in die öffentliche Aufmerksamkeit. Zeitungen schrieben in großer Aufmachung über die Katastrophe. Die Admiralität verschickte an die Hinterbliebenen Beileidsbriefe. Großzügiger zeigte sich die Geographische Gesellschaft. Sie verlieh Lady Franklin die große Goldmedaille. Später wurde auch ein Franklin-Museum eingerichtet.

Im Jahre 1878 befand sich eine amerikanische Expedition auf der King-William-Insel. Unweit der Stelle, an der MacClintock und Leutnant Hobson ihre grausigen Funde gemacht hatten, wurden jetzt weitere Skelette und Totenschädel geborgen. Gefundene Uniformknöpfe gaben Aufschluß darüber, ob ein Soldat oder ein Offizier hier den Tod gefunden hatte. Auch konnte man einigermaßen sicher sein, daß mindestens zwölf Männer aus Franklins Begleitung von Eisbären in Stücke gerissen worden waren. Der Zustand der Skelette ließ keinen Zweifel daran. Im Schnee fand sich eine Gedenkmünze aus Silber. Nachforschungen ergaben, daß sie Leutnant Irving, einem Begleiter Franklins, im Jahre 1830 als Ehrenpreis in einem mathematischen Wettbewerb verliehen worden war.

Und erst vor ganz kurzer Zeit, nämlich im Sommer des Jahres 1984, wurden auf der King-William-Insel ebenfalls Gegenstände gefunden, die eindeutig zur Ausrüstung John Franklins gehörten.

Nach und nach gelang es, John Franklins Weg einigermaßen genau nachzuzeichnen.

Dabei kam eine Tragödie ans Tageslicht.

Der von John Franklin gewählte Weg zur Auffindung der Nordwestdurchfahrt hatte sich bereits im Lancastersund als untauglich erwiesen, jedenfalls zu diesem Zeitpunkt. Etwa dort, wo viele Jahre vorher John Ross seine Crokerberge erblickt haben wollte, legte sich das Eis wie eine uneinnehmbare Festung vor die Schiffe „Erebus" und „Terror". Franklin wäre sicher gut beraten gewesen, sich an die Küste der Baffinbucht zurückzuziehen und dort günstigere Verhältnisse abzuwarten. Sein Ehrgeiz dürfte ihn jedoch veranlaßt haben, den Durchbruch woanders zu versuchen. So gelangte er schließlich nach einer ersten Überwinterung auf der Beecheyinsel zur Nordspitze der King-William-Insel. Und ebendort begann die Tragödie.

Im Mai 1845 war die Franklin-Expedition gestartet. Nach der ersten Überwinterung hatte sie die Reise noch eine Zeitlang fortsetzen können. Am 12. September 1846 aber, nachdem die beiden Schiffe eingefroren waren und sich nicht mehr aus dem Eis zu lösen vermochten, mußte das waghalsige Unternehmen endgültig gescheitert gewesen sein. Und davon dürfte sich der mittlerweile zweiundsechzigjährige Franklin nicht mehr erholt haben. Immerhin, solange er lebte und das Kommando führte, verliefen auf „Erebus" und „Terror" sowie im Winterlager die Tage in geordneten Bahnen. Nur so ist die Nachricht vom 28. Mai 1847 zu verstehen, daß an Bord alles wohlauf sei.

Nach seinem Tode hielten Mannschaften und Offiziere noch fast ein Jahr aus. Am 26. April 1848, nachdem in der Zwischenzeit fünfzehn Matrosen und neun Offiziere zu Tode gekommen waren – auf welche Weise dies geschah, ließ sich nie feststellen – befahlen Crozier und Fitzjames, die Schiffe zu verlassen.

Im Gegensatz zu John Ross, der seinerzeit nach Norden gezogen war, um sich an der Baffinbucht retten zu lassen, marschierten die Franklin-Leute in südöstlicher Richtung. Ihr Ziel war die Hudsonbucht. Dort gab es eine Handelsgesellschaft, Forts, einen Hafen und Schiffe. Der Weg zur Rettung des eigenen Lebens gestaltete sich als qualvoller Todesmarsch. Weder an der Hudsonbucht noch an einer anderen Stelle hatte sich jemals ein Teilnehmer der verunglückten Expedition gemeldet. Sie kamen alle um!

Langsam senkte sich nun der Vorhang der Geschichte über diesem Drama, der schrecklichsten Polartragödie aller Zeiten. Doch sechzig Jahre nach Sir John Franklins Tod gab es ein gespenstisch anmutendes Nachspiel.

Es geschah im Juni 1907.

Der Kohlendampfer „Miss Roseberry" stampfte durch den Nordatlantik. Der wachhabende Matrose meldete, daß sich ein Eisberg dem Schiff näherte. Ein Eisberg in dieser Gegend? Der Kapitän glaubte nicht daran. Wahrscheinlich hatte sich der Matrose geirrt.

Nein, ein Eisberg war es nicht. Vor der „Miss Roseberry" trieb ein merkwürdiges Schiff, kaum noch seetüchtig, die Masten gekappt, die Deckaufbauten total ramponiert.

Der Kapitän gab Zeichen, doch es kam keine Antwort. Ein kleines Beiboot wurde zu dem Gespensterschiff geschickt. Die Matrosen kletterten an Bord, suchten die Besatzung, fanden aber nicht einen einzigen Menschen. Wenigstens war der Name dieses seltsamen Schiffes einigermaßen zu entziffern: „Terror".

John Franklins Schiff hatte sich vor vielen Jahren aus der Umklammerung des Eises gelöst und geisterte seitdem durch die Meere.

Gesehen wurde es aber nur dieses eine Mal.

14. KAPITEL

Zweihundert Tage auf einer Eisscholle

*Die deutsche Grönlandexpedition von 1869/70 unter
Karl Koldewey und Paul Friedrich August Hegemann
war ein erregendes Abenteuer*

Von vielen Menschen, die im vorigen Jahrhundert im Land Preußen und in den deutschen Kleinstaaten lebten, wurden die Bücher und Zeitungsberichte über die Polarfahrer und ihre Taten mit Begeisterung gelesen. Die internationalen Aktivitäten zur Rettung Sir John Franklins und die große Anteilnahme am Schicksal der Verschollenen hatten die nördlichen Polarregionen wieder stärker in das öffentliche Blickfeld gerückt. Aber wann würde sich erstmals auch eine deutsche Expedition in das ewige Eis aufmachen?

An ehrgeizigen und wissenschaftlich begründeten Plänen in dieser Richtung mangelte es nicht. Namentlich setzte sich der wohl maßgeblichste Kartograph seiner Zeit für ihre Verwirklichung mit aller Kraft ein: Dr. August Petermann aus Gotha, dem für sein langjähriges und erfolgreiches Wirken in ganz Europa Anerkennung gezollt wurde. Seiner Tatkraft mußte es am Ende gedankt werden, daß im Jahre 1865 beziehungsweise 1868 zum ersten Male eine deutsche Expedition in den hohen Norden geschickt werden konnte. Damals liebäugelten bereits einflußreiche Leute in Preußen mit dem Gedanken, nach dem Vorbild Englands, Frankreichs und anderer Nationen in Afrika ein deutsches Kolonialreich zu begründen. Dr. Petermann hielt nichts von solchen Ambitionen, die übrigens erst Jahrzehnte später Realität werden sollten, vielmehr sagte er: „Das Europäische Nordmeer bis zum Pol und die dazugehörenden Landesteile liegen uns näher als Afrika."

Von Dr. Petermann stammte auch die Vermutung, daß sich der Nordpol möglicherweise auf dem grönländischen Festland befände. Zu solcher Vermutung bestand einiger Anlaß, weil man seinerzeit noch nicht wußte, daß Grönland eine Insel ist.

Die erste deutsche Expedition unter Reinhold Werner, die 1865 startete, erlitt bereits beim Aussegeln eine Havarie, so daß sie abgebrochen werden mußte.

Im Jahre 1868 begab sich die „Germania", halb Segler, halb Dampfschiff, unter dem Kommando des einunddreißigjährigen Kapitäns Karl Koldewey auf eine Fahrt in die Arktis. Ziel war Spitzbergen. Vielleicht gelang es, diese ausgedehnte Inselgruppe zu umfahren und bei dieser Gelegenheit das östlich von ihr vermutete Gillis-Land zu entdecken oder sein Nichtvorhandensein verbindlich festzustellen.

Aber die „Germania" erreichte ihr Ziel nicht.

Oberhalb Islands passierte man den Nördlichen Polarkreis und nahm dann direkten Kurs auf Spitzbergen. Bald nach dem 72. Breitengrad geriet das Schiff in unübersehbare Packeisfelder und kam nur noch langsam voran. Eine Überwinterung wollte der Kapitän nicht riskieren, darum befahl er die Rückreise.

Weit war man also nicht gekommen. Von einem Mißerfolg sprach trotzdem niemand. Der rührige Dr. Petermann setzte sich für eine weitere Expedition ein. Unterstützung fand er bei mehreren Bremer Reedern und Mitgliedern der preußisch-deutschen Marineleitung in Berlin. Das wissenschaftliche Ziel des Unternehmens bestand in der Erforschung der Ostküste Grönlands und – falls die Umstände das erlaubten – in der Eroberung des Nordpols.

Diese zweite deutsche Nordlandfahrt – zählt man den allerersten mißglückten Versuch 1865 nicht – wurde rasch in Gang gesetzt und zu ihrem Leiter wiederum Karl Koldewey bestimmt. Außer der „Germania", die er selbst befehligte, erhielt er die „Hansa" unter Kapitän Paul Friedrich August Hegemann als Begleitschiff zugeteilt.

Karl Koldewey, die späteren Ereignisse bewiesen das, war kein Abenteurer, der sich und seine Männer blindlings Gefahren aussetzte. Ihn reizte jedoch die Aufgabe, die er nach besten Kräften lösen wollte. Ebenso umsichtig wie tatkräftig machte er sich an die Arbeit. Da er nicht damit rechnete, den Nordpol per Schiff zu erreichen, würde er in Norwegen Schlitten und Hunde an Bord nehmen. Die Verproviantierung der beiden Schiffe kontrollierte er selbst. Dabei achtete er auf jede Kleinigkeit.

Für die Besatzung der „Germania" wurden beispielsweise neben vielem anderen folgendes mitgenommen: 1080 Pfund gesalzenes Ochsenfleisch, 180 Pfund Speck, 200 Pfund Mettwürste, 1006 Pfund Schinken, 826 Pfund Rauchfleisch, 1170 Pfund Butter, ferner 200 Pfund Schokolade, 600 Pfund Reis, 48 Pfund Rahmkäse und 10 Krüge Senf. Schließlich noch 9000 Zigarren der besseren und 5000 einer weniger guten Sorte, aber auch 37 Pfund Tabak.

Möglicherweise dachte man auch daran, im ewigen Eis rauschende Feste zu feiern, denn die Getränkeliste der „Hansa" wies folgende Posten auf: 300 Flaschen Rotwein, 48 Flaschen Portwein, 48 Flaschen Rum, 700 Flaschen Bier und 3 Fässer Branntwein.

Am 15. Juni 1869, genau fünfzehn Uhr, fand in Bremerhaven ein pompöses Abschiedszeremoniell statt. Sogar der König von Preußen war erschienen – was für ein glanzvolles Ereignis!

In einem Zeitungsbericht hieß es dazu: „In dem zahlreichen Gefolge Seiner Majestät befanden sich Seine Königliche Hoheit der Großherzog von Mecklenburg, Graf Bismarck, Kriegs- und Marineminister von Roon, General von Moltke und Vizeadmiral Jachmann."

Reden wurden gehalten, Fahnen geschwungen, Musik erklang. Es sah so aus, als sollten „Germania" und „Hansa" im hohen Norden für Preußens Größe einen gewaltigen Sieg erringen. Nach neunzig Minuten konnten die beiden Schiffe ihre Fahrt antreten.

Ohne nennenswerte Schwierigkeiten gelangten sie zur Ostküste Grönlands, setzten von dort aus ihre Reise fort, hielten kurzen Abstand voneinander. In diesen tückischen Gewässern wollte man sich nicht aus den Augen verlieren.

Am 20. Juli 1869, in den frühen Morgenstunden, verfinsterte sich plötzlich der Himmel so sehr, daß sich die Männer in eine rabenschwarze Nacht versetzt glaubten. Die Lüfte erzitterten. Das Meer wurde zuerst unruhig, dann begann es zu rasen und zu toben. Als ein brüllendes Ungeheuer hetzte ein Orkan über die Grönlandsee hinweg. Die Schiffsmannschaften führten einen verzweifelten Kampf gegen den drohenden Untergang.

Nach Stunden legte sich das Unwetter wieder. Trotzdem besserte sich die Lage kaum. Dem Orkan folgten dichte Nebelbänke, die ihnen jegliche Sicht nahmen. Das ging tagelang so. Schließlich leuchtete über der Grönlandsee aber wieder die Sonne. Kapitän Koldewey stand am Bug seines Schiffes und hielt Ausschau nach der „Hansa", die irgendwo in der Nähe sein mußte. Sie blieb jedoch unsichtbar.

„Ich glaube nicht, daß Anlaß zur Besorgnis besteht", sagte der Kapitän. „Hegemann ist ein erfahrener Mann. Ich denke, er wird zur Küste gefahren sein, um dort Schutz zu suchen. Freilich könnte er auch schon vor uns sein. Oder er kommt nach. Das Ziel unserer Reise kennt er jedenfalls."

So setzte die „Germania" ihren Kurs allein fort, gelangte bis über den 75. Breitengrad hinaus. Die nahende Polarnacht zwang Koldewey allerdings, sich wieder südwärts zu wenden. Er brauchte einen sicheren Überwinterungshafen. An der viele Jahre zuvor von Engländern entdeckten Sabine-Insel fand er ihn. Man wählte den Ankerplatz so, daß dem Schiff selbst bei schwersten Stürmen nicht viel geschehen konnte. Dann wurde es vertäut und winterfest gemacht.

Die Fußböden erhielten einen festen Belag aus Moos, über den man Matten legte. Ritzen in den Bordwänden wurden verklebt und verstopft. Auf die Tüchtigkeit der „Germania" allein wollte man sich nicht verlassen. Deshalb ließ Koldewey an Land mehrere Blockhütten bauen, Verpflegungs- und Brennstofflager anlegen. Auch die beiden Rettungsboote brachte er aus dem Wasser. Sollte dem Schiff trotz aller Vorsicht etwas zustoßen, konnten die Boote ihre letzte Rettung sein.

Proviant hatte man genügend mitgenommen. Dennoch schickte Koldewey mehrere Männer auf die Jagd, allerdings kamen sie mit kläglichem Ergebnis zurück. Auf der Sabine-Insel lebten weder Moschusochsen noch Rentiere. Erheblich mehr Glück bot der Fischfang. Viele Zentner von Lachsen und Heringen lagerte man ein.

Die Polarnacht überstanden alle gut. Als dann der arktische Frühling begann, wurde es im „Germania"-Hafen richtig lebendig. Das Schiff sollte gründlich überholt werden. Unterdessen unternahmen der Kapitän und sein wissenschaftlicher Stab ausgedehnte Schlittenreisen nach Norden. Als man aufbrach, wußte man, daß Grönland oberhalb des 74. Breitengrades so gut wie unerforscht war und daß diese Gegenden noch kein Mensch betreten hatte. Diese Schlittenreisen dauerten viele Wochen. In ihrem Verlauf entdeckten die Männer zahlreiche Inseln, Seen, Gebirge und Hügelketten sowie etliche Gletscher.

Soweit Karl Koldewey seine Neuentdeckungen mit den Namen preußischer Größen versah, wurden sie später durch dänische Bezeichnungen ersetzt, denn Grönland gehörte bis nach dem zweiten Weltkrieg zu Dänemark. Ausnahmen machten das *Kap Bismarck* und die *Koldewey-Insel*, die noch immer so heißen.

Lebten im Osten Grönlands Eskimos?

Davon hatte man niemals gehört. Auch späteren Expeditionen begegneten hoch im Osten Grönlands keine Eskimos. Aber auf dem von Koldewey entdeckten *Germaniadand*, dicht am Rande des 78. Breitengrades, fanden sich mehrere Eskimogräber. Also stand fest, daß auch in dieser Gegend einmal Eskimos gelebt hatten oder sich auf der Durchreise befanden.

Die „Germania" und ihre Besatzung kehrten wohlbehalten in die Heimat zurück. Kapitän Koldewey erhielt einen hohen Orden. Die Matrosen, die sich nicht minder tapfer und wacker gehalten hatten, mußten sich mit einem Händedruck der huldvoll lächelnden Kronprinzessin begnügen.

Aber was geschah mit den Männern der „Hansa"?

Während des Orkans war das Schiff manövrierunfähig geworden und abgetrieben. Später, inmitten der schweren Nebelbänke, verlor man die Orientierung. Niemand konnte mit Sicherheit sagen, wo sie sich befanden.

Erst bei besserer Sicht nahm Kapitän Hegemann eine Ortsbestimmung vor und erklärte: „Wir sind entschieden zu weit nach Osten
abgekommen. Nun wollen wir schnellstens nach Westen segeln und
danach hart auf Nordkurs gehen."

An Bord gab man sich zuversichtlich, schon bald wieder den An-
schluß an die „Germania" zu finden. Leider erwies sich das als Irrtum. Zwar kam die „Hansa" noch eine Weile gut voran, bei mäßi-
gem Wetter und frischen Winden. Aber das Eis!

In dieser Gegend, zwischen Ostgrönland und Spitzbergen, galt
das Eis schon immer als unberechenbar. Darauf hatten bereits Barents und Hudson hingewiesen. Nun schoben sich aber von allen
Seiten her schwere Eismassen heran.

Der Kapitän begriff, was das zu bedeuten hatte.

Paul Friedrich August Hegemann, ein Mittdreißiger, durfte zu
Recht als erfahrener Seemann angesehen werden. Als Steuermann
auf einem Handelsdampfer, der die Westküste Amerikas bis nach
Alaska befahren hatte, war er einige Male in der Beringstraße gewesen und wußte mithin, daß die Begegnung mit Treib- und Packeis-
feldern tödlich ausgehen konnte.

Außer ihm befanden sich dreizehn Männer an Bord: Matrosen
und Leichtmatrosen, zwei Offiziere, der Arzt Dr. Buchholz, ein
Greifswalder, der Zimmermann Böwe war mit seinen fast fünfzig
Jahren der älteste Teilnehmer, der Koch Wüpkes stammte aus Holland.

Ein Teil der Besatzung geriet wegen der heranrückenden Eismassen in Unruhe, befürchtete, die „Hansa", im Gegensatz zur „Germania" nur ein leichter Segler, könnte zermalmt werden und mit Mann
und Maus untergehen. Oft genug hatte man von solchen Katastrophen gehört.

Hegemann selbst ließ sich nicht in Panik versetzen und sagte:
„Wir wollen uns bemühen, den Kurs zu halten und die Eisschollen
zu umfahren. Der nächste Sturm, den wir mit Gottes Segen überstehen werden, könnte die Schollen auseinandertreiben, so daß wir
wieder nach allen Seiten hin freies Wasser haben."

Eine Weile schien diese Rechnung auch aufzugeben. Mühsam
quälte sich das Schiff vorwärts, mußte dabei aber, um den Eisfeldern auszuweichen, dauernd den Kurs ändern. Grönlands Küste
blieb in weiter Ferne, der 75. Breitengrad, wo man Koldewey vermutete, ebenfalls. Im Grunde genommen drehte sich das Schiff im
Kreise, und dies gleich wochenlang.

Schließlich, Mitte September 1869, war das Schiff von unübersehbaren Eismassen umzingelt und bewegungsunfähig, es saß
fest.

Der Kapitän meinte: „Wir schlagen eine Rinne in das Eis und schlüpfen danach in offenes Wasser hinein."

Mit Eispickeln und anderen harten Gegenständen, schließlich auch mit Dynamit gelang es, die Schollen auseinanderzureißen und einen schmalen Kanal zu schaffen. Sofort wurden die Segel gesetzt, und tatsächlich kam die „Hansa" wieder in Fahrt, für einen ganzen Tag lang, um sodann von einem neuen Eisfeld eingeholt und umschlossen zu werden.

Dr. Buchholz schrieb in sein Tagebuch: „Wir fangen an, über unsere widerliche Lage verstimmt zu werden. Der Kapitän ist entschlossen, aus dem Eis herauszukommen und einen neuen Versuch zu unternehmen, die Küste zu erreichen, zumal wir in der Ferne Wasser vor uns sehen. Leider ist das Eis so dick geworden, daß unser Schiff sich nicht bewegen kann."

Zwischen den einzelnen Schollen befanden sich natürlich schmale Rinnen, die mit Booten befahren werden konnten, vorläufig wenigstens noch. Darum beauftragte Hegemann den Ersten Offizier Hildebrandt und zwei Matrosen, sich mit einem Boot so weit wie möglich nach Westen durchzuschlagen, um die Eisverhältnisse zu erkunden. Schon nach wenigen Kilometern endete ihre halsbrecherische Bootsfahrt. Je näher sie der grönländischen Küste kamen, die aber noch etwa sechzig Kilometer entfernt lag, desto höher türmte sich das Eis. Nein, vorerst gab es kein Entrinnen.

Kapitän Hegemann hielt eine kurze Ansprache: „Blicken wir den Tatsachen ins Auge. Unsere Bemühungen, die Fahrt fortzusetzen oder bei Grönland eine Bucht zum Überwintern zu finden, sind gescheitert. So werden wir bleiben, wo wir sind, und das Frühjahr abwarten. Wenn jeder seine Pflicht erfüllt und wir alle kameradschaftlich zusammenhalten, überstehen wir die harte Prüfung, die das Schicksal uns auferlegt hat. Zu gegebener Zeit will ich bekanntgeben, was der einzelne zu tun hat." Er legte eine kurze Pause ein, ehe er mit etwas belegter Stimme schloß: „Machen wir uns auf das Schlimmste gefaßt. Das Eis könnte unser Schiff vernichten. Tritt das ein, werden wir versuchen, zu Fuß über das Eis zur Küste zu marschieren."

Schlechte Aussichten, doch seltsam: Nun, da das Unvermeidliche zur Gewißheit geworden war und die Männer eingesehen hatten, so schnell nicht wieder freizukommen, gaben sie sich gelassen. Die nervöse Spannung der vergangenen Wochen legte sich. Jeder bemühte sich, seinen Beitrag zum Überleben der Expedition zu leisten. Unter diesen einsamen Gefangenen der Grönlandsee brach keine Panik aus.

Einige Besucher stellten sich ein. Sie waren unangenehm, aber auch willkommen: Eisbären. Hegemann brachte eine Bärin mit nur einem einzigen Schuß zur Strecke. Nachher hatte Koch Wüpkes stundenlang zu tun, er mußte das Fleisch zu Schnitzeln und Buletten verarbeiten, die allen vortrefflich schmeckten. Das Junge fing man ein und kettete es an einen ausgedienten Anker. Am anderen Morgen war es spurlos verschwunden. Das arme Tier dürfte sein Leben lang mit Eiskette und Anker durch das arktische Reich gezottelt sein.

In den nächsten Tagen konnten weitere Bären geschossen werden. Ihr Fleisch ließ der Kapitän in tiefen Eishöhlen lagern.

Eines Morgens machte der Erste Offizier eine Entdeckung, die größte Aufregung verursachte. Die „Hansa" lag festvertäut und angefroren an einer Eisscholle und hatte sich also nicht mehr von der Stelle gerührt. Trotzdem befand sie sich nicht mehr an der bisherigen Stelle, sondern ganz woanders.

Was hatte das zu bedeuten?

„Wir sind in eine Eisdrift geraten", erklärte Hegemann erregt, „und jetzt ist mir auch klar, warum wir aus dieser Teufelsmühle einfach nicht herauskommen. Das Eis hat uns auf seine Bahn mitgenommen."

Das aber konnte den vierzehn Männern zum Verhängnis werden.

Wohin steuerte die Drift, wo würde sie enden? Schon seit geraumer Zeit behaupteten einige Geographen, daß eine Drift geradewegs über den Nordpol führe. In diesem Falle würden die Männer der „Hansa" verloren sein.

Kapitän Hegemann beobachtete und rechnete. Er legte das Ergebnis seiner Berechnungen bald auf den Tisch. Nein, zum Nordpol ging diese unfreiwillige Reise nicht. Man driftete mit wechselnder Geschwindigkeit nach Südwesten. Spätestens an der Südküste Grönlands mußte sich das Eis auflösen.

Aber was sollte bis dahin geschehen?

Hegemanns erste Frage galt dem Schiff, dem die Eispressungen schon arg zugesetzt hatten. Lange würden die Bordwände dem dauernden Druck nicht widerstehen. Die „Hansa" war kein besonders stabiles Schiff. Man hatte sie bisher nur auf kurzen Strecken eingesetzt, hauptsächlich im Handelsweg zwischen Bremerhaven und London.

„Wir werden auf dem Eis ein Ausweichquartier einrichten", entschied Hegemann.

Die Eisscholle, an der das Schiff vertäut lag, hatte einen Umfang von etwa drei Kilometern mal vier Kilometern und ungefähr vier Meter Dicke. Sie würde sich demnach nicht so schnell auflösen. Da Hegemann mit einer Drift von mehreren Monaten rechnete, bot das eine gewisse Sicherheit, falls das Schiff tatsächlich aufgegeben werden mußte.

Also brauchte man zuerst ein Haus. Schiffszimmermann Böwe wurde vorübergehend in den Rang eines Baumeisters erhoben und mit dieser Arbeit beauftragt. Er entwarf einen Plan, ließ ihn vom Kapitän bestätigen und begab sich anschließend auf die Suche nach einem geeigneten Gelände. Fünfhundert Meter vom Schiff entfernt fand er eine feste, bruchfreie Stelle. Mit der Arbeit hätte sofort begonnen werden können, doch ergaben sich Materialschwierigkeiten. An Bord der „Hansa" gab es nicht genügend Bauholz.

Zum Glück hatte der Jüngste der Besatzung, der neunzehnjährige Leichtmatrose Konrad Gierke aus Stettin, den rettenden Einfall: „Wir haben massenweise Preßkohlen mitgenommen, die wir nicht brauchen. Außerdem brennen sie schlecht. Nehmen wir sie doch als Ersatz für Ziegelsteine."

Ein Haus aus Kohle? Die meisten Männer schüttelten die Köpfe. Der Vorschlag des jungen Kameraden schien auch wirklich absurd zu sein. Jedoch erwiesen sich die Preßkohlen als ideales Baumaterial. Sie nahmen Feuchtigkeit auf und ließen Wärme nicht entweichen. Als Mörtel dienten Wasser und Schnee. Zur Verkleidung der Wände verwendete Böwe einfaches Segeltuch. Um das Haus herum schichtete er einen hohen Wall aus Eis. Bereits nach wenigen Tagen war die Villa bezugsfertig: sieben Meter lang, vier breit, zwei hoch. Für vierzehn Männer also nicht gerade geräumig. Zumindest hatte man aber im schlimmsten Fall ein Dach über dem Kopf.

In Anspielung auf ein berühmtes Pariser Etablissement wurde Böwes Kohlenhaus *Hôtel du Nord* getauft.

Unterdessen meldete sich mit Schneegestöber, sinkenden Temperaturen und zunehmender Vereisung der Winter an.

Hegemann, der sein Schiff noch besorgter betrachtete, ließ vorsichtshalber Proviant auf die Eisscholle bringen: vierhundert Brote, fünfzig Büchsen Fleischkonserven, mehrere Speckseiten, frisches Bärenfleisch, Kaffee, Tee, Zucker und Salz, ebenso Brennstoffe für zwei Monate.

Die Driftgeschwindigkeit nahm zu.

Unter der „Hansa" stießen große Eisblöcke gegeneinander, was unheimlich klang. In geregelten Abständen, wie durch einen gleichmäßigen Wellenschlag hervorgerufen, dröhnte und knallte, quetschte und pfiff es aus der Tiefe hervor – bald wie das Knarren von Türen, dann wieder wie ein wildes Durcheinander vieler Menschenstimmen, zuweilen auch wie das langsame Bremsen eines Eisenbahnzuges.

In der Nacht zum 16. Oktober 1869 blieben die Männer wach.

Der Kapitän hatte dies zwar nicht befohlen, doch keinem wäre es eingefallen, sich niederzulegen. Schlaf hätte er sowieso nicht gefunden.

Unter dem Schiff krachte und bebte es so gewaltig, daß jeder mit dem Auseinanderbrechen der „Hansa" rechnete. Am anderen Morgen hatte sich die Lage wieder beruhigt. Grund zu der Annahme, man werde von nun an wieder in Frieden mit den Elementen leben, bestand deswegen nicht.

„Das ist die Ruhe vor dem Sturm", meinte Hegemann.

Und weil er wußte, daß das Überleben wahrscheinlich von den Maßnahmen abhing, die jetzt, noch in dieser Stunde, verfügt werden mußten, entschied er sich für eine radikale Lösung.

„Als ordentliche Seefahrer", sagte er, „werden wir unser Schiff natürlich nur im Augenblick höchster Not verlassen. Das kann uns aber nicht daran hindern, vorsorglich zu handeln. Dies ist mein Befehl an euch: Sämtliche Vorräte, Bekleidung, Ausrüstungsgegenstände, Holz, Kohlen, Dokumente, Bücher, überhaupt alles Brauchbare, besonders natürlich unsere drei Boote sofort von Bord bringen und im Haus auf der Eisscholle oder in dessen Nähe lagern!"

Den Männern stand ein Kampf auf Leben und Tod bevor. Die Lasten, die sie nun bewegten, waren zentnerschwer. Man durfte keine Zeit verlieren. Das Wetter hatte sich ein wenig gebessert, allerdings blieb die Kälte unerträglich. Die Männer trugen dicke Pelzbekleidung. Der Frost riß ihnen trotzdem die Haut auf.

Am 19. Oktober zur Mittagszeit wurden in der Nähe Eisbären gesichtet. In den Wochen und Tagen vor der Polarnacht galten sie als besonders angriffslustig. Kapitän Hegemann ordnete deshalb an, das „Hôtel du Nord" von nun an ständig zu bewachen.

Die Nacht zum 20. Oktober war eine Schreckensnacht, die schlimmste, die die Männer je erlebt hatten. Gegen zwei Uhr erzitterte das Schiff. In der Luft dröhnte es wie von Kanonenschüssen. Wieder einmal raste ein Orkan über Meer und Eis, doch unheimlicher als alle bisherigen.

Kapitän Hegemann sprang von seinem Bettgestell hoch und wollte aufs Deck eilen. Ein furchtbares Krachen hinderte ihn daran. Gleich darauf brach das Kajütendach zusammen, von einem Mast getroffen. Die „Hansa", obwohl fest vertäut, wurde hin und her gerissen. Bald darauf brach ein weiterer Mast.

Die Männer konnten das berstende Schiff nicht verlassen, denn der tobende Sturm hätte sie durch die Luft geschleudert. So mußten sie unter den Trümmern ausharren und von der Hoffnung leben, doch noch irgendwie davonzukommen.

Zwei Stunden vergingen.

Draußen beruhigte es sich langsam wieder. Die Männer krochen unter den Trümmern hervor und betraten das Deck. Die „Hansa" sah zwar wüst aus, aber der Schaden ließ sich wieder in Ordnung bringen.

„Nach diesem Inferno haben wir eine Zigarre nötig", meinte Hegemann.

Als er sie in Brand steckte, zuckte er zusammen. Was war das?

Die unheimlichen Geräusche meldeten sich erneut – das Knarren von Türen, das wilde Durcheinander vieler Menschenstimmen. Wieder dröhnte und pfiff es unter dem Schiffskörper. Die Eisblöcke griffen die „Hansa" von unten her und von allen Seiten an.

„Alle Mann von Bord!" schrie der Kapitän.

Das ließen sich die Männer nicht zweimal sagen. Sie ahnten, welches Unglück sich gleich ereignen würde. Im Davonlaufen hörten sie, wie ihr Schiff auseinanderbrach.

Im „Hôtel du Nord" wurde nach den ausgestandenen Schrecken eine warme Mahlzeit eingenommen. Das Menü bestand aus Butterreis, Bärenfilet und Konservengemüse. Hinterher gab es starken Kaffee, Branntwein und Zigarren von der besseren Sorte. Da man bisher in der Nacht keinen Schlaf gefunden hatte, bewilligte Hegemann eine mehrstündige Ruhepause.

Nach kurzer Zeit wurde sie aber unterbrochen. Draußen vor der Tür stand nämlich jemand und begehrte Einlaß. Offenbar hatte er es eilig, denn er benahm sich laut und aufdringlich. Die Männer sprangen hoch, es herrschte allgemeine Aufregung. Der unerwartete Besucher war ein Eisbär. Wie sollte man sich den bösartigen Gesellen vom Halse schaffen? Schiffszimmermann Böwe schlug vor, ihn mit Feuer zu vertreiben. Er entzündete zu diesem Zweck eine Brandfackel. Der Koch war mutig genug, die Tür ein wenig zu öffnen. Im nächsten Augenblick warf Böwe die Fackel hinaus. Der Bär wich aufheulend zurück. Hildebrandt schoß sogleich mit einer Doppelflinte auf ihn.

Getroffen hinkte der Bär davon. Später, in einer Entfernung von mehreren hundert Metern, fand man ihn tot im Schnee liegen, allerdings mit durchbissener Gurgel. Ein Artgenosse hatte ihm den Rest gegeben.

Am Nachmittag, einigermaßen wieder bei Kräften, hielt es den Kapitän nicht länger in dem neuen Quartier.

„Ich muß wissen, was aus dem Schiff geworden ist", sagte er.

Mehrere Männer begleiteten ihn. Das Eis schien sich fürs erste ausgetobt zu haben. Dafür schneite es ohne Unterlaß. Schon von weitem sahen Hegemann und seine Gefährten, daß die „Hansa" nur noch ein Wrack war, das nun langsam unter einem Gebirge von

Schnee und Eis versank. Ein trostloser Anblick. Kein Seemann konnte so etwas ertragen. Die Männer salutierten und wandten sich zum Gehen.

„Ich bin nicht gerade ängstlich, Herr Kapitän", sagte einer der Männer, „trotzdem möchte ich Sie etwas fragen."

„Bitte, was haben Sie auf dem Herzen?"

„Unser Schiff ist ja nun verloren. Können Sie mir sagen, wie wir nach Hause kommen werden?"

Der ursprüngliche Plan, über das Eis nach Grönland zu marschieren, wurde aufgegeben. Bei näherer Betrachtung bot er keine Aussicht auf Erfolg, konnte dafür den sicheren Tod für alle bedeuten. Hegemann, von seinen beiden Offizieren unterstützt, erklärte, man sollte zunächst so lang wie möglich auf der Scholle driften und später, wenn sich das Eis auflöste, mit den Booten nach Südgrönland fahren.

„Dort gibt es Ansiedlungen", erläuterte der Kapitän, „und Schiffe legen dort auch regelmäßig an."

„Wie lange kann die Drift dauern?"

„Ich rechne mit vier bis fünf Monaten. Unsere Boote müssen trotzdem, und zwar ab sofort, jederzeit beladen und fahrbereit sein. Es könnte schließlich der Fall eintreten, daß die Scholle, auf der wir uns befinden, auseinanderbricht, und dann kommt es auf jede Sekunde an."

Allerdings sollte man dies nur als Vorsichtsmaßnahme verstehen. So schnell würde die Scholle nicht auseinanderbrechen. Die Boote wurden dennoch beladen und reisefertig gemacht.

Die Drift auf der Scholle war ohne Beispiel in der wildbewegten Geschichte der Polarforschung.

Im „Hôtel du Nord" richtete man sich häuslich ein. An den beiden Längsseiten des Raumes standen Pritschen zum Schlafen, in der Mitte ein langer Tisch und für jeden Mann ein Schemel zum Sitzen. Zwei Öfen sorgten für Wärme. Der eine diente dem Koch außerdem für die Zubereitung der Speisen. Die durchschnittliche Innentemperatur betrug fünfzehn Grad plus. Niemand brauchte also zu frieren. An den Wänden hingen Borde, auf denen Geschirr, Instrumente, Bücher und die persönlichen Sachen der Männer Platz fanden. An der einen Wand befand sich das kostbare Barometer aus Hegemanns Kabine, daneben ein silberner Spiegel und eine Uhr. So entstand eine bescheidene Gemütlichkeit, die den Schiffbrüchigen wenigstens für eine gewisse Zeit den Druck unmittelbarer Lebensbedrohung nahm. An Proviant herrschte kein Mangel. Der Arzt hatte kaum etwas zu tun.

In den Nächten schliefen die Männer gut.

Der Tagesablauf begann um sieben Uhr, nachdem die letzte Nachtwache das Wecken besorgt hatte. Die Männer standen auf und wuschen sich mit geschmolzenem Schnee, und anschließend nahmen sie gemeinsam das Frühstück ein, das gewöhnlich aus Kaffee oder Tee und Hartbrot mit Salzfleisch oder Speck bestand. Arbeit war dann in reichem Maße vorhanden: Anfertigen noch fehlender Haushaltsgeräte, Segelnähen, Holzspalten, Herstellung von Bekleidung. Bei klarem Wetter wurden astronomische Messungen vorgenommen. Die Erforschung der riesigen Eisscholle gehörte ebenfalls zum Arbeitsprogramm. Gegen dreizehn Uhr rief der Koch zum Mittagessen. Das Vorgericht bestand nahezu täglich aus einer kräftigen Fleischbrühe. Im übrigen sorgte Wüpkes für Abwechslung. Er verstand sein Fach, hatte in seiner holländischen Heimat als Lehrling in einem größeren Hotel begonnen. Das Abendessen fiel etwas bescheidener aus. Dagegen kam am Sonntagnachmittag außer Kaffee stets Kuchen auf den Tisch. Als der Kapitän seinen Geburtstag beging, brachte Wüpkes sogar eine ansehnliche Torte zustande.

So gingen die Tage gleichmäßig dahin. Woche um Woche verstrich. Das Leben auf der Eisscholle verlief beinahe normal. Nur selten sprachen die Männer darüber, daß sie sich eigentlich in ständiger Lebensgefahr befanden. Solange die Scholle hielt, wollten sie von solchen Gedanken nichts wissen.

Gelegentlich wurden sie aber daran erinnert. Mitte Dezember stürzte der wachhabende Matrose ins Haus und rief:

„Land in Sicht!"

Land, vielleicht eine Insel? Alle liefen hinaus. Trotz der schlechten Sicht konnte bald festgestellt werden, daß sich der Matrose geirrt hatte. Kein Land tauchte in einiger Entfernung auf, sondern ein mächtiger, dahintreibender Eisberg. Und das bedeutete höchste Gefahr. Stießen Scholle und Eisberg zusammen, war eine Katastrophe nicht zu vermeiden.

Ein anderer Matrose verlor die Nerven. Laut schreiend warf er sich zu Boden, schlug wild um sich, wollte danach wie ein Besessener davonlaufen. Vier Männer waren notwendig, um ihn festzuhalten.

Der befürchtete Zusammenstoß fand glücklicherweise nicht statt. Der Eisberg änderte nach einiger Zeit die Richtung und verschwand in der Ferne.

Hegemann schwieg betroffen. Der Vorfall beschäftigte ihn lange. Er gab dem Arzt Anweisung, auf den in Panik geratenen Matrosen besonders zu achten. Es war schon vorgekommen, daß Polarfahrer unterwegs nicht nur die Nerven, sondern auch den Verstand verloren hatten.

Weihnachten und Silvester gingen still vorüber. Die Männer sprachen wenig miteinander, dachten an ihre Angehörigen und fragten sich insgeheim, ob es je ein Wiedersehen mit ihnen geben würde.

Im Januar 1870 schlug das Wetter, das bisher wechselhaft, in den vergangenen Wochen aber selten gefährlich gewesen war, um. Von nun an hörte die Gemütlichkeit auf. Rund um die Uhr wüteten schwere Stürme, dazwischen anhaltendes Schneetreiben. Unter diesen Umständen mußten die Außenarbeiten auf ein Mindestmaß beschränkt werden.

Mitte Februar 1870 befanden sich die „Hansa"-Männer nur noch wenige Kilometer von der grönländischen Küste entfernt. Das Eis driftete jetzt geradewegs nach Süden. Und dann geschah es.

Zimmermann Böwe, der Wache hielt, erbleichte plötzlich, machte kehrt und rannte ins Haus.

„Festhalten!" rief er. „Wir treiben auf einen Eisberg zu!"

Seine Warnung kam zu spät. Die Eisscholle wurde von einer gewaltigen Erschütterung erfaßt. Wie bei einem Erdbeben. Das „Hôtel du Nord" wankte. In seinen Wänden zeigten sich breite Risse. Gleich würde hier alles auseinanderbrechen.

„In die Boote!" befahl der Kapitän.

Die Männer stürmten hinaus.

Der Zusammenstoß mit dem Eisberg hatte die Scholle offenbar in mehrere Teile gerissen. Unglücklicherweise kam wieder Sturm auf. Auch das Schneetreiben nahm an Heftigkeit zu. Die Männer flüchteten in die Boote, verbrachten dort die folgende Nacht, schlaflos, jeden Augenblick gewärtig, von weiterem Unheil heimgesucht zu werden. Sie erlebten, wie ihr „Hôtel du Nord" in sich zusammenfiel.

„Herr Kapitän", flüsterte der Koch, „sagen Sie mir ehrlich, ob wir noch eine Chance haben, hier lebend herauszukommen."

Hegemann war mit seinen Nerven genauso am Ende wie alle anderen. Dennoch bemühte er sich zu lächeln und flüsterte zurück: „Ich verbiete Ihnen, an etwas anderes zu denken als daran, mir zu Haus ein Schnitzel mit Champignons zu servieren."

Die Eisfläche, auf der man sich befand, war brüchig geworden.

Hegemann entschied: „Wir suchen uns einen neuen Lagerplatz."

Der wurde einige hundert Meter weiter ausfindig gemacht, wo das Eis noch keinen Schaden genommen hatte. Abermals erhielt Böwe den Auftrag, ein Haus zu bauen. Diesmal kam nur eine Hütte zustande, halb so groß wie „Hôtel du Nord" und überhaupt nicht komfortabel. Ein tristes Loch, wie Hildebrandt sarkastisch bemerkte. Mehr war allerdings nicht zu machen gewesen. Die Männer mußten froh sein, überhaupt ein Dach über dem Kopf zu haben.

Schwer war es, Lebensmittel, Ausrüstung und die drei Boote zu dem neuen Standort zu schaffen. Während sich die Männer in der kleinen Hütte eine Verschnaufpause gönnten, ertönte ein merkwürdiges, dumpfes Krachen, das von Sekunde zu Sekunde an Heftigkeit zunahm.

„Seht mal nach, was draußen los ist", sagte Hegemann.

Etliche Matrosen traten vor die Hütte, konnten aber nichts Auffälliges entdecken. Aus diesem Grunde gingen sie in Richtung des alten Lagerplatzes, weil von dorther der Lärm kam. Nach einer Erklärung brauchten sie nicht lange zu suchen, sie sahen ja mit eigenen Augen, was sich abspielte: Die Fläche des einstigen „Hôtel du Nord" spaltete sich ab, wurde von den nachfolgenden Packeismassen erfaßt und in die Tiefe gedrückt.

Den Männern stand für einen Augenblick der Atem still. Wäre der Lagerplatz nicht rechtzeitig gewechselt worden, so hätte das ihren sicheren Tod bedeutet.

Der Erleichterung folgte gleich eine erschrockene Feststellung. Man hatte vom alten Lagerplatz noch nicht alles wegholen können. Deshalb versanken gemeinsam mit der Hotelruine wichtige Geräte, Nahrungsmittel und ein großer Teil der Brennstoffe in den Fluten. Ein unersetzbarer Verlust. Der Ofen durfte in Zukunft nur noch zum Kochen geheizt werden – und dies auch nicht mehr als einmal am Tage für kurze Zeit.

Die Männer froren entsetzlich, besonders in den Monaten Februar und März. Im April trat eine leichte Besserung ein. Dafür wurden die Lebensmittel knapp. Die üppigen Mahlzeiten auf dem Schiff „Hansa" und im „Hôtel du Nord" behielten sie als schöne Erinnerungen. Jetzt ließ der Kapitän die Rationen weiter kürzen.

1. Mai 1870 – was für ein Tag!

Zum erstenmal seit langer Zeit schien wieder die Sonne. Die Männer begrüßten sie mit großem Hallo. An den Rändern der Scholle begannen Schnee und Eis zu schmelzen, es entstanden Spalten und Öffnungen.

„Sollen wir die Boote ins Wasser lassen?" fragte der Erste Offizier.

Der Kapitän winkte ab. „Zu früh. Wir wissen nicht, wie es ein paar Kilometer weiter aussieht. Ich möchte nicht riskieren, vom Treibeis erdrückt zu werden."

Also abwarten. Die Mannschaft blieb jedoch in Alarmbereitschaft, hielt sich in der Nähe der Boote auf. Der Boden der Holzhütte stand bereits unter Wasser. Tauwetter setzte ein. Feiner Regen kam hinzu. Der arktische Frühling nahte.

Am 7. Mai, frühmorgens, kochte Wüpkes einen dünnen Malzkaffee, denn die duftenden Bohnen waren längst verbraucht.

„Ich kann mir nicht helfen", sagte er, „immerzu habe ich das Gefühl, daß es unter meinen Füßen rumort."

„Unter meinen rumort es auch", bestätigte der Arzt.

Der Zimmermann meinte: „Das Eis löst sich. Spätestens morgen brechen wir hier unsere Zelte ab."

Aus nicht allzu großer Entfernung klang Rauschen und Brausen herüber, wie es nur das Meer erzeugt. Kapitän Hegemann fühlte sich heiter und gelöst. Es war lange her, daß die Männer ihren Chef in einer so ausgezeichneten Verfassung erlebt hatten.

„Packt zusammen", rief er. „Was noch herumliegt, schafft sofort in die Boote. In zehn Minuten fahren wir ab."

In zehn Minuten schon?

Ja, überall war freies Wasser.

Die Männer ließen die Boote ins Wasser, stiegen hinein und segelten und ruderten gleich darauf los, der Küste entgegen. Die mächtige Eisscholle, die sich am Schluß immer mehr verkleinert hatte, lag bald hinter ihnen, würde sich in Kürze auflösen. Sie war Gefängnis, aber auch Rettung gewesen. Mehr als zweihundert Tage hatte die Schollenfahrt gedauert, und dabei drifteten die Schiffbrüchigen an die tausendfünfhundert Kilometer durch die von allen Matrosen gefürchtete Grönlandsee.

Das war eine einmalige Leistung.

Indes, das Abenteuer hielt noch an. Die Küste lag irgendwo in der Ferne. Schon der nächste Sturm konnte die kleinen Boote zum Kentern bringen. Herrschte Gegenwind, kam man trotz aller Anstrengungen nicht vorwärts, wurde abgedrängt, verlor Zeit, manchmal auch den Mut. Es war ein Rudern und Segeln ums nackte Überleben. Die Vorräte nahmen weiter ab. Im Augenblick beunruhigte das niemanden, denn in der Grönlandsee wimmelte es von Fischen aller Art. Sie wurden mit bloßen Händen gefangen und über einer behelfsmäßigen Feuerstelle am Spieß gebraten.

Nach zwölf Tagen kam die Küste in Sicht. Sie zeigte sich kahl, schroff, abweisend. Überall nichts als Klippen und vereiste Felsen. Hier an Land zu gehen wäre eher Selbstmord als Rettung gewesen. Zudem erschien ein finsterer Geselle, wahrscheinlich der Empfangsdirektor von Grönland – ein Hüne von Eisbär.

„Weiter nach Süden!" befahl der Kapitän.

Drei Wochen nach dem Verlassen der Eisscholle legten die Männer erschöpft in einer schmalen Bucht an. Sie sahen verwildert aus. Ihre Kleidung hing zerlumpt an ihnen herunter.

„Welchen Tag haben wir heute?" fragte der Koch.

„Den 27. Mai 1870."

„Mein zwanzigster Geburtstag", sagte Gierke.

„Ich weiß", erwiderte Hegemann. „Sie denken wohl, ich hätte das vergessen? Wir wollen Ihren Ehrentag gebührend feiern, mein Lieber."

Das sollte wohl ein schlechter Witz sein?

Aber Hegemann holte aus den Resten seines Gepäcks etwas hervor, das er für diesen Tag aufgespart hatte: eine Flasche Sherry und für jeden eine Zigarre.

Die Männer trauten ihren Augen nicht. Über ihnen hing ein blauer Himmel, die Sonne schien, an den Ufern zeigte sich frisches Grün – einen schöneren Geburtstag hätte sich der Leichtmatrose Konrad Gierke in dieser Lage gar nicht wünschen können.

Der Kapitän nahm später eine Besichtigung der Boote vor, er tat es mit besorgter Miene und hatte allen Grund dazu. Die Boote befanden sich in einem jämmerlichen Zustand und würden bald nicht mehr zu gebrauchen sein. Für Kreuzfahrten durch die Polarmeere hatte man sie ohnedies nicht gebaut. Dann studierte Hegemann eine abgegriffene Landkarte.

„Noch hundert Kilometer halten wir durch, dann sind wir gerettet. An der Südspitze steht eine Missionsstation. Dort gehen wir an Land."

Zunächst war an eine Weiterreise nicht zu denken. Der Himmel blieb nicht blau, sondern verwandelte sich bald in trübes Grau. Auch die Sonne verschwand. Dauerregen und Sturm lösten das liebliche Frühlingsbild ab. Da verkrochen sich die Männer, zogen das Segeltuch über sich und warteten ab, zwölf Tage lang.

Erst am 8. Juni 1870 saßen sie wieder in den Booten. Die See war schwer und bewegt. Diese hundert Kilometer verlangten den Männern alles ab. Auch Kapitän Hegemann, gewöhnlich stark und unverdrossen, spürte, wie seine Kräfte dahinschwanden. Und dennoch, am Ziel schrieb er in sein Tagebuch:

„Endlich, am 13. Juni 1870, springt eine niedrige Landzunge weit ins Meer auf – auf grünem Grund ein rotes Dach, das Dach einer menschlichen Behausung."

Es war die Missionsstation Frederiksdal (heute Frederikshåb). Sie bedeutete Rettung.

Die Heimfahrt vollzog sich leider nicht wunschgemäß. Frederiksdal besaß keinen Hafen, wurde deshalb nicht von Schiffen angelaufen. Diese kleine Station konnte so viele Fremde auf Dauer nicht beherbergen. Darum ging es schon nach wenigen Tagen weiter, diesmal per Hundeschlitten nach Julianehåb. Dort wiederum mußten die Geretteten noch zwei Monate ausharren, bis ein dänisches Schiff sie im September nach Hamburg brachte.

Doch die Heimat war nicht wiederzuerkennen.

Preußen-Deutschland hatte in der Zwischenzeit Krieg gegen Frankreich geführt und ihn nach der Schlacht bei Sedan militärisch auch gewonnen. Nun wogte alles im Sieges- und Machtrausch.

Kein Wunder also, daß von den Heimgekehrten kaum Notiz genommen wurde.

Schon bald nach ihrer Rückkehr arbeiteten die Kapitäne Koldewey und Hegemann an der Herausgabe des zweibändigen Werkes „Die Zweite Deutsche Nordpolarfahrt". Karl Koldewey befehligte in der Folgezeit kein Schiff mehr, machte aber auf andere Weise von sich reden. Im Jahre 1871 wurde er zum Ersten Assistenten und 1875 zum Vorsteher der Hamburger Seewarte ernannt. Am 18. Mai 1898 verstarb er in Hamburg.

Dagegen hat man von Kapitän Hegemann nichts mehr gehört.

15. KAPITEL

Ein Schwede im Eis

Adolf Erik Nordenskiöld kam nicht zum Nordpol,
aber 1878 bezwang er die Nordostpassage

Der Direktor des Großherzoglichen Gymnasiums in Helsingfors galt allgemein als ein umgänglicher Mann, von weltoffenem Geiste, und stets fand man ihn bei guter Laune. Nur wenn er einem bestimmten Schüler begegnete, verdunkelten sich Gesicht und Stimme. So auch jetzt.

„Nordenskiöld", sagte er, „im Gegensatz zu Ihren Mitschülern zeichnen Sie sich durch absolute Faulheit und unbefriedigende Leistungen aus. Sie werden es nie zu etwas bringen."

Der Getadelte war allerdings nicht auf den Mund gefallen, sondern erwiderte keck: „Herr Direktor, da bin ich aber ganz anderer Meinung. Eines Tages werden Sie zu meinen größten Bewunderern zählen."

Mit seinen schulischen Leistungen war es in der Tat nicht weit her. Regelmäßig brachte er die schlechtesten Zensuren nach Hause. Mangelte es ihm wirklich an Ehrgeiz, Fleiß oder Pflichtgefühl?

Dieser Adolf Erik Nordenskiöld kam 1832 im finnischen Helsingfors als Sohn eines achtbaren Gelehrten zur Welt. Finnland, lange Zeit schwedischer Kronbesitz, fiel 1809 nach dem für Schweden schmachvollen Friedensvertrag von Frederikshamn an das zaristische Rußland. Der junge Nordenskiöld war durchaus aufgeweckt, besaß auch Ehrgeiz, sogar ziemlich ausgeprägt. Als Forscher oder Weltreisender wollte er eines Tages mit großartigen Taten glänzen. Nur hatte er noch nicht begriffen, daß er, um später bedeutende Leistungen zu vollbringen, zunächst emsig lernen mußte. Immerhin, das Abitur schaffte er dann doch.

Ein junger Herr seiner Herkunft und seines Standes besaß damals im wesentlichen nur zwei Möglichkeiten, um vorwärtszukommen. Entweder studieren und danach versuchen, im Staatsdienst ein Unterkommen zu finden, oder zu den Soldaten zu gehen. Vom Strammstehen, Marschieren und Kommandieren hielt Nordenskiöld allerdings nicht viel. Darum schrieb er sich an der Universität ein. Er belegte gleich mehrere naturwissenschaftliche Fächer, nämlich Chemie, Biologie, Physik, auch Mathematik, Geologie und Geographie. Damit hatte er sich viel vorgenommen. Die Frage war freilich, ob er dieses ansehnliche Pensum auch schaffen würde.

Zum Erstaunen des Vaters und aller anderen, die ihn kannten, entwickelte er an der Universität eine ungeahnte Betriebsamkeit, saß bis tief in die Nächte hinein über seinen Büchern und erlangte schließlich ohne nennenswerte Schwierigkeiten den Doktorgrad. Der hocherfreute Vater ließ es an Dankbarkeit nicht fehlen und finanzierte dem hoffnungsvollen Stammhalter, denn Geld war ja genug im Hause, eine ausgedehnte Bildungsreise.

Adolf Erik Nordenskiöld wandte sich zunächst nach Frankreich, besuchte Paris, Lyon und Nizza und begab sich anschließend über die Alpen nach Italien. In Venedig bestaunte er die faszinierende Architektur der Paläste und in Rom die Ruinen der Antike. Hierauf reiste er nach Griechenland weiter, von dort aus nach Ägypten und endlich in den Sudan. Dort wäre es ihm um ein Haar an den Kragen gegangen, als er unversehens zwischen zwei miteinander verfeindete Stämme geriet, die sich aufs heftigste bekriegten. Wieder in die Heimat zurückgekehrt, mußte sich der junge Doktor für einen Beruf entscheiden.

„Du solltest dich um eine Professur bewerben", riet ihm der Vater. Nordenskiöld befolgte den Rat und hatte Glück. In Helsingfors hielt er Vorlesungen zur Geschichte der Naturwissenschaften. Allerdings durfte er das nicht lange tun. Einige Male übte er an den Unterdrückungsmaßnahmen der zaristischen Behörden Kritik und bekam deswegen Ärger mit der Geheimpolizei und der Justiz. Wegen Majestätsbeleidigung wurde er sogar verhaftet, anschließend nach Schweden abgeschoben.

Der Ehrgeiz, etwas Großartiges zu leisten, loderte nach wie vor in Nordenskiöld. Allerdings mangelte es dafür zunächst an Gelegenheiten. Der junge Mann trat eine Stellung im schwedischen Reichsmuseum an, hatte sich dort in der Mineralogischen Abteilung mit Sammlungen alter Steine zu befassen.

Schon nach zwei Jahren hatte er fürs erste genug und ließ sich einen längeren Urlaub geben.

„Ich muß irgend etwas Vernünftiges unternehmen", schrieb er seinem Vater.

An Bord eines Walfangschiffes, mit dessen Kapitän er zufällig bekannt geworden war, fuhr Nordenskiöld nach Spitzbergen. Diese Reise sollte für sein künftiges Leben von entscheidender Bedeutung sein. Dort erlebte er, wie die Schönheit der Arktis eine geradezu dämonische Anziehungskraft auf ihn ausübte. Er begriff, daß er ihrer Faszination für immer verfallen würde. Und schon stand sein Entschluß fest: „Ich will Polarforscher werden!"

Zum Nordpol zog es ihn, als erster wollte er ihn betreten. Auf Spitzbergen unternahm Nordenskiöld gewagte Gletschertouren, übte sich darin, bitterste Kälte zu ertragen und tagelang ohne jegliche Nahrung auszukommen. Den schlimmsten Strapazen wollte er gewachsen sein, wenn er eines Tages zum Pol aufbrechen würde.

Vorerst mußten das unerfüllbare Wunschträume bleiben. Einem Adolf Erik Nordenskiöld rüstete niemand eine Expedition aus. Seine Denkschriften und Pläne, die er pausenlos anfertigte und allen möglichen Stellen zukommen ließ, wurden erst gar nicht beantwortet. Der junge Mann arbeitete wieder im Reichsmuseum, und das viele Jahre lang.

Die Wende kam 1864. Nordenskiöld sah sich infolge mehrerer Erbschaften plötzlich im Besitz eines respektablen Vermögens, das ihm ein sorgenfreies Leben ohne Mühen erlaubt hätte. Auf ein Nichtstuerdasein verzichtete er allerdings.

Noch im selben Jahre begab er sich mit einem gemieteten Schiff und einer kleinen Besatzung zum zweitenmal in die Arktis, und zwar wieder nach Spitzbergen. Von dessen nordwestlicher Seite aus hoffte er den Durchbruch zum Pol zu finden. Aber überall stieß er – wie viele andere vor ihm – auf Packeisgebirge, die kein Vorwärtskommen erlaubten. Wochenlang fuhr Nordenskiöld die Eisbarrieren entlang, die den Arktischen Ozean wie eine Mauer umgaben, nirgendwo tat sich ein Loch auf. Am Ende war er froh, vom Eis nicht in die Zange genommen worden zu sein.

„Für diesmal muß ich aufgeben", sagte er. „Wir kehren um, werden aber bald wiederkommen."

Ohne sonderliche Enttäuschung traf Nordenskiöld wieder in Stockholm ein. Er hatte die Arktis wiedergesehen und sie als ein großartiges Erlebnis genossen.

Vier Jahre später unternahm er einen weiteren Vorstoß, ebenfalls von Spitzbergen aus, aber diesmal vom äußersten Punkt des Nordens her. Ein Orkan schleuderte dem Expeditionsleiter schwere Eisbrocken entgegen. Das Schiff wurde an mehreren Stellen leck geschlagen. In einer Bucht oberhalb des 80. Breitengrades fand sich eine Zufluchtsstätte.

Der Schiffszimmermann und die Matrosen waren findige Leute. Es gelang ihnen, das schwer beschädigte Schiff wieder seetüchtig zu bekommen. In einem Punkt aber ließen sie nicht mit sich reden. Als Nordenskiöld seinen Plan erklärte, den Angriff auf den Pol fortsetzen und versuchen zu wollen, sich durch die Eisfelder nach Norden durchzuschlängeln, protestierten sie. Sie waren sicherlich nicht ängstlich, aber sie beurteilten die Lage nüchtern und realistisch, meinten, es wäre selbstmörderisch, über Spitzbergen hinaus vorzustoßen.

„Das Packeis wird uns zerdrücken", sagten sie.

Und der Steuermann erklärte: „Wir wollen von Glück reden, wenn es uns gelingt, heil nach Hause zu kommen, und das ist noch keineswegs sicher. Ein weiterer Sturm wie der letzte, und wir werden am Ende sein. Unser Schiff ist nicht geeignet für eine Reise zum Nordpol. Vorher haben wir das nicht gewußt, jetzt wissen wir es um so besser."

Nordenskiöld war von kräftiger Statur und hatte ein Gesicht, das von Energie kündete, sich jetzt jedoch verdunkelte. Diesmal hatte er mit einem Erfolg gerechnet, wollte nicht kehrtmachen, ohne etwas Greifbares in der Hand zu haben. Er blickte nach Norden, wo er keine tausend Kilometer entfernt das Ziel ahnte. Auch er sah freilich das sich auftürmende Eis und die Nebelbänke, die drohend näher kamen. In der Tat war das Schiff, er konnte es nicht leugnen, schwach gebaut, würde einem neuen Totentanz der Elemente schwerlich standhalten. Also gab er das Zeichen zur Umkehr.

Trotz dieser neuerlichen Enttäuschung blieb Adolf Erich Nordenskiöld der Arktis treu. Allerdings wollte er ihr nunmehr in einem anderen Gebiet zu Leibe rücken. Die Erstürmung des Nordpols verschob er auf die Zukunft.

„Was den Pol betrifft", so sagte er einmal, „so muß man sich etwas ganz Neues einfallen lassen, denn alle bisherigen Methoden, ihm beizukommen, haben sich als untauglich erwiesen."

Damit hatte er unbestritten recht.

Und schließlich gab es im hohen Norden ja auch andere lohnenswerte Ziele, zum Beispiel Grönland. Schon seit längerem beschäftigten sich Geographen und Geologen mit der Frage, wie die noch unbekannten Binnengebiete beschaffen sein mochten, die weithin sichtbaren Gletschermassive. Lebten auf dem grönländischen Inneneis Eskimos?

Hier erblickte Nordenskiöld eine Möglichkeit, sich weiterhin als Arktisforscher zu betätigen. Mit einer kleinen Schar wagemutiger Männer fuhr er nach Grönland. Der Marsch von der Westküste südlich von Egedesminde aus ins Binnenland gestaltete sich als ständiger und aufreibender Kampf gegen Verderben und Tod. Das grönländische Inneneis hatte seine Tücken, war oft so stark zerklüftet und brüchig, daß Nordenskiöld und seine Begleiter nur schrittweise vorankamen. Dann wieder zogen sich kilometerbreite und bodenlos tiefe Spalten quer durch das Eis. Ein unachtsamer Schritt konnte den Tod bedeuten.

Beim regelmäßigen Ablesen der Thermometer machte Nordenskiöld eine Entdeckung: Je weiter er in das Innere Grönlands vordrang, desto tiefer sanken die Temperaturen. Etwa hundert Kilometer von der Küste entfernt herrschten durchschnittlich fünfundzwanzig Grad minus, obwohl man sich mitten im arktischen Sommer befand.

„Ich habe keine Erklärung dafür", meinte Nordenskiöld, „allerdings gehe ich davon aus, daß sich tief im Innern Grönlands eine Art Kältepol befindet, der die Temperaturen auf der nördlichen Halbkugel erheblich beeinflußt."

Er wandte sich an einen seiner Begleiter, an Olof Matthiesson: „Mein Freund, Sie sind Geophysiker und sollten sich auskennen. Was ist Ihre Meinung?"

Matthiesson wußte auch keine Antwort, erwiderte verlegen: „Über dieses Problem wird man zu gegebener Zeit nachzudenken haben."

Einige Tage darauf fiel der Geophysiker als aktiver Mitarbeiter aus. Als Nordenskiöld und seine Begleiter versuchten, sich in die Gletscher vorzuwagen, rutschte Matthiesson ab und brach sich beide Beine.

Die Gletscher erwiesen sich als unzugänglich. Nordenskiöld mußte umkehren. Trotzdem hatte er keinen Grund, unzufrieden zu sein, denn noch niemals waren Menschen so weit in das Innere dieser größten Insel der Welt vorgestoßen. In ausführlichen Aufzeichnungen hielt Nordenskiöld seine Beobachtungen fest. Die von ihm angefertigten Karten gaben erstmals Aufschluß über Aussehen und Struktur Grönlands jenseits der Küsten. In der Fachwelt gelangte er zu Ansehen. Er war ein ernsthafter Entdecker geworden. Und viele Bewunderer wandten sich an ihn, sandten ihm Briefe, erbaten Auskünfte oder ein Autogramm. Beispielsweise schrieb ihm sein alter Professor namens Per Birger, vormals Direktor des Großherzoglichen Gymnasiums in Helsingfors, bei dem er damals zur Schule ging ...

Nordenskiöld ließ sich durch den frischen Ruhm nicht beirren. Kaum hatte er sich von den auf Grönland erlittenen Strapazen erholt, hielt er schon Ausschau nach einem neuen Ziel.

Der Nordpol. Nach wie vor fühlte sich der Schwede von ihm angezogen. Hatte ihn auch die Polbesessenheit erfaßt?

„Ich muß ihn erreichen", sagte er, „ich kann nicht einsehen, daß es auf der Erde ein Gebiet gibt, das uns Menschen für alle Zeit verschlossen bleiben soll."

Ja, er würde einen neuen Versuch wagen. Auf dieses Unternehmen bereitete er sich mit besonderer Sorgfalt vor. Als Ausgangsbasis entschied er sich wiederum für Spitzbergen. Er kam von der

Vorstellung nicht los, daß sich dort das „Eingangstor" zum Pol befinden mußte.

Sein Plan sah vor, sich mit einem Schiff so weit wie möglich nach Norden vorzutasten und für die Weiterreise entweder Boote oder Hundeschlitten zu benutzen. Zu diesem Zweck kaufte er im Norden fünf Schlitten und vierzig Hunde.

Das Abenteuer begann im Jahre 1873, und zwar an jenem Punkt, wo die beiden vorangegangenen geendet hatten, an der Nordseite Spitzbergens. Nordenskiöld hatte sich dort kaum eingefunden, da rasten ihm die schlimmsten Stürme seit Jahrzehnten entgegen. Das Schiff fuhr Karussell, und in seinen Räumen ging es turbulent zu, die Einrichtungsgegenstände flogen wild durcheinander. Das Ende des Unwetters stimmte Nordenskiöld trotzdem nicht versöhnlich, denn nun sah er sich meterhohen Packeismassen gegenüber. Von freiem Wasser war nichts zu sehen. Eine Bootsfahrt zum Pol würde er bestimmt wieder nicht unternehmen können.

„Ich riskiere es mit den Hunden", entschied er.

Mehrere Schlitten wurden beladen, die Hunde angeschirrt, und gemeinsam mit vier Gefährten begann Nordenskiöld den Marsch. Die Hunde, von lautem Peitschengeknall angetrieben, zogen recht gut. Dennoch blieb wegen des kantigen und brüchigen Eises ihr Tempo weit unter den Erwartungen. Nach drei Tagen hatte man kaum fünfzig Kilometer zurückgelegt – entschieden zuwenig. Insgesamt, den Rückmarsch eingeschlossen, waren zweitausend Kilometer zu bewältigen.

„Ich begreife das einfach nicht", bekannte der Expeditionsleiter. Schweren Herzens befahl er den Rückzug zum Schiff. Wie schon nach dem zweiten Versuch, so äußerte er auch diesmal, daß man sich etwas vollkommen Neues einfallen lassen müßte, um an den Nordpol heranzukommen.

Doch zunächst bekam er es mit Sorgen ganz anderer Art zu tun. Während er und seine Begleiter das Gepäck ordneten, wurde es mit einemmal so finster, daß die Männer sich in tiefste Nacht versetzt glaubten. Und gleich darauf heulte ein vernichtender Schneesturm auf. Nordenskiöld und die anderen warfen sich zu Boden, suchten zwischen den schwerbepackten Schlitten Schutz. Die Hunde zerrten an den Leinen, rissen sich los, wurden von dem Sturm erfaßt und fortgeschleudert oder stoben davon. Der Blizzard tobte zwar nicht länger als eine halbe Stunde, doch raubte er den Männern viel Kraft. Bis zu den Hüften standen sie im Schnee, hielten Ausschau nach den Hunden, wollten sie herbeirufen. Aber alle waren verschwunden.

„Allein können wir das schwere Gepäck nicht schleppen", sagte

Nordenskiöld. „Ich denke, wir nehmen nur das Wichtigste mit und lassen alles andere da."

Ein trauriger Marsch. Die Schnee- und Eisverhältnisse waren erbärmlich, die Winde eisig und scharf. Vier volle Tage benötigten die Männer, um die fünfzig Kilometer bis zum Schiff zurückzulegen.

Während der Heimfahrt überlegte der wieder einmal Gescheiterte, auf welche Weise man eigentlich zum Nordpol gelangen könnte, nachdem alle bisherigen Wege sich als untauglich erwiesen hatten!

„Man sollte es durch die Lüfte versuchen", überlegte er. „Mit einem Ballon von der Art, wie die Brüder Montgolfier ihn gebaut haben, müßte das wohl zu machen sein. Ich muß es mir in Ruhe durch den Kopf gehen lassen, denn die Sache will gründlich untersucht sein."

Wieder in Stockholm, mußte er sich zunächst um andere Dinge kümmern. Das ererbte Vermögen war nämlich für die mißglückten Angriffe auf den Nordpol und die Expedition nach Grönland restlos aufgebraucht. Der Schwede nahm das allerdings nicht tragisch.

„Geld", sagte er, „bedeutet mir nur insofern etwas, als es helfen kann, etwas Nützliches zu tun."

Er verkaufte alsbald Haus, Familienschmuck, Tafelsilber und Gemälde. Anschließend zog er in eine bescheidene Mietwohnung am Stadtrand, wo er sofort Pläne für eine Ballonfahrt zum Pol entwarf.

Mit einem Ballon indes ist er niemals aufgestiegen, und das aus einem einfachen Grund, er erhielt eine für ihn reizvollere Aufgabe. Nordenskiöld lernte die russischen Kaufleute Sidorow und Sibirjakow kennen, die sich auf einer Geschäftsreise durch die nordeuropäischen Länder befanden. Sie besaßen in Sibirien große Ländereien, auch Kohlen- und Erzbergwerke. Und da sie zudem weitblickend das Wohl des Landes im Auge hatten, zeigten sie erhebliches Interesse an der wirtschaftlichen Erschließung der sibirischen Gebiete. Unter dem Titel „Über Mittel und Wege, den Norden Rußlands aus seiner Not zu befreien" hatte Sidorow sogar eine Denkschrift verfaßt und dem Zaren geschickt. Nach seiner Meinung war es durchaus möglich, aus Sibirien ein blühendes Land zu machen.

Der Zar aber ließ ihm folgendes ausrichten: „Solche Ideen können nur Verrückte haben. Der hohe Norden ist ein Land ewigen Eises. Ackerbau und andere Wirtschaftszweige sind daher dort unmöglich. Es wäre ratsamer, die im hohen Norden lebenden Völker in das Innere Rußlands umzusiedeln, aber dafür fehlen die Mittel."

Sidorow und Sibirjakow waren daran interessiert, mit den europäischen, namentlich den skandinavischen Ländern, Handel zu treiben. Sie erklärten, Weizen in großen Mengen billig liefern zu können, woran außerhalb Rußlands immer Bedarf herrschte. Vorausgesetzt freilich, daß das Eismeer im Bereich der Küsten wenigstens zeitweise befahrbar war, was man im allgemeinen für ausgeschlossen hielt. Es gab indes auch Männer, die vom Gegenteil überzeugt waren.

Dazu gehörte der berühmte russische Gelehrte Michail Lomonossow, der schon hundert Jahre zuvor nach der Auswertung der Großen Nordischen Expedition Vitus Berings erklärt hatte:

„Ich habe die Überzeugung, daß aufgrund der gewaltigen Temperaturunterschiede in beiden Ozeanen eine Strömung die Polarmeere durchzieht, welche die Eismassen zumindest in bestimmten Jahreszeiten in Bewegung bringt. Die Nutzung dieser Strömung für die Schiffahrt wäre für die Erschließung Sibiriens und für den Handel von außerordentlicher Bedeutung."

Lomonossow schrieb ebenfalls an den Zaren:

„Wird der erwünschte Weg durch das Nördliche Eismeer eröffnet und dieser Seeweg durch den Landweg über Sibirien zur Küste des Stillen Ozeans ergänzt, so wird sich die Macht Rußlands im Fernen Osten frei ausdehnen und befestigen können."

Der eitle Herrscher hielt es nicht einmal für nötig, dem Gelehrten eine Antwort zu geben.

Nun wurde der Nördliche Seeweg – die Nordostdurchfahrt vom Europäischen Nordmeer bis zur Beringstraße – von den beiden Kaufleuten erneut ins Gespräch gebracht. Nordenskiöld, auf der Suche nach einer neuen Aufgabe, war sofort bereit, hier Pionierarbeit zu leisten.

Im Sommer 1878 startete er auf einem Walfangschiff zu einer Probefahrt. Er fuhr bis zum Jenissej und stellte dabei fest, daß die Küstengewässer im frühen Herbst eisfrei waren. Wahrscheinlich, so lautete seine Theorie, konnte man das Nordmeer einmal jährlich für die Dauer von drei bis vier Monaten passieren. Nicht gerade viel, aber ausreichend, um den Handel zwischen Sibirien und den europäischen Ländern auf dem Seewege in Gang zu bringen. Um darüber Gewißheit zu erlangen, war es notwendig, den gesamten Nördlichen Seeweg zu erkunden, und dies auf einer Strecke von etwa zehntausend Kilometern.

„Da ich schon nicht den Nordpol erreichen kann", sagte der Schwede, „will ich wenigstens als erster die Nordostdurchfahrt schaffen, an der seit dem Mittelalter immer wieder Expeditionen gescheitert sind."

In der Folgezeit führte man zahlreiche Verhandlungen, um die geplante Reise zu finanzieren. Der russische Zar, der an der Erkundung des Nördlichen Seeweges das größte Interesse hätte zeigen können, genehmigte keine einzige Kopeke. Anders verhielt sich der Schwedenkönig Oscar II. Er erklärte sich sofort bereit, das Unternehmen finanziell zu unterstützen. Der Göteborger Bankier Dr. Dickson, weitere norwegische, schwedische und dänische Kaufleute, die sich an preisgünstigem sibirischem Getreide interessiert zeigten, und nicht zuletzt die russischen Kaufleute Sidorow und Sibirjakow stellten weitere Summen bereit.

Adolf Erik Nordenskiöld erhielt damit den wichtigsten Auftrag seines Lebens. Er wußte, was auf dem Spiele stand. Deshalb ging er gewissenhaft und umsichtig zu Werke. Für den ersten Teil der Reise standen ihm vier Schiffe zur Verfügung. Als Hauptschiff, das er mit neun Offizieren und Wissenschaftlern sowie zwanzig Matrosen, Maschinisten und Handwerkern besetzen wollte, entschied er sich für den stabilen Walfänger „Vega" mit einer starken Dampfmaschine. Damit das Schiff dem Eis widerstehen konnte, wurden die Bordwände mit Stahlblech überzogen. Der aus Schwedenstahl gebaute Kohlendampfer „Lena" sollte die „Vega" bis zum Lenadelta begleiten. Ferner gehörten noch das Dampfboot „Fraser" und der Segler „Expreß" zur Flottille des Schweden, die nur die ersten zweitausend Kilometer mitkamen.

Nordenskiöld studierte alle ihm zugänglichen Berichte früherer Expeditionen, die in die von ihm zu befahrenden Gebiete unternommen worden waren, und wußte deshalb, daß er besonders auf die richtige Zusammenstellung von Proviant und Bekleidung achten mußte.

„Obst und Gemüse sind hundertmal wichtiger als Butter und Fleisch", sagte er.

Alkohol wurde nur in kleinsten Mengen mitgenommen. Der von Nordenskiöld engagierte Expeditionsarzt war auf die Behandlung von Erfrierungen spezialisiert.

Die vier Schiffe begaben sich zunächst von Göteborg aus zum norwegischen Hafen Tromsö. Dort nahm man etliche Schlittenhunde und mehrere Zentner Pemmikan an Bord. Am 21. Juli 1878 liefen die Schiffe bei strahlendem Sonnenschein aus.

Nordenskiöld rechnete mit erheblichen Schwierigkeiten, denn er fühlte sich als erfahrener Mann, um nicht zu sagen, als „gebranntes Kind". Zu seiner Verwunderung passierte aber vorerst nichts. Sogar das Südkap von Nowaja Semlja, das schon manchem Schiff zum Verhängnis geworden war, konnte man mühelos passieren. Auch die Karasee zeigte sich von ihrer besten Seite. Dort angekommen, traten „Fraser" und „Expreß" programmgemäß die Rückreise an.

Würde den Schweden auch weiterhin das Glück so begünstigen wie bisher?

Vier Wochen waren seit der Abfahrt von Tromsö vergangen.

Die „Vega" lag vor Kap Tscheljuskin, der nördlichsten Spitze Asiens an der Taimyr-Halbinsel. Damit war bereits die Hälfte der Strecke bewältigt. Das Meer zeigte sich ruhig. Weit und breit kein Eis. Ein Wunder schien geschehen zu sein.

Nordenskiöld vermerkte in seinem Tagebuch:

„Wir haben jetzt das jahrhundertelang vergebens erstrebte Ziel erreicht – zum erstenmal liegt ein Schiff an der nördlichsten Spitze der Alten Welt."

Da Nordenskiöld unverhofft viel Zeit gewonnen hatte, schob er die Weiterreise hinaus. Er holte Nachbildungen der seinerzeit von den Bering-Leuten angefertigten Karten hervor und verglich sie mit den eigenen Wahrnehmungen und Untersuchungen. Dabei stellte er fest:

„Daß Tscheljuskin wirklich hier gewesen ist, davon zeugt die ganz richtige Darstellung des Vorgebirges, welches nun mit Recht seinen Namen trägt. Erst seit heute kann ich ermessen, welch gewaltige Leistung Vitus Bering vor über hundert Jahren vollbracht hat."

Ohne sonderliche Eile wurde die Fahrt fortgesetzt. Am 28. August 1878 nahm Nordenskiöld von seinem Begleitschiff, dem Kohlendampfer „Lena", Abschied. Von nun an fuhr die „Vega" allein weiter. Ende September wollte Nordenskiöld die Beringstraße erreicht haben und sich von dort aus nach Japan begeben.

Alles sprach dafür, daß er dieses Ziel erreichen würde.

In den ersten Septembertagen fuhr die „Vega" hart an der Küste entlang.

Plötzlich tauchten Menschen auf. Es waren Tschuktschen. Man begrüßte einander, tauschte Geschenke aus. Der Schwede lud die Bewohner dieser weltabgeschiedenen Halbinsel an Bord seines Schiffes zu einem Gastmahl ein, wo er sie mit europäischen Spezialitäten bewirtete. Die entsprachen freilich nicht dem Geschmack seiner Gäste. Wer daran gewöhnt ist, sich von Rentier- und Bärenfleisch zu ernähren, der macht sich nichts aus Kalbsragout und Lachsschinken. Noch weniger konnten sich die Besucher mit einem Mokka double anfreunden. Das Bier schmeckte ihnen aber entschieden besser.

Nach diesem Freundschaftsmahl luden die Tschuktschen ihre Gastgeber zu einem Gegenbesuch ein. Nordenskiöld nahm die Einladung erfreut an, zumal ihm aus der völkerkundlichen Literatur und den Berichten der Bering-Expedition bekannt war, daß dieses kleine, hart arbeitende und schwer um seine Existenz kämpfende Volk sich gegenüber Fremden gewöhnlich abweisend verhielt. Mit einigen Begleitern folgte er ihnen zu ihren Siedlungen, die sich einige Kilometer von der Küste entfernt befanden.

Nordenskiölds Begleiter meinten, man dürfe den Aufenthalt nicht allzu lange ausdehnen.

„Der arktische Winter steht ins Haus", sagten sie, „und wir wollen doch bald an der Beringstraße sein."

Der Schwede teilte diese Bedenken nicht. „Wir haben noch genügend Zeit", erwiderte er. „Ich will die günstige Gelegenheit nutzen, um die Lebensgewohnheiten der Tschuktschen kennenzulernen. Wer weiß, wann einmal wieder Europäer in diese Gegend kommen werden."

Er sah sich gründlich um, notierte alles, was er sah und hörte. Die Tschuktschen lebten in Stämmen von jeweils hundert Menschen. Jagd und Fischfang bildeten die Grundlage ihrer Existenz. Die Beute wurde zusammengetragen und gerecht unter alle Stammesangehörigen verteilt. Es gab keinerlei Bevorzugungen. Sogar der Stammesälteste mußte sich mit dem begnügen, was die anderen auch bekamen. Häuser besaßen die Tschuktschen nicht, sie wohnten in Blockhütten. In den Sommermonaten, während sie ausgedehnte Jagdausflüge unternahmen, schliefen sie unter freiem Himmel, seltener in Zelten. Ihr einziger Reichtum, sofern von einem solchen überhaupt gesprochen werden konnte, bestand aus gegerbten Fellen von Bären, Robben und Füchsen.

Traten ernsthafte Erkrankungen auf, so waren die Tschuktschen ziemlich hilflos. Studierte Ärzte hatten sie nicht, nur einen Schamanen, dessen Heilkunst sich darauf beschränkte, Zauberformeln auszusprechen. Eine Blinddarmentzündung konnte er damit nicht beheben.

Arg erging es einem Tschuktschen, der Zahnschmerzen bekam. Nordenskiöld war Zeuge, wie der Schamane dem vereiterten Backenzahn zu Leibe rückte. Das Opfer – man konnte es nicht anders ausdrücken – wurde festgebunden. Damit während der Behandlung der Mund offenblieb, klemmte er dem Patienten ein Stück Holz zwischen die Zähne. Anschließend zog er unter unverständlichen Beschwörungsworten mit einem metallenen Gegenstand, der die Form einer Zange hatte, den kranken Zahn heraus. Der arme Mann erlitt dabei höllische Qualen.

Nordenskiölds Aufenthalt in der Siedlung zog sich in die Länge, dauerte vierzehn Tage. Nun mußte er sich allerdings beeilen.

Zuerst verlief die Weiterreise ohne Zwischenfälle, die „Vega" dampfte zügig dahin. Am 28. September 1878 konnte Nordenskiöld von sich behaupten, das Ziel so gut wie erreicht zu haben. Nur noch knapp zweihundert Kilometer trennten ihn von der Beringstraße.

„Männer", rief er aus, „es ist uns gelungen, als erste die Nordostdurchfahrt aufzufinden und zu befahren. Nun sind dem Nördlichen Seeweg viele seiner Geheimnisse entrissen. In sechsunddreißig Stunden werden wir bereits im Pazifischen Ozean sein."

Leider hatte er zu früh gejubelt, denn nun bedrohten ihn von allen Seiten mächtige Schollen und Eisblöcke. Trotz aller Anstrengungen kam die „Vega" aus dem Eis nicht heraus, sie war eingekreist und gefangen. Jetzt rächte es sich, daß der Schwede den Aufenthalt bei den Tschuktschen über Gebühr ausgedehnt hatte. Einige Tage früher säßen sie vielleicht nicht fest ...

Erstaunlicherweise nahm Adolf Erik Nordenskiöld das nicht sonderlich tragisch. Was Lebensmittel und Brennstoffe anging, so konnte er zwei, zur Not sogar drei Überwinterungen aushalten. Ärgerlich blieb nur der Zeitverlust.

Es wurde ein überaus harter Winter. Das Eis setzte der „Vega" erheblich zu. Zwar war das Schiff stark gebaut und gut gesichert, dennoch ließ der Schwede an Land mehrere Depots für Proviant, Ausrüstung und Brennstoffe anlegen. Auch ein Observatorium wurde gebaut. Die Wissenschaftler begannen sogleich mit ihrer Arbeit, nahmen meteorologische und magnetische Messungen vor. Nordenskiöld und andere reisten, solange das Wetter dies zuließ, auf Schlitten in die nähere Umgebung. Bei dieser Gelegenheit lernten sie weitere Tschuktschenstämme kennen und schlossen Freundschaft mit ihnen.

Doch dieser Winter zog sich in die Länge. Und erst die Kälte! Am 27. Januar 1879 wurden mehr als fünfzig Minusgrade gemessen.

„Wenn wir Glück haben", sagte Nordenskiöld, „können wir im Mai aufbrechen."

Eine Illusion. Im Mai blieb das Eis nach wie vor undurchdringlich, und die durchschnittlichen Temperaturen lagen bei dreißig Grad unter Null. Auch im Juni saß man noch fest.

Am 18. Juli 1879, nach fast zehnmonatiger Eisgefangenschaft, setzte sich die „Vega" erneut in Bewegung. Als Nordenskiöld in die Beringstraße einfuhr, wußte er, daß er von diesem Augenblick an zu den großen Entdeckern gehörte. Und dies schrieb er in sein Tagebuch:

„Endlich also war das Ziel erreicht, nach dem so viele Nationen gestrebt hatten. Unzählige andere Expeditionen haben seit dem Mittelalter diesen Weg betreten, nie aber mit Erfolg und oftmals mit Opfern von Schiffen, von Leben und Gesundheit so mancher Seeleute. Unter solchen Umständen dürfte es wohl verzeihlich sein, daß wir mit Stolz die Fahne unseres Landes am Mast emporsteigen ließen."

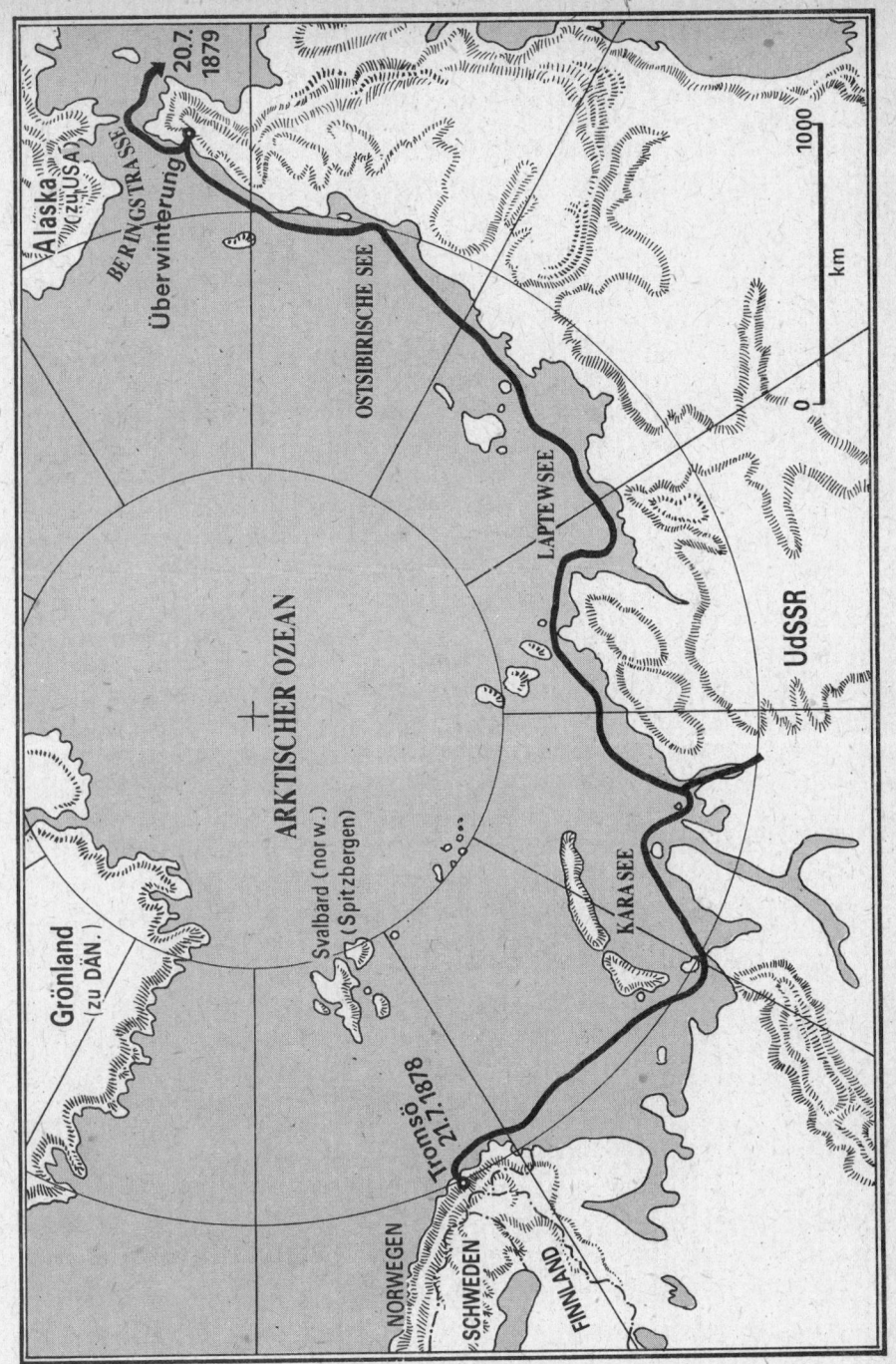

Nordenskiölds nächstes Ziel bildete die japanische Hafenstadt Yokohama. Zuvor machte er einen Abstecher zur Beringinsel.

„Es ist unsere heilige Pflicht", sagte er, „Berings Grab aufzusuchen. Ohne seine unvergleichlichen Taten hätten auch wir nicht viel ausrichten können."

In Japan wurden Nordenskiöld und seine Begleitung mit Begeisterung empfangen.

Die Heimreise war lang, sehr lang. Die „Vega" mußte den Pazifischen, den Indischen und den Atlantischen Ozean durchqueren. Bei einem Zwischenaufenthalt in Spanien erfuhr Nordenskiöld, daß man ihn und seine Expedition für verschollen hielt.

Wieder in der Heimat, begannen für Adolf Erik Nordenskiöld Ehrungen aller Art. Sogar in den Adelsstand wurde er gehoben, fortan durfte er sich „Freiherr" nennen.

Der Handel über den von Nordenskiöld aufgezeigten Nördlichen Seeweg kam bald in Gang. Man wußte nun, welche Routen zwischen Juli und September eisfrei und deshalb benutzbar waren.

Die zaristische Regierung hatte sich niemals bei Nordenskiöld bedankt. Nach der Oktoberrevolution erhielt sein Name aber auch in Rußland den ihm gebührenden Ehrenplatz. Wladimir Iljitsch Lenin wies auf Nordenskiölds Verdienste hin, als er im Jahre 1921 Maßnahmen zur weiteren Erforschung des Nördlichen Seeweges anordnete.

Im Jahre 1883 unternahm Nordenskiöld einen weiteren Versuch, Grönland von Westen her zu durchqueren, was ihm aber nicht gelang. In den folgenden Jahren schrieb er mehrere Bücher, zum Beispiel „Die wissenschaftlichen Ergebnisse der Vega-Expedition" und „Grönland – Seine Eiswüsten im Innern und seine Ostküste".

Adolf Erik Nordenskiöld starb am 12. August 1901 auf seinem Landsitz Dalbyö.

16. KAPITEL

Monatelanger Opfergang

*1879 wollte der Amerikaner George Washington De Long
zum Nordpol,
seine Expedition fand jedoch ein grausiges Ende*

Mary De Long, von attraktivem Aussehen und im Besitz eines ansehnlichen Vermögens, ließ sich nach dem frühen Tod ihres Gatten in San Francisco nieder. Ihre künftige Lebensaufgabe sah sie in der Erziehung ihres einzigen Kindes, eines schmächtigen Jungen, der George Washington hieß, benannt nach dem größten Mann der amerikanischen Nation.

Der Knabe wuchs wohlbehütet auf, allerdings wurde ihm alles verboten, was heranwachsende Leute gerne tun. Er durfte sich nicht an sportlichen Wettkämpfen beteiligen, nicht Schlittschuh laufen und schwimmen, erst recht nicht reiten, obwohl gerade das in den vornehmen Familien damals üblich war. Stets befürchtete die Witwe De Long, ihrem kleinen Liebling könnte etwas zustoßen. Kein Wunder, daß der Junge bei seinen Schulkameraden in den Ruf geriet, ein richtiges „Muttersöhnchen" zu sein. Er litt sehr darunter, sah jedoch keine Möglichkeit, sich gegen die übertriebene Fürsorge seiner alten Dame aufzulehnen.

Trost und Ausgleich fand er in der Literatur. Er las alles, was ihm erreichbar war. Mit der Zeit galt sein besonderes Interesse Abenteuerbüchern und Reisebeschreibungen. Mit pochendem Herzen verfolgte er die Erlebnisse des Robinson, las er die Schilderungen Marco Polos. Namentlich die Lektüre über die Polarforscher fesselte ihn, die von Hudson, Baffin, Sabine, Bering und James Clarke Ross erzählten. Leichtes Gruseln überkam ihn beim Lesen der Berichte und Zeitungsartikel über die Franklin-Tragödie. Am Ende war er von dem heißen Wunsch erfüllt, auch ein Forschungsreisender zu werden.

Unterdessen hatte er das Alter von achtzehn Jahren erreicht.

„Mein Junge", begann eines Tages Mary De Long, „es ist Zeit für dich, über einen Beruf nachzudenken. Du solltest Arzt, Pfarrer oder Jurist werden. In allen drei Fällen hättest du Aussicht auf ein gutes Einkommen und ein ruhiges Leben."

Gut verdienen und keine Aufregung haben, das war in den Augen der besorgten Dame das Wichtigste. Aber genau danach stand ihrem Sohn nicht der Sinn. Am liebsten wollte er Seemann werden und als Kapitän durch die Meere reisen. In die Welt zog es ihn hinaus. Er sprach aber nicht darüber. Erst in späteren Jahren, wenn er sich dem Einfluß der Mutter entzogen haben würde, wollte er sich seine Wünsche erfüllen. Vorerst erklärte er sich einverstanden, Jura zu studieren.

In seinem Bestreben, einmal übernommene Verpflichtungen gut zu erfüllen, absolvierte er seine Studien gewissenhaft, allerdings ohne Begeisterung. Mit einundzwanzig Jahren trat er als Gehilfe in eine bekannte Anwaltsfirma ein. Der Dienst, den er nun täglich ausüben mußte, verschaffte ihm Unbehagen. Bald stand fest, daß ihm eine glänzende Karriere als Rechtsanwalt, Richter oder Staatsanwalt versagt bleiben würde. Der Umgang mit Akten, armen Sündern und Paragraphen ödete ihn an. In dieser Hinsicht hatte Washington De Long nicht den geringsten Ehrgeiz.

Im Jahre 1863 trat jedoch ein Ereignis ein, das sein Leben entscheidend veränderte.

Der 1861 ausgebrochene Bürgerkrieg befand sich auf dem Höhepunkt. Wesentliche Ursache dieses blutigen Konfliktes war die Gefährdung der kapitalistischen Entwicklung Amerikas durch die Sklavenhalter im Süden, die den Krieg mit einem mißglückten Staatsstreich gegen die rechtmäßige Regierung eröffneten. Die fortschrittlich und demokratisch gesinnten Bürger und die sich herausbildende Arbeiterklasse standen auf der Seite der Regierung. Die Kampfhandlungen verliefen mit wechselnden Erfolgen. Anfang 1863 bedurfte die Armee des Nordens dringend neuer Soldaten, um sich gegen die Truppen der Sklavenhalter behaupten zu können.

Als George Washington De Long davon hörte, sah er nun endlich eine willkommene Gelegenheit, sein weiteres Leben nach eigenen Vorstellungen zu führen, und entschloß sich, zur Armee zu gehen.

Die Mutter war entsetzt. Diesmal ließ sich der sonst so folgsame Sohn nicht umstimmen. Er begab sich zur Musterungskommission.

Doch welche Enttäuschung erlebte er dort.

„Junger Freund", wurde ihm erklärt, „Ihr Wunsch, dem Ansehen der Nation dienlich zu sein, ehrt Sie. Leider sind Sie ein wenig zu klein geraten und nicht kräftig genug. Gehen Sie wieder nach Hause."

Das war ein böser Schlag. Der junge Mann fühlte sich beleidigt, zugleich auch herausgefordert. So schnell wollte er sich nicht geschlagen geben. Er meldete sich beim Marineamt, wo er darum bat, als Matrose ausgebildet zu werden. Dort zeigte man sich nicht so kleinlich. George Washington De Long wurde angenommen.

Nun begann für ihn eine harte Zeit.

Die Ausbildung auf Seglern und Dampfschiffen war streng, der

Dienst auf die Minute genau geregelt. Tapfer und verbissen ertrug De Long alle Strapazen. Entschlossen, sich durch nichts unterkriegen zu lassen, bei der Seefahrt zu bleiben, wollte er Kapitän werden und die Meere befahren. Namentlich die nördlichen, denn nach wie vor zog es ihn zum Nordpol, als erster wollte er eines Tages dort sein.

So arbeitete er mit unermüdlichem Eifer, erfüllte gewissenhaft die ihm auferlegten Pflichten, gewann die Achtung seiner Kameraden und zunehmend auch das Wohlwollen der Vorgesetzten, die erkannten, daß in dem unscheinbar, fast schmächtig wirkenden Matrosen wohl ein ganzer Kerl steckte. Darum förderten sie ihn nach besten Kräften.

Den Kontakt zur Mutter hatte De Long fürs erste eingestellt. Erst nach drei Jahren trat er ihr erneut gegenüber. Mary De Long erkannte ihren Sohn kaum wieder.

Der Urlaub dauerte nur wenige Tage. George Washington De Long erzählte von seiner Ausbildung, von den Fahrten in den Pazifischen und Indischen Ozean, von seinen Aufenthalten auf Samoa und Hawaii.

„Und wohin geht die nächste Reise?" fragte die Mutter zaghaft. Inzwischen hatte sie eingesehen, daß der Sohn ihrem Einfluß für immer entglitten war.

George Washington De Long stand eine Reise bevor, von der er seit den Jugendtagen geträumt hatte, eine Reise in die Arktis. Da es sich nicht um ein militärisches Geheimnis handelte, vertraute er der Mutter an:

„Wir haben Order, in der Baffinbucht den Walfang zu beobachten, denn zwischen unseren und schwedischen Fangschiffen kommt es manchmal zu Reibereien. Einer scheint dem anderen die Beute nicht zu gönnen."

Der Marineleutnant De Long machte diese Reise als Zweiter Offizier mit. Seine Aufgabe bestand darin, die Einhaltung des Kurses zu überwachen. Was für ein Unternehmen! Die weiße Wunderwelt der Arktis, die er bislang nur aus den Büchern kannte, hielt ihn gefangen. In sein Tagebuch schrieb er:

„Ich bin dem Zauber des ewigen Eises verfallen. Die Arktis ist mein zweites Leben."

In den folgenden Jahren unternahm er noch mehrere Reisen in den hohen Norden, einmal, um eine verunglückte Expedition zu retten. Auf die Dauer befriedigte es ihn aber nicht, immer nur an den Küsten vorbeizufahren. Das Zentrum der Arktis wollte er endlich kennenlernen. Und der Nordpol war noch immer nicht bezwungen worden. Würde er es schaffen?

Mit dreiunddreißig Jahren galt De Long – das Kapitänspatent besaß er längst – bei der Admiralität als einer der fähigsten Marineoffiziere Amerikas. Würde man ihm aber auch eine Polarexpedition anvertrauen? Die Admiralität lehnte ab. In den vergangenen zwanzig Jahren hatte sie mehrere Expeditionen ins Eis geschickt, doch jedesmal endeten die Unternehmen mit Mißerfolgen und Verlusten an Menschen und Schiffen.

„Kapitän", sagte ein Admiral, „wir geben in diesem Jahrhundert für solche Zwecke keinen Cent mehr aus."

Jedoch stand über den Plänen und Träumen George Washington De Longs ein Glücksstern, und zwar in Gestalt von Mister James Gordon Bennett, dem allmächtigen Herausgeber des „New York Herald", der auflagenstärksten Tageszeitung der Welt. In jedem Winkel der Vereinigten Staaten wurde sie gelesen. Zahlreiche Exemplare gelangten auch nach London, Paris, Berlin, Rom und Petersburg. Bennett beschäftigte Reporter und Korrespondenten rund um den Erdball. Sie lieferten ihm die neuesten Nachrichten und spannende Berichte über Festlichkeiten, Schlachten und Katastrophen. Im Jahre 1871 hatte Gordon Bennett sogar eine eigene Expedition losgeschickt, um den in Afrika verschollenen Forschungsreisenden David Livingstone suchen zu lassen. Der ebenso clevere wie skrupellose Journalist Henry Morton Stanley hatte ihn halbverhungert im Busch aufgefunden. Hinterher ließ Bennett eine Flut von Sensationsberichten darüber veröffentlichen.

Nunmehr, es geschah im Frühjahr 1879, gab Mister Bennett bekannt, daß er nach dem schwedischen Polarforscher Adolf Erik Nordenskiöld suchen lassen wolle. Der Schwede hatte sich noch nicht wieder gemeldet. Darum wurde vermutet, daß er verunglückt sei. Das war nicht alles. Wenn möglich, sollte die vom „New York Herald" ausgeschickte Expedition nach der Rettung Nordenskiölds den Versuch unternehmen, den Nordpol zu erreichen. Bennett versprach sich davon eine Sensation größten Stils. Und natürlich auch eine weitere Auflagensteigerung seines Weltblattes.

Winkte hier das Schicksal?

George Washington De Long, von der Admiralität lebhaft unterstützt, schrieb an Bennett und bat um die Leitung der Expedition. Er rechnete damit, daß der Zeitungskönig ihn zu einem persönlichen Gespräch einladen werde. Dies geschah nicht. Bennett schickte lediglich ein Telegramm, und dieses enthielt nur ein einziges Wort: „Ja."

Das kurze „Ja" bedeutete für De Long das Ziel seiner Wünsche, es bedeutete ein Schiff, Besatzung, technisches Gerät, Proviant und Brennstoffe für drei Jahre und zudem die Möglichkeit, den Angriff auf den Nordpol zu riskieren.

Das Schiff, die „Jeannette", war ein mit Dampfkraft und elektrischer Beleuchtung versehener Segler, äußerst seetüchtig und vor Jahren, als man nach Franklin gesucht hatte, im Eis erprobt worden. Auf Bennetts Kosten wurde es jetzt überholt. Handwerker schlugen die Kajüten zum Schutz gegen die zu erwartenden Fröste mit Filz aus und überzogen den Rumpf mit einer Haut aus Ulmenholz. Bei diesen Vorbereitungen machte der „New York Herald" unglaublich viel Reklame für das Unternehmen. Kapitän De Long, obwohl er sich noch in San Francisco befand, war bereits vor der Abreise ein sehr populärer Mann.

Die Besatzung durfte er selbst auswählen. Es meldeten sich weit über tausend Bewerber. George Washington De Long heuerte zwanzig erfahrene Matrosen und Offiziere an. Ferner nahm er zwei Indianer mit, die die Schlittenhunde versorgen sollten. Für die Küche stellte er zwei Chinesen ein.

Am 8. Juli 1879 verließ die „Jeannette" den Hafen von San Francisco. Am Kai stand Mary De Long. In Gedanken sah sie ihren Sohn bei einer schrecklichen Katastrophe umkommen.

Der Kurs verlief nordwärts in Richtung der Aleuten. Das Schiff hielt ein hohes Tempo. Kapitän De Long und seine beiden Stellvertreter George Melville und John Danenhower sowie die gesamte Besatzung waren froher Dinge. An Bord gab es nicht viel zu tun. Der tägliche Dienst verlangte keine großen Anstrengungen. Zudem herrschte ein phantastisch schönes Wetter, und der Nordpazifik verhielt sich ruhig. Gleichmäßig schlugen die Wellen gegen die Bordwände.

An der Beringinsel wurde für ein paar Stunden Station gemacht. Kapitän und Besatzung statteten der letzten Ruhestätte des weltberühmten Leiters der Großen Nordischen Expedition einen Besuch ab und verharrten dort in ehrendem Gedenken.

Danach ging es weiter.

Bereits in den ersten Augusttagen tauchte die „Jeannette" in der Beringstraße auf, die sie nun kreuz und quer abfuhr. Von Nordenskiöld fanden sie keine Spur. Die Mannschaft eines Robbenfangschiffes teilte George Washington De Long aber mit, daß der Schwede gerettet wäre und sich mit seinem Schiff auf dem Weg nach Süden befände. Kapitän De Long nahm diese Mitteilung mit großer Erleichterung auf. Anschließend begab er sich nach Nome auf Alaska. Dort verständigte er seinen Auftraggeber per Telegramm über die neue Lage.

Kurz darauf war im „New York Herald" folgende Nachricht zu lesen: „Nachdem Kapitän George Washington De Long sich davon überzeugt hatte, daß Mister Nordenskiöld wohlbehalten durch die

Beringstraße gelangt sei, lenkte er den Bug seines Schiffes sofort nach Norden. Kapitän De Long wird im Auftrage unserer Zeitung den Nordpol für Amerika in Besitz nehmen, dort das Sternenbanner hissen, zu Gott beten und danach die Rückreise antreten. Wir sind sicher, schon bald einen ausführlichen Bericht über dieses die ganze zivilisierte Menschheit interessierende Ereignis veröffentlichen zu können."

Große Worte, so recht nach dem Geschmack der auf Sensationen versessenen Leser von Gordon Bennetts Zeitung. In der Zeitung konnte man so etwas machen.

Aber der Nordpol lag in weiter Ferne.

Vor der Abreise aus Nome hielt De Long mit seinen Männern kurze Beratung und erläuterte, wie er vorzugehen gedachte:

„Sobald wir die Beringstraße verlassen haben, wenden wir uns nach Nordwesten. An der Wrangel-Insel beziehen wir Winterquartier. Im nächsten Jahr begeben wir uns zu den Neusibirischen Inseln, von deren Spitze aus wir den Angriff auf den Pol starten werden."

Aus der Beringstraße kam man schnell heraus, und bei gutem Wetter gelangte die „Jeannette" nördlich der sibirischen Küste über den 70. Breitengrad. Das Unternehmen verlief exakt nach Plan und Wunsch. George Washington De Long schien vom Glück begünstigt zu sein wie vor ihm kaum ein anderer Polarfahrer. Regelmäßig führte er sein Tagebuch, auf dessen Blättern sich seine Hoffnungen niederschlugen:

„Ich werde der erste am Pol sein. Ich schaffe es. Jetzt oder nie."

Keine vierundzwanzig Stunden später sah alles ganz anders aus.

Die „Jeannette" befand sich etwa hundert Kilometer von der sibirischen Küste entfernt. Durch das Wasser zogen vereinzelt Eisschollen. Das beunruhigte die Männer nicht, denn vollkommen eisfrei war das Meer in dieser Gegend niemals.

George Washington De Long stand auf der Kommandobrücke und blickte in die Ferne, schaute gelegentlich zum Himmel hinauf und wunderte sich schließlich:

„Was soll das bedeuten? Es will heute einfach nicht Tag werden!"

Die Morgendämmerung kam nur unmerklich auf. Es schien, als weigerte sich der Morgen, aus dem Schoß der Nacht zu treten. Zur Mittagsstunde war es noch immer nicht hell geworden, ein sicheres Zeichen, daß mit einem schweren Unwetter gerechnet werden mußte. Und das ließ nicht lange auf sich warten.

In dem Augenblick, da die beiden chinesischen Köche zum Essen riefen, breitete sich mit einemmal tiefe Finsternis aus. Von Minute zu Minute sanken die Temperaturen. Von Norden her ließ sich ein langgezogenes Heulen vernehmen, das wenig später in unheimliches Brüllen und Toben überging. Ein Orkan von ungewöhnlicher Stärke und Dauer brach los.

Sogar De Long, der wiederholt die arktischen Gewässer befahren hatte und deshalb einiges gewohnt war, verspürte Unruhe.

„Ich habe so etwas noch nie erlebt", sagte er. „Wir wollen hoffen, daß uns kein Unglück trifft."

Das Schiff schwankte, drehte sich im Kreise, konnte kaum geführt werden, sosehr sich die Steuermänner auch mühten. Der Orkan tobte einen ganzen Tag lang, einen zweiten, wühlte das Meer auf und trieb große Eisschollen vor sich her, die sich unter der Einwirkung der strengen Kälte zu einer festen Masse zusammenfügten. Als der Orkan endlich in Richtung Rußland abgezogen war und eine beklemmende Windstille eintrat, saß die „Jeannette" unbeweglich fest, umgeben von einem Wall aus Eis.

Washington De Long erging es nicht besser als so vielen anderen Polarfahrern vor ihm. Er blickte mit Bestürzung auf das Chaos ringsum und fragte sich, ob seine Nordpolarreise damit bereits zu Ende gegangen wäre. Der arktische Winter begann in diesem Jahr schon in den ersten Septembertagen. Das war gegen alle Erfahrung.

Dichtes Schneetreiben setzte ein, das die „Jeannette" schon bald in Weiß hüllte. Tag um Tag verstrich. Die Witterungsbedingungen besserten sich nicht.

Der Kapitän fühlte sich verzweifelt und schrieb in sein Tagebuch: „Ich kann es einfach nicht glauben. Bennett vermutet sicher, daß ich auf dem Wege zum Nordpol schon ein gutes Stück vorangekommen sei, und bringt gewiß sensationelle Berichte. Wer hätte aber auch annehmen können, daß uns das Eis so schnell einschließen würde. Mein Plan, auf der Wrangel-Insel zu überwintern, ist unerfüllbar geworden. Ringsum ist nichts als Eis zu sehen. Mal ist es hoch aufgetürmt, an anderen Stellen geborsten, meistens geschlossen wie ein Panzer. Kaum vorzustellen, daß diese Masse wieder auftauen könnte und das Wasser wie gewohnt Wellen schlägt. Was soll aus meiner Expedition werden?"

Auf die Frage gab es im Augenblick keine Antwort.

Die Mannschaft nahm den vorzeitigen Wintereinbruch gelassen hin. Der Dienst an Bord ging in der gewohnten Weise weiter. Der Kapitän hatte drei Wissenschaftler zusätzlich mitgenommen, die sich nun meteorologischen und astronomischen Messungen widmeten. Bei schönem Wetter wurde Jagd auf Eisbären und Walrosse gemacht, und dies mit beachtlichem Erfolg. In einem der Vorratsräume stapelten sich die Felle. Das Fleisch bekamen die Hunde.

Einmal spielte sich in der Nähe der „Jeannette" der Kampf zwischen zwei Eisbären ab. Das war ein blutiges Schauspiel. Mit furchterregendem Gebrüll gingen die Bären aufeinander los. Jeder versuchte, den anderen bei der Gurgel zu fassen oder mit schweren Prankenhieben zu treffen. Nach zwei Stunden fiel ein Bär erschöpft nieder. Sein Gegner ließ jedoch nicht von ihm ab, sondern tötete ihn mit mehreren Bissen. Der Sieger konnte seinen Triumph nicht lange auskosten, weil Oberleutnant Danenhower ihn mit einem gezielten Schuß ins Herz niederstreckte.

Eines Tages machte Kapitän De Long eine Entdeckung: Das riesige Eisfeld, in dem das Schiff festgeklemmt war wie in einem Schraubstock, driftete in gemächlichem Tempo davon.

„Wir entfernen uns immer weiter von der Küste", sagte er zu den Offizieren. „Wenn mich nicht alles täuscht, führt die Drift geradewegs zum Nordpol. Man muß das genau ausrechnen."

Eine Drift von der Beringstraße direkt zum Nordpol? Sollte sich das bestätigen, dann wäre dem Kapitän zweifellos eine bedeutende Entdeckung gelungen, für Wissenschaft und Seefahrt von höchstem Nutzen. Bewiesen war freilich noch nichts.

Danenhower sagte: „Möglicherweise gibt es nur diesen einen Weg zum Pol, zumal alle bisherigen Versuche, zu ihm zu gelangen, gescheitert sind."

Leutnant Charles Chipp, der auch schon an mehreren Polarfahrten teilgenommen hatte, machte ein sorgenvolles Gesicht. „Auf diesen Weg wollen wir uns lieber nicht einlassen", sagte er. „Bei dem Schneckentempo, mit dem sich das Eis momentan bewegt, würden wir Jahre brauchen, um dort anzukommen. Verhungert und erfroren würden wir am Nordpol eintreffen. Abgesehen davon, daß unser Schiff bis dahin längst vom Eis zerrieben wäre."

„Das ist allerdings wahr", erwiderte De Long. „Ich habe aus diesem Grunde auch nicht die Absicht, mich bis zum Pol schieben zu lassen. Wir müssen danach trachten, aus dem Eis herauszukommen, die Drift hinter uns zu lassen und dann mit eigener Kraft weiterzufahren. Bedauerlicherweise hat uns das Eis an der Kette. Wir sind nicht Herr unserer Entschlüsse und müssen abwarten. Lassen Sie uns trotzdem guter Dinge sein." Er wechselte das Thema, fragte: „Was gibt es heute zu essen? Wir haben Chinesen in der Küche, und das sollen bekanntlich die besten Köche der Welt sein."

Auf den Tisch kam indisches Reishuhn.

Gordon Bennett, das mußte man zugestehen, hatte seine Leute mit dem Allerfeinsten versorgt. Pökelfleisch und Schiffszwieback, die Grundnahrungsmittel aller Matrosen, waren erst gar nicht mitgenommen worden.

Etliche Wochen gingen dahin.

Langsam, doch stetig, trieb das Eisfeld von den Küsten Rußlands weg, offensichtlich zur Nordseite der Neusibirischen Inseln. Unterwegs kam die „Jeannette" an mehreren kleinen Inseln vorbei, von deren Vorhandensein man bisher nichts gewußt hatte. So war das einstige Muttersöhnchen nun doch ein erfolgreicher Forschungsreisender geworden, der obendrein das Glück hatte, eine von ihm entdeckte Inselgruppe mit seinem eigenen Namen versehen zu können, die De-Long-Inseln. Grund zur Zufriedenheit bestand deswegen nicht.

Dem Kapitän blieb nicht verborgen, daß sich seine Expedition in einer großen Gefahr befand. Ende Oktober kam heran, und von einer Besserung der Lage konnte nicht die Rede sein. Der arktische Winter zeigte sich streng und kannte kein Erbarmen. Schneestürme tobten fast jeden Tag. Die Durchschnittstemperatur lag bei fünfunddreißig Grad minus. Kohlen waren zwar ausreichend vorhanden. Weil aber niemand sagen konnte, wie lange diese Reise noch dauern würde, gab der Kapitän Anweisung, die Kajüten nur einmal am Tag zu heizen.

Lange unterhielt er sich mit Oberleutnant Danenhower, Melville und Leutnant Chipp. Ihnen sagte er:

„Das ewige Warten saugt meine Kräfte aus, es ist quälend und erinnert mich an ein Leben auf dem Pulverfaß, es ist zerstörerisch und abstumpfend. Angenehmer ist es, am warmen Ofen von einer Polarexpedition zu träumen oder vom Überwintern im Eis. Aber das selbst zu erleben bedeutet, vorzeitig alt zu werden."

Ja, De Long war deprimiert. Andererseits zeigte er sich der ihm auferlegten Verantwortung bewußt und auch fähig, ihr zu entsprechen. Mit eiserner Disziplin führte er das Kommando über Mannschaft und Schiff. Nicht zuletzt bestand er darauf, die wissenschaftlichen Arbeiten ohne Unterbrechung fortzusetzen. Dreimal täglich mußten die Temperaturen und Windgeschwindigkeiten gemessen werden. Der Kapitän selbst nahm zweimal täglich eine Ortsbestimmung vor.

Ende November 1879 raste von Nordost her ein Orkan heran und verwandelte die Ostsibirische See zwischen Wrangel-Insel und Neusibirischen Inseln in ein Ungeheuer, das imstande war, alles zu vernichten. Die „Jeannette" bot ein ideales Angriffsziel. Ihre hohen Masten zitterten und schwankten, drohten umzuknicken. Der Orkan löste das Eis aus der Erstarrung, riß es an vielen Stellen auseinander. Die so entstandenen Blöcke und Schollen stießen mit voller Wucht gegeneinander. Mit Entsetzen sah der Kapitän, wie eine meterhohe Eiswand in dem Sturmlauf der entfesselten Elemente direkt auf das Schiff zukam.

Ein mächtiger Eisblock sprang das Schiff an und schlug es leck. Der Rumpf der „Jeannette" erzitterte. Von den Wänden in den Kajüten fielen die Gegenstände herab. In der Küche stürzte ein gefüllter schwerer Kupferkessel um, wobei sich einer der chinesischen Köche eine Verbrühung zuzog.

Das schlimmste aber war, daß in den Maschinenraum fortwährend Wasser strömte.

„An die Pumpen!" schrie De Long. „An die Pumpen!"

Es galt, das Schiff vor dem Untergang zu retten. Der Orkan zog nach ein paar Stunden wieder ab. Aber er ließ ein schauriges Chaos von zerrissenem Eis zurück, das sich wild hin und her bewegte, ächzte, krachte, sich von neuem zu einem Panzer zusammenschloß.

Der Kapitän klagte: „Unter diesen Umständen wird unsere Gefangenschaft bis zum Jüngsten Tag dauern."

Und in sein Tagebuch schrieb er:

„Nirgends lernt der Mensch so leiden wie hier."

Zu allem Unglück gelang es nicht, das Leck im Maschinenraum zu finden und abzudichten. Mittlerweile drang auch in den Kohlenbunker Wasser ein.

„Die Pumpen müssen vorerst Tag und Nacht in Betrieb gehalten werden", befahl De Long.

Diese Arbeit war besonders hart. Alle zwei Stunden lösten die Männer einander ab. Das ging tage- und wochenlang so, über viele Monate hinweg. Nur auf diese Weise gelang es, den Untergang der „Jeannette" abzuwenden.

Und weiter trieb das Eis und mit ihm das eingeklemmte Schiff nach Norden. So verging der Winter. Es kam das Frühjahr und mit ihm die Hoffnung, daß man jetzt wohl bald freikommen würde.

Aber der Frühling 1880 in der Ostsibirischen See bestand nicht aus Sonnenschein und Wärme, sondern aus Kälte von dreißig Grad minus, einem immerzu verhangenen Himmel, Finsternis und Trostlosigkeit. Der Sommer hielt seinen Einzug, leider nur auf dem Kalender. Und der neue Winter stand auch wieder kurz bevor. Nichts hatte sich an der verdrießlichen Lage der Expedition geändert, im Gegenteil, alles wurde nur viel schlimmer. Die Kälte drang durch alle Ritzen. Richtig warm fühlten sich die Männer nur in der kleinen Küche, denn der Kohlenverbrauch mußte weiter gedrosselt werden.

Die Schlittenhunde waren den Anstrengungen nicht gewachsen, sie starben dahin. Am Ende blieb keiner von ihnen übrig. Ihre Kadaver lagen rings um das Schiff verstreut, ein entmutigender Anblick.

Unter diesen traurigen Umständen verging auch das Jahr 1880.

Zu dieser Zeit hatte De Long schon auf der Rückreise vom Pol sein wollen. In Wirklichkeit befand er sich fast tausendfünfhundert Kilometer von ihm entfernt und hatte nicht die geringste Chance, ihn je zu erreichen.

Im Frühjahr 1881 lag die „Jeannette" bereits nördlich der Neusibirischen Inseln, etwa in Höhe des 77. Breitengrades. Aber nach wie vor gab es keine Besserung der Situation. Auch für die Zukunft deutete sich nichts dergleichen an.

Die Männer der „Jeannette" hatten ihre Furchtlosigkeit oft genug unter Beweis gestellt, waren auch in diesem zweiten Jahr der Belagerung durch das Eis nicht schwankend geworden. Allerdings dachten sie über die Zweckmäßigkeit der Fortsetzung dieses Abenteuers nach.

„Ich frage mich", sagte der Arzt, „ob wir nicht versuchen sollten, uns nach Amerika durchzuschlagen. Mit unserem Schiff wird uns das freilich nicht gelingen. Einmal kommt es nicht aus dem Eis heraus, und zum anderen wird es einem Wrack immer ähnlicher."

Das stimmte. Trotz fleißigen Pumpens stand das Wasser im Maschinenraum und im Kohlenbunker einen halben Meter hoch. Als Folge der unaufhörlichen Eispressungen hatte der Schiffsrumpf sich stark geneigt. Die Bordwände begannen zu faulen.

Ende Mai 1881 machten die Offiziere Danenhower, Melville und Chipp den Kapitän auf diese und andere Mißstände aufmerksam und wollten ihn zu einer Entscheidung veranlassen. Dies geschah in einem sachlichen Ton und stellte alles andere als ein Ultimatum dar.

Aber De Long war in den letzten Monaten empfindlich und reizbar geworden. Mit Beharrlichkeit und Fleiß hatte er in den letzten Jahren alle seine Pläne verwirklicht, alles erreicht. Darum konnte er nicht begreifen, daß ihm auf der Reise zum Nordpol solches Unglück widerfuhr. Die Enttäuschung darüber schmerzte wie eine Wunde, die nicht heilen wollte.

Ungeduldig und mißmutig hörte er sich die Mitteilungen der Offiziere an. Sein Gesichtsausdruck verriet, daß er ihre Argumente nicht gelten ließ. Schließlich fragte er: „Was schlagen Sie vor, Gentlemen?"

Oberleutnant Danenhower erwiderte: „Den sofortigen Abbruch der Expedition. Das Schiff verlassen, da es nicht mehr zu retten ist. Wir haben drei Boote an Bord und sollten sie schnellstens mit Proviant und dem Nötigsten an Ausrüstung und Bekleidung versehen, sie anschließend auf Schlitten verladen und dann zu den Neusibirischen Inseln ziehen. Südlich von ihnen wird offenes Meer sein. Folglich können wir mit einigem Glück zur sibirischen Küste gelangen und von dort aus zur Beringstraße, wo uns bestimmt ein Schiff aufnehmen wird."

„Ist das alles?" wollte De Long wissen.

„Im Augenblick ja."

„Abgelehnt!"

Nein, der Kapitän ließ nicht mit sich reden. Er blieb hart. „Es liegt überhaupt kein Grund vor, nervös zu werden. Ich gebe ja zu, unser Schiff hat einigen Schaden genommen. Was macht das schon? Sobald das Eis den Weg freigegeben hat, bringen wir alles in Ordnung. Was die Heimreise betrifft, so ist es noch zu früh, darüber nachzudenken."

„Kapitän", sagte Leutnant Chipp, „das war Ihre Entscheidung."

Weiteres Unglück suchte die Expedition heim.

Oberleutnant Danenhower, dreißig Jahre alt und von kräftiger Statur, neben dem Kapitän die „Seele des Unternehmens", erkrankte plötzlich schwer: Schüttelfrost, Übelkeit, Erbrechen, rasende Kopfschmerzen. Am ärgsten war, daß er binnen weniger Stunden nahezu erblindete. Hilflos und wie gebrochen lag er auf dem Krankenlager. Der Schiffsarzt stand vor einem Rätsel. Als Danenhower sich vorübergehend ein wenig erholt hatte, bat er den Kapitän um ein vertrauliches Gespräch.

„Mein lieber Danenhower, wie geht es Ihnen heute?" fragte De Long teilnahmsvoll. Er war in großer Sorge um den Kameraden, den er trotz bestehender Meinungsverschiedenheiten sehr schätzte.

Die Antwort des Oberleutnants kam schwach und kaum hörbar. „Aufrichtig gesprochen, Sir, es geht mir verdammt schlecht."

„Das gibt sich wieder. Jeden von uns erwischt es einmal. Wichtig ist nur, daß wir wieder auf die Beine kommen."

„Darüber will ich mit Ihnen sprechen, Sir. Ich werde nämlich nicht wieder auf die Beine kommen. Mein Schicksal ist unwiderruflich besiegelt." Danenhower richtete sich etwas auf, bemühte sich, klar und deutlich zu sprechen, sagte: „Ich wußte seit langem, daß ich einmal erblinden würde, hatte aber immer gehofft, noch ein paar Jahre Zeit zu haben." Er richtete sich ein wenig auf, sprach dann weiter: „Sir, Ihre Expedition befindet sich in einer scheußlichen Situation. Im Gegensatz zu Ihnen bin ich überzeugt, daß hier demnächst alles zu Ende geht ... Ich ermächtige Sie, Sir, auf mich keine Rücksicht zu nehmen. Bringen Sie die Kameraden in die Heimat zurück, und mich ... mich ..."

Kapitän De Long machte ein betroffenes Gesicht, sagte lange kein Wort. Nachher versuchte er zu lächeln. „Ich muß Sie ersuchen, von Ihren Todesahnungen Abschied zu nehmen. Wissen Sie, mein Freund, Leute, die sich in ihren eigenen Tod hineinträumen, werden in der Regel hundertvier Jahre alt." Dann mit ernstem Gesicht meinte er knapp und sachlich: „Es wird alles geschehen, Sie in die Staaten zu bringen, wo man Sie behandeln wird. Ich bürge für Ihre Sicherheit."

Möge meine Macht ausreichen, Danenhower zu retten, dachte der Kapitän, als er wieder allein war.

Die Macht, über die George Washington De Long im Sommer 1881 verfügte, schmolz zusammen.

Am 11. Juni kam Bewegung in die erstarrte Ostsibirische See. Es begann mit heftigen Stürmen, die den ganzen Tag und die folgenden Nächte andauerten. Am übernächsten Morgen, am 13. Juni, wie von Geisterhand dirigiert, brach krachend und mit unvorstellbarem Getöse das Eisfeld auseinander. Sofort bildeten sich Kanäle. Das waren Augenblicke voller Hoffnung für De Long und seine Männer. Aber nur für kurze Zeit. Jetzt drang noch mehr Wasser als bisher in das Schiff. Da half alles Pumpen nichts, die „Jeannette" wurde schwerer und schwerer, geriet ins Schwanken, neigte sich bedenklich zur Seite. Die hin und her sausenden Eisschollen und Blöcke bildeten die größte Gefahr. Die ohnehin morsch gewordenen Bordwände konnten vom erstbesten Stoß erdrückt werden. Und da geschah es auch schon. Mehrere Blöcke nahmen das Schiff in die Zange und preßten es zusammen.

„In die Boote!" rief der Kapitän. „Beeilt euch!"

Die Männer ließen in panischer Angst die Rettungsboote hinab, warfen wahllos Lebensmittel, Kohlen, nützliche und unnütze Gegenstände hinein, stießen entsetzt von der Unglücksstelle ab.

Bloß raus aus dieser Falle.

George Washington De Long, der den halbblinden, fiebernden Danenhower mit seinem Körper gegen die Wellen und den scharfen Wind schützte, wandte sich noch einmal um. Aus hundert Metern Entfernung sah er dem Untergang der „Jeannette" zu. Die Aufbauten fielen zusammen. Noch einmal hob sich der Schiffskörper, als wollte er sich gegen sein besiegeltes Schicksal aufbäumen, dann aber versank er in dem Brei aus Wasser, Schnee und Eis, sackte ab in eine bodenlose Tiefe.

Die Männer sahen, daß der Kapitän weinte. Er verbarg es nicht einmal.

Ade, Nordpol. Aus der Traum, als erster dort zu sein!

„Wie merkwürdig es manchmal zugeht", sagte De Long mit brüchiger Stimme, „stets war mir die Arktis als eine Wunderwelt voller Zauber, Rätsel und Schönheit erschienen. Seit heute hasse ich sie. Wie abweisend und menschenfeindlich sie doch ist. Ich hätte nie

285

geglaubt, gerade hier die schlimmste Niederlage meines Lebens erleiden zu müssen."

Tiefe Resignation sprach aus seinen Worten.

Indes, es gab jetzt anderes zu tun, als in Melancholie zu verfallen. Um die Rettung des nackten Lebens ging es. Das Leben der Männer hing an dem berühmten seidenen Faden. Jeden Augenblick konnte es ausgelöscht werden. Die Boote waren klein und die See aufgewühlt. Die Neusibirischen Inseln, wohin man sich zunächst wenden wollte, lagen weit, sehr weit entfernt.

Der Kapitän bestimmte den Kurs, und seine Kommandos kamen so präzise, als befände man sich im Manöver.

Das größte der Boote mit vierzehn Mann Besatzung befehligte De Long selbst, das zweite Melville, das dritte Leutnant Chipp. Die Männer ruderten, was ihre Kräfte hergaben. Um die Geschwindigkeit zu erhöhen, setzten sie kleine Segel. So ging es einigermaßen flott voran. Hingegen war es um die Versorgung schlecht bestellt. Der größte Teil der Vorräte war mit der „Jeannette" versunken. Was sich in den Booten befand, reichte höchstens für zwei Monate – bei einer bescheidenen Mahlzeit täglich.

Wochenlang dauerte die Bootsfahrt. Das erste Ziel, die Neusibirischen Inseln, lag noch in weiter Ferne. Im August fror die See wieder zu. Nun mußten die Boote auf die Schlitten umgeladen werden. Die erschöpften Männer zogen ihr letztes Hab und Gut über das Eis, eine unmenschliche Plackerei.

Doch das war nicht alles.

Als De Long eine Ortsbestimmung vornahm, stellte er entsetzt fest, daß man ungeachtet des anstrengenden Marsches nicht einen einzigen Kilometer vorwärts gekommen war. Schlimmer noch, man befand sich jetzt sogar vierzig Kilometer nördlicher als zu Beginn des Aufbruchs. Die Männer befanden sich also erneut in der Norddrift. Das mußte den sicheren Tod bedeuten, zumal der Proviant nur noch für drei Wochen reichte. Und das auch nur, wenn man sich auf vier Mahlzeiten je Woche beschränkte.

Der Kapitän brachte nicht den Mut auf, seinen Gefährten die Wahrheit zu sagen. Außerdem hoffte er, der Sextant könnte nicht in Ordnung sein. Er untersuchte ihn heimlich. Das Gerät funktionierte einwandfrei. Was sollte De Long tun?

Er vertraute sich Melville an. Der meinte, daß man der Mannschaft die Wahrheit vorerst verheimlichen sollte, weil sonst Panik mit unvorhersehbaren Folgen ausbrechen würde. Der Matrose Ericksen zeigte ohnedies schon Anzeichen von beginnendem Wahnsinn, er warf sich zu Boden und schrie nach seiner Mutter.

„Wenn wir die Marschleistung verdoppeln", sagte Melville,

„könnten wir die Drift überlisten und ein paar Kilometer herausholen."

Die Marschleistung verdoppeln, obwohl ein Teil der Mannschaft
kaum noch gehen konnte? Der Kapitän versuchte es, ging ungeachtet seiner totalen Erschöpfung mit gutem Beispiel voran, trieb die
Männer zur Eile an, schonte sich selbst nicht. Lange war das nicht
durchzuhalten. Glücklicherweise schlug die Drift ganz plötzlich
um, sie trieb jetzt direkt nach Süden. Nach Süden! Das mußte genutzt werden, das konnte Rettung bedeuten.

„Vorwärts!" feuerte De Long seine Männer an. „Bleibt nicht stehen. Bewegt euch."

Der furchtbare Hunger und die Angst, in dieser verlassenen
Wildnis sterben zu müssen, spornte die Männer an. Endlich tauchten von weitem die Berge der Neusibirischen Inseln auf. Nur noch
wenige Kilometer, und man würde festen Boden unter den Füßen
haben. Mehr tot als lebendig erreichten sie das Festland. Ob das bereits Rettung bedeutete, konnte niemand sagen. Wenigstens war
man aber dem Eis entronnen.

Die Insel, die die Männer nun betraten, umgaben ringsum hohe,
schneebedeckte Berge, aber sonst prangte sie im Grün und Gelb des
arktischen Sommers. Der Anblick der Landschaft ließ die Schiffbrüchigen glauben, in ein Paradies geraten zu sein, auf eine Märcheninsel. Und sie hatten Glück, stießen schon nach wenigen Metern auf
eine Hütte, in der irgendwann einmal Menschen gelebt hatten. Im
Innern befanden sich die verschiedensten Ausrüstungsgegenstände,
Kochtöpfe, Geschirr, Bestecke. Ein Ofen war da und Brennholz in
reichen Mengen. Da konnten sie die zurückliegenden Anstrengungen erst einmal vergessen. Die Wunden, die der Frost in Gesichter,
Hände und Füße gerissen hatte, schmerzten bald nicht mehr. Man
hatte unvermittelt ein Dach überm Kopf erhalten, durfte sich ausruhen und erholen, wieder zu Kräften kommen. Die Zukunft lag nicht
mehr so düster wie in den letzten Wochen und Tagen vor ihnen.

Die beiden Indianer, richtige Naturkinder, begaben sich mit fröhlichen Gesichtern auf die Jagd. Schon nach kurzer Zeit kehrten sie
mit zwei erlegten Rentieren zurück. Die chinesischen Köche lachten breit und wetzten die Messer. Nach langer Zeit konnten sich
die Männer der „Jeannette" endlich wieder einmal satt essen.

„Das Fleisch schmeckt wie zarter Kalbsbraten", lobte Leutnant
Chipp. Er mußte das wissen, seine Eltern betrieben in Boston ein
Restaurant für feine Herrschaften.

In der Nähe der Hütte befand sich eine Süßwasserquelle. Das
Wasser war rein und klar wie Kristall. Zwei Jahre lang hatten die
Männer Kaffee und Tee aus geschmolzenem Schnee oder Eis zube-

reitet. Was für eine Freude, sich jetzt an richtigem Wasser laben zu dürfen! Stets war die Quelle von Durstigen umlagert. Die von den Naturgewalten so arg geschundenen Leute fühlten sich glücklich und befreit. Aber wie sahen sie aus: bärtig, zerlumpt, wie die reinsten Wilden.

Hier sollte man eine Weile bleiben, meinten sie, mit der Heimreise habe es keine Eile. Ihnen graute es vor der Weiterfahrt, sie befürchteten, wieder in die Gewalt von Eis und Orkanen zu geraten, hatten Angst vor neuem Hunger und der Kälte, die draußen auf dem Meer auf sie warteten. Dagegen glaubten sie sich auf dieser paradiesischen Insel geborgen, besaßen ausreichend zu essen und zu trinken und ein Haus für die Nacht.

Kapitän George Washington De Long war entschieden anderer Meinung. „Wir nutzen die günstige Jahreszeit und reisen umgehend ab. Vor Einbruch der Polarnacht müssen wir in Sibirien sein. Denkt daran, daß uns danach noch ein langer Marsch bis zur Beringstraße bevorsteht. Darum ist jede Stunde kostbar. Unser nächstes Ziel ist die Mündung der Lena."

Die Männer trauten ihren Ohren nicht. So rasch sollte diese Märcheninsel wieder verlassen werden? Gegen den Befehl des Kapitäns konnten sie natürlich nichts ausrichten. So packten sie die geringe Habe zusammen und verluden sie auf die Boote.

„Oberleutnant Melville", sagte De Long, „Ihr Boot scheint mir das schnellste zu sein. Sie werden deshalb vorauseilen und am Lenadelta für uns Quartier machen. Sie werden dort auf hilfsbereite Menschen stoßen. Darum nehmen sie Danenhower mit. Der arme Kerl muß so schnell wie möglich in ordentliche Pflege."

Wieder begann die Fahrt ins Ungewisse. Das verhaßte Eis lag hinter den Männern, sie hatten offenes Wasser, setzten die kleinen Segel, ruderten los. Zur Lena!

Melvilles Bemühungen, den anderen vorauszufahren, scheiterten. In der Laptewsee, die man jetzt befuhr, stürmte es gewaltig. Ausweichen konnte man den scharfen Winden nicht.

Und dann kam schnell das Ende.

Am 12. September verdunkelte sich der Himmel. Das Meer wogte heftig. Sturm heulte auf und trennte die drei Boote voneinander. Die meisten Männer sollten sich niemals wiedersehen.

Das von Leutnant Chipp kommandierte Boot wurde in die reißenden Fluten getrieben und sank. Und mit ihm alle Insassen.

Von Melville und seiner Bootsbesatzung fehlte vorerst jede Spur.

George Washington De Longs Boot überstand das Unwetter. Vierzehn von Angst und Schrecken, von Todesnot gezeichnete Männer hockten verstört da. Hingegen schienen die Nerven des Kapitäns aus Eisen zu sein. Washington De Long ließ sich nicht anmerken, daß auch er am Ende seiner Kräfte war. Er wußte nämlich, daß jetzt von seiner Haltung alles abhing. Versagte er, dann waren sie verloren.

„Weiterfahren!" kommandierte er mit ruhiger Stimme. „Bis zur Lena sind es höchstens zweihundert Kilometer. Die schaffen wir im Handumdrehen."

Leicht gesagt. Im Handumdrehen war aber nichts zu machen. Die Stürme hielten an und ließen das Boot gefährlich schwanken. Zudem jagten Eisschollen durch die See, bedrohten das Boot, zwangen zu Ausweichmanövern, mehrmals mußte der Kurs radikal geändert werden, um von diesen schwimmenden Ungeheuern nicht gerammt oder erschlagen zu werden. So gingen weitere drei Wochen dahin.

Anfang Oktober 1881 überprüfte De Long die Nahrungsmittelvorräte. Sein Erschrecken war gewaltig. Es war so gut wie nichts mehr da, ein wenig verschimmeltes Brot, faulendes Rentierfleisch, drei Büchsen Konserven, wahrscheinlich aber auch schon verdorben. Heimlich rechnete der Kapitän aus, wie lange ein Mensch wohl ohne jegliche Nahrungsaufnahme leben könnte. Zu einem Ergebnis kam er nicht.

Am 3. Oktober sichtete De Long die sibirische Küste. Die Männer sahen Land vor sich, hatten das Lenadelta erreicht. Sie krochen aus dem Boot, ließen sich zu Boden fallen, verharrten reglos. Es war keine Kraft mehr in ihnen.

So sah das Stück Land aus, das die Männer der gesunkenen „Jeannette" endlich erreicht hatten: ein öder, abweisender Küstenstrich, über den ein eiskalter Wind pfiff. In den Lüften kein Vogel und im Wasser kein Fisch.

„So stelle ich mir das Eingangstor zur Hölle vor", sagte der Kapitän leise.

Der Matrose Ericksen, der schon seit längerem unter Wahnvorstellungen litt, wurde endgültig verrückt. Obendrein hatte er als Folge schwerer Erfrierungen Brand in beiden Beinen. Er starb am 6. Oktober 1881.

Zwei Tage später war der letzte Proviantbeutel unwiderruflich leer. Geschah jetzt kein Wunder, stand den Männern unmittelbar das Verhungern bevor. George Washington De Longs Blick fiel auf den Matrosen Nindemann und den Indianer Noros, die gerade beim Holzsammeln waren.

„Hört mal", sagte er zu ihnen, „mir scheint, daß ihr noch gut bei Kräften seid. Macht euch auf den Weg und holt Hilfe herbei. Wir warten hier auf euch."

Nindemann und Noros waren einverstanden. Der Kapitän gab

ihnen ein Gewehr, fünfzig Patronen und als Marschverpflegung vierzig Gramm Alkohol.

„Gott sei mit euch", rief er ihnen nach, dann sah er die beiden hinter einer Anhöhe verschwinden.

Die Männer wurden langsam vom Tode gezeichnet, lagen hilflos auf dem kalten, nassen Boden, hungerten, dämmerten dahin. Manchmal kochte De Long einen Sud aus Weidenblättern, dann wieder verteilte er heißes Wasser, das er mit Glyzerin oder Alkohol vermischte.

Über dem Lenadelta tobten sich die Oktoberstürme aus.

Oberleutnant Melville hatte den Sturm vom 12. September überstanden und war dann unter großen Mühen, aber wohlbehalten zur Mündung der Lena gelangt. Menschen hatte er dort weit und breit nicht angetroffen. Mehr als hundert Kilometer mußte er marschieren, bis er ein Dorf erreichte, in dem arme sibirische Bauern lebten. Obwohl sie selbst nur wenig besaßen, waren sie sofort bereit, den Verunglückten zu helfen. Sie luden auf Schlitten, was sie irgendwie entbehren konnten – ein wenig Ziegenfleisch, Brot, Käse, Decken und Branntwein. Während der todkranke Danenhower in der Obhut der Dorfbewohner zurückblieb, machte sich Melville mit einigen Matrosen und Bauern auf den Weg zum Lenadelta.

„Wenn der Kapitän den Sturm überstanden hat, müßten er und seine Kameraden schon dort sein und auf uns warten", sagte der Oberleutnant.

Unterwegs trafen sie auf Nindemann und Noros, und von ihnen erfuhren sie, daß De Long und die anderen seit dem 8. Oktober ohne Nahrung zurückgeblieben waren. Unterdessen schrieb man schon den 12. November!

„Wahrscheinlich werden wir sie nur als Tote wiedersehen", erklärte Melville. „Trotzdem müssen wir zu ihnen. Vielleicht gelingt es uns, den einen oder anderen zu retten."

Das war ein hoffnungsloses Bemühen.

Von einer Stunde zur anderen versank die Sonne. Orkane fielen über das Land her. Die Polarnacht brach herein. Das Thermometer erreichte binnen kurzem eine Rekordtiefe von vierundfünfzig Grad minus. Unter solchen Bedingungen verliert der Mensch im Freien seine Beweglichkeit und Arbeitsfähigkeit, Melville und seine Begleiter suchten in Felsspalten Schutz und traten dann den Rückmarsch an. Sie wußten, daß sie den Kameraden jetzt nicht mehr helfen konnten.

Ende Februar 1882 aber, als die Sonne wieder sichtbar geworden war, machte sich der Oberleutnant erneut mit Matrosen und sibirischen Bauern auf den Weg zur Lenamündung. Sie erblickten, was

sie erwartet hatten: Kapitän George Washington De Longs letzter Lagerplatz war ein Leichenfeld.

„Mitten in der Landschaft des Deltas, das noch der Frost in Bann hielt, ragte ein winkender Arm aus einer Schneewehe. Gräßliches Mahnmal einer Polartragödie. Es war der Arm De Longs", berichtete Oberleutnant Melville.

Er, die Matrosen und die Bauern bargen die Toten und bestatteten sie in einem gemeinsamen Grab. Darüber errichteten sie ein schlichtes Holzkreuz ohne Inschrift.

Das Tagebuch von Kapitän De Long war in gutem Zustand erhalten geblieben. Er hatte bis zum Schluß seine Eintragungen gemacht, und gerade die letzten kündeten von einem grausigen Drama:

„Freitag, den 21. Oktober. Kaack wurde etwa um Mitternacht tot geborgen zwischen dem Doktor und mir. Lee starb um die Mittagszeit. Ich las Gebete für die Kranken, als ich bemerkte, daß es mit ihnen zu Ende ging."

„Sonnabend, den 22. Oktober. Zu schwach, um Kaacks und Lees Leichen auf das Eis hinauszutragen. Der Doktor, Collins und ich trugen sie ein Stückchen aus dem Schnee. Dann fielen mir wieder die Augen zu."

„Sonntag, den 23. Oktober. Alle sehr schwach. Schliefen oder ruhten den ganzen Tag. Ehe es dunkel wurde, holten wir etwas Feuerung zusammen. Ich hielt einen kleinen Gottesdienst."

„Donnerstag, den 27. Oktober. Iversen zusammengebrochen."

„Freitag, den 28. Oktober. Iversen frühmorgens gestorben."

„Sonnabend, den 29. Oktober. Dressler starb in dieser Nacht."

„Sonntag, den 30. Oktober. Boyd und Görtz starben in der letzten Nacht. Collins liegt im Sterben."

Dies war die letzte Eintragung.

Heute fahren sowjetische Schiffe oft am Lenadelta vorbei. Sobald sie das Holzkreuz passieren, heulen die Sirenen auf.

17. KAPITEL

Drama auf Kap Sabine

Die amerikanische Expedition
unter Adolphus Washington Greely von 1881/84
scheiterte und kostete zwanzig Menschen das Leben

In der Polarnacht 1873/74 befand sich der deutsche Naturforscher Karl Weyprecht in höchster Gefahr. Er gehörte zu einer österreichischen Expedition, die versuchen wollte, durch das Nördliche Eismeer in die Beringstraße und von dort in den Pazifischen Ozean zu gelangen. Das erwies sich als hoffnungsloser Versuch. Die „Tegetthoff", so hieß das Expeditionsschiff, wurde bald nach Norden abgetrieben und vom Packeis wie Korn in der Mühle zermahlen. Die Männer zogen dann eine Weile nordwärts und entdeckten unbekanntes Land. Es handelte sich um eine größere Inselgruppe, von der man bisher nichts wußte. Sie erhielt den Namen *Franz-Joseph-Land.* Das war gewiß eine bedeutende Entdeckung. Vollkommen ungeklärt blieb aber, auf welche Weise die Expeditionsteilnehmer, zu denen neben Deutschen und Österreichern auch Franzosen, Briten und Italiener gehörten, wieder nach Hause gelangen sollten.

Karl Weyprecht glaubte schon, daß man auf Franz-Joseph-Land verhungern müßte. Wer sollte die Männer in dieser verlassenen Gegend vermuten und finden?

Einmal sagte Weyprecht aber: „Sollte das Wunder unserer Rettung wider Erwarten stattfinden, werde ich allen Leuten, die es angeht, ins Gesicht sagen, daß in der Polarforschung bisher alles falsch gemacht wurde. Um im Eis Erfolg zu haben, muß man vollkommen neue Wege gehen."

Am 20. Mai 1874 unternahmen die Verunglückten einen letzten Versuch, aus eigener Kraft nach Hause zu kommen. In vier kleinen Booten, die sie bei der Katastrophe hatten retten können, wollten sie sich zunächst nach Nowaja Semlja durchschlagen und dann Möglichkeiten erkunden, zur sibirischen Küste zu gelangen. Nach drei Monaten, am 14. August, gingen sie bei Kap Britwin an der Nordspitze der Insel an Land. Genau eine Woche später tauchten dort zwei Schiffe auf, die im Auftrag der russischen Regierung nach den Verschollenen suchten ...

Inzwischen waren Jahre vergangen. Und nun, im Oktober 1879,

saß Karl Weyprecht in der Eisenbahn, fuhr von Stuttgart nach Hamburg.

Dort veranstaltete die Internationale Geographische Gesellschaft einen wissenschaftlichen Kongreß. Fachleute aus zahlreichen Ländern berieten gemeinsam über die weitere Erforschung der arktischen Gebiete. Karl Weyprecht meldete sich zu Wort und sprach nun jene Überzeugungen aus, zu denen er in den einsamen Nächten auf Franz-Joseph-Land gekommen war. Er tat dies mit großer Eindringlichkeit:

„Der internationale Wettlauf zum Nordpol ist ein Unfug. Abenteuerfahrten kosten unnütz Menschenleben, verschlingen viel Geld und helfen mit ihren unkontrollierbaren Ergebnissen der Wissenschaft verzweifelt wenig. Wir brauchen feste und ständig besetzte und auf das gesamte Polargebiet verteilte Stationen zur Beobachtung des Wetters und der Eisverhältnisse, namentlich der Driften, über die wir bisher so gut wie gar nichts wissen. Die enorme Ausweitung des Schiffsverkehrs und die modernen Methoden der Nachrichtenübermittlung von Erdteil zu Erdteil als ein anderes Beispiel erfordern verläßliche Wetterprognosen, und diese wiederum setzen eine genaue Kenntnis der ozeanographischen und geophysikalischen Bedingungen in den Polarzonen voraus. Allein aus diesen Gründen müssen dort Stationen errichtet werden. Ein Land allein kann diese Aufgabe selbstverständlich nicht bewältigen. Alle zivilisierten Staaten sind aufgerufen, sich an der Erforschung der Arktis zu beteiligen. Den Nutzen wird eines Tages die gesamte Menschheit haben."

Das klang recht überzeugend. Viele Tagungsteilnehmer nickten Weyprecht zu, doch er sprach bereits weiter:

„Es ist des weiteren meine Überzeugung, daß das Schiff die Expedition lediglich in ihr zukünftiges Aufgabengebiet befördern und danach in sichere Gewässer zurückkehren soll. Erst nach Durchführung des Forschungsprogramms, zu Beginn des zweiten oder dritten Winters, holt das Transportschiff die Expeditionsmitglieder wieder ab und bringt zugleich deren Ablösung mit. Auf diese Weise wird das mit erheblichen Gefahren für die Heimkehr verbundene Einfrieren der Schiffe umgangen und Schaden abgewendet."

In allen Jahren und Jahrzehnten zuvor waren in den arktischen Gewässern bereits zahlreiche Expeditionsschiffe von den Eismassen zerstört worden. Gerade deshalb stießen Weyprechts Worte auf erhebliches Interesse und Verständnis. Sein Beitrag galt darum als etwas wirklich Neues. Am Ende des Kongresses wurde beschlossen, die Regierungen mehrerer Länder zu ersuchen, der Errichtung ständiger Polarstationen zuzustimmen und dafür Geld zu bewilligen.

Zunächst, doch das überraschte nicht, kamen nur Absagen. In London winkte man energisch ab. England hatte für die Auffindung der Nordwestdurchfahrt, für die Rettung Franklins und andere Unternehmungen bereits Millionen ausgegeben, was sich letztlich als zwecklos erwiesen hatte. Darum zeigten sich die Lords nun zugeknöpft.

Berlin gab sich taub und blind, als von Geld die Rede war. Mit der Arktis hatte man nichts mehr im Sinn. Der Kaiser höchstselbst schrieb auf das ihm vorgelegte Ersuchen nur ein einziges Wort: „Nein!"

Angesprochen wurde auch die zaristische Regierung Rußlands, die sogleich kategorisch erklärte, für derartige Zwecke keinen Rubel zu haben. Ein halbes Jahr später etwa, nachdem ebenso engagierte wie couragierte Wissenschaftler unermüdlich Überzeugungsarbeit geleistet hatten, gab es bescheidene Erfolge. Petersburg stimmte der versuchsweisen Errichtung von zwei Stationen zu. Die eine sollte auf Nowaja Semlja stehen, die andere nahe der Lenamündung.

Deutsche Experten zogen zum Cumberlandsund, englische nach Fort Rae am Großen Sklavensee, schwedische und norwegische nach Spitzbergen, dänische nach Südgrönland. So machte Europa einen hoffnungsvollen Anfang.

Und die Vereinigten Staaten von Amerika? Das Weiße Haus verwies die Bitte der Internationalen Geographischen Gesellschaft an die Admiralität. Die Admiralität wiederum meinte, der Kongreß wäre zuständig. Dessen Mitglieder genehmigten nach einigem Hin und Her einen Betrag von 25 000 Dollar.

Danach ruhte das Projekt eine Zeitlang. Unklar war vor allem, wem man die Errichtung der Polarstationen anvertrauen sollte. Die Admiralität sprach etliche Kapitäne an, erhielt aber nur Absagen. Die Beobachtung des Wetters und der Eisverhältnisse von einem bestimmten Punkt aus, der sich zudem auf dem Land befinden sollte, war für einen Seefahrer kaum das Richtige.

Einen Ausweg fand schließlich der Kongreßabgeordnete William B. Flowers aus Kalifornien. „Das kann mein Vetter machen", empfahl er. „In seinem Fort versauert er mit der Zeit, und in die weite Welt hinaus wollte er schon immer."

Sein Vetter Adolphus Washington Greely, ein siebenunddreißigjähriger Leutnant, war mit den Wissenschaften, namentlich der Polarforschung, bisher nie ernsthaft in Berührung gekommen, doch er interessierte sich leidenschaftlich für geographische Angelegenheiten. Auch von der Seefahrt verstand der ansonsten recht ehrgeizige Mann nichts. Um so besser konnte er mit Pferden umgehen, diente er ja bei der Kavallerie. Nun erhielt er dank der Fürsprache seines einflußreichen Verwandten den ehrenvollen Auftrag, für Amerika die erste nordpolare Beobachtungsstation einzurichten. Er nahm gern an, denn einmal versprach er sich für seine künftige Karriere Vorteile davon, und zum anderen wollte er endlich einmal heraus aus der Enge seines Dienstes.

In New York, von wo aus das Unternehmen starten sollte, stellte Greely fest, daß die Geldgeber seiner Expedition offenbar keine allzu große Bedeutung beimaßen und ihr auch weiterhin keine Aufmerksamkeit schenkten. Einige Geographen von der Universität gaben ihm fachliche Ratschläge, während Marineleute ihm bei der Auswahl der Ausrüstungsgegenstände halfen. Das war alles. Von der Regierung ließ sich niemand bei Greely blicken.

25000 Dollar hatte der Kongreß bewilligt, eine für den vorgesehenen Zweck beleidigend geringe Summe. 19000 Dollar verschlang allein die Miete für das Transportschiff, einen alten Dampfer aus der Zeit des Bürgerkrieges. „Proteus" hieß er. Von dem kümmerlichen Rest mußten Ausrüstung, Bekleidung und Verpflegung angeschafft werden.

Im Juli 1881 dampfte die „Proteus" von New York aus in Richtung Arktis ab. Zur Expedition gehörten außer Greely zwei Offiziere, ein Meteorologe, ein Spezialist für Gletscherkunde, ein Arzt, etliche Kavalleristen, Infanteristen und Matrosen, insgesamt waren sie 27 Mann. Für den Transport der Expedition übernahm ein Marinekommando die Verantwortung.

Greelys Denken und Handeln waren bislang weitgehend vom Militär geprägt, das konnte er auch so rasch nicht ablegen. Er hielt auf strengste äußere Disziplin: Strammstehen, Meldungmachen, Grüßen – wie auf dem Kasernenhof. Der Leutnant hatte die Karten studiert und alsbald den Ehrgeiz entwickelt, weiter nach Norden zu gelangen als alle seine Vorgänger. Wenigstens wollte er den gesamten Kennedy-Kanal durchqueren und danach versuchen, noch weiter nordwärts vorzustoßen. Ein gewaltiges Programm, an dem so viele Polarreisende vor ihm bereits in der Baffinbucht gescheitert waren. Indes, Greely, ein Mann der Kavallerie, hatte Feuer gefangen und wollte nun alles versuchen, kämpfen für sein Ziel um jeden Preis.

Die Glücksgöttinnen, die schon manchen tapferen Polarforscher schnöde im Stich gelassen hatten, schienen Greely wohlgesinnt zu sein. Durch den Smithsund fuhr die „Proteus" wie bei einer Flottenparade. Das sich anschließende Kanebecken sah aus wie ein friedliches Binnenmeer. Eisfrei zeigte sich auch der Kennedy-Kanal, und dies mußte schon ungewöhnlich genannt werden. An seinem Westufer entdeckte man einen ausgedienten Kochofen. Wahrscheinlich hatte er einmal der amerikanischen „Polaris"-Expedition unter Charles Francis Hall gehört. Ein weiterer Fund bestand aus sieben großen Fässern mit Brot, Obstkonserven, zwei Fäßchen Rum und anderem. Wer das einmal zurückgelassen hatte, konnte nicht ermittelt werden. Zur Auffüllung der eigenen Vorratskammern wurden diese guten Sachen nicht gebraucht, man hatte genug mitgenommen.

Sie fuhren durch den Kennedy-Kanal in seiner ganzen Länge, also etwa zweihundert Kilometer weit. Dann gelangten sie in die Lady-Franklin-Bucht, die der englische Kapitän George Nares erst wenige Jahre zuvor entdeckt hatte. An ihrem Ausgang begann eine weitere Wasserstraße, der Robeson-Kanal. Greely hätte auch diesen gern befahren, denn dann wäre man so weit nach Norden vorgestoßen wie noch kein anderer vor ihm.

Mit dem Kapitän der „Proteus" aber war nicht zu reden.

„Leutnant Greely", sagte er, „gemäß meiner Weisung hätte ich Sie bereits am Smithsund absetzen können, wären die Eisverhältnisse entsprechend ungünstig gewesen. Ich habe getan, und das wissen Sie, was in meinen Kräften stand. Nun muß ich mich mit der Rückfahrt beeilen, sonst hindert mich das Eis daran, nach Hause zu reisen, und meine Männer und ich müßten Ihnen dann hier Gesellschaft leisten."

Am Eingang zum Robeson-Kanal ließ der Kapitän festmachen. Greely und seine Begleiter gingen von Bord. Lebensmittel, Brennstoffe, Ausrüstung, Bekleidung, Baumaterial, technisches Gerät, Hunde und Schlitten wurden ausgeladen. Schiffsbesatzung und Expeditionsteilnehmer nahmen voneinander Abschied.

„In einem Jahr", versprach der Kapitän, „sind wir wieder hier. Wir bringen die Ablösung und holen euch ab. Bleibt gesund bis dahin."

„Gute Fahrt", erwiderte Greely.

Bald war das Schiff den Blicken der Expeditionsteilnehmer entschwunden.

Als Operationsbasis wählte Leutnant Adolphus Washington Greely den Nordteil der Ellesmereinsel, das Grinnelland. Zunächst ließ er landeinwärts marschieren, um einen günstigen Standort für die Beobachtungsstation ausfindig zu machen. Viele Tage dauerte der Marsch, und immer weiter entfernten sich die Männer von der Küste. Sie stießen in Gebiete vor, die bisher noch niemand betreten hatte.

Dieses Grinnelland gehörte zu den leblosesten und einsamsten Wüsten auf dem gesamten Planeten. Wenigstens glaubten das Greelys Leute. Nirgendwo eine Spur von Leben. Kein Eisbär oder Polarfuchs ließ sich sehen. Erst recht stellten sich keine Eskimos zur Begrüßung ein. Hier konnten auch sie nicht mehr existieren. Nichts als endlose Weiten aus Schnee und Eis. Und die Erde war weiß und der Himmel grau und blaß.

Greely ließ unentwegt weitermarschieren, nahm keine Rücksicht darauf, daß die halbe Mannschaft schneeblind wurde und jammernd auf den Schlitten lag. Für ihn galt diese Expedition als militärischer Auftrag, demzufolge verhielt er sich, als ob er eine Schlacht zu leiten hätte. Seine Kommandos klangen scharf, duldeten keinen Widerspruch. In den Nächten war es bitterkalt. Die dünnen Zelte und unzureichenden Schlafsäcke boten keinen wirksamen Schutz. Am anderen Morgen wurde der Marsch von neuem aufgenommen.

Endlich, nach mehr als zwei Wochen, hatte man einen nach Meinung der Wissenschaftler idealen Standort gefunden. Greely ließ sogleich einen langgestreckten Holzbau errichten. Für die Offiziere und den Arzt gab es Kojen. Die Soldaten hatten sich mit einem Gemeinschaftsraum zu begnügen. In den Kasernen wurde das schließlich auch so gehalten. Ärger bereitete der Ofen. Er funktionierte vom ersten Tage an nicht. Immerzu froren die Männer.

Diese nördlichste und gottverlassene Wetterstation wurde *Fort Conger* getauft. Der Leutnant wollte auf diese Weise einen Verwandten ehren, der als General im Kampf gegen die Südstaaten gefallen war.

Das Leben in diesem Fort blieb hart. Nur schwer gewöhnten sich die Männer an die andauernde Kälte. Aber sie hielten Disziplin, erfüllten in diesem trostlosen Erdenwinkel die ihnen übertragenen Aufgaben mustergültig. Und alles verlief nach Plan, militärisch exakt. Die tägliche Arbeit bestand im Messen des Luftdrucks, der Temperatur, der Richtung und Schnelligkeit des Windes, in erdmagnetischen und anderen Beobachtungen. Die Resultate wurden zweimal täglich auf vorbereiteten Listen festgehalten.

Die Ansichten Weyprechts schienen sich bewahrheiten zu wollen. Nur durch systematische Arbeit konnte man die arktischen Gebiete zuverlässig erforschen. Dies zeigte sich auch am Beispiel der von Greely geleiteten Expedition.

So unternahm ein Trupp unter Führung von Leutnant James Lockwood und Brainard einen ausgedehnten Marsch in nordöstlicher Richtung. Am 13. Mai 1882 erreichten sie 83°24′ nördlicher Breite. Das war sozusagen eine Weltbestleistung, ein bisher einmaliger Rekord. Hier entdeckten die Männer ein unbekanntes Küstengebiet, sie vermaßen es auf einer Breite von zweihundert Kilometern. Auf dem Rückweg gelangten sie zunächst weit nach Westen. Dabei stießen sie auf einen breiten Fluß und mehrere Seen. Einen nannten sie *Hazensee*. Dieses Gewässer entpuppte sich zu ihrer grenzenlosen Überraschung als ein Paradies für Lachsfische, die sich gleich zu Tausenden eines ungefährdeten Lebens erfreuten. Wer an diesem See lebte, würde niemals Hunger leiden müssen.

Auch eine weitere Entdeckung löste Erstaunen aus: Unter dem Einfluß der spärlichen Sommerwärme war selbst am 83. Breitengrad noch pflanzliches Leben möglich! An den Polarweiden bemerkte man Kätzchen und an kleinen Mohnpflanzen gelbe Blüten. Sogar einen Schmetterling bekamen die Männer zu Gesicht. Woher dieses Leben aber stammte und wie es sich dort entwickeln konnte, ließ sich auf diesem Ausflug nicht ergründen.

Der bisherige wissenschaftliche Ertrag der Expedition war unter den gegebenen Umständen durchaus beachtlich. Aber bald bekam es Leutnant Greely mit Problemen zu tun, die er nicht vorausgesehen hatte.

Unter dem Eindruck der sehr harten Lebensbedingungen erklärte eines Tages einer der Infanteristen, keinen Dienst mehr tun zu wollen und künftig jeden Befehl zu verweigern.

„Ich bin bereit", sagte er, „mich dafür in der Heimat vor dem Kriegsgericht zu verantworten."

Greely geriet in Wut. Damit hatte er nicht gerechnet, und außerdem war das ein Ausnahmefall. Er durfte das natürlich nicht einfach hinnehmen. Das schlechte Beispiel dieses Soldaten könnte Schule machen.

„Bis zur Heimkehr in die Staaten werde ich nicht warten. Ich ziehe Sie an Ort und Stelle zur Rechenschaft", erwiderte er.

Er besprach sich mit den anderen Offizieren und verkündete dem Ungehorsamen sogleich die Strafe: vier Wochen Arrest. Da es in Fort Conger kein Militärgefängnis gab, ließ Greely einen Holzverschlag bauen, in den man ihn sperrte.

Lange blieb er nicht dort. Eines Morgens war der Verschlag aufgebrochen und der Häftling spurlos verschwunden. Mit einem Schlitten und zwei Hunden hatte er das Weite gesucht. Er wurde niemals wieder gesehen.

Schwer und düster verlief die Polarnacht. Greely als unerfahrener Expeditionsleiter verstand es nicht, seine Leute sinnvoll zu beschäftigen, um ihnen so das Gefühl von Verlassensein und Leere zu nehmen. Die Männer dösten dahin und verrichteten das Mindestmaß an Arbeit, das notwendig war, um am Leben zu bleiben. Anders die drei Wissenschaftler. Sie mußten ihre Messungen ungeachtet aller Widrigkeiten vornehmen und die Resultate regelmäßig auswerten. Zu diesem Zweck hatte man die Station schließlich eingerichtet.

Der Frühling hielt Einzug. Der Sommer kam. Ein Jahr war herum. So beorderte Greely ein Kommando zum Robeson-Kanal, um nachzusehen, ob die „Proteus" schon angekommen wäre. Doch von ihr nicht die Spur! Hingegen hatte sich der Kanal in eine Eisbahn verwandelt. Und dabei war er doch im letzten Jahr zur gleichen Zeit mit rasch dahinfließendem Wasser gefüllt gewesen. Nichts deutete darauf hin, daß er in diesem Sommer überhaupt auftauen würde. Zwei Männer blieben einstweilen für den Fall am Kanal, daß noch jemand vom Schiff käme. Die anderen begaben sich nach Fort Conger zurück, um Bericht zu erstatten.

Auf Grinnelland ist der Sommer nur von sehr kurzer Dauer. Deshalb schwand die Hoffnung auf Heimkehr in diesem Jahr. Adolphus Washington Greely sah sich genötigt, seinen Leuten zu eröffnen, daß sie einen weiteren Winter in diesem weltabgeschiedenen Fort verbringen müßten. Einige murrten, andere überließen sich Gefühlen von Kleinmut und Angst, wieder andere zeigten sich aufsässig. Es half freilich nichts. Man mußte nun alle Kraft darauf verwenden, sich erneut einzurichten.

„Was geschieht aber, wenn wir auch im nächsten Jahr nicht wegkommen sollten?" fragte Dr. Octave Pavy, der Expeditionsarzt.

Greely erwiderte gereizt: „Was dann geschieht, überlassen Sie mir. Ich habe ein volles Jahr Zeit, darüber nachzudenken."

Greelys Expedition hatte für zwei Jahre Verpflegung mitgenommen, doch dies nur als Vorsichtsmaßnahme. Ein Jahr gedachte man sich in der Arktis aufzuhalten. Greely ließ daher einen Teil der Vorräte erst gar nicht vom Schiff ausladen. Zudem hatten die Männer in Fort Conger ziemlich üppig gelebt in diesen zwölf Monaten. Ein sparsamer Haushälter war der Leutnant nicht, er mußte sich bisher auch niemals mit Verpflegungsangelegenheiten und Vorratswirtschaft befassen. Das rächte sich jetzt bitter. Nur noch einmal am Tage konnte er Essen ausgeben lassen, und dennoch fielen die Rationen immer spärlicher aus. Die Stimmung der Männer sank auf den Nullpunkt. Einerseits waren sie Soldaten, denen man daheim Ordnung, Disziplin und Gehorsam beigebracht hatte, andererseits aber Menschen, die in Krisensituationen unterschiedlich reagierten.

Leutnant Greely vermerkte in seinem Tagebuch:

„Dieser zweite Winter in der Polarstation Fort Conger zehrt an den Nerven meiner Leute. Disziplinlosigkeit und beginnender Hunger lassen einen geordneten Dienstablauf zu einem Problem werden. Heute erklärte mir der Meteorologe, daß er wegen des Hungers nicht länger dienstfähig sei. Die wissenschaftlichen Arbeiten, derentwegen wir die Station errichtet haben, werden stark vernachlässigt und eines Tages wohl ganz eingestellt werden. Sollte es dazu kommen, dann wird unsere Expedition zu diesem gespenstischen Grinnelland nutzlos und überflüssig gewesen sein. Mir graut es vor dem morgigen Tag."

Ja, die Disziplin lockerte sich weiter. Wiederholt geschah es, daß Befehle nicht ausgeführt wurden.

Sergeant David Lynn war für die Versorgung der Hunde verantwortlich. Eines Morgens erklärte er, keinen Handschlag mehr tun zu wollen.

„Ich fordere Sie auf, sofort Ihre Arbeit wieder aufzunehmen", befahl Greely.

„Das werde ich nicht tun. Heute nicht und morgen nicht", entgegnete der Sergeant, der bislang keinen Anlaß zur Klage gegeben hatte.

Greely wiederholte seinen Befehl. Lynn blieb bei seiner Weigerung. Daraufhin ließ der Leutnant die gesamte Mannschaft vor der Hütte antreten und erklärte:

„Sergeant Lynn wird wegen Befehlsverweigerung zum einfachen Soldaten degradiert."

Zuerst lachte Lynn. Hinterher die ganze Truppe. Die Männer nahmen nicht ernst, was Greely sagte und anordnete. Seine Autorität schwand mit jedem neuen Tage dahin. Er verhängte reihenweise Arreststrafen und drohte mit Verfahren vor dem Kriegsgericht. Sein Diensttagebuch quoll über von solchen und ähnlichen Eintragungen. Die eiserne Strenge, mit der er den Niedergang aufhalten wollte, brachte nichts ein. Die Männer gaben in ihrer Not allein ihm die Schuld an ihrem unglücklichen Leben in der Arktis. Kälte und Hunger hatte die einstmals so disziplinierte Truppe demoralisiert. Hinzu kam die Ungewißheit, ob man dieses verfluchte Land jemals wieder verlassen könnte.

Ein zusätzliches Übel bildeten die zahlreichen Erkrankungen. Ein großer Teil der Männer litt unter Fieberanfällen und Magenkrämpfen. Der Expeditionsarzt tat wenig für sie, er dachte nur an das eigene Überleben. Und dabei schreckte er vor keiner Niedertracht zurück.

Greely kam dahinter, daß der Arzt den Kranken einen Teil der ihnen zustehenden Verpflegung vorenthielt und für sich verbrauchte. Bei einer Kontrolle stellte er fest, daß sich Dr. Octave Pavy für sein persönliches Wohlergehen sogar ein heimliches Vorratslager angelegt hatte. Zwischen den beiden Männern kam es zu einer erregten Auseinandersetzung, die jedoch, um einen allgemeinen Aufruhr zu verhindern, unter vier Augen geführt wurde. Zu bestreiten gab es nichts, und der ungetreue Arzt versuchte dies auch gar nicht.

„Sie wissen", fuhr Greely ihn an, „daß ich das Recht und die

Pflicht hätte, Sie auf der Stelle erschießen zu lassen, denn was Sie getan haben, ist Plünderung und Raub."

„Ich weiß, ich weiß", gab der Arzt ungerührt zurück. „Ich will auch nichts beschönigen, nur darauf aufmerksam machen, daß ich hier nicht zu krepieren beabsichtige. Es gibt Situationen, da darf der Mensch nur an sich selbst denken. Der Trieb der Selbsterhaltung. Davon habe ich mich leiten lassen."

An soviel moralische Verkommenheit wollte Greely zuerst nicht glauben. Dann empörte er sich maßlos. In ruhigerem Tone sprach er nach einiger Zeit der Überlegung weiter: „Wie Sie wissen, haben wir sehr viele Kranke unter uns, und Sie sind Arzt. Nur deshalb werden Sie nicht bestraft. Ich bin zu meinem Bedauern auf Sie angewiesen. Die gestohlenen Lebensmittel sind natürlich beschlagnahmt."

Unter diesen traurigen Umständen schlich der Winter dahin. Er hatte gezeigt, daß man eine Polarexpedition nicht wie eine militärische Aktion durchführen kann. Männer, die ins ewige Eis ziehen, müssen eine Gemeinschaft sein. Ihr oberster Grundsatz muß lauten: Einer für alle, alle für einen! Gegen dieses Prinzip wurde in Fort Conger ständig verstoßen.

Adolphus Washington Greely, sosehr er sich auch um die Aufrechterhaltung von Ordnung bemühte, besaß einfach nicht genügend Erfahrung, ein solches Unternehmen zu leiten. Er begriff das selbst, bemühte sich darum auch, durch einen hohen persönlichen Einsatz eine Katastrophe zu vermeiden. Unterstützung fand er indes nur wenig.

Was er nicht wissen konnte, war dies: Die „Proteus" hatte man seinerzeit früh genug ausgesandt, um die Besatzung von Fort Conger vereinbarungsgemäß abzuholen. Es stellten sich jedoch unübersehbare Schwierigkeiten ein. Die Nordseite der Baffinbucht war total vereist, der Smithsund vollständig verbarrikadiert, so daß kein Schiff hineinfahren konnte. Auch ein zweiter Versuch einige Wochen später scheiterte. Aus diesem Grunde mußte der Entsatz auf das nächste Jahr verschoben werden. Aber diesmal kam es zu einer Katastrophe. Die „Proteus" konnte zwar den Smithsund überwinden, im Kanebecken wurde sie allerdings vom Packeis zerstört. Die Besatzung rettete sich an Land. Wochenlang mußten die Männer bei bitterster Kälte unter freiem Himmel zubringen. Zelte oder gar Holz, um eine Hütte zu bauen, hatten sich auf dem Schiff nicht befunden. Zum Glück tauchte ein anderes Schiff auf, das die schon fast erfrorenen Matrosen in Sicherheit brachte. Der Kapitän des Schiffes weigerte sich aber, einen Versuch zur Rettung der Greely-Expedition zu unternehmen.

„Ich glaube nicht, daß ich bis zum Robeson-Kanal komme. Unter keinen Umständen lasse ich mein Schiff einfrieren."

„Und was wird aus Leutnant Greely und seinen Leuten?"

Der Kapitän zuckte mit den Schultern. „Ich weiß es nicht. Manchmal geschieht es, daß Menschen Pech haben. So ist das Leben. Greely wird sich zu helfen wissen."

Wegen seiner Weigerung, zumindest einen Versuch zur Rettung der Männer aus Grinnelland zu unternehmen, wurde der Kapitän vor Gericht gestellt. Er bekam fünf Jahre Gefängnis und mußte die Marine verlassen.

Für Greely und seine Gefährten, die von diesen betrüblichen Geschehnissen nichts erfuhren, wurde die Situation immer bedrohlicher. Sie standen vor der bangen Frage, ob sie einem dritten Winter und somit dem sicheren Tod ausgeliefert sein würden. Noch konnte sich alles zu einem guten Ende fügen.

Als die Sonne wieder am Himmel stand, schickte der Leutnant erneut ein Kommando zum Robeson-Kanal, um Ausschau nach dem Schiff zu halten. Die Männer machten sich mit Hundegespannen auf den Weg. Die Decke aus Schnee und Eis war glatt wie eine Rennpiste, und die Hunde gerieten bald in ihr Element, liefen davon, was ihre Beine hergaben. Es vergingen nur zwölf Tage, als die Männer wieder in Fort Conger eintrafen.

Sie berichteten folgendes:

„Ein Schiff haben wir nicht gesehen. Der Robeson-Kanal ist nicht vereist, überall strömt Wasser. Wir sind noch fünfzig Kilometer nach Süden gefahren, immer an der Lady-Franklin-Bucht entlang. Auch sie ist vollkommen eisfrei."

„Wenn sich das so verhält", sagte Greely, „dann begreife ich einfach nicht, warum man uns hier sitzenläßt. Nein, zu verstehen ist das wirklich nicht."

Einer der zurückgekehrten Männer meinte: „Man wird uns bestimmt ein Schiff schicken. Anstatt aber hier herumzusitzen, sollten wir ihm lieber entgegenfahren."

„Womit?" erwiderte der Leutnant. „Wir haben kein einziges Boot."

„Kein Problem", wurde ihm entgegnet. Am Ufer der Lady-Franklin-Bucht hatten die Männer eine Barkasse entdeckt, die irgendein Polarforscher dort zurückgelassen hatte. „Kohlen liegen auch da. Schätzungsweise fünfzig Zentner. Und der Motor ist in Ordnung. Wir haben ihn untersucht."

Diese Mitteilung veränderte mit einem Schlage die triste Situation. Greely kam in Bewegung. Fort Conger war nicht länger zu halten, das wußte er. Alle seine Hoffnungen setzte er nun auf die Barkasse und ordnete sofort die Auflösung der Station an.

Nun kam Leben in die Mannschaft. Die Aussicht, sich bereits in den nächsten Tagen hier verabschieden zu können, brachte alle auf die Beine. Sogar der degradierte Lynn packte kräftig zu. Der Arzt, von neuem Lebensmut erfüllt, ging zu Greely, bat um die Vergebung seiner Sünden und gelobte, seinen Pflichten wieder gewissenhaft nachzukommen.

Greely erwiderte nichts darauf. Er verachtete diesen Menschen aus tiefster Seele, wußte, daß der Arzt bei der nächsten Krise ebenso versagen würde. Er ist ein elender, selbstsüchtiger Wicht, dachte er. In den Staaten würde er ihn vor Gericht stellen lassen.

„Wir nehmen nur das Notwendigste mit", befahl der Leutnant. „Proviant für höchstens vierzig Tage." Er ging davon aus, sich spätestens in einem Monat wieder an Bord eines Schiffes zu befinden. Auch das technische Gerät ließ er nicht einpacken. Das wollte er den Wissenschaftlern hinterlassen, die eines Tages auf Grinnelland die Arbeit fortsetzen würden. In den Vorratskammern lagerten Lebensmittel, die bei sparsamsten Verbrauch für einige Monate reichen könnten.

„Was soll damit geschehen?" fragte Lockwood.

„Das muß auch zurückbleiben."

„Ist das nicht unvernünftig?"

Greely wehrte ab. „Es geht nicht anders. Ich darf die Barkasse nicht überladen."

„Trotzdem würde ich den ganzen Proviant mitnehmen. Wir wissen nicht, was uns unterwegs erwartet. Wir könnten mit der Barkasse Schiffbruch erleiden und wären dann bald verhungert."

Der Leutnant lachte. „Sie sind ein Schwarzseher. Der Himmel hat uns einen Wink gegeben, wir sind praktisch schon gerettet."

„Und die Hunde?"

„Bleiben auch da. Für sie ist auf der Barkasse bestimmt kein Platz."

Der Aufbruch erfolgte zügig. In Eilmärschen ging es zunächst zum Robeson-Kanal, denn vielleicht war dort in der Zwischenzeit doch ein Schiff vor Anker gegangen. Eine trügerische Hoffnung. Die Wasser strömten zwar geschwind dahin, aber einen rettenden Dampfer brachten sie leider nicht.

„Nach Süden!" befahl der Leutnant. „Zur Lady-Franklin-Bucht!"

Der Marsch, obwohl die Männer nur wenig Gepäck trugen, erwies sich als sehr anstrengend. Schwere Winde kamen auf. Steil fiel die Küste ab. Man konnte zweihundert Meter tief stürzen und wäre dann verloren gewesen. Trotz der sommerlichen Zeit ließ sich die Kälte an manchen Tagen kaum ertragen.

„Wenn unten das Wasser zufriert, wird uns die Barkasse auch nichts helfen", sagte einer der Männer.

Greely konterte sofort. „Ich verbiete Ihnen, solche Reden zu halten. Wer Panik verbreitet, bekommt eine Woche Arrest." Er meinte das nicht wörtlich, hegte er doch selbst diese Befürchtungen.

Forscher waren gelegentlich schon hier gewesen. Hingegen existierte bisher keine verläßliche Beschreibung der Eisverhältnisse. Insofern konnte man sich nur auf sein Glück verlassen.

Dreißig Kilometer hatten die Männer seit dem Abmarsch vom Robeson-Kanal zurückgelegt. Keine bedeutende Strecke, aber sie mußten über scharfkantiges und überall brüchig gewordenes Eis ziehen, und das hatte ihnen ihre letzte Kraft abverlangt. Nun konnten sie sich kaum auf den Beinen halten. Oft genug und laut hatten sie sich früher über das Leben in Fort Conger beschwert, jetzt wünschten sie sich sogar dorthin, um wieder einmal richtig ausschlafen zu können. In den kleinen Zelten, die man kurz vor Einbruch der Dunkelheit auf dem Frostboden aufstellte, war das nicht möglich.

Hart am Rande des Südufers der Lady-Franklin-Buch erblickte man endlich die Barkasse. Sie lag auf dem Eis. Wem mochte sie einst gehört haben?

Greely nahm sofort eine Besichtigung vor. Viel verstand er ja nicht davon als Mann der Kavallerie. Dennoch bemerkte er, dazu genügte ein flüchtiger Blick, daß das Fahrzeug schon reichlich morsch geworden war. Wahrscheinlich hatte sein Besitzer es deshalb verlassen. Mit vereinten Kräften zog man die Barkasse ins Wasser. Das Ruder funktionierte. Die kleine Maschine sprang an, verbreitete allerdings einen fürchterlichen Krach. Das Rattern war so gewaltig, daß die Männer brüllen mußten, um sich verständlich zu machen.

„An Bord!" befahl der Leutnant.

Mit gemischten Gefühlen kamen die Männer der Aufforderung nach. Sie mißtrauten diesem von Wasser und Eis zerzausten Gefährt. Nun hockten oder lagen sie eng nebeneinander. Gottlob, das Teufelsding setzte sich in Bewegung und kam sogar vorwärts, knatternd und mit ohrenbetäubenden Geräuschen.

„Das ist nicht auszuhalten", beschwerte sich gequält der Arzt.

Nach einigen Tagen hörte die Lärmbelästigung plötzlich auf. Die Maschine streikte nämlich. Es dauerte länger als eine Woche, sie wieder in Ordnung zu bringen.

„Das ist ein ernster Zeitverlust, sagte Greely. „Wir müssen uns beeilen. Ich kann nur hoffen, daß wir bald auf ein Schiff stoßen."

„Sofern man uns überhaupt eins geschickt hat."

„Natürlich hat man das. Im Kongreß kann man sich leicht ausrechnen, in welcher Lage wir uns befinden. Dazu gehört nicht viel Phantasie."

„Und wenn uns der Kongreß vergessen hat?"

„Ausgeschlossen", erwiderte Greely. „Der Abgeordnete Flowers wird unsere Rettung längst organisiert haben."

„Dann wollen wir beruhigt sein."

Mitte August 1883 konnten sie die Fahrt wieder aufnehmen. Es wurde aber eine elende Schneckenfahrt. Die Maschine fraß die wertvollen Kohlen und kam trotzdem nur schrittweise voran. Anderes Unglück folgte.

Der Matrose Curner hatte in einer Werkzeugkiste mehrere Flaschen Brennspiritus gefunden. Davon trank er nun heimlich. Manchmal war er so stark berauscht, daß er seinen Dienst nicht versehen konnte und die Reise für Stunden unterbrochen werden mußte.

Greely geriet in ohnmächtige Wut und schrieb etwas auf einen Zettel, dessen Inhalt er dem Trunkenbold in Gegenwart der gesamten Mannschaft vorlas:

„Sie haben durch Ihr verantwortungsloses Verhalten unser aller Leben in Gefahr gebracht und gegen die Ehre der Nation aufs gröblichste verstoßen. Kraft des mir übertragenen Amtes verurteile ich Sie hiermit zum Tode durch Erschießen."

Expeditionsleiter oder Kapitäne ziviler Schiffe besaßen natürlich nicht die Befugnis, derartige Urteile zu fällen. Leutnant Greely führte allerdings ein militärisches Kommando, das zudem in eine extreme Ausnahmesituation geraten war. Um Gesundheit und Leben der Mannschaft zu gewährleisten, hatte er in einer solchen Lage nicht nur das Recht, sondern auch die Pflicht, gegen Außenseiter hart vorzugehen. In diesem Falle ließ er das Urteil aber nicht vollstrecken. Das war kein Gnadenakt, sondern erklärte sich aus dem einfachen Grunde, daß außer Curner niemand mit der Maschine umzugehen verstand.

Am 10. September 1883 fand die unbequeme Reise ein vorzeitiges Ende, und dies geschah aus drei Gründen. Zunächst gab die Maschine mit einem langgezogenen Zischen ihren Geist auf. Curner machte darauf aufmerksam, daß sie wegen der total verbrannten Ventile und anderer Defekte nicht noch einmal repariert werden könnte. Zweitens drang durch die fauligen Bordwände Wasser in die Barkasse, an mehreren Stellen entstanden breite Risse. Und drittens fror der Kennedy-Kanal zu. Meterhoch türmte sich das Eis. Die Männer flohen vor ihm und retteten sich im Laufschritt zur Küste.

Lockwood faßte die neue Lage so zusammen: „Die Wasserstraßen sind vereist. Das bedeutet, daß vor dem nächsten Sommer hier kein Schiff vorbeikommen wird. Unser Proviant reicht für höchstens drei Wochen. Wenn wir ihn strecken und Hungerrationen austeilen, können wir zur Not vier Monate noch am Leben bleiben. Vor uns steht die neue Polarnacht. Aber wir haben kein Haus. Zwar besitzen wir einen zerbeulten Ofen, dafür haben wir so gut wie keine Brennstoffe mehr. In Fort Conger befinden sich Dinge, die jetzt unsere Rettung sein könnten. Leider ist Fort Conger für uns nicht mehr zu erreichen. Daraus folgt – wir sind verloren. Ich meine, daß jeder sein unabwendbares Ende mit sich selbst ausmachen soll. Was mich betrifft, so habe ich meinen Weg bereits gewählt."

Lockwoods Worte hinterließen bei den Männern, die sowieso keinen Ausweg mehr wußten, einen niederschmetternden Eindruck.

Greely hatte mit zornrotem Gesicht zugehört. Nun wandte er sich an Lockwood und höhnte böse: „Ihr Optimismus rührt mich zu Tränen, guter Freund."

„Wissen Sie etwas anderes?"

„Natürlich weiß ich das", antwortete Greely. „Weitermachen. Um unser Leben kämpfen. Dem Schicksal in den Rachen greifen."

Dieser Kavallerieoffizier Adolphus Washington Greely, was war das für ein Mensch?

Zu Beginn des Unternehmens konnte er als ein gewöhnlicher Karrierist bezeichnet werden. Als Expeditionsleiter waren ihm wegen mangelnder Erfahrung Fehler unterlaufen. Doch nun, unter dem Eindruck von Tod und drohender Vernichtung, wuchs er über sich hinaus und wurde für seine Gefährten ein Vorbild, an dessen Kraft und Moral sie sich aufrichten konnten. Aus manchem starken Mann hat das Eis einen Schwächling gemacht, anderen dagegen verlieh es ungeahnte Kräfte.

„Vorwärts", rief Greely. „Wir gehen weiter. Nach Süden. Zum Smithsund."

Sein Ziel, die Küste der Baffinbucht zu erreichen, lag noch mehrere hundert Kilometer entfernt. Ein Teil der Männer folgte bereitwillig, während sich andere nicht von der Stelle rührten und überlegten, ob es einen Sinn habe, sich ihm anzuschließen. Am Ende gingen alle mit.

Tage darauf fiel in der Nähe ein Schuß. Zuerst gab es keine Erklärung dafür. Doch bald bemerkte man, daß Lockwood fehlte. Er hatte sich abgesondert und erschossen. Einige Männer wollten sofort zu ihm eilen.

„Bleibt hier", befahl Greely mit harter Stimme. „Laßt ihn liegen.

Wer sich selbst aufgibt, seine Kameraden im Stich läßt und sein Leben wegwirft, ist unsere Trauer nicht wert. Er verdient unser Mitleid nicht."

„Er soll nicht begraben werden?"

„Nein."

Immer qualvoller verlief der Marsch. Die Kälte drang durch die Kleidung und setzte sich in den Poren fest. Am schlimmsten war der ständige Hunger. Er laugte die Männer aus, ließ sie müde und schlapp werden, lähmte ihren Willen zum Leben.

Greely befahl den Matrosen Curner zu sich. „Ich habe eine Frage an Sie", sagte er zu ihm, „und ich erwarte eine aufrichtige Antwort: Haben Sie von dem verfluchten Spiritus noch etwas übrig?"

Curner grinste. „Eine Flasche. Wollen Sie jetzt auch einen Schluck? Gegen die Kälte?"

Mit sanften Worten verbat sich Greely solche Vertraulichkeit, dann sagte er: „Mir fiel ein, was ich vor langer Zeit einmal gelesen hatte. Man vermischt einen Teelöffel Brennspiritus mit heißem Wasser, und schon hat man für einen Tag zu leben."

„Ein Steak schmeckt aber besser."

„Wie Sie jetzt an ein Steak denken können."

„Ich denke an überhaupt nichts anderes mehr."

„Noch etwas, Curner, ich habe mich entschlossen, Sie zu begnadigen. Die Vollstreckung des Urteils haben Sie also nicht mehr zu befürchten."

Abermals grinste Curner. „Das will ich Ihnen auch niemals vergessen, Leutnant."

Adolphus Washington Greely und seine Männer gelangten bis zum Kap Sabine am Smithsund. Bis zur Baffinbucht mochten es noch fünfzig Kilometer sein, doch diese Strecke war nicht mehr zu bewältigen. Greely mußte den Marsch für beendet erklären. Zudem bot das Kap einige Aussicht auf Rettung. Schiffe, die den Smithsund hinauf wollten, mußten hier unbedingt vorbeifahren. In der Nähe befanden sich Reste einer Eskimosiedlung. Aus den halbverfaulten Brettern, die im Schnee lagen, ließ Greely eine primitive Hütte bauen. Auch ein verlassenes Lebensmitteldepot entdeckte Greely. Es enthielt aber nur verschimmeltes Brot und Käse, beides hart wie Stein. Trotzdem freuten sie sich über den Fund. Der Rest der Marschverpflegung und der eisernen Rationen würde sich schnell verbrauchen.

Ob es sich lohnte, auf Jagd zu gehen? Gewehre und Munition besaß die Expedition genug. Doch das Jagdglück nahm sich bescheiden aus. Moschusochsen und Rentiere, deren Fleisch kräftig und schmackhaft war, mieden das Kap Sabine, denn in dieser Gegend hätten sie trotz ihrer Genügsamkeit kaum Nahrung gefunden. Kein Wunder also, daß das Jagdkommando mit einer spärlichen Beute heimkehrte: zwei magere Robben und drei ausgezehrte Polarfüchse. Einige Tage darauf konnte ein Eisbär geschossen werden, der sich wutschnaubend dem Lager genähert hatte.

„Das ist entschieden zuwenig", sagte Greely. „Um über den Winter zu kommen, brauchen wir das Vier- und Fünffache."

Damit hatte er zweifellos recht. Er schickte weitere Kommandos auf die Jagd. Was sie mitbrachten, nahm sich ebenfalls bescheiden aus. Die Männer würden sich in den nächsten Monaten immerzu am Rande des Verhungerns bewegen. Greely machte sich keine Illusionen darüber. Einmal zog er selbst mit mehreren Begleitern los. Tagelang durchkreuzten sie die nähere und weitere Umgebung. Auf dem Rückweg fanden sie eine Kiste. Sie enthielt altes Hundebrot.

„Das nehmen wir mit", entschied der Leutnant. „Davon können wir eine Woche leben."

Eine traurige Ausbeute, geschossen hatten sie nämlich nichts.

Bald würde der Winter seinen Einzug halten und die Polarnacht beginnen. Die Männer sahen der Zukunft mit Grausen entgegen. Heizmaterial besaßen sie nicht. Also mußten sie sich der grausamen Kälte vollkommen schutzlos ausliefern. Für die Zubereitung von Essen und Tee stand ein winziger Kocher zur Verfügung, er wurde mit Würfeln aus Hartspiritus in Gang gesetzt. Wärme spendete er natürlich nicht.

Greely gab bekannt, wie er sich den Ablauf des Winters vorstellte:

„Wir ziehen uns in die Hütte zurück und schlafen uns aus. Ausgabe von Essen und Tee erfolgt jeden zweiten, später jeden dritten Tag. Das ist bitter, leider geht es nicht anders, denn wir besitzen nicht mehr. Ich erwarte von jedem, daß er Ordnung und Disziplin einhält. Nur so kommen wir durch. Wir sind Soldaten und werden uns nicht unterkriegen lassen. Unsere Pflicht ist es, am Leben zu bleiben. Mein einziger Befehl an euch lautet: Die Stärkeren kümmern sich um die Schwachen.“

Bald breitete sich Finsternis aus. Stürme heulten auf. Einsam und verlassen lag Kap Sabine da, abgeschnitten von der Welt des Lebens. Die Männer, in Pelze und Decken gehüllt, hockten am Boden, froren, hungerten, verzweifelten, durchlebten Wochen voller Schrecken und Leiden, die kein Ende nehmen wollten.

Hin und wieder ließ Greely Schneewasser aufkochen und tat ein wenig von Curners Brennspiritus hinein. Das wärmte für Minuten auf, benebelte die Sinne, tat wohl. Viel half dies jedoch nicht. Ununterbrochener Hunger und niemals nachlassende Kälte machten die Männer nicht nur körperlich fertig, sondern fraßen auch ihre Moral auf. Jeder belauerte jeden. Einer mißtraute dem anderen, fühlte sich bei der Essenausgabe benachteiligt und betrogen. Streit und Messerstechereien vergifteten das Zusammenleben.

Der Leutnant versuchte, Ruhe und Ordnung wiederherzustellen, ohne Erfolg. Seine Befehlsgewalt stand bald nur noch auf dem Papier. In Wirklichkeit brach sie zusammen. Was er auf Kap Sabine an Disziplinlosigkeit und Ungehorsam erlebte, war zehnmal schlimmer als in Fort Conger.

Mitten in der Polarnacht äußerten einige Männer die Absicht, das Lager zu verlassen. Sie wollten Höhlen aufspüren, in denen vielleicht Eisbären oder Polarfüchse lebten. Der Hunger trieb sie zu diesem wahnwitzigen Vorhaben.

„Das ist doch zwecklos“, warnte Greely.

Die Männer gingen trotzdem. Der Leutnant hätte sie ohnedies nicht zurückhalten können. Möglicherweise hoffte er auch im stillen, daß sie einen Braten mitbringen würden. Das wäre dann freilich eine Fehlspekulation gewesen. Die Männter irrten tagelang durch die eisigen Wüsten, gerieten in einen Schneesturm und verloren am Ende die Orientierung. Zwei lösten sich von der Gruppe und schleppten sich verloren umher, bis sie irgendwo der Tod ereilt haben dürfte. Die drei anderen trafen in einem erbarmungswürdigen Zustand wieder im Lager ein.

Greely ließ ihnen Tee mit Spiritus kochen und gab ihnen eine Zusatzration, denn sie sahen aus, als müßten sie noch in dieser Stunde sterben. Gegen diese Zusatzration erhoben einige Männer Protest. Das sei ungerecht, behaupteten sie. Sie wußten nicht mehr, was Kameradschaft bedeutete.

Am ärgsten hatte es unterwegs den Kavalleriesoldaten Elison getroffen. Ihm waren beide Hände und beide Füße erfroren. Die offenen Wunden sahen schwarz und gelb aus. Brand kam hinzu. Elison litt Höllenqualen und verlangte, daß man ihn auf der Stelle töte.

„Was kann man für ihn tun?" fragte Greely den Arzt.

„Nicht mehr viel", erwiderte Dr. Pavy. „Man müßte sofort Hände und Füße amputieren. Die Frage ist allerdings, ob er die Operation durchhält. Meine Narkosemittel sind beschränkt. Und dann ist überhaupt nicht sicher, ob er am Leben bleibt." Er dachte eine Weile nach, sprach dann im Flüsterton weiter. „Ich wüßte eine andere Möglichkeit, eine bessere. Ich könnte dem armen Kerl etwas geben, das ihn betäubt und nachher langsam verdämmern läßt. Er wäre seine entsetzlichen Schmerzen los, obendrein bliebe es ihm erspart, zeitlebens ein hilfloser Krüppel zu sein."

Leutnant Adolphus Washington Greely starrte den Arzt fassungslos an. „Sie sind ja wahnsinning", brachte er endlich hervor. „Ich verbiete Ihnen, einen Mord zu verüben, vielmehr befehle ich, als Arzt Ihre Pflicht zu tun. Sie werden noch heute operieren."

„Wie Sie wünschen, Sir", entgegnete der Arzt kalt. „Die Verantwortung liegt bei Ihnen, denn nach ärztlichem Ermessen ..."

„Schweigen Sie!"

Dr. Pavy tat, was er konnte. Er verstand sein Handwerk, lobte Greely in Gedanken. Ein Segen für die Menschheit könnte dieser Mann sein, wäre nur sein Charakter nicht so miserabel.

Der Arzt konnte seinen unglücklichen Patienten nur schwach betäuben. Darum wachte Elison wiederholt aus der Narkose auf, und dann brüllte er vor Schmerzen. Endlich war das Werk getan. Elison durfte sich erst einmal als gerettet betrachten. Allerdings litt er wahnsinnig, und der Arzt besaß keine schmerzlindernden Mittel. Aus den notdürftig angelegten Verbänden flossen Blut und Eiter. Elison war ein Krüppel geworden, ein hilfloser Mensch ohne Hände und Füße. Wie würde sein Leben verlaufen, falls es gelingen sollte, Kap Sabine eines Tages wieder zu verlassen?

312

„Ihr Los ist schwer, mein lieber Elison", sagte der Leutnant. „Ich verspreche Ihnen, mich zeitlebens Ihrer anzunehmen."

Elison mußte gefüttert werden. Dieses Amt übernahm der Arzt freiwillig. Damit alles seine Ordnung habe, wie er sagte. Greely kam jedoch bald dahinter, daß Dr. Pavy dem Kranken nur die Hälfte des Essens gab und den anderen Teil selbst verbrauchte. Für Elison mußte der Entzug der halben Ration den sicheren Tod bedeuten.

Greelys Empörung kannte keine Grenzen. „Ich verwarne Sie ein allerletztes Mal, Doktor. Noch das geringste Vorkommnis dieser Art, und ich lasse Sie aufhängen."

Dr. Octave Pavy setzte alles daran, am Leben zu bleiben und aus dieser Hölle heil herauszukommen. Leider waren die Mittel, deren er sich dabei bediente, verachtenswert. Greely hatte überhaupt kein Vertrauen mehr zu ihm. In der Tat benahm sich der Arzt merkwürdig. Einmal täglich verließ er die Hütte, selbst bei größter Kälte. Er müsse sich ein wenig Bewegung verschaffen, erklärte er. Zuerst dachte sich der Leutnant nichts dabei. Später kam ihm die Sache verdächtig vor, weshalb er dem Spaziergänger schließlich auflauerte.

Dreihundert Meter von der Hütte entfernt überraschte er ihn bei einer heimlichen, unerlaubten Mahlzeit. Dieser Dr. Pavy, wahrhaftig kein ehrbarer Vertreter seines Standes, entpuppte sich als Meisterdieb. Trotz aller Vorsichts- und Sicherheitsmaßnahmen, die der Leutnant zum Wohle aller getroffen hatte, war es ihm noch einmal gelungen, ein größeres privates Vorratslager anzulegen, aus dessen Beständen er sich einmal am Tage versorgte, während die anderen hungerten.

„Ihr Spiel ist aus, Doktor!" brüllte Greely los. „Ich habe zwar noch keine Vorstellung darüber, wie wir ohne einen Arzt auskommen sollen, klar ist mir allerdings, daß wir uns Ihrer entledigen müssen."

In der Hütte ließ er abstimmen, ob man den Arzt erschießen solle. Alle waren dafür. Nur Elison nicht, er sagte:

„Doktor Pavy hat mir das Leben gerettet. Ich kann deshalb nicht für seinen Tod stimmen."

Von diesem unglücklichen Menschen war eine andere Haltung nicht zu erwarten gewesen.

Dr. Pavys Schicksal galt als besiegelt. Es kam anders. Zwar entging der Arzt nicht dem Tode, als man ihn aber zur Exekution führen wollte, lag er bereits leblos am Boden. Das Gift, mit dem er den Kavalleristen Elison schmerzlos verdämmern lassen wollte, hatte er nun selbst eingenommen.

Wieder gingen Wochen dahin. Die Männer verkamen, konnten sich nicht mehr richtig waschen, sahen verwildert aus. In der Hütte stank es nach Unrat und den verfaulten Bretterwänden. Reinigungsmittel gab es nicht.

Unterdessen waren alle Lebensmittel verbraucht, bis auf den letzten Rest. Nun ernährten sich die Männer von Stiefeln, Schuhsohlen, Seehundshaut und Bekleidungsstücken, die sie so lange kochten, bis ein Brei daraus entstand, den sie mit Pfeffer und Salz würzten. Von Magen- und Darmerkrankungen blieb bei dieser Kost keiner verschont.

Im Februar 1884 mußte Greely ein weiteres Todesurteil unterschreiben:

„Trotz eines gestern abgegebenen Versprechens hat der Soldat Charles Henry seitdem, wie er mir gestand, einige Seehundsriemen und möglicherweise noch andere Lebensmittel entwendet. Ein solches Verbrechen und eine solche Rücksichtslosigkeit kann den Tod für uns alle bedeuten, wenn wir dem nicht Einhalt gebieten. Der Soldat Henry soll daher heute erschossen werden, wobei man darauf zu achten hat, daß niemand dabei verletzt wird, denn er ist jetzt körperlich stärker als zwei Mann. Die Exekution soll mit zwei scharfen und einer blinden Patrone ausgeführt werden. Die Ausführung dieses Befehles eilt und ist durchaus notwendig, wenn wir das Leben der anderen retten wollen."

Henry hörte mit ausdruckslosem Gesicht zu und ließ sich widerstandslos abführen. Die Erschießung fand in der Nähe der Hütte statt. Der Leichnam wurde anschließend in eine nahe Schlucht geworfen, in der bereits der ungetreue Dr. Pavy seine letzte Ruhestätte erhalten hatte.

So kam der Frühling und mit ihm das Sterben auf Kap Sabine. Einer nach dem anderen verhungerte. Die Überlebenden untersuchten die Habe der Toten, taten das in der irrsinnigen Hoffnung, dort etwas Eßbares zu finden.

Die Leichen wurden nicht bestattet, sie lagen rund um die armselige Hütte verstreut.

An einem dieser Frühlingstage machte Leutnant Greely eine grausige Entdeckung. Als er vor die Hütte trat, sah er, daß etliche Leichen verunstaltet waren. Jemand hatte Stücke aus ihnen herausgeschnitten. Den Matrosen Curner stellte er bei dem Versuch, sich mit dem Messer an einem der Kameraden zu schaffen zu machen, der erst wenige Stunden zuvor gestorben war.

„Curner", sagte Greely tonlos, „warum tun Sie das bloß? Curner, wir sind doch Menschen und keine … keine Kannibalen."

„Ich kann nicht anders", entgegnete er. „Die anderen machen es auch so. Ich weiß, daß das abscheulich ist, aber glauben Sie mir …"

Greely ging in die Hütte zurück.

Nach diesem Erlebnis waren nun auch seine Kräfte erschöpft, seine Energie endgültig verbraucht. Was er noch an Habseligkeiten besaß, vermachte er Elison. Am Leben blieben noch wenige Männer.

Der Leutnant gab jedem die Hand, nahm Abschied von ihnen. Danach legte er sich nieder, entschlossen, niemals wieder aufzustehen. Ich werde einen schweren Tod haben, dachte er, aber lange kann das Sterben nicht dauern. Bald werde ich Ruhe gefunden haben bis in alle Ewigkeiten hinein. So erwartete Leutnant Adolphus Washington Greely den Tod.

Zwei oder drei Tage vergingen.

„Was ist das?" fragte einer der Männer.

„Was soll sein?"

„Hörst du denn nichts?"

„Keinen Ton. Du wirst einen schlechten Traum gehabt haben."

„Ich höre trotzdem etwas."

Vier Hilfsschiffe fuhren den Smithsund ab, um nach Greely und seinen Leuten zu suchen. Unaufhörlich tönten die Nebelhörner und Sirenen durch die arktische Wildnis. Schließlich wurden sie auf Kap Sabine gehört.

Zwei Männer, in Lumpen gehüllt und kaum noch fähig, sich zu bewegen, krochen auf allen vieren zur Küste und riefen um Hilfe.

Wenig später kamen Matrosen, Offiziere und mehrere Ärzte das Kap hinauf. Auch der Kongreßabgeordnete William B. Flowers war dabei. Beim Betreten der Hütte verschlug es ihm Sprache und Atem. Was er sah, hätte in einem Schauerroman nicht drastischer dargestellt werden können.

„Wo ist Greely?" fragte Flowers.

Ein Matrose wies auf den Leutnant.

Flowers beugte sich über seinen Vetter und fragte: „Erkennst du mich?"

Greely, bereits zu schwach, um zu begreifen, wen er vor sich hatte, hauchte nur: „Sir, wir sind noch sieben. Ich habe getan, was ich konnte. Bitte, Sir geben Sie uns Brot."

Ja, lediglich sieben Männer von siebenundzwanzig waren mit dem Leben davongekommen. Eigentlich nur sechs, denn auf dem Weg zum Schiff, noch auf Kap Sabine, starb ein weiterer Mann. Tapfer war er durch die Hölle gegangen, doch das Wunder der Rettung erschlug ihn förmlich, brachte sein Herz zum Stillstand. Dieser Unglückliche war Elison.

Die Geretteten brachte man auf dem schnellsten Wege nach Amerika, wo sie sich mit der Zeit erholten.

Adolphus Washington Greely machte nach seiner Genesung eine glänzende Karriere und wurde sogar zum General befördert. Auch schrieb er mehrere Bücher. In deutscher Sprache erschien allerdings nur sein zweibändiges Erinnerungsbuch „Drei Jahre im hohen Norden".

Greely verstarb am 20. Oktober 1935 im Alter von dreiundneunzig Jahren in seinem Geburtsort Newburyport im USA-Staat Massachusetts.

18. KAPITEL

Einsam in der Polarnacht

Der Norweger Dr. Fridtjof Nansen stellte 1895 fest,
daß der Nordpol in einem Ozean aus Eis liegt

Im Herbst 1884, nach der Heimkehr der geretteten Greely-Leute, sprach alle Welt von den Schrecken auf Kap Sabine. Zur selben Zeit geschah etwas, was furchtsamen Gemütern weitere Schauer über den Rücken jagte, zahlreiche Wissenschaftler dagegen zum Nachdenken veranlaßte:

Bei Julianehåb an der grönländischen Südküste trieb eine Eisscholle an, schlug hart gegen die Klippen auf und bewegte sich dann nicht mehr. An sich war das kein ungewöhnlicher Vorgang. Aber auf der Eisscholle lagen Wrackteile und mehrere Kisten, in denen sich Pelzmäntel, Hosen, Stiefel, etliche Gewehre und Munition befanden. Vorbeifahrende Seeleute bargen den Fund und lieferten ihn in Kopenhagen ab. Die gefundenen Gegenstände wurden von Fachleuten sofort genau untersucht. Dabei stellte es sich heraus, daß sie zur Ausrüstung der „Jeannette"-Expedition gehörten. Aber das Schiff „Jeannette" war am 13. Juni 1881 vor den Neusibirischen Inseln vom Eis zermalmt worden und dann untergegangen, während ihr Kapitän, Washington De Long, mit den meisten seiner Männer später an der Mündung der Lena verhungerte.

Demnach waren diese Teile seiner Ausrüstung 1100 Tage, also über 3 Jahre lang etwa 4500 Kilometern durch das Polarmeer gezogen. Wie erklärte sich das, und welche Schlüsse konnte man daraus ziehen?

Die „Dänische Geographische Zeitung" schrieb darüber folgendes: „Man sieht also, daß die Polarfahrer, die vom sibirischen Meer aus den Nordpol erreichen wollen, irgendwo im Eis steckenbleiben. Aber diese Eismassen werden an der grönländischen Küste entlanggetrieben. Es erscheint deshalb nicht unmöglich, daß eine Expedition, deren Schiff dem Eisdruck so lange standhält, bei Südgrönland wieder ins offene Meer hinauskommt."

Der Fund an der grönländischen Küste beschäftigte auch den norwegischen Gelehrten L. Mohn, der die Vermutung aussprach, daß die aufgetauchten Wrackteile und Kisten geradewegs vom

Nordpol gekommen seien, über den es von Sibirien aus eine Eisdrift geben müsse.

Mehrere Jahre vergingen.

Am Museum in der norwegischen Stadt Bergen arbeitete ein junger Konservator namens Dr. Fridtjof Nansen. Und dem ließ die noch immer von Geheimnissen umrankte Geschichte keine Ruhe. In einem Vortrag für die Mitglieder der Geographischen Gesellschaft zu Kristiania erklärte er:

„Alle Polstürmer – außer De Long – sind bisher von der verkehrten Seite ausgegangen. Alle sind gegen den Strom geschwommen und mußten deshalb scheitern ... Es nützt aber nichts, gegen den Strom zu schwimmen, wie die vorhergehenden Expeditionen es gemacht haben ... Die ‚Jeannette'-Expedition ist meiner Meinung nach die einzige auf dem richtigen Wege gewesen, obschon wider Wissen und Willen." Kurz, man müsse sich mit dem Schiff einfrieren und von der Eisdrift zum Pol tragen lassen.

Ein verwegener, vielleicht sogar wahnwitziger Gedanke. Obendrein war dieser Nansen offenbar entschlossen, ihn in die Tat umzusetzen. Gegenüber Freunden, Naturforschern und Journalisten äußerte er sich folgendermaßen:

„Ich will ein Fahrzeug bauen, so klein und so stark wie irgend möglich. Es soll gerade groß genug sein, um für fünf Jahre Kohlen und Proviant für zwölf Männer zu fassen. Die Seiten müssen abgerundet werden, damit das Eis beim Pressen es nicht in die Zange nehmen kann, sondern es statt dessen in die Höhe hebt."

Verwunderung, Kopfschütteln, hämische Bemerkungen hinter seinem Rücken erntete er fürs erste für diese kühnen Vorstellungen. Da Nansen nicht aufgab, wurde sein Plan eines Tages auch in London bekannt. Dort lebte ein alter Admiral, Sir Francis Leopold MacClintock. Er kannte sich aus im Eis, hatte er doch seinerzeit entscheidend zur Aufhellung des Dramas um die Franklin-Expedition beigetragen. Nun nannte er Nansens Vorhaben den kühnsten Plan, von dem er je gehört habe. Zugleich sprach er eine ernste Warnung aus:

„Bisher hat noch jeder Polarfahrer es als das grauenhafteste Unglück betrachtet, auf seinem Schiff, mitten im Packeis, fern von jeder schützenden Landbucht einzufrieren und Tag und Nacht das unheimliche, von den Eispressungen herrührende Krachen und Knacken hören zu müssen, den sicheren Tod vor Augen."

Fridtjof Nansen wurde am 10. Oktober 1861 auf Gut Store-Fröen bei Oslo als Sohn eines angesehenen Rechtsanwaltes geboren. Sein Vater erzog die Kinder schon frühzeitig zur Ordnungsliebe, Sparsamkeit, Pünktlichkeit und zum Arbeitsfleiß. Daran hatte sich Nansen stets mit Dankbarkeit erinnert. Bereits als Heranwachsender empfand er eine tiefe Liebe zur Natur und den Wunsch, in ihre Geheimnisse einzudringen.

„Allein, tief im Wald, neben den glühenden Kohlen meines Feuers, am Rande eines schweigenden, düsteren Waldmoores, das Dunkel der Nacht über mir, wie pflegte ich glücklich zu sein im Genusse der Harmonie der Natur", schrieb er einmal.

Zuerst spielte der junge Nansen mit dem Gedanken, Marineoffizier zu werden, aber auch ein Studium der Mathematik, Physik und Astronomie interessierte ihn. Am Ende siegte die Liebe zur Natur, weshalb er sich entschloß, Zoologie zu studieren. Daß er seine Studien mit dem größten Ernst betrieb, entsprach seiner strengen Pflichtauffassung. Als Einundzwanzigjährigem wurde ihm die Möglichkeit geboten, die grönländischen Küstengewässer kennenzulernen, und zwar auf einem Robbenfangschiff, das den Namen „Viking" trug. Nahe der seinerzeit von Henry Hudson entdeckten Insel Jan Mayen kam Nansen erstmals mit der Arktis in Berührung. Die Begegnung mit dem ewigen Eis hinterließ einen tiefen Eindruck in ihm, und der Wunsch, sich in späteren Jahren ganz der Polarforschung zu widmen, wurde auf dieser Reise geboren.

„Deine Pläne in allen Ehren", mahnte der Vater. „Ich verlange allerdings, daß du erst dein Studium zu einem erfolgreichen Abschluß bringst. Danach magst du selbst über deine Zukunft entscheiden."

Nansen entsprach diesem Verlangen. Später, als Konservator in Bergen, vertiefte er sich nach der Tagesarbeit in alle nur erreichbaren Berichte über die Erforschung der Polargebiete. Und endlich 1887 rückte er mit seinem verwegenen Plan heraus, sich mit Hilfe der Eisdrift zum Nordpol zu begeben. Im Grunde ging es ihm nicht darum, als erster am Pol zu sein, denn der stellt ja nur den gedachten, mathematischen Nordpunkt der Erde dar.

„Diesen Punkt zu erreichen", sagte Nansen, „hat an und für sich wenig Wert. Ich will ausziehen, um in den großen unbekannten Teilen der Erde, die den Pol umgeben, Beobachtungen anzustellen."

Mit solcher Auffassung befand er sich in erheblichem Gegensatz zu vielen anderen, die aus Ruhmsucht, sportlichem Ehrgeiz oder reinen Prestigegründen den Großen Nagel zu erobern gedachten. Die wiederholten Hinweise auf die wissenschaftlichen Aspekte seines Vorhabens brachten Nansen nichts ein, er fand nirgendwo Gehör.

„Die Ablehnung meiner Pläne ist so allgemein", beklagte er sich, „daß ich schon fürchte, mir erst einmal durch ein gewaltiges Spektakel Respekt verschaffen zu müssen, obwohl mir derartiges aus tiefster Seele zuwider ist."

Spektakel oder nicht, der junge Dr. Nansen erblickte sehr rasch eine Chance, sich als angehender Polarforscher ins Gespräch zu bringen: Wieder einmal klagten nämlich angesehene Geographen in bewegten Worten über die Unmöglichkeit, Grönland von der einen Küste zur anderen hin zu durchqueren. Über die Beschaffenheit des Inlandeises, hieß es in einer Reihe von Zeitschriften, müsse nun endlich Aufschluß gegeben werden.

Nansen las dies alles sehr aufmerksam, machte sich seine eigenen Gedanken darüber und gab mit erheblichem Selbstbewußtsein seine Entscheidung bekannt: „Ich übernehme die Sache."

Auf Schneeschuhen wollte er Grönland durchqueren. Ein Plan, der entschieden mehr Tollkühnheit als Vernunft zu verraten schien. Nansen ließ sich freilich nicht mehr davon abbringen, sondern bereitete sich auf dieses Abenteuer vor, an dessen Ende, sollte es gelingen, eine beachtliche wissenschaftliche Ernte stehen konnte. Eigens für dieses Unternehmen entwarf er einen neuartigen Schlittentyp, den später hochgerühmten „Nansenschlitten". Außerdem konstruierte er, was ebenfalls eine Neuheit war, einen Kochapparat, der sich besonders bei extremen Kältegraden bewähren sollte.

Gelegentlich hörte man, daß Dr. Nansen wegen seiner angeblichen Starrköpfigkeit nicht willens sei, wohlgemeinte Ratschläge anzunehmen. Das stimmte nicht. Er war durchaus daran interessiert, Hinweise zu empfangen, allerdings nur von erfahrenen Leuten. Zu diesem Zweck fuhr er sogar nach Stockholm, und zwar zu Adolf Erik von Nordenskiöld. Der Erstbezwinger der Nordostdurchfahrt konnte den jungen Mann aus Bergen wie kein anderer beraten und ihm zur Seite stehen, war er doch selbst einmal auf dem grönländischen Inneneis gewesen. Unterwegs las Nansen Nordenskiölds Buch „Grönland – Seine Eiswüsten im Innern und seine Ostküste". Darin fand er Gedanken und Erfahrungen, die ihn auf die große Eisinsel noch neugieriger als bisher machten:

„Grönland ist das am frühesten bekannt gewesene, das pittoreskeste und für den Historiker, den Naturforscher und Ethnographen interessanteste aller Polarländer. Hier begegnet der Forschungsreisende auf dem Meere Eisschlössern, die größer und wunderbarer geformt sind als in irgendeinem anderen Teil der Polarmeere der nördlichen Hemisphäre, und im Innern des Landes zeigt sich seinem Auge die gefährliche, großartige und öde Wüste des Inlandeises, ein getreues Bild von den in früheren Zeiten in unserem eigenen Lande vorherrschend gewesenen Naturverhältnissen. An der Küste wiederum findet er in den zersplitterten Felsen Urkunde um Urkunde aus einer Zeit, wo das wirkliche Paradies der Erde vielleicht hier zu finden gewesen ist. Schließlich treffen wir auf Grönland eine eingeborene Bevölkerung, deren kindlich naive Sitten, Lebensweise und Gemütsart alle gefesselt hat, die mit ihr in eine längere Berührung gekommen sind."

Freiherr von Nordenskiöld betrachtete seinen Besucher mit Wohlgefallen. Dazu hatte er auch allen Grund. Nansen war einsneunzig groß und machte einen überaus sympathischen Eindruck. Als Student hatte er einmal nur knapp das Ziel verfehlt, Landesmeister im Skilaufen zu werden.

Auch seine Argumente hörten sich überzeugend an. „Nansen", sagte Nordenskiöld, „ich beneide Sie um Ihr Vorhaben und bin fest von Ihrem Erfolg überzeugt."

Nordenskiöld riet Nansen, seinen Vorstoß nicht im Norden Grönlands zu unternehmen, sondern mehr im Süden, etwa in Höhe des 63. Breitengrades auf der Linie Umvikfjord–Ameralik. „Ich vermute nämlich, daß sich dort jener Kältepol befindet, den ich seinerzeit auf dem 68. Breitengrad nicht gefunden habe. Entdecken Sie ihn, junger Freund, und die Geophysiker und Meteorologen werden es Ihnen danken."

Dr. Nansen nahm sich vor, die ihm empfohlene Route einzuhalten. Der schwedische Baron half ihm auch, für seine Expedition Geld zusammenzubringen und in den Zeitungen für Interesse an dem geplanten Unternehmen zu werben.

Ja, Dr. Nansen war schon bald ein bekannter Mann, galt bei den meisten Leuten aber als eine Art Selbstmordkandidat. Ein in ganz Skandinavien verbreitetes Witzblatt schrieb:

„Attraktion! Attraktion! Im kommenden Juli gibt Konservator Nansen auf dem inneren Grönlandeis eine Skilaufnummer mit Weitsprung. Numerierte Plätze in den Gletscherspalten. Eine Rückfahrkarte erübrigt sich."

Am 1. Mai 1888 verließ Nansen mit nur wenigen Begleitern an Bord des Robbenfangschiffes „Jason" den Hafen von Oslo, um sich an der grönländischen Küste absetzen zu lassen. Er rechnete mit einer Wanderung von sechshundert Kilometern und wollte Anfang September von Godthåb aus die Heimreise antreten. Zwischen dieser Ansiedlung und Kopenhagen verkehrten zu dieser Jahreszeit öfter Schiffe. Es kam aber anders.

Dreißig Kilometer von der Küste entdeckte der Kapitän der „Jason" Dutzende Robben, auf die er sogleich Jagd machte. Um Zeit zu gewinnen, verließen Nansen und seine Begleiter das Fangschiff, um mit zwei Booten und ihrer gesamten Ausrüstung zu dem vorgesehenen Ausgangspunkt zu rudern. Kaum im Wasser, gerieten sie in einen Eisstrom, der sie mehrere hundert Kilometer weit abtrieb.

Erst nach unsäglichen Kämpfen mit den Elementen gelang es ihnen, den Gyldenlövefjord zu erreichen. Es war mittlerweile schon August geworden.

Nach einer kurzen Vorbereitungszeit begann Dr. Nansen mit Otto Sverdrup und vier weiteren Begleitern am Morgen des 22. August 1888 den Marsch nach Ameralik an der Westküste. Es herrschte Nebel, und eine Temperaturmessung ergab minus dreißig Grad Celsius. Aus der Ferne klang eine Art Kanonendonner herüber, der immer dann zu hören war, wenn sich im Gletschereis plötzlich starke Risse bildeten. Wegen der ständigen Sichtbehinderung durch Nebel und aufkommenden Sturm betrug die Marschleistung bis zum Abend ganze fünf Kilometer. Die Bilanz dieses ersten Tages führte Nansen vor Augen, daß sie nur unter gewaltigen Anstrengungen das gesteckte Ziel erreichen konnten. An den folgenden Tagen besserte sich das Wetter, und die Männer kamen rascher vorwärts. Insgesamt nahmen die Schwierigkeiten aber nicht ab.

„Es war nicht angenehm, sich beständig in einer solchen Kälte zu bewegen, wie sie hier herrscht", schrieb Nansen in sein Tagebuch. „Oft bildete sich so viel Eis im Gesicht, daß der Bart mit den Hüllen, die wir um den Kopf trugen, vollständig zu einem Stück Eis zusammenfror und es dann recht schwierig war, den Mund zu öffnen, wenn man sprechen wollte."

Das Ziel der Expedition bestand nicht nur in der Durchquerung Grönlands. Unterwegs war außerdem ein umfangreiches wissenschaftliches Programm zu erfüllen: in Abständen von jeweils drei Stunden die Temperaturen und die Windgeschwindigkeiten messen, ferner die Gletscherhöhen und die Strukturen des Inlandeises ermitteln.

Dazu schrieb Dr. Nansen:

„Es war sehr kompliziert, bei der strengen Kälte die wissenschaftlichen Beobachtungen und Messungen vorzunehmen. Da die feinen Instrumente nicht mit den Fausthandschuhen bedient werden konnten, mußte das mit bloßen Händen geschehen, wobei die Finger leicht am Metall festfroren."

Einmal erstarrten Nansens Hände dabei, wurden weiß und hart. Der strenge Frost hatte die Blutzirkulation beeinträchtigt. Sie kam erst wieder nach langem Reiben in Gang.

Eine weitere Schwierigkeit bildete die Verköstigung der Expeditionsteilnehmer. Nansen hatte zwar große Mengen Pemmikan, Konservenfleisch, Butter, Hartbrot und vieles andere mitgenommen, aber weil wegen der wochenlangen Irrfahrt durch den Eisstrom an der Küste ein beträchtlicher Zeitverlust eingetreten war, schrumpften die Bestände zusammen. Die Rationen fielen karg aus, mußten zwischendurch noch mehr gekürzt werden.

Nach etwa zehn Tagen hatten sich alle an die ungewöhnlichen Bedingungen im grönländischen Binnengebiet gewöhnt. Man war aber auch zum Erfolg geradezu verurteilt. Ein Unglück durfte sich nicht ereignen, weil niemand Nansen und seine Gefährten aus dem grönländischen Inneneis hätte herausholen können.

Vierzig Tage waren vergangen. Vierzig Tage eines schweren Ringens mit den Naturgewalten. Am 24. September 1888 standen Dr. Nansen und seine Begleiter am Ausgang des Ameralikfjordes. Nicht weit entfernt erblickten sie Heidekraut, Gras und Moos. Das Inneneis lag hinter ihnen.

Grönland war also erstmals durchquert worden, von Ost nach West, und zwar auf einer Breite von 569 Kilometern. Diese Leistung konnte sich sehen lassen. Nansen erbrachte den Nachweis, daß die grönländischen Binnengebiete unter einer geschlossenen Eisdecke liegen. Die Auswertung der Temperaturmessungen ergab das Vorhandensein eines Kältepols in dieser Region. Für die Wetterstationen in aller Welt hatte diese Entdeckung einen hohen Stellenwert.

Indes, alles im Leben hat seinen Preis. Auch Dr. Fridtjof Nansen mußte seinem Triumph Tribut zollen. Von Godthåb trennten sie noch hundert Kilometer Entfernung, aber der Ort war von hier aus nur auf dem Wasserwege zu erreichen. In aller Eile bauten die Männer aus Skistöcken, Weidenruten und Segeltuch ein Paddelboot. Nansen und Otto Sverdrup fuhren als Vorkommando los. In Godthåb angelangt, gab es eine böse Überraschung: In diesem Jahr fuhr nämlich kein Schiff mehr nach Europa. Sverdrup fluchte fürchterlich. Nansen nahm dies jedoch nicht weiter tragisch.

„Wir werden", sagte er, „die hiesigen Ureinwohner bitten, uns vorübergehend aufzunehmen, und wir werden bei ihnen in die Schule gehen. Von wem sollten Polarfahrer mehr lernen können als von den Eskimos?"

Nahe der Küste traf er auf einen Eskimostamm, der bereit war, ihm und seinen Leuten über den Winter zu helfen, ihnen auch Iglus zu bauen und sie mit Fellen zu versorgen. Allerdings mußten sie sich verpflichten, vor Beginn der langen Nacht an der Jagd und am Fischfang teilzunehmen. Klarer Fall, für Nichtstuer und Faulpelze gab es bei den Innuit keinen Platz.

Nansen fühlte sich wohl bei den Ureinwohnern Grönlands. Er lebte mitten unter ihnen, studierte ihr Leben und ihre Sitten, befaßte sich ausführlich mit ihrer Geschichte, ebenso mit der Zauberwelt ihrer Sagen und Märchen. Über seine Eindrücke begann er in seinem Iglu ein Buch zu schreiben. „Eskimoleben" nannte er es. Darin schilderte er das Dasein dieser hart arbeitenden, immerzu fröhlichen und hilfsbereiten Menschen. Doch er sah nicht nur Fröhlichkeit, sondern auch nicht wenig Elend.

In seinem Buch deckte er die Ursachen auf, griff europäische Speckjäger, Spekulanten und Geschäftemacher recht unverblümt an und rief nach Maßnahmen, ihrem schändlichen Treiben endlich Einhalt zu gebieten.

„Das Schlimmste von allem aber ist der Schaden, den wir den Eskimos mit der Einführung aller unserer europäischen Produkte beigebracht haben. Wir sind, wie erwiesen, unmoralisch genug gewesen, den Eskimo an Kaffee, Tabak, Brot, europäisches Zeug und Putz zu gewöhnen, und er hat uns seine notwendigen Seehundsfelle und seinen Speck verkauft ..., er konnte sich kein Zelt mehr aufschlagen, und es kam sogar vor, daß der Kajak, die Lebensbedingung eines Eskimos, ohne Bezug auf dem Lande lag ... Der Eskimo selbst ging im Winter oft in schlechten europäischen Lumpen statt der guten Pelzbekleidung, die er früher trug. Er ist ärmer geworden. Wir, die Europäer, haben ihn arm gemacht."

Nansen verurteilte alle Versuche, den Eskimos die sogenannte christliche Moral beizubringen, sie hätten eine eigene Moral, und diese sei für sie entschieden besser, zumindest entspreche sie ihren Lebensgewohnheiten.

Das waren harte Worte. Sie nannten die Dinge aber beim Namen.

Am 30. Mai 1889 kehrte Dr. Nansen in die Heimat zurück. Ihm und seinen Begleitern wurde von Tausenden ein stürmischer Empfang bereitet. Als sie das Bahnhofsgebäude verließen, ging ihnen zu Ehren ein lautes Böllerschießen los.

„Mein Gott, das ist ja wie auf einem Volksfest." Sverdrup lachte.

Die Presse überschlug sich vor Begeisterung. Vom „Selbstmordkandidaten" sprach keiner mehr. Nansen war jetzt ein Nationalheld und schon bald auch über Norwegens Grenzen hinaus berühmt.

Nun konnte er an die Verwirklichung seines Hauptanliegens gehen, nämlich sich mit einem Schiff einfrieren und mit Hilfe der Eisdrift zum Nordpol schieben zu lassen. Keiner wagte mehr, darüber zu lachen. Im Gegenteil, Nansen stieß auf Interesse und erhielt alle Unterstützung, die er brauchte. Die Geldfrage, an der so viele und nützliche Vorhaben oft scheiterten, löste sich wie von selbst. Geld kam von der Regierung, von in- und ausländischen Wissenschaftsgesellschaften, von Privatpersonen. Wer es sich leisten konnte, betrachtete es als Ehrensache, am Gelingen des atemberaubenden Planes beteiligt zu sein.

Einen großen Teil des Geldes verschlang der Bau des Expedi-

324

tionsschiffes. Nach Nansens Vorstellungen entwarf es Colin Archer, einer der versiertesten Schiffsbaumeister seiner Zeit. Bug, Heck, Rumpf und Kiel erhielten eine abgerundete Form, damit sich das Eis nirgendwo festsetzen könnte. Ein dichtes Netz von Balken, Stützen und Streben sollte die Bordwände versteifen und sie so gegen jeden von außen kommenden Druck schützen. Das Schiff war 39 Meter lang und mit einer 220-PS-Dampfmaschine ausgestattet. Der Stapellauf fand in den letzten Oktobertagen des Jahres 1892 statt. Die Schiffstaufe nahm Nansens junge Frau Eva vor, eine frühere Sängerin. Das Schiff erhielt den Namen „Fram". Spötter, an denen es bekanntlich bei keiner Gelegenheit mangelt, meinten, es könnte einer halbierten Walnuß zum Verwechseln ähnlich sein, wäre es nicht so lang.

Bald nach dem Stapellauf der „Fram" erlebte Nansen einige Anfeindungen aus dem Ausland. In London meldete sich auf einem Kongreß der Geographen George Nares zu Wort, ein ehemaliger Polarfahrer, dem Nansen viel Verehrung entgegenbrachte. Nares führte aus:

„Der anerkannte Grundsatz für erfolgreiche Navigation in der Arktis ist die unbedingte Notwendigkeit, sich nahe der Küsten zu halten und sich einen verläßlichen Rückweg zu sichern. Doktor Nansen läßt dieses Prinzip völlig außer acht. Er will sich dem Eis auf Gnade und Ungnade ausliefern und hilflos mit ihm treiben ..." Als erfahrener und verantwortungsvoller Forscher sehe er sich genötigt, Nansens Plan in allen seinen Teilen strikt abzulehnen.

Dr. Nansen, der aus der Presse davon erfuhr, antwortete mit einem höflichen Brief, worin er seine eigenen Auffassungen begründete.

Ein weiterer Hieb folgte aus den USA. „Es kommt mir geradezu unglaublich vor, daß Nansen mit seinem Plan Gehör findet. Arktische Entdeckungsreisen bieten schon bei der Anwendung der gesetzmäßigen und anerkannten Methoden Platz genug für Tollkühnheit und Gefahren, als daß sie auch noch die Bürde von Nansens unlogischem Selbstvernichtungsplan tragen sollten."

Nansen wunderte sich sehr, als er das las, denn der Verfasser dieser Attacke war ein gewisser Adolphus Washington Greely, und der erhielt keinen Antwortbrief. Aber gegenüber einem Reporter des „Morgenbladet" erklärte der Angegriffene ziemlich grob und aggressiv: „Greely sollte lieber schweigen bis zum Grab. Er hat zwei Drittel seiner Männer durch den Tod verloren, ohne daß man ihn deswegen je zur Rechenschaft gezogen hätte. Obendrein darf dieser Greely für sich den traurigen Ruhm in Anspruch nehmen, daß während seiner Expedition der Kannibalismus Orgien gefeiert hat."

Nein, zimperlich ging Nansen mit Leuten, deren Anwürfe ihm unverschämt erschienen, nicht um.

Am 24. Juni 1893, im Morgengrauen, wurde in Vardö der Anker gelichtet, die „Fram" stand unter Segel und Dampf.

Auf der Brücke dirigierte Kapitän Otto Sverdrup mit sicherer Hand das Geschehen. Außer ihm hatte Nansen elf weitere Männer verpflichtet. Unter ihnen befanden sich Heizer, zwei Maschinisten, ein Steuermann, ein Koch, auch ein Kandidat der medizinischen Wissenschaften, ein Reserveoffizier und sogar ein Harpunierer, der sich auf den Fang von Robben und Walen verstand. Die meisten waren verheiratet und hatten Kinder, der Maschinist sogar sieben. Also konnte keine Rede davon sein, daß Nansen sich mit abenteuerlustigen Leuten umgeben hatte.

In den Vorratskammern und Bunkern lagerten Proviant, Brennstoffe und Ersatzteile für fünf Jahre. Für den Fall, daß wider Erwarten eine Katastrophe eintreten sollte, standen vorsichtshalber fünf Rettungsboote bereit.

Als Dr. Fridtjof Nansen als letzter an Bord ging, brandete Beifall auf, denn Hunderte waren zur Verabschiedung erschienen. Fahnenschwenken, ein allerletztes „Auf Wiedersehen!", und schon konnte das Abenteuer beginnen, das Aussicht hatte, das denkwürdigste in der bisherigen Geschichte der Polarforschung zu werden.

Kapitän Sverdrup verfolgte zunächst dieselbe Route, auf der einst Barents und Hudson nach Nowaja Semlja gesegelt waren. Bei Chabarowa nahm man die im Vorjahr bestellten vierunddreißig sibirischen Schlittenhunde an Bord. Zugleich bestand die Möglichkeit, noch einmal Briefe in die Heimat zu schicken. Dr. Nansen schrieb an seine Frau Eva:

„Es ist schwer, sich loszureißen, ich könnte hier sitzen und ins unendliche an Dich schreiben. Aber ich nehme Dich überallhin mit, durch Nebel und Eis, über alle Meere, während der Arbeit und bis in alle Träume hinein, allenthalben bist Du mit. – Laß meine letzte Bitte an Dich sein: Ängstige Dich nicht um mich, ob ich nun kurz ausbleibe oder lang. Du mußt wissen, daß ich mich keiner Gefahr aussetzen werde. Es gibt keine Gefahr! Gewiß nicht!"

Eine solche Reise ohne Gefahr?

Am 10. September 1893, in den späten Abendstunden, war Kap Tscheljuskin passiert. Eine Weile blieb die „Fram" noch auf direktem Ostkurs, um später nach Norden, zu den Neusibirischen Inseln hin, abzudrehen. Bei 77° 44′ nördlicher Breite nahmen schwere, unberechenbare Eismassen das Schiff unsanft in ihre Gewalt. Die „Fram" fror schnell ein. Was bei anderen Expeditionen Panik und Entsetzen, in jedem Falle ziemliches Unbehagen und Ungewißheit auslöste, paßte bei Nansen genau ins Konzept, wenigstens theoretisch. Ob die Rechnung aufgehen würde, stand bei weitem noch nicht fest.

„Schon bald", sagte Kapitän Sverdrup, „werden wir mehr wissen. Zum Beispiel, ob es hier wirklich eine Eisdrift gibt und ob sie auch zum Nordpol führt. Und zweitens ..."

„Und zweitens", fiel ihm Steuermann Theodor Claudius Jacobsen ins Wort, „werden wir erleben, wie gut oder wie schlecht unser Schiff dem Eis gewachsen ist."

In diesem Punkte waren alle Teilnehmer zuversichtlich.

Die Eispressungen setzten in den ersten Oktobertagen ein und nahmen für lange Zeit kein Ende. An den glatten Bordwänden fand das Eis jedoch keinen Halt, es rutschte ab, schob sich unter den Kiel, hob die „Fram" kurz empor und brach schließlich unter ihrem Gewicht auseinander.

„Unser gutes Schiff ist eine uneinnehmbare Festung", meinte Leutnant Frederik Hjalmar Johansen, der Reserveoffizier, der sich abwechselnd als Heizer und meteorologischer Assistent an Bord betätigte.

Nansen notierte mit Befriedigung in seinem Tagebuch:

„Das Schiff zittert und schüttert und wird Ruck um Ruck emporgepreßt. Man fühlt sich geborgen, wenn man dem Getöse lauscht und weiß, daß unsere ‚Fram' die Stärkere ist. Andere Schiffe wären längst zermalmt worden." Damit hatte der Expeditionsleiter unbestritten recht.

Absolut nicht aufgehen wollte seine Rechnung aber in einem anderen Punkte. Auf die Eisdrift, derentwegen das Abenteuer im Grunde genommen nur riskiert wurde, brauchte nicht lange gewartet zu werden, es gab sie. Zu Nansens Bedauern bewegte sie sich nicht in gerader Richtung zum Pol, sondern änderte immer wieder die Richtung, einmal ging es mit dem Schiff nordwärts, dann wieder nach Süden. Nach einem Jahr war man dem Nordpol nur unwesentlich näher gekommen.

Die Polarnacht überstanden die Männer auf der „Fram" ausgezeichnet. Sie fühlten sich wohl und behaglich an Bord. Der Tagesablauf war aufs beste geregelt. Der letzte Mann der Nachtwache besorgte um sieben Uhr in der Frühe das Wecken. Eine Stunde später saßen sie am Frühstückstisch. Das Mittagessen nahmen sie um dreizehn und das Abendessen um achtzehn Uhr ein. Es gab Küchen-, Ordnungs- und Wartungsdienste. Daran hatten sich alle zu beteiligen. Auch Dr. Nansen und Kapitän Sverdrup säuberten in regelmäßigen Abständen das Deck, schrubbten die Messe, wischten Staub, standen Wache, nahmen am Kartoffelschälen und Gemüseputzen teil.

Die Versorgung der Hunde übernahm ein Spezialist, der Maschinist Ivar Mogstad. Die Hunde entpuppten sich als lauter kleine Bestien, mit denen Mogstad am besten umgehen konnte. Er gab ihnen in der Hauptsache Stockfisch und Hundekuchen zu fressen, frisches Robben- und Bärenfleisch dagegen seltener, denn das machte sie aggressiv, also gefährlich.

Bereits während der Grönlanddurchquerung hatten sie ein umfassendes wissenschaftliches Programm absolviert. Keine Frage, daß für die jetzige Reise das wissenschaftliche Pensum bedeutend erweitert wurde. Obenan standen astronomische Beobachtungen. Es folgten Messungen der Luft-, Wasser- und Eistemperaturen, Untersuchungen der Luftelektrizität, die Bestimmung des Salzgehaltes in unterschiedlichen Wassertiefen, das Präparieren von Eisbären, Polarfüchsen und Meeresvögeln aller Art. Dr. Nansen wachte streng darüber, daß diese Arbeiten mit der erforderlichen Sorgfalt erledigt wurden.

„Bei unserem Chef haben wir es gut", sagte am Abend des 24. April 1894 der junge Steuermann Bernt Bentsen zum cand. med. Henrik Blessing, der für die medizinische Betreuung zuständig war, „ab morgen werde ich wohl oder übel mit einer Abmagerungskur beginnen müssen." Bentsen spielte damit auf die üppige Verpflegung an, auf die vortrefflichen Mahlzeiten, die an Bord der „Fram" üblich waren. Der Küchenzettel jenes Tages zeugte davon:

Frühstück – Tee, Brot, gesalzenes Hammelfleisch, Orangenmarmelade, Butter, Speck. Mittagessen – Vorsuppe, Kartoffeln, Rinderbraten, Gemüse, Erdbeerkompott, Weißwein. Abendessen – Brot, Butter, Schinken, Kabeljaukaviar, Anchovisrogen, Bockbier.

Das Brot war stets frisch. Adolf Juell, der als Koch und Proviantverwalter amtierte, buk dreimal in der Woche, übrigens auch Kuchen und Torten.

„Meine Mitarbeiter bekommen Doppelkinne und dicke Bäuche", sagte Nansen fröhlich.

Mit den bisher erzielten Resultaten der Expedition war er allerdings sehr unzufrieden. Ende September 1894 befand sich die „Fram" seit genau einem Jahr in der Gefangenschaft des Packeises, aber die Drift hatte sie noch keine zweihundert Kilometer nordwärts geschoben.

„Es kann noch fünf bis sechs Jahre dauern, bis wir am Pol sind", klagte Nansen.

Der Premierleutnant der Marine Sigurd Scott-Hansen, der Meteorologe, widersprach: „Das muß aber nicht so lange dauern. Die Reste von De Longs Ausrüstung haben nur drei Jahre bis Südgrönland gebraucht, und nach Lage der Dinge mußten sie doch denselben Weg genommen haben, auf dem wir uns derzeit befinden."

„Ich weiß, ich weiß. Das gibt mir auch Rätsel auf."

Im Oktober 1894 war das Rätsel um Washington George De Longs Ausrüstungsgegenstände gelöst. Eine exakte Analyse der Drift, ihrer Richtung und Geschwindigkeit ergab nämlich, daß sie nicht zum Pol, sondern etwa fünfhundert Kilometer an ihm vorbei führt, an irgendeiner Stelle nach Süden abbiegt oder sich mit einer anderen vereinigt, die in direkter Richtung vom Nordpol nach Südgrönland verläuft. Also stand fest, mit der „Fram" würde man das Ziel nicht erreichen.

„Was soll nun werden?" wurde Nansen gefragt.

„Im Moment kann ich das nicht sagen", erwiderte er. „Auf jeden Fall muß ich meine Pläne ändern, und zwar radikal."

Lange Zeit grübelte er darüber, rechnete, behielt jedoch alles für sich, was ihm an neuen Möglichkeiten und Varianten einfiel. Erst am 20. November 1894 versammelte er in der Messe seine Begleiter, um seinen Entschluß zu verkünden:

„Im März, wenn wir uns dem Nordpol bis auf siebenhundert Kilometer genähert haben werden, will ich euch verlassen und mich zu Fuß auf den Weg machen. Schaffe ich eine tägliche Marschleistung von zweiundzwanzig Kilometern, so müßte ich nach einem Monat am Großen Nagel ankommen. Zum Schiff kann ich natürlich nicht zurückkehren, denn das wird ja in eine uns leider noch nicht bekannte Richtung weitergedriftet sein. Es ist meine Absicht, vom Nordpol aus nach Spitzbergen oder Franz-Joseph-Land zu gehen. Dort finde ich bestimmt ein Schiff, das mich eines Tages nach Europa bringt. Ihr werdet unterdessen die Drift fortsetzen oder euch bei sich bietender Gelegenheit aus dem Eis befreien. In der Heimat sehen wir uns wieder." Er lachte. „Wir werden alle gesund und munter sein und zu Ehren unseres Wiedersehens ein großes Fest veranstalten."

Die Männer, Nansen sah ihnen das sogleich an, teilten seinen Optimismus nicht, hielten seinen Plan für verwegen und abenteuerlich, sahen ihn als Herausforderung des Schicksals an, und das sagten sie ihm auch.

Er nahm das nicht übel, hatte für den Anfang eine andere Reaktion auch gar nicht erwartet. Nun erwiderte er mit leichtem Pathos, was an sich nicht seine Art war:

„Wer ans Ziel kommen will, muß die Schiffe hinter sich verbrennen und die Brücken abbrechen. Dann verliert er keine Zeit mit Umsehen."

Indes, Dr. Nansen kannte seine Männer genau, sie waren aus demselben Holz geschnitzt wie er, würden ihm natürlich auch auf diesem Wege folgen. Und er irrte sich nicht.

„Ich habe mir die Sache reiflich überlegt. Jemand aus eurer Mitte sollte mich begleiten. Unter den gegebenen Umständen, denn es wird draußen auf Leben und Tod gehen, kommt nur ein Freiwilliger in Frage. Meldet sich keiner, so wird dies von mir respektiert, und ich gehe dann eben allein."

Es meldeten sich alle. Sogar Anton Amundsen, einer der beiden Steuermänner, der immerhin sieben Kinder zu Hause hatte.

Nansen entschied sich für Johansen.

Leutnant Frederik Hjalmar Johansen, noch keine neunzehn Jahre alt, war ebenso wie Nansen groß und stark gebaut, ein sehr sportlicher Typ. Er scheute sich vor keiner Arbeit und keinem Einsatz, es hatte ihm auch nichts ausgemacht, auf dem Schiff vorwiegend als Heizer und Kohlentrimmer beschäftigt zu werden. Und dann besaß er einen weiteren Vorzug, und den schätzte Nansen am meisten. Johansen redete nicht allzu viel, klagte nie, trug sein Herz nicht auf der Zunge, gehörte also zu den Stillen, Nansen würde sicher gut mit ihm auskommen.

Am Morgen des 14. März 1895 verabschiedeten sich Nansen und Johansen von den Kameraden. Dies geschah bei strengster Kälte. Auf ihren drei Schlitten befanden sich mehr als siebenhundert Kilogramm Gepäck: Proviant, Hundefutter, zwei Kajaks, zwei Zelte, Schlafsäcke, einiges an Werkzeug, Fotomaterial, vor allem zahlreiche wissenschaftliche Geräte. Vor die Schlitten wurden achtundzwanzig Hunde gespannt.

Sie fuhren geradewegs auf den Nordpol zu! Würde der Große Nagel diesmal bezwungen werden?

An diesem ersten Reisetag sah es ganz danach aus. Nach zehnstündigem Marsch waren dreißig Kilometer zurückgelegt, und Nansen zeigte sich sehr erfreut.

Am nächsten Tag hatte er keinen Grund mehr zur Freude. Stürme, Schneetreiben, aufgetürmtes Eis, meterbreite Spalten von schier bodenlosen Tiefen, dann plötzlich wieder auftauende Rinnsale und die fürchterliche Kälte, die sich im März zwischen dreiundzwanzig Grad tagsüber und sechsundvierzig Grad in der Nacht bewegte, ließen auch Dr. Fridtjof Nansen schon bald ahnen, daß er sich auf ein tödliches Wagnis eingelassen hatte.

Die Marschleistung des ersten Tages wurde nicht wieder erreicht – dreißig Kilometer in zehn Stunden, das blieb ein vergessener Traum. An manchen Tagen wurden gerade fünf Kilometer geschafft, an anderen zehn oder fünfzehn, selten einmal zwanzig.

Zu allem Unglück kam Ärger mit den Hunden dazu. Sie zogen schlecht, gehorchten nicht, auf die Peitsche reagierten sie selten. Überhaupt schienen sie nur zwei Leidenschaften zu haben, nämlich möglichst viel zu fressen und sich gegenseitig anzufallen. Immerzu gab es blutigen Streit zwischen ihnen. Reihenweise mußte Johansen diese kleinen Bestien töten und setzte sie den anderen Tieren zum Fraß vor. Am Ende blieb nur ein Büschel Haare auf dem Eis zurück.

In den Nächten, nachdem sie sich zur Ruhe gelegt hatten, fanden Nansen und sein Begleiter keinen Schlaf, keine Erholung. In den vereisten Schlafsäcken und bei dem selten einmal nachlassenden Sturmgeheul war daran nicht zu denken. Mit jedem weiteren Tag ließen die Kräfte nach.

„Manchmal waren wir so schläfrig, daß uns die Augen zufielen und wir im Weitergehen schliefen. Der Kopf sank uns herab, wir schliefen fest und schreckten wieder hoch, wenn wir auf den Schnee vornüber stolperten", schrieb Nansen in sein Tagebuch.

Trotz aller Widerwärtigkeiten, trotz Erschöpfung und zeitweiligen Anfällen von Mutlosigkeit blieben Nansen und Johansen ihrem Grundsatz treu, aus dieser trostlosen Einsamkeit, die vor ihnen noch niemals ein Mensch betreten hatte, soviel Faktenmaterial über klimatische, astronomische und physikalische Vorgänge wie irgend möglich nach Hause zu bringen. Deshalb setzten sie ungeachtet ihrer frostwunden Hände die regelmäßigen Messungen fort und trugen die Ergebnisse gewissenhaft ein.

Zwischendurch besserten sich Wetter und Eisverhältnisse, und dann veranstalteten die beiden Wanderer wahre Gewaltmärsche, bei denen sie sich selbst als Zugtiere betätigen mußten. Sie besaßen kaum noch einen Hund.

Drei Wochen vergingen so.

Am 8. April 1895, gemessen an der von ihnen zurückgelegten Wegstrecke, hätten sich Nansen und Johansen dem Nordpol bereits bis auf zweihundertfünfzig Kilometer genähert haben müssen. Tatsächlich standen sie auf 86°14′ nördlicher Breite, und ihr Ziel lag mehr als vierhundert Kilometer entfernt. Nansen wußte natürlich, daß er und sein Kamerad einen fabelhaften Rekord aufgestellt hatten. Noch kein Sterblicher war derart weit nach Norden gelangt. Allerdings entdeckte er aber auch etwas anderes, und dies teilte er nun dem Leutnant mit:

„Das Eis betrügt uns, mein Lieber. Während wir beide bis zum Zusammenbrechen vorwärts nach Norden marschieren, treibt es selbst nach Süden. Das ist gerade so, als wollten wir beide über eine abwärts gleitende Rolltreppe nach oben kommen. Weiter nach Norden zu gehen ist also zwecklos. Wir erreichen zuwenig, verlieren aber wertvolle Zeit. Kehren wir um. Als Verlierer brauchen wir uns nicht zu fühlen, wir haben getan, was menschenmöglich war."

Das neue Ziel, Franz-Joseph-Land, existierte noch nicht lange auf den Landkarten, war erst 1873 entdeckt worden. Es ist ein ausgedehnter Archipel, der aus etwa sechzig größeren und kleineren Inseln besteht. Überall ragen majestätische Gipfel und Gletschermassive auf, die wohl niemals ein Mensch überwinden würde. Das Franz-Joseph-Land galt mittlerweile als ein begehrtes Ziel der Polarreisenden, die in schwer zu bezwingenden Gebieten Pionierarbeit leisten wollten. Deshalb hoffte Nansen, dort auf Menschen zu stoßen, mit deren Hilfe er nach Hause gelangen konnte.

Aber lang und beschwerlich war der Weg nach Franz-Joseph-Land.

Einige Tage nach der Umkehr geschah etwas Seltsames. Mit einemmal öffnete sich der Himmel, in ihrer vollen Schönheit trat die Sonne hevor, und augenblicklich stiegen die Temperaturen, schließlich bis auf minus zehn Grad Celsius — in diesen hohen Breiten also eine geradezu hochsommerliche Wärme.

Mai und Juni vergingen. Land war nicht zu sehen. Ringsum, wohin das Auge blickte, nichts als Schnee und Eis. Da Nansen und Johansen einmal vergessen hatten, ihre Uhren aufzuziehen, gab es nun ernste Schwierigkeiten mit der Ortsbestimmung. Nansen befürchtete bereits, daß sie sich verirrt hätten und nicht feststellen konnten, wo sie sich befanden.

Hier umkommen, das Schicksal so vieler anderer erleiden?

Lieber nicht an so etwas denken.

Sie setzten ihren Marsch fort, der mehr und mehr ein Hinabgleiten ins Ungewisse zu werden drohte. Der Schnee klebte an ihren Stiefeln. Die Zentnerlast der Schlitten zerrte an ihren Kräften. Manchmal versanken sie bis zu den Hüften im Schnee. Die Schlitten kippten um. Was für eine Plage, sie wieder flottzumachen.

Nirgendwo kam eine Küste in Sicht. Sollten alle Anstrengungen umsonst gewesen sein? Ja, wo befanden sie sich überhaupt? Wenn Nansen und Johansen sich zuweilen anblickten, lag ein Ausdruck tiefster Verzweiflung auf ihren Gesichtern. In solchen Momenten mochten sie wohl an dasselbe gedacht haben:

Wird es mit uns beiden genauso enden wie mit De Long und seinen Männern? Werden wir so elend umkommen wie die meisten von Greelys Leuten?

Bald standen Nansen und sein Gefährte vor einer großen Wasserfläche.

„Mir scheint", sagte Johansen, „daß hinten eine Küste schimmert."

Nansen lachte. „Das werden wir uns gleich einmal ansehen."

Nach Erschöpfung, Hoffnungslosigkeit und gelegentlichen Todesahnungen kehrte mit einemmal Leben in die beiden einsamen Wanderer zurück. Eine Küste in Sicht – das konnte bereits die Rettung sein. Unverzüglich wurde das Gepäck auf die beiden Kajaks umgeladen, und Nansen und Johansen ruderten um die Wette, sportlicher Ehrgeiz schien sie gepackt zu haben.

Hinter seinem Rücken vernahm Nansen ein undefinierbares Geräusch.

„Was ist denn das?" fragte er.

„Ein Seehund", rief der Leutnant zu ihm herüber.

„Großartig!" rief Nansen zurück. „Wo Seehunde sind, ist noch nie ein Mensch verhungert. Geben Sie gut acht, Leutnant, wir fahren geradewegs in den Garten Eden hinein."

Nachdem sie eine gute Stunde lang, immer um treibende Eisschollen herum, gerudert waren, konnten sie Land betreten. Endlich wieder festen Boden unter den Füßen. Es handelte sich um eine Insel im äußersten Osten von Franz-Joseph-Land. Nansen gab diesem Eiland und einigen weiteren Inseln, die er später entdeckte, die Bezeichnung *Hvidtenland*. Dann schlug er eine längere Rast vor.

Während Johansen die Zelte aufstellte, die Schlafsäcke ausbreitete, den Kocher in Gang setzte und Tee kochte, unternahm Nansen einen kurzen Jagdausflug. Er hatte auch Glück, es gelang ihm, einen Eisbären mit einem einzigen Schuß zu töten. Für längere Zeit würde es auf Hvidtenland gefüllte Fleischtöpfe geben.

Einen längeren Aufenthalt wollten die beiden allerdings nicht in Erwägung ziehen. Nansen und Johansen brachten ihre Sachen in Ordnung, besserten die Boote aus und gingen auf Jagd. Drei Wochen nach ihrer glücklichen Landung auf Hvidtenland, mit ausreichenden Fleischvorräten versehen und guten Mutes, bestiegen sie erneut die Boote. Es war ihre Absicht, durch die rasch dahinströmenden, nahezu eisfreien Wasserstraßen so tief wie möglich nach Franz-Joseph-Land vorzudringen, dort die bald einsetzende Polarnacht zu verbringen und sich im nächsten Jahr nach Spitzbergen durchzuschlagen, sofern sie auf Franz-Joseph-Land kein Schiff finden sollten. Sie kamen gut vorwärts, doch die Fahrt gestaltete sich gefährlich, und zwar aus mehreren Gründen. Nebelschwaden hingen herab und behinderten die Sicht. Häufig wurden die beiden kleinen Boote von Walrossen angegriffen, deren scharfe Hauer sie zu vernichten drohten. Sie mußten die angreifenden Tiere töten.

Ende August erreichten Dr. Nansen und Leutnant Johansen eine Insel. Fast undurchdringlich war der Nebel inzwischen geworden. Die Temperaturen sanken wieder. Der kurze arktische Sommer neigte sich seinem Ende zu.

„Es hat keinen Zweck, jetzt noch weiterzufahren", erklärte Nansen, „wir würden uns nur schutz- und hilflos der Polarnacht ausliefern. Ich bin dafür, hier Station zu machen."

Dies geschah dann auch. Nansen und sein Begleiter gingen an Land. Sie befanden sich an der südwestlichen Küste der Jackson-Insel, die nur aus dunklem Felsgestein bestand, über das der Sturm hinwegheulte. Der Gedanke an die bevorstehenden Monate trieb zur Eile an. Aus Gesteinsbrocken, die überall herumlagen, bauten die beiden Männer eine Hütte, ein elendes, schiefes Gehäuse, deren Ritzen sie mit Moos abdichteten.

„Ein Eisbär!" rief der Leutnant plötzlich.

Nansen wandte sich um und sah, wie das Tier sich aufrichtete. Geistesgegenwärtig riß er sein Gewehr hoch und feuerte einen Schuß ab. Das Tier bäumte sich kurz auf, fiel zu Boden. Es war aber nicht tödlich getroffen worden, sondern richtete sich erneut auf. Ein zweites Mal konnte Nansen nicht schießen, er hatte keine Patrone mehr bei sich. Deshalb griff er nach seinem Messer und stieß es dem Bären ins Genick.

„Mein Gott", der Leutnant keuchte, „das war Rettung im letzten Augenblick."

„Ja", sagte Nansen. „In Zukunft müssen wir uns vor ihnen mehr in acht nehmen."

In den folgenden vierzehn Tagen gelang es, mehrere Eisbären zu erlegen. Auch brachten sie etliche Walrosse und fette Robben zur Strecke. So konnten sie einen größeren Vorrat an Fleisch und Speck anlegen. Aus den Fellen wollten sie in den langen Wintermonaten Bekleidung herstellen.

Die dritte Polarnacht, die Dr. Nansen und Leutnant Johansen zu überleben hatten, begann am 16. Oktober 1895.

Das Leben in der Hütte verlief beschwerlich, umständlich und fernab aller Vorstellungen von Zivilisation und Komfort. Um ihre Villa betreten oder verlassen zu können, mußten Nansen und Johansen auf allen vieren durch ein Loch kriechen. Als Haustür dienten ein paar Bärenfelle. Der primitiv gebaute Ofen wurde mit Robben- und Bärenspeck befeuert. Das ergab zwar nur geringe Wärme, um so mehr einen bestialischen und beißenden Gestank, aber immerhin. Licht spendete eine Tranfunzel. Die Zubereitung der Mahlzeiten bereitete nicht viel Mühe, zumal keine Möglichkeit bestand, für Abwechslung zu sorgen. Bärenbrühe und Bärenfleisch bildeten tagein, tagaus die Hauptmahlzeit. Wenigstens war davon genug vorhanden.

Im übrigen hielten Nansen und der Leutnant Winterschlaf, an manchen Tagen bis zu zwanzig Stunden. Gelegentlich, wenn es draußen nicht allzusehr stürmte und die Temperaturen erträglich

waren, unternahmen sie einen Verdauungsspaziergang, von dem sie jedoch bald heimzukehren pflegten, um darauf wieder in tiefen Schlaf zu versinken.

Am 22. Dezember machte Nansen eine faszinierende Beobachtung, über die er später schrieb:

„Das Nordlicht ist wunderbar. Wie oft man auch das seltsame Spiel des Lichtes sehen mag, nie wird man müde, es zu betrachten. Es ist, als ob Blick und Geist unter einem Banne ständen, so daß man sich nicht loszureißen vermag. Es beginnt mit einem blaßgelben geisterhaften Lichtschimmer hinter dem Berge im Osten, gleich dem Widerschein einer fernen Feuersbrunst; es wird breiter, und bald ist der östliche Himmel eine einzige glühende Feuermasse. Nun wird es wieder schwächer und sammelt sich in einem hellglänzenden Nebelgürtel, der sich nach Südwesten erstreckt, während hier und dort einige wenige glänzende Lichtnebel sichtbar sind. Nach einer Weile schießen plötzlich da und dort Strahlen aus dem feurigen Nebel empor, bis sie fast den Zenit erreichen; es kommen noch mehr, in wilder Jagd spielen sie von Osten nach Westen über den Gürtel. Sie scheinen aus weiter, weiter Ferne immer näher heranzueilen. Aber plötzlich ergießt sich ein wahrer Strahlenschleier vom Zenit über den nördlichen Himmel, so zart und hell wie die feinsten glitzernden Silberfäden."

Nahe der Behausung hatten sich zahlreiche Tiere niedergelassen, deren Bedürfnis, die Polarnacht schlafend zu verbringen, nicht sonderlich ausgeprägt war: Blau- und Silberfüchse. Tag und Nacht stromerten sie umher. Einmal besetzten sie das Hüttendach und knabberten den zum Teil aus Walroßknochen gebauten Kamin an. Ein andermal vergriffen sie sich an den außerhalb der Hütte verstauten Harpunen, Leinen und Gesteinsproben. Ein Gaunerstück erster Güte leistete sich jener Silberfuchs, der das an einer Außenwand befestigte Thermometer mauste und damit das Weite suchte.

In der Januarmitte des Jahres 1896 kam dann die große, die bitterste, kaum noch auszuhaltende Kälte von nachts dreiundvierzig Grad Celsius. In ihrer Behausung nahmen sich die Temperaturen etwas günstiger aus. Ofen, Tranlampe und Nansens Kochapparat sorgten in diesen Kältewochen für eine Durchschnittstemperatur von minus zwanzig Grad Celsius.

Mit der Reinlichkeit sah es trübe aus. Seife gab es schon längst nicht mehr, sie gehörte zu jenen Luxusdingen, an die zu denken sich angesichts der traurigen Lebensumstände von selbst verbot. Solange noch Bären geschossen werden konnten, wuschen sich die beiden Gefährten in deren Blut, das machte ihre Gesichter und Hände glatt und weiß. Jetzt hatten sich die Bären in ferne Höhlen verkrochen. Die Kleidung der Männer vermoderte, konnte auch nicht mehr gewechselt werden, weil alle Reservestücke längst verbraucht waren.

„Mein lieber Leutnant", sagte Nansen und lachte, „wir stinken wie zwei alte Mantelpaviane."

Eines Nachts erwachte Johansen und bemerkte, daß mit Nansen etwas nicht in Ordnung war. „Doktor, was ist mit Ihnen?" fragte er erschrocken.

Nansen redete wirres Zeug, phantasierte, glühte und fieberte am ganzen Leibe. Das dauerte viele Tage an. Vorübergehend ließ das Fieber ein wenig nach. Dann klagte Nansen über heftige Schmerzen. Er hatte sich ein Rheumaleiden zugezogen.

Johansen pflegte den Kranken mit der größten Hingabe, ohne freilich viel ausrichten zu können. Zur Linderung rheumatischer Erkrankungen hatten sie keine Medikamente mitgenommen. Welcher Polarfahrer glaubte schließlich, unterwegs ausgerechnet davon heimgesucht zu werden, jenem Leiden, unter dem gewöhnlich nur ältere Leute litten? Nansens eiserne Natur überstand die Krankheit schließlich.

8. März 1896 zur Mittagszeit. Dr. Nansen und Leutnant Johansen waren gerade dabei, mit ihrer Mahlzeit zu beginnen, als sie von draußen her ein verdächtiges Brummen zu vernehmen glaubten.

„Das ist ein Eisbär", meinte Johansen sofort.

„Ihr Wort in Gottes Ohr!"

Ein Eisbär vor der Haustür, das bedeutete, daß die Polarnacht zu Ende ging.

Vorsichtig krochen Nansen und Johansen aus ihrem Verlies ins Freie. Der zottelige Räuber hatte sich inzwischen wieder entfernt. Nansen und Johansen blickten zu den Wolken hinauf. Die Sonne war noch nicht zu sehen. Aus weiter Himmelsferne blinzelten aber schon einige ihrer Strahlen schwach herab.

„Daß Sonne Leben heißt, begreife ich so richtig erst heute", sagte Nansen.

Für die beiden im Eis war der Winterschlaf beendet. Der Tatendrang früherer Tage ergriff von neuem von ihnen Besitz. An die Arbeit! Zu tun gab es ja genug. Die Boote erhielten eine zusätzliche Bespannung, die dazu erforderlichen Seehundsfelle waren ausreichend vorhanden. Aus Bären- und Fuchsfellen schneiderten sie Hosen und Jacken. Nähgarn gab es nicht. Glücklicherweise ließen sich aus leeren Proviantsäcken Fäden ziehen, und die taugten dann eben auch zum Nähen. Nansen schoß einen Bären, dessen Fleisch behelfsmäßig zu Schinken und Geselchtem geräuchert wurde.

Am 19. Mai 1896, einem Dienstag, nahmen Dr. Fridtjof Nansen und Leutnant Johansen von ihrer windschiefen Hütte Abschied. Acht Monate lang war sie ihnen Schutz und Heimstatt gewesen. Für Menschen, die hier vielleicht einmal vorbeikommen sollten, hinterließ Nansen einen kurzen Bericht. Er enthielt konkrete Angaben über den Verlauf der Expedition seit Verlassen der „Fram" bis zu diesem Tage.

Nun also auf nach Spitzbergen.

Nansens Hoffnung, sie würden eine flotte Fahrt haben, trog schon am dritten Tag. In dem unübersichtlichen, unbekannten Inselgewirr von Franz-Joseph-Land, zwischen dem Treibeis schwamm, sich zuweilen auch riesige Flächen von Eisbrei auftaten, kamen sie nur meterweise voran. Einmal blieben sie gleich für mehrere Tage stecken. Dann wieder Packeis. Da mußten sie ihr Gepäck von den Kajaks auf die Schlitten umladen und sich zu Fuß über das Eis bemühen. Die Schinderei dauerte viele Tage.

Es kam der 17. Juni 1896.

Die beiden erschöpften Männer befanden sich gerade vor Kap Flora. Während der Leutnant sich ein wenig ausruhte, kochte Nansen ein Mittagessen aus Walroßfleisch. Plötzlich meinte er, das Bellen eines Hundes zu vernehmen. Ein Hund in dieser Einsamkeit? Sogleich holte er Johansen.

„Doktor, Sie haben sich bestimmt geirrt", sagte dieser. „Ich höre überhaupt nichts."

Aber es war kein Irrtum. Schon wieder drang Hundegebell herüber. Da sprang Dr. Nansen hoch und blickte sich nach allen Seiten um. Den Hund erspähte er in einiger Entfernung. Er ließ alles stehen und liegen und lief ihm entgegen. Bald tauchte von weitem eine Gestalt auf, die landeinwärts ging. Ein Mensch! Nun gingen beide Männer aufeinander zu. Was für eine Begegnung!

Nansen, von den Strapazen der vergangenen Wochen übel mitgenommen, sah in seiner zerschlissenen Bekleidung wild und verwegen aus. Sein Gegenüber machte hingegen einen eleganten Eindruck. Er trug einen karierten Anzug, hohe, feste Stiefel und eine Fellmütze. Dieser Mann war Dr. Frederick Jackson, ein Engländer, der mit acht Begleitern seit längerem auf Franz-Joseph-Land geologische und meteorologische Forschungsarbeit leistete. Sein Lager hatte er hier auf Kap Flora aufgeschlagen, es bestand aus mehreren stabilen Blockhütten.

Jackson wußte nicht, wen er vor sich hatte. „Ich freue mich riesig, Sie zu sehen", sagte er aber höflich.

Dr. Fridtjof Nansen stellte sich vor und wurde sogleich eingeladen, Gast der Engländer zu sein.

In Jacksons Blockhaus vergaßen die beiden ihre ausgestandenen Strapazen schon bald. Nansen und Johansen, gründlich gesäubert, glatt rasiert und mit frischer Bekleidung, strahlten und sahen nach langer Zeit wieder wie zivilisierte Menschen aus.

„Auf Sie, Doktor Nansen, wartet noch eine Überraschung", sagte Jackson. „Ich bin aber dafür, daß Sie und der Herr Leutnant zuerst einen kleinen Imbiß zu sich nehmen."

Nach diesen Worten ließ Jackson den kleinen Imbiß auffahren, der sich so respektabel und vielseitig ausnahm, daß den beiden gerade der Eishölle entronnenen Heimkehrern die Augen übergingen. Sie bekamen Dinge zu sehen, von denen sie über ein Jahr lang nicht mehr zu träumen gewagt hatten. Allerdings durfte das nicht allzusehr verwundern. Der Forschungsreisende Dr. Jackson gedachte als vornehmer Herr doch auch in der Wildnis von Franz-Joseph-Land nicht auf die Annehmlichkeiten des Lebens zu verzichten.

Nun rückte er mit der angekündigten Überraschung heraus. „Ich habe Post für Sie."

„Post? Für mich? Hier?" Nansen wollte das zuerst nicht glauben.

„Auf dem Wege nach Franz-Joseph-Land", erläuterte Jackson, „habe ich in Kristiania Station gemacht. Ein paar Zeitungen schrieben über meine Absicht, erneut in die Arktis zu reisen. So erfuhren Ihre Gattin, Verwandte und Freunde davon und gaben mir Briefe mit für den Fall, daß wir uns hier begegnen sollten. Nun habe ich Sie tatsächlich getroffen!"

Bei Nansen hielt das Erstaunen noch eine Weile an. Später zog er sich in eine stille Ecke zurück und las die Briefe. Wieder und wieder tat er das.

Jackson wartete auf sein Expeditionsschiff, die „Windward", das ihn nach Hause bringen sollte. Es traten jedoch Verzögerungen ein. Der Aufenthalt auf Kap Flora zog sich in die Länge. Nansen, kaum wieder zu Kräften gelangt, nahm seine Forschungsarbeit von neuem auf. Er maß Temperaturen, Windgeschwindigkeiten, vermaß und kartierte mehrere Inseln und Küsten, sammelte Steine, Moos und Käfer.

Anfang August legte die „Windward" vor Kap Flora an. Jackson brach sein Lager ab.

Nur sieben Tage später, am 13. August 1896, nach einer drei Jahre und zwei Monate währenden abenteuerlichen, wissenschaftlich aber sehr ertragreichen Polarreise, betrat Dr. Fridtjof Nansen in Vardö wieder norwegischen Heimatboden. Keine zwei Stunden später ging die Nachricht von seiner Heimkehr über die Telegraphen.

Nansens größte Sorgfalt galt jetzt der „Fram". Er fragte sich, was aus dem Schiff und den an Bord gebliebenen Männern geworden sein mochte. Am 20. August 1896, in aller Herrgottsfrühe, wurde er aus dem Schlaf gerissen.

„Herr Doktor Nansen, ein Blitztelegramm für Sie."

Nansen wagte kaum diese brandeilige Nachricht zu lesen.

Die „Fram" hatte, nachdem er und Johansen in Richtung Pol aufgebrochen waren, ihre Fahrt in der von Nansen befohlenen Weise fortgesetzt. Insgesamt 1055 Tage dauerte die Drift. Bei Spitzbergen gelang es Kapitän Sverdrup, das Schiff aus der Umklammerung des Eises herauszuführen.

Das Blitztelegramm lautete wie folgt:

„Skadervo – 20. August 1896. ‚Fram' wohlbehalten hier eingetroffen. Alles wohl an Bord. Komme sofort nach Tromsö. Willkommen in der Heimat! Otto Sverdrup."

Während Nansens Expedition gelangen im wesentlichen zwei Nachweise. Erstens, die vermutete Meeresströmung nördlich der Neusibirischen Inseln war vorhanden, wenngleich sie nicht in direkter Richtung zum Nordpol führte. Und zweitens durfte jetzt mit überzeugender Sicherheit davon ausgegangen werden, daß der Nordpol sich nicht auf einem Festland befindet, sondern im Zentrum eines Ozeans aus ewigem Eis.

Nun erlebte Norwegen einen Freudentaumel ohne Beispiel.

Die letzte Strecke, die die „Fram" zurückzulegen hatte, die Heimfahrt nach Oslo, wurde zu einem wahren Triumphzug.

Auch die geographischen Gesellschaften in aller Welt hielten mit ihrer Begeisterung nicht zurück. Sie erklärten Dr. Fridtjof Nansen zum bedeutendsten Polarforscher der neueren Zeit.

Im Jahre 1897 ernannte man Nansen zum Professor. Er widmete sich meereskundlichen Studien. Von 1906 bis 1908 vertrat er sein Land als Gesandter in London. Nach dem ersten Weltkrieg stellte er sich in den Dienst des internationalen Hilfswerks des Völkerbundes und bewährte sich hier als großer aktiver Streiter für den Frieden, besonders half er dem jungen Sowjetstaat. 1922 wurde er für seine Verdienste mit dem Friedens-Nobelpreis geehrt.

Dr. Fridtjof Nansen starb am 13. Mai 1930 in Lysaker.

19. KAPITEL

Im Eis gefangen

Der Norweger Roald Amundsen befuhr von 1903 bis 1906
als erster die lang gesuchte Nordwestpassage

Im Frühjahr 1904 stand der Norweger Roald Amundsen auf 70°5'17" nördlicher Breite, 96°46'45" westlicher Länge. Das war genau der Punkt, auf dem James Clarke Ross im Sommer 1831 den magnetischen Nordpol entdeckt hatte, jene winzige Stelle, an der die Kompaßnadel völlig stillsteht. Zu Amundsens Erstaunen geschah aber nichts dergleichen, die Nadel seines Kompasses vibrierte weiter. Sollte Ross sich damals geirrt haben? Das hielt Amundsen für ausgeschlossen. Also mußte es um den Magnetpol ein Geheimnis geben, das zu enthüllen bisher noch keinem gelungen war.

Amundsen, von drei Landsleuten und einigen Eskimos begleitet, setzte seinen Weg in nordwestlicher Richtung fort. Nach vielen Meilen bemerkte er, daß die Kompaßnadel sich heftig hin und her bewegte. Was mochte das bedeuten? Die Männer gingen noch ein Stück weiter, und dann stand die Nadel still. So wurde der nördliche Magnetpol also zum zweitenmal gefunden, und zwar auf 70°30' nördlicher Breite, 95°30' westlicher Länge.

Damit war eine überaus wichtige Entdeckung gemacht.

„Der Magnetpol des Nordens ist ein Wandervogel", sagte Amundsen. „Er ändert offenbar ständig seinen Standpunkt und seine Richtung."

Das stimmte. Zwischen 1971 und Dezember 1984, um auf neuere Messungen hinzuweisen, hatte er sich beispielsweise um rund hundert Kilometer nach Norden verlagert und befand sich etwa 1500 Kilometer vom geographischen Nordpol entfernt. Eine exakte Erklärung gibt es bis heute nicht. Allerdings weiß man inzwischen, daß das arktische Magnetfeld eine Länge von 720 und eine Breite von 320 Kilometern aufweist. Es darf davon ausgegangen werden, daß der Magnetpol seine „Wanderungen" innerhalb dieser Fläche vornimmt.

Aber warum hielt sich Roald Amundsen in der Arktis auf?

Im Jahre 1901 begann Amundsen mit den Vorbereitungen für seine erste selbständige Expedition und fuhr zu diesem Zweck nach

London. Gegenüber Frank Mortimer, einem maßgeblichen Mitarbeiter der Zeitung „Times", äußerte er einmal:

„Ich will den Traum meiner Kindheit von der Bezwingung der Nordwestpassage mit dem wissenschaftlich an und für sich wichtigeren Ziel verbinden, die Gegend rund um den Magnetpol zu erkunden."

Die Nordwestliche Durchfahrt vom Nordatlantik zum Pazifischen Ozean hatte im Jahre 1850 Kapitän MacClure anläßlich der Suche nach Franklin vom Pazifik her gefunden, aber lediglich bis zur Melvillebucht befahren, weil das Packeis ein weiteres Vordringen in den Lancastersund und die Baffinbucht hinein unmöglich machte. Amundsen, der MacClures ausführlichen Bericht kannte, wollte sich dagegen an die alte, die klassische Vorstellung halten und den Nördlichen Seeweg nach Asien vom Atlantik her suchen und passieren, allerdings auf einer ganz anderen Route als seine Vorgänger. Den magnetischen Nordpol hatte seinerzeit James Clarke Ross entdeckt, jedoch äußerten viele Kapitäne, daß auf den von Ross genannten Standort kein Verlaß sei, sie kämen garantiert vom Kurs ab, wenn sie sich danach richteten, und müßten sich darum anderweitig orientieren. Amundsen wollte die Aussagen prüfen, und zu diesem Zweck begab er sich auf eine Expedition zum Magnetpol.

Die Frage nach der Finanzierung des geplanten Unternehmens stellte sich auch bei ihm als Problem in den Weg. Seine Einkünfte als Seemann hatte er zwar gewissenhaft gespart, auch mit einer kleinen Erbschaft war er einmal bedacht worden, nur reichte das alles nicht. Man benötigte ein Schiff, wissenschaftliche Instrumente, technische Ausrüstung, Kohlen, Proviant für vier bis fünf Jahre. Eine Mannschaft mußte angeheuert und ihre Entlohnung geregelt werden. Und dann war eine solche Expedition auch entsprechend hoch zu versichern.

Roald Amundsen hatte zwar reiche Verwandte, aber sie gaben ihm nichts, hielten ihn für größenwahnsinnig und prophezeiten ihm ein schreckliches Ende.

Er, der gewöhnlich so gewissenhafte, genau, klug und nüchtern rechnende Mann, mußte Schulden über Schulden machen, nahm bei Bekannten und Freunden Darlehen auf, bei Banken und sogar von der Regierung ließ er sich Kredit geben. Was die Tilgung der vielen Schulden betraf, so gab sich Amundsen optimistisch:

„Ich werde nach meiner Rückkehr über meine Erlebnisse Bücher schreiben und in aller Welt Vorträge halten. Das bringt mir so viel Geld ein, daß ich alles bezahlen und sogar eine neue Expedition finanzieren kann."

Ein Schiff, eigens für seine Expedition gebaut, konnte Amundsen sich nicht leisten. Er mußte sich mit einem alten Fischkutter bescheiden, den sein vormaliger Besitzer jahrzehntelang für den Heringsfang genutzt und also nicht sonderlich geschont hatte. „Gjöa" hieß dieser nur 47 Tonnen große Kasten. Unter Amundsens Aufsicht wurde er nun zu einer Segeljacht umgebaut und mit einem Benzinmotor umgerüstet. Als schwierig erwies es sich, auf der kleinen „Gjöa" die Unmengen an Proviant, Ausrüstung und die Schlittenhunde unterzubringen. Jeder Kubikmeter mußte sorgfältig genutzt werden. Amundsen, auch in diesem Punkte zeigte sich das, war kein Meister der Improvisation, sondern der präzisen Organisation.

Bisher hatte man Polarexpeditionen mit einem mehr oder weniger großen Aufgebot an Begleitern und Hilfspersonal unternommen. Bei Amundsen galt das Gegenteil: eine kleine Besatzung, sowenig Mitfahrer wie möglich. Der Norweger nahm sechs Leute mit, und zwar Premierleutnant Godfred Hansen als Navigationsoffizier, Astronom, Geologe und Fotograf, Anton Lund, Erster Steuermann, Peter Ristvedt, Meteorologe und Erster Maschinist, Helmer Hansen, Zweiter Steuermann, Gustav Juel Wiik, Zweiter Maschinist und Gehilfe bei den erdmagnetischen Beobachtungen, und Adolf Henrik Lindström, Koch und „Springer", also Mädchen für alles.

Ehe Amundsen das Abenteuer begann, machte er noch einen Besuch, den er für unerläßlich hielt. Er begab sich zu Dr. Fridtjof Nansen. Dieser bedeutende Mann war schon seit langem Amundsens Vorbild. Nunmehr wurde er auch sein Mentor, Förderer und Freund. Aufmerksam studierte Nansen den ihm vorgelegten Expeditionsplan und beurteilte ihn als derart ausgereift und vollkommen, daß er es sich versagte, dem um elf Jahre jüngeren Besucher Ratschläge zu erteilen. Er meinte nur:

„Sie werden es schaffen, mein Freund. Nehmen Sie meine allerbesten Wünsche und meine Zuversicht mit auf Ihre Reise. Erlauben Sie mir, Sie zu umarmen."

Nansen glaubte aber auch, einen tiefen Blick in Amundsens Seele getan zu haben. Jedenfalls sagte er hinterher zu seiner Frau Eva:

„Dieser Amundsen scheint von einem maßlosen Ehrgeiz besessen zu sein. Wissenschaftliches Interesse allein ist es nicht, was ihn dazu treibt, alles auf eine Karte zu setzen. In ihm brennt das Verlangen, der erste Mann in der Polarforschung zu werden. Weiß der Teufel, meine Liebe, ich traue ihm zu, daß er es eines Tages auch sein wird."

Über den Abschied aus Tromsö im Juni 1903 berichtete Roald Amundsen später selbst, und anschaulicher als er hätte dies wohl auch kein anderer vermocht:

„Der einzige, der bei unserer Abreise Anzeichen von Rührung kundgab, war der Himmel, aber er tat es auch mit allem Nachdruck. Als wir in der Nacht vom sechzehnten auf den siebzehnten Juni den Anker lichteten, regnete es in Strömen. Sonst war die Nacht still und dunkel, und nur unsere Nächsten waren auf das Schiff gekommen, um uns Lebewohl zu sagen. Aber trotz Regen und Dunkelheit und trotz des letzten Abschieds war die Stimmung an Bord heiter und froh. Für meine persönlichen Gefühle kann ich keinen Ausdruck finden und möchte es auch nicht. Die Anstrengungen der letzten Zeit, um alles vollends in Ordnung zu bringen, die Unruhe, daß wir immer und immer noch nicht abfahren konnten, und meine verzweifelten Anstrengungen, die fehlenden Gelder zusammenzubringen – dies alles hatte mich stark mitgenommen und mir Leib und Seele angegriffen. Aber nun war es überstanden, und niemand könnte die unsägliche Erleichterung beschreiben, die uns überkam, als die Jacht vom Ufer wegglitt."

Etwas erwähnte er nicht. Zum Abschiednehmen an Bord der „Gjöa" befand sich auch eine junge Frau von sanfter Schönheit, deren blasses Gesicht tränenüberströmt war. Amundsens Geliebte? Er hat nie von ihr gesprochen, auch schien sie bald wieder aus seinem Leben verschwunden zu sein. Seitdem wurde Roald Amundsen niemals mehr in Begleitung einer Frau gesehen, die ihm nahegestanden hätte. Er wollte niemanden an sich binden, weil er glaubte, das nicht verantworten zu können angesichts der großen Pläne, die er für die nächsten Jahre und Jahrzehnte gemacht hatte.

Der Regen hielt zwei Wochen an. Arbeit und Leben an Bord verliefen nach dem von Amundsen entwickelten Prinzip, das kein strenges Regime vorsah. Jeder hatte das Gefühl, in dem ihm zugeteilten Bereich frei und unabhängig zu sein. Das steigerte Arbeitsfreude und Disziplin.

„Meine Gefährten", schrieb Kapitän Amundsen in sein Tagebuch, „scheinen dieses Vorgehen auch sehr zu schätzen, und die Fahrt gleicht viel eher einer Ferienreise von Kameraden als der Einleitung zu einem ernsten, jahrelangen Kampf."

Eine Vergnügungsreise war diese Fahrt natürlich nicht. Dem Regen folgten Stürme, die besonders den beiden Steuermännern zu schaffen machten. Dennoch kam die kleine „Gjöa" gut voran. Schon am 11. Juli 1903 erreichte sie bei Kap Farvel die grönländische Südspitze. Die hohe, zerrissene Felsenküste sah majestätisch aus. Um nicht ins Eis zu geraten, fuhr das Schiff in größerem Abstand vorbei und schwenkte in die Davisstraße ein. Dort, nur drei Tage später, erblickte Amundsen erstmals auf dieser Fahrt Eisberge von wahrhaft königlichem Aussehen.

Unter den Hunden brach eine Krankheit aus, über deren Herkunft und Behandlung niemand an Bord Bescheid wußte. Die Tiere schlichen vollkommen teilnahmslos über das Deck, sahen, hörten, fraßen und tranken nichts. Das ging tagelang so. Bei zwei Hunden stellten sich außerdem Lähmungen und Krämpfe ein. Sie mußten erschossen werden. Die anderen vier kamen ganz plötzlich wieder zu sich, sprangen herum und entwickelten einen erstaunlichen Appetit, als wären sie niemals krank gewesen. Amundsen fiel ein Stein vom Herzen, denn der Tod aller Hunde hätte sich problematisch auf das Gelingen seines Unternehmens auswirken können.

Nach den Eisbergen, deren Zahl immer mehr zunahm, sichteten die Männer nun viele Klappmützen. Diese Robbenart ist nur in den grönländischen Gewässern beheimatet. Sie boten einen erfreulichen Anblick, namentlich für Lindström, den Koch. Klappmützen, das wußte er von früheren Reisen in die Arktis, hatten besonders viel Fleisch und Fett. Außerdem war Frischfleisch immer willkommen. Sogleich schoß man vier Exemplare und hievte sie an Bord. Einen Teil des Fleisches bekamen die bereits lauernden Hunde. Der andere verwandelte sich unter Lindströms geübten Händen in Steaks, Rouladen, Sülze und Wurst. Robbenleber war als Delikatesse außerordentlich begehrt. Um einen gewissen Vorrat an frischem Fleisch und Fett zu haben, ließ Amundsen sechs weitere Klappmützen erlegen.

Am 20. Juli erreichte Amundsen die Insel Disko, das erste Etappenziel. Sie ragt nicht allzu hoch aus dem Meer heraus und ist oben abgeflacht, was ihr ein seltsames Aussehen verleiht. An ihr liegt Godhavn. Im Jahre 1903 war das eine kleine Ansiedlung, in der kaum hundert Menschen lebten, in der Hauptsache seßhaft gewordene Eskimos, die es inzwischen gab.

In Godhavn residierte aber auch ein Inspektor der königlich-dänischen Kolonialverwaltung. Er hieß Daugaard-Jensen und verfügte über ein Amtsgebäude sowie mehrere Gehilfen. Amundsens Aufenthalt in der Siedlung erwies sich als notwendig, weil an der „Gjöa" einiges ausgebessert werden mußte. Bei Eskimos und Dänen kaufte der Expeditionsleiter zehn Polarhunde und vier Schlitten, ferner Kajaks, Skier, Felle, Pelze und zwanzig Fässer Petroleum.

Am 31. Juli 1903 lichtete sich der Anker der „Gjöa" wieder.

Inspektor Daugaard-Jensen ließ zu Ehren der abreisenden Gäste sein Amtsgebäude beflaggen und einen Böllerschuß abfeuern. Zur Verabschiedung erschienen außer dem Inspektor und seiner Frau viele Eskimos. Sie winkten dem Schiff und seiner Mannschaft noch lange nach. Der nächste Hafen, den Roald Amundsen anzulaufen gedachte, hieß Nome, eine Goldgräberstadt dicht am Rande der Beringstraße. Um dort eintreffen zu können, müßte er aber erst die gesamte Nordwestdurchfahrt absegeln. Und ob das gelingen würde, stand vorerst in den Sternen.

Die „Gjöa" wurde auf Nordkurs gehalten, etwa zwölf Meilen von der Küste entfernt. Jetzt ging es nach Kap York im Norden Grönlands, und zwar aus einem triftigen Grund. Zwischen diesem Kap und dem Lancastersund war die Baffinbucht keine vierhundert Kilometer breit, konnte demnach unter halbwegs günstigen Bedingungen rasch durchquert werden. Aber der Weg bis zum Kap! Die Strecke, die Amundsen und seine Begleiter jetzt befuhren, galt bei Wal- und Robbenfängern – die hier freilich auf reiche Beute hoffen durften – als eine der schlimmsten in der Arktis. Auf den letzten zweihundert Kilometern konnte nichts mehr vorausberechnet werden, weil alle paar Stunden eine neue Lage eintrat.

Einmal drohte ein Orkan das kleine Schiff in die Lüfte zu reißen. Ein andermal setzte sich eine Ansammlung von einigen hundert Eisbergen aller Größen in Bewegung. Da mußte die „Gjöa" schleunigst Reißaus nehmen. Kaum zur Ruhe gekommen, saß sie für mehrere Tage im Packeis fest. Als das überstanden war, folgte der nächste Schrecken. Jetzt fiel ein großer Schwarm von Krabbentauchern über das Schiff her. Die Aufregung war nicht zu beschreiben. Es dauerte längere Zeit, bis man diese kleinen fliegenden Ungeheuer vertrieben hatte.

Einen Tag darauf stand der einunddreißigjährige Roald Amundsen mit seiner Expedition vor einer Katastrophe. An Bord brach Feuer aus. Mehrere Hunde sprangen, um ihre Haut zu retten, über die Reling und kamen in den eisigen Fluten um. Die Löscharbeiten gestalteten sich schwierig. Ein Teil der Ausrüstung ging verloren. Die Flammen drohten die Benzinfässer zu erfassen. Gelang es nicht, dies zu verhindern, würde die „Gjöa" binnen weniger Sekunden in die Luft fliegen. Gottlob, es gelang. Bei den Löscharbeiten erlitt Amundsen eine Herzattacke, verlor das Bewußtsein und kam erst nach einer Stunde wieder zu sich. Offensichtlich stand es schlecht um ihn. Unterdessen ging draußen ein neues Unwetter los und zwang wiederum zu raschem Handeln.

Am Ende hatten die Männer das Glück der Tüchtigen auf ihrer Seite. Auch Amundsen gelangte wieder auf die Beine und konnte die Fahrt fortsetzen lassen.

Am 13. August 1903, morgens halb drei Uhr, stand Amundsen am Ruder, und da – er berichtete in seinen Memoiren darüber – geschah es:

„Plötzlich drang ein Lichtschein durch den Nebel. Und wie mit einem Zauberschlage öffnete sich vor mir eine weite Aussicht in strahlende Tageshelle hinein. Gerade vor uns – und anscheinend ganz nahe – lag die wild zerrissene Landschaft von Kap York, die bei ihrem plötzlichen Auftauchen wie ein verlockendes Märchenland erschien. Der Morgen war so glänzend und übernatürlich klar, daß wir meinten, wir müßten Kap York in ein paar Stunden erreichen können. Und es war doch achtzig Kilometer von uns entfernt. Als wir uns umwandten, lag der Nebel, aus dem wir gekommen waren, dicht wie eine Mauer hinter uns."

Aber Kap York entschwand wieder den Blicken der Männer. Der strahlenden Sonnenhelle des Morgens folgte von neuem dicker Nebel.

Das Ziel wurde schließlich erreicht.

Begreiflicherweise hatte Amundsen nicht den Wunsch, sich unnötig lange an diesem Kap aufzuhalten. Jedoch wartete hier Arbeit auf ihn. Zu Jahresbeginn, im Zuge seiner Vorbereitungen für diese Expedition, hatte er die Kapitäne zweier schottischer Walfangschiffe schriftlich darum gebeten, für ihn auf Kap York ein Depot mit Proviant und Benzin anzulegen. Die Kapitäne waren seiner Bitte nachgekommen. Amundsen hatte keine Mühe, das einige hundert Meter von der Küste entfernte Depot zu finden. Es enthielt hundertfünfzig mit Pemmikan, Fett, Schokolade, Zucker, Hartbrot, Trockenspiritus, Konserven und Speck gefüllte Kisten, außerdem sechs Fässer mit Benzin. Das Herüberschaffen zum Schiff zerrte an den Kräften der Männer, denn von der See her pfiff ungemütlich ein heftiger Wind, und bald schickte der Himmel auch Eisregen herunter.

Die Überfahrt zum Lancastersund vollzog sich dann aber rasch und ohne Umstände.

So waren wieder einmal Polarforscher in jene Wasserstraße gelangt, die schon viele andere zur Auffindung der Nordwestlichen Durchfahrt aufgesucht hatten. Zunächst befuhr Amundsen denselben Weg wie seine Vorgänger.

Als die „Gjöa" bei einigermaßen gutem Wetter die Beecheyinsel erreichte, gebot Amundsen Halt. Die Norweger befanden sich nun in einem Gebiet, das in der Geschichte der Polarforschung seinesgleichen sucht. John Ross, James Clarke Ross, Sir John Franklin, MacClintock und andere waren hier gewesen.

Amundsen blickte sich um und sagte nachdenklich:

„Ja, Traurigkeit und Schwere des Todes liegt über dieser Insel. Kein Leben, keine Vegetation, kein Wasser. Wie mag es in den Herzen derjenigen ausgesehen haben, die vor langer Zeit vor uns da waren?"

Und fühlbare Stille trat ein, auch in den Lüften. Eine gespenstische Stille.

Im Jahre 1858 hatte Kapitän MacClintock im Auftrag von Lady Franklin auf der Beecheyinsel zu Ehren der seinerzeit Verunglückten eine Gedenktafel aufgestellt. Seitdem war dieser einsame Ort von keinem Menschen mehr betreten worden.

„Wir wollen uns das einmal ansehen", schlug Amundsen vor.

Die Besatzung der „Gjöa" folgte ihm geschlossen. Auf dem Weg zu der Gedenktafel hatten die sieben Männer ein Erlebnis, das ihnen für Sekunden den Verstand rauben wollte. Sie trugen weder Gewehre noch andere Waffen bei sich. Wie leichtsinnig! Plötzlich stand nämlich ein Eisbär vor ihnen und musterte die Fremdlinge aus scharfen Augen, machte dann aber kehrt und raste wie besessen von dannen. Auf diesen Schrecken hin schärfte Amundsen allen ein, sich künftig nicht mehr unbewaffnet vom Schiff zu entfernen.

Premierleutnant Godfred Hansen lächelte schwach, und dabei entfuhr ihm eine wenig pietätvolle Bemerkung: „Es wurde einmal behauptet, daß Franklins Grab von einem hünenhaften Bären bewacht werde. Ob dieser unheimliche Geselle, der mir eben fast das Herz zum Stillstand gebracht hätte, der sagenhafte Grabwächter war?"

Niemand lachte darüber.

Amundsen fand die Gedenktafel unversehrt vor. Er blieb mit seinen Begleitern eine Weile schweigend davor stehen und trat dann den Rückweg an.

Sie hatten die „Gjöa" unbewacht gelassen, weil sie gar nicht auf den Gedanken gekommen waren, daß dem Schiff in dieser verlassenen Gegend etwas zustoßen könnte. Nun hörten sie schon von weitem lautes Hundegebell. Das riß sie aus ihrer besinnlichen Ruhe und beschleunigte ihre Schritte.

Besuch hatte sich eingestellt. Zwei Dutzend Eskimos umstanden das Schiff. Andere stolzierten über das Deck oder nahmen eine Inspektion der Räumlichkeiten und der Einrichtung vor. Eine Eskimodame schnupperte in Lindströms Kombüse herum, offenbar behagten ihr die dort bereitgestellten Speisen nicht, jedenfalls schüttelte sie verwundert den Kopf.

Amundsen zeigte sich nicht ungehalten. Er wußte, daß die Innuit weder Einbrecher noch Diebe waren, allerdings neugierig wie kleine Kinder.

Die Begrüßung verlief freundschaftlich und herzlich.

Die Eskimos hatten nicht die Absicht, lange zu bleiben, sie befanden sich auf der Durchreise zu besseren Jagd- und Fangplätzen. Verständlich, der Winter stand bevor, da mußten Vorräte angelegt werden.

Auch Amundsen wollte sich nicht lange auf dieser Insel aufhal-

ten. Während Godfred Hansen fotografierte und astronomische Messungen vornahm und auch die anderen sich auf vielfältige Weise nützlich betätigten, verfaßte Amundsen einen Bericht über den bisherigen Expeditionsverlauf, verschloß ihn in einer Zinnhülse und verwahrte ihn für künftige Besucher an einer auffälligen Stelle, nämlich an der Gedenktafel für Sir John Franklin, die er zu diesem Zweck noch einmal aufsuchte.

Anschließend hatte er einen kleinen Disput mit Peter Ristvedt, der sich von Fall zu Fall auch als Schmied betätigte. Nun hatte Ristvedt bei einem Landgang einen alten Amboß gefunden, der zweifellos einmal zu Franklins Ausrüstung gehört hatte, und wollte ihn unbedingt auf das Schiff schleppen. Amundsen hingegen, die beengten Platzverhältnisse bedenkend, verbot dies. Jedoch war Ristvedt von seinem Vorhaben schon so sehr entzückt, daß er keine Gegenargumente mehr gelten ließ. Wahrscheinlich wäre die Expedition ohne diesen Amboß zum Scheitern verurteilt. Amundsen gab schließlich nach, und Ristvedt kam auf diese Weise zu Franklins altem Amboß, den er allerdings nie benutzte. Jahre später verschwand er darum in den Tiefen des Pazifischen Ozeans, wo er noch immer ruht.

Nach dem Verlassen der Beecheyinsel gelangte die „Gjöa" in Gewässer, in denen Amundsens Vorgänger verzweifelte Kämpfe gegen Stürme und Eis hatten ausfechten müssen und am Ende, einer nach dem anderen, scheiterten. Diesmal stürmte es nicht, und das Eis verhielt sich friedlich, das Fahrwasser blieb frei. Dieser große Vorteil konnte jedoch nicht genutzt werden, weil über der ganzen Wasserstraße eine dichte Nebelmasse lag. Als schließlich die Nebelschwaden auch das Schiff einhüllten und die Männer sich auf Deck nicht mehr erkennen konnten, geschweige noch länger imstande waren, die „Gjöa" durch dieses milchige Chaos zu dirigieren, ließ Amundsen die Maschine stoppen.

Zwei Tage und Nächte schaukelte das Schiff auf den sanften Wellen. Nachdem der Nebel sich endlich verzogen hatte, gab es eine ernste Vorwarnung. Treibeis schwamm heran. Einem stärkeren Schiff hätte es kaum etwas anhaben können, aber für die „Gjöa" als Nußschale bedeutete das Eis eine Gefahr. Indes, Amundsen und seine Männer verstanden ihr Fach und manövrierten ihr Schiff bei nunmehr wieder erhöhtem Tempo sicher durch das dahintreibende Eis und erreichten endlich die Küste der Boothia-Halbinsel, also jene gefürchtete Gegend, in der einst die Expedition unter John Ross hoffnungslos eingefroren war und nach einem vierjährigen Zwangsaufenthalt obendrein ihr Schiff verloren hatte.

Seltsam, im frühen Herbst 1903 waren die Schreckensbilder aus jener weit zurückliegenden Zeit verblaßt. Am Himmel leuchtete die Sonne. Die Lüfte blieben friedlich und still. Auch das Treibeis hatte sich entfernt, und die Tagestemperaturen betrugen kaum mehr als zehn Grad unter Null. Allerdings durfte man sich von diesem lieblichen Bild nicht täuschen lassen. Schon in der nächsten Stunde konnte sich die zauberhafte Natur in ein höllisches Spektakel verwandeln. Amundsen wußte das, und ebendarum hatte er es eilig, von hier wegzukommen.

Der Norweger wollte die Nordwestdurchfahrt um jeden Preis bewältigen, sich also durch dieses Inselgewirr schlagen, die noch weit entfernte Beringstraße erreichen und von dort durch den Pazifischen Ozean um die halbe Welt segeln, um schließlich als strahlender Sieger in Norwegen Einzug zu halten. Andererseits war er kein Phantast, und darum rechnete er mit einer Überwinterung im Eis, mindestens mit einer. Um aber den Abstand zwischen dem Winterquartier und der Beringstraße so gering wie möglich zu halten, trieb er nun, die noch günstigen Wetterbedingungen nutzend, zur Eile an. Bald entschwanden die Küsten von Boothia den Blicken der sieben Männer, und eines Nachts konnte Amundsen in sein Tagebuch schreiben:

„Nun haben wir den kritischen Punkt erreicht, die ‚Gjöa‘ setzt ihren Steven in jungfräuliches Wasser. Jetzt meinen wir, unsere Aufgabe wirklich in Angriff nehmen zu können.“

Ja, Amundsen, zumal er auch anders vorzugehen gedachte als seine Vorgänger, war nunmehr in absolutes Neuland geraten. Würde er aber von diesem fremden, unbekannten Gebiet aus sein Ziel erreichen, nach dem so viele andere vor ihm vergeblich gestrebt hatten?

Nach tagelanger flotter Fahrt umschifften sie Kap Adelaide. Ein merkwürdiger, ein denkwürdiger Augenblick: Amundsen befand sich jetzt dort, wo James Clarke Ross seinerzeit – aus einer anderen Richtung kommend – den magnetischen Nordpol entdeckt hatte. Da schon wieder Nebel aufkam, konnte er das Kap jetzt nicht wahrnehmen. Seltsam nur, daß weder der Kompaß noch die anderen Meßgeräte die unmittelbare Nähe des Magnetpols anzeigten.

„Ich kann das im Augenblick nicht untersuchen“, meinte Amundsen, „aber später, wenn wir einen Überwinterungsplatz haben, werde ich zu Fuß hierher kommen. Erst einmal wollen wir weiterfahren.“

Tage später zeigten sich ernsthafte Probleme. Die „Gjöa“ geriet ins Eis. Weil sie vollkommen überladen war, fehlte es ihr an der erforderlichen Beweglichkeit, um aus diesem Gebiet wieder herauszukommen. Das mußte sie aber unter allen Umständen, denn den zu erwartenden Eispressungen würde sie nur wenige Stunden gewachsen sein.

„Alles Überflüssige von Bord!" rief Amundsen.

Was war überflüssig? Ausrüstung und technisches Gerät hatte man vorher schon so berechnet, daß davon nichts geopfert werden durfte. Jedoch lagerten in der „Gjöa" Lebensmittel gleich für fünf Jahre, also zahlreiche Kisten von je einhundertneunzig Kilogramm Gewicht. Nunmehr ließ Amundsen insgesamt Proviant für mehr als ein volles Jahr ins Wasser und auf das Eis werfen. Solche Opfer brachten Polarfahrer immer nur mit blutendem Herzen. In diesem Falle zahlte sich das aber aus. Die „Gjöa" wurde erheblich leichter und ließ sich jetzt ohne nennenswerte Mühe aus dem Eis steuern. Bald hatten sie vor ihrem Bug nur noch freies, schäumendes Wasser.

Roald Amundsen wollte kaum glauben, was er nun zu sehen bekam. Wovon über dreihundert Jahre lang so viele Polarforscher geträumt hatten, das schien im Herbst 1903 Wirklichkeit werden zu wollen.

„Mein Gott", rief Amundsen aus, „ich brauche jetzt nur mit raschem Tempo weiterzufahren und wäre binnen kurzem in der Beringstraße, hätte ohne Überwinterung die Nordwestliche Durchfahrt bezwungen!"

Ja, die Verlockung, mit Bravour das Ziel anzugehen und das Werk zu vollenden, war groß. Aber Amundsen zögerte plötzlich. Anstatt mit kräftiger Stimme die nunmehr notwendigen Kommandos zu erteilen, um seinen Weltruhm einzuläuten, dachte er intensiv nach, rief schließlich seine Kameraden zusammen und sagte ihnen:

„Westwärts liegt die Simpsonstraße und ist vollkommen eisfrei. Die Nordwestpassage ist also offen für uns. Da wir uns aber auch zum Ziel gesetzt haben, über den magnetischen Nordpol Bescheid zu erhalten, lassen wir die Durchfahrt als die weniger wichtige Sache vorläufig dahingestellt. Wir wollen uns ihrer erst im kommenden Jahr annehmen."

Ein paar Augenblicke lang herrschte Verwirrung. Warum war die Nordwestdurchfahrt mit einemmal nicht mehr so wichtig?

„Wir haben sie gefunden", fuhr Amundsen fort, „und ihr Rätsel gelöst, sogar entschieden besser, als es seinerzeit MacClure gelungen ist. Jetzt können wir uns Zeit lassen."

Das sahen die Männer dann auch ein. Und unter Heimweh litt an Bord der „Gjöa" auch niemand, man wollte gern noch etwas erleben.

Das Schiff setzte die Fahrt bis zur Südküste der King-William-Insel fort. Dort fand sich eine kleine Bucht, die als Winterhafen und vorläufiges Hauptquartier geeignet schien. Amundsen ließ hineinfahren und gab der Bucht den Namen *Gjöahafen* (Gjoa Haven). Diese Stelle erwies sich in vielerlei Hinsicht als ideal. Eine von Anton Lund vorgenommene Lotung ergab eine günstige Wassertiefe. Die Einfahrt war so beschaffen, daß die Eisberge nicht eindringen konnten. Das Land um den Hafen war niedrig und mit Moos bewachsen.

„Wo Moos wächst, gibt es Rentiere", sagte Lund.

Nachdem sie das Schiff festgemacht hatten, begaben sich Premierleutnant Hansen, Ristvedt und Lund auf die Jagd. Gleich nach ihrer Rückkehr geriet Koch Lindström ins Schwitzen. Die Jäger brachten eine Rentierkuh und zwei Kälber mit. An den folgenden Tagen schossen sie außer zwei weiteren Rentieren auch ein halbes Dutzend Wildgänse. Den Männern lief das Wasser im Munde zusammen.

Bis Mitte Oktober des Jahres 1903 hatten Roald Amundsen und seine Begleiter vom frühen Morgen bis zum späten Abend damit zu tun, sich auf den Winter und die Polarnacht vorzubereiten. Der gesamte Proviant wurde an Land gebracht. In einiger Entfernung vom Schiff ließ Amundsen mehrere Holzhütten aufstellen, die man als wissenschaftliche Stationen einrichtete. Amundsen wollte gerade hier umfangreiche erdmagnetische Messungen vornehmen, und er begründete das so:

„Die magnetische Kraft der Erde tritt in Beziehung auf Richtung und Stärke an jedem Punkt der Erdoberfläche verschieden auf, aber auch an ein und derselben Stelle ist sie nicht immer gleich. Sie ist regelmäßigen täglichen und jährlichen Veränderungen unterworfen, wie auch oft plötzlich mehr oder weniger heftige Störungen eintreten. Endlich zeigen sich von Jahr zu Jahr kleine Verschiebungen, die sich in langen Reihen von Jahren in derselben Weise fortsetzen. Der magnetische Nordpol und der magnetische Südpol sind Merkpunkte auf der Erdoberfläche, und es ist einleuchtend, daß magnetische Untersuchungen gerade an diesen Punkten oder in deren unmittelbarer Nähe von größtem Interesse für die Wissenschaft des Erdmagnetismus sind. Die Ergebnisse unserer Expedition sollen ein Beitrag dazu sein."

Für diese Arbeiten standen vierzehn Spezialgeräte zur Verfügung. Amundsen hatte sie für teures Geld in Berlin anfertigen lassen.

Die Hunde erhielten in einem nahen Hohlweg ein sturmsicheres Winterquartier. Es gefiel ihnen aber nicht, daß man sie umsetzte, und sie gaben mit lautem Gekläff ihrer Entrüstung Ausdruck. Es gab keine andere Möglichkeit, denn die „Gjöa" mußte gründlich überholt und gesäubert werden.

Der nahende Winter meldete sich mit Stürmen, Schneetreiben und Eisregen. Die Sonnenwärme ließ spürbar nach. Aber die sieben Männer aus Norwegen brauchten sich vor dem Winter nicht zu fürchten, nach Lage der Dinge konnten sie ihn gut überstehen. Wenn das Wetter es erlaubte, ließ Amundsen weitere Jagdausflüge unternehmen. Das Glück blieb den Jägern weiterhin treu. Einmal schossen sie gleich zehn Rentiere.

Diese erstaunlichen Erfolge der Kameraden weckten in Lindström eine Neigung zur Jagd, die ihm bisher vollkommen fremd gewesen war. Er äußerte den lebhaften Wunsch, sich auch einmal auf die Pirsch zu begeben. An Bord schloß man Wetten ab, daß er mit leeren Händen heimkehren würde, was seinen Eifer natürlich nur anstacheln konnte. So machte er sich also auf den Weg. Ganz in der Nähe zog tatsächlich eine Rentierherde vorüber. Als echter Nimrod und gewiß nicht ungeschickter als geübte Jäger robbte er sich heran, brachte sein Gewehr in Anschlag, zielte vortrefflich und drückte ab. Und genau in diesem Moment widerfuhr ihm jenes schreckliche Malheur, das ein Weidmann am meisten zu fürchten hat: Ladehemmung! Die Herde zog unbehelligt weiter, und Koch Lindström kam fluchend zum Schiff zurück, wo er gehörigen Spott über sich ergehen lassen mußte. Seine so jäh entflammte Jagdleidenschaft schlummerte wieder ein, und dies für alle Zeiten.

Es wurde nun von Tag zu Tag immer kälter. In den Nächten heulte der Sturm.

Eines Morgens kam Besuch, ein ganzer Eskimostamm. Die Begrüßung verlief sehr herzlich.

„Manik – tu – mi! Manik – tu – mi!" riefen die unverhofften Besucher den Norwegern zu. Das war ihr zärtlichstes Freundschaftswort. Sie äußerten Freude und Entzücken, die nächsten Monate mit den Fremden verbringen zu dürfen. Sie gedachten nämlich, sich am Gjöahafen niederzulassen.

Amundsen erwiderte, ebenfalls entzückt zu sein, doch er war es nicht, er befürchtete nämlich, die Anwesenheit so vieler Menschen könnte die Ruhe stören und den Ablauf der wissenschaftlichen Arbeiten beeinträchtigen. Vertreiben konnte er die Ureinwohner aus ihrem angestammten Heimatlande natürlich nicht, hatte dies auch nicht im Sinn.

Die Eskimos bauten sich ihre Iglus, und sogleich entwickelte sich zu beiderseitigem Nutzen und Vorteil ein reger geschäftlicher und persönlicher Verkehr. Amundsen besaß eine Menge Dinge, die die Eskimos gebrauchen konnten – Bauholz, Nägel, Werkzeuge, Segeltuch, auch Kochtöpfe, Nadeln und Feilen. Er tauschte sie vor allem gegen Arbeitsleistungen. So fertigten die Eskimofrauen aus den Fellen der erlegten Rentiere für die Fremden zweckmäßige Bekleidung. Das Zusammenleben gestaltete sich harmonisch. Wer mit den Innuit Streit bekam, war selbst schuld daran, so lautete eine alte Erfahrung.

Ärger gab es allerdings mit Talurnakto, einem ledigen Eskimo. Er wurde etliche Male beim Diebstahl ertappt, besonders auf die Schnapsflaschen hatte er es abgesehen. Sein Treiben wiederholte sich, so daß Amundsen ihm eines Tages das Betreten des Lagers und des Schiffes verbieten mußte. Für die anderen galt das natürlich nicht, die durften kommen und gehen, wann immer sie wollten. Einmal, es war außerhalb des Lagers, fing Talurnakto Amundsen ab. Er bereute, bat um Vergebung und gelobte für die Zukunft Besserung. Fortan entwickelte er sich wirklich zu einem verläßlichen Mitarbeiter der Expedition. Amundsen belohnte ihn reichlich, gab ihm Seehundsfelle, einen Kajak, eine Flinte nebst Patronen, Nägel, Werkzeug sowie einen größeren Spiegel. Solcherart wohlhabend geworden, fand Talurnakto bald eine Frau, mit der er glückstrahlend einen neuen Iglu bezog.

Der Winter verlief friedlich, sosehr die Naturgewalten auch toben. Die lange Nacht konnte den Norwegern nichts anhaben, sie hatten ihre Arbeit und ihre Mußestunden.

Roald Amundsen hielt sich viel in den Schneehütten der Eskimos auf. Er erfuhr, daß es sich bei ihnen um Angehörige eines Stammes der *Ogluli* handelte. Sie kannten nicht vier, sondern nur drei Jahreszeiten, wie Amundsen in seinem Buch „Die Nordwestpassage" schrieb:

Opingan, Frühling (Juni und Juli) – wenn der Schnee auf dem Eis verschwindet und dieses aufgeht.

Avra, Sommer – wenn kein Eis da ist, also August und September.

Okeo, Winter – die übrigen Monate.

Dafür hatten die Ogluli das Jahr in dreizehn Monate aufgeteilt:

Kapidra, Januar, bedeutet: Es ist kalt, der Eskimo friert.

Hikkernaun, Februar: Die Sonne kehrt zurück.

Ikiaparni, März: Die Sonne steigt.

Adonivi, April: Der Seehund wirft.

Netschialervi, Mai: Die Seehundjungen gehen ins Wasser.

Kavaruvi, Juni: Die Seehundjungen wechseln die Haare.

Noeruvi, erste Junihälfte: Das Rentier wirft.

Itchjavi 1, zweite Julihälfte: Die Vögel brüten.

Itchjavi 2, August: Die Jungen sind ausgebrütet.

Amerairui 1, September: Das Ren zieht südwärts.
Amerairui 2, Oktober: Das Ren zieht weiter nach Süden.
Akaiiarvari, November: Die Eskimos legen Depots an.
Hikkernillun, Dezember: Die Sonne verschwindet.

Mitte Februar 1904 war die Polarnacht zu Ende. Nun bereitete Amundsen mit großer Energie seinen Marsch zum magnetischen Nordpol vor, der sich etwa zweihundert Kilometer vom Gjöahafen entfernt befinden mußte. Es würde ein beschwerlicher Marsch werden, denn die Expedition hatte während der Polarnacht mehrere Hunde eingebüßt. Die verbliebenen sieben Hunde sollten nun vor einen Schlitten gespannt werden, dessen Last dreihundert Kilogramm betrug. Den anderen Schlitten mit über zweihundert Kilogramm Gepäck mußten Amundsen und seine Begleiter selbst ziehen. Zu Amundsens Kommando gehörten Premierleutnant Godfred Hansen, Peter Ristvedt und Helmer Hansen sowie drei Eskimos namens Teraiu, Kaa-Akkla und Ivajarra.

Am 1. März 1904 trat Roald Amundsen die Schlittenreise an. Das Thermometer zeigte dreiundfünfzig Grad unter Null an. Die drei Eskimos meinten aber, das habe nichts weiter zu bedeuten, da es in dieser Jahreszeit von Tag zu Tag wärmer werde.

„Wenn das bloß kein Irrtum ist", murrte Premierleutnant Hansen, der für den Schlitten mit den Hunden verantwortlich war.

Die Hunde konnten sich noch nicht daran gewöhnen, ihr Futter von nun an durch Arbeit verdienen zu müssen. Bisher hatten sie ein bequemes Leben geführt. Sie zogen schlecht.

Früh um acht war man aufgebrochen. Bis fünfzehn Uhr hatten sie noch keine zehn Kilometer zurückgelegt. Die Kälte nahm nicht ab, sondern zu.

„Siebenundfünfzig minus", stellte Peter Ristvedt beim Ablesen des Thermometers fest.

Amundsen überlegte bereits, ob man nicht lieber umkehren sollte. An diesem Tage war das allerdings nicht mehr möglich. So wollten sie sich sofort ein Lager aufschlagen für die Nacht. Zelte hatte man mitgenommen, doch man würde in ihnen entsetzlich frieren. Darum wies Amundsen die Eskimos an, einen Iglu zu bauen.

„Eines Tages müssen wir vielleicht ohne ihre Hilfe auskommen", meinte Amundsen. „Deshalb sollten wir genau zusehen, wie sie das machen."

Während die Eskimos mit ihren langen Messern Schneeblöcke zurechtschnitten, notierte sich Amundsen, auf welche Weise die Innuit ihre Schneehütten bauen.

„Zuerst wird ein Kreis als Bauplatz abgesteckt und entlang dieser Linie eine zwölf Zentimeter tiefe Rinne getreten, die dann die

Schneeblöcke der Grundmauer zu stützen hat. So ein Iglu wird spiralenförmig, ungefähr wie ein Bienenkorb und immer der Sonne entgegen gebaut, von rechts nach links. Die Blöcke müssen eine Länge von sechzig und eine Höhe von fünfundvierzig Zentimetern haben und zwölf Zentimeter dick sein. Die größte Schwierigkeit besteht darin, die Hütte nach oben zu verjüngen und das Dach aufzusetzen."

Das Werk war getan, und die Männer krochen der Reihe nach in den Iglu hinein. Zum Aufwärmen gab es heißen Tee. Nachher bereitete Amundsen höchstselbst das Essen, Kalbsgulasch vom Ren. Die Eskimos lehnten die Einladung zum Zulangen höflich ab. Sie hatten sich ihre eigenen Leckerbissen mitgebracht, ebenfalls vom Ren, aber rohe Keulen.

Amundsens Hoffnung, den Marsch am anderen Morgen fortsetzen zu können, machte die Kälte zunichte. Einundsechzig Grad unter Null! Bei solchen Temperaturen verläßt kein Eskimo seinen Bau, erst recht kein Norweger. Tagelang blieben die Männer in der Hütte aus Schnee. Die Hunde lagen unterdessen draußen zusammengerollt, die Schnauze unter dem Schwanz.

Der Frost ließ nicht nach. Amundsen durfte es nicht riskieren, seine Begleiter und sich dem sicheren Tod auszuliefern.

„Wir würden unterwegs zum Magnetpol umkommen", sagte er.

Sie warteten noch einen Tag. Am anderen Morgen brachen sie in aller Frühe auf. Für die Bewältigung der kaum zehn Kilometer langen Strecke bis zum Gjöahafen benötigten sie volle zwölf Stunden.

Der zweite Versuch begann Mitte März. Jetzt waren die Verhältnisse günstiger. Bereits nach zwölf Tagen erreichte man Kap Adelaide. Wie schon erwähnt, konnte Amundsen den Magnetpol dort, wo ihn James Clarke Ross entdeckt hatte, nicht finden. Er holte ihn aber ein und bestimmte seine Lage neu.

Als Roald Amundsen nach einem Gewaltmarsch, in dessen Verlauf er über zwanzig Inseln und Vorgebirge entdeckte, nun endlich zurückkehrte, fand er das Winterlager und die Eskimosiedlung in hellster Aufregung.

Eine Bluttat war geschehen.

Gustav Juel Wiik hatte alles genau verfolgt, ohne sie verhindern zu können. Es sei sehr schnell gegangen, berichtete er. Der Eskimo Umiktuallu besaß einen alten Vorderlader. Er bewahrte ihn meist geladen in seinem Zelt oder im Iglu auf. Während er und seine Frau zu Besuch in der Nachbarschaft weilten, nahmen sein siebenjähriger Junge und der um etwas ältere Pflegesohn das Gewehr zur Hand und spielten damit. Plötzlich löste sich ein Schuß. Der Siebenjährige wurde tödlich getroffen. Wie Umiktuallu seinen kleinen Jungen, an dem er mit großer Liebe hing, im Blute liegen sah, geriet er außer sich. Er packte den Pflegesohn, der mit dem noch rauchenden Gewehr verstört dasaß, beim Genick, zerrte ihn vor das Zelt und stieß ihm dreimal das Messer ins Herz. Dann schleuderte er die Leiche mit einem Fußtritt weg.

„Wo ist er jetzt?" fragte Amundsen.

„Das weiß niemand", erwiderte Wiik. „Er nahm die Leichen der beiden Jungen und ist mit ihnen spurlos verschwunden. Es wird angenommen, daß er sie irgendwo bestattet und sich anschließend von einem Felsen gestürzt hat."

Dieses Erlebnis lastete schwer auf der Stimmung der Norweger. Sie hatten das Bedürfnis, die King-William-Insel zu verlassen und sich langsam auf die Heimreise zu begeben.

„Bis Juli müssen wir uns noch gedulden", sagte Amundsen, „vorher geht das Eis nicht auf."

Er ließ wieder zwei Schlitten bepacken, denn er wollte die Zeit für eine weitere Erkundungsfahrt nutzen. Diesmal ging es nordwärts. Wieder wurde eine Vielzahl von Inseln und Wasserstraßen entdeckt. Zum Glück hatte sich Amundsen frühzeitig in der Kunst des Kartenzeichnens geübt, so gelang es ihm, die neuen Gebiete gewissenhaft aufzunehmen. Ihre gründliche Erforschung mußte aber späteren Expeditionen vorbehalten bleiben.

Was die Heimreise betraf, so mußten sich die Norweger in Geduld üben. Der Gjöahafen taute auf. Er war ein großer See. Die Männer warfen Netze aus und machten gute Fänge. Das Land ringsum sah frühlingshaft bis sommerlich aus, schmückte sich mit Moos und Gras. Darüber strich sanft der Wind. Vögel und Wildgänse kehrten zurück, auch Robben und Rentiere. Die Eskimos gingen fleißig auf die Jagd.

Amundsen und seine Kameraden taten das seltener. Sie hatten kein Interesse an größerer Vorratshaltung, sie wollten ja nach Hause, ein Teil der Ausrüstung war bereits eingepackt.

Im Westen, wohin man sich wenden mußte, um in die Beringstraße zu gelangen, türmte sich allerdings noch immer das Packeis und ließ keine Hoffnung zu, daß der Weg sich öffnete.

„Im letzten Jahr wären wir hier mühelos durchgekommen", sagte Amundsen, „aber diesmal geht gar nichts. Richten wir uns deshalb vorsorglich auf eine zweite Überwinterung ein."

Er nahm das nicht so tragisch, er hatte ja das Abenteuer gesucht und gefunden. Nun gab er Befehl, einen größeren Fleisch- und Fischvorrat anzulegen, obwohl an Bord der „Gjöa" noch ausreichend Lebensmittel lagerten.

Es wurde eine erfolgreiche, aber keine fröhliche Jagd. Die Männer fühlten sich ein wenig enttäuscht, weil sich die Heimfahrt offensichtlich um ein volles Jahr verzögerte.

Der Sommer dauerte nur sehr kurze Zeit. Schon Mitte September 1904 fror rund um den Gjöahafen wieder alles zu, das ganze Land war mit Neuschnee und frischem Eis bedeckt. Schlimmer als im Vorjahr rasten die Stürme.

Mit Winterbeginn erschienen weitere Gäste. Sie gedachten länger zu bleiben und ließen sich aus diesem Grunde in der Nähe nieder. Es handelte sich um Angehörige des *Netschjillies*-Eskimostammes. Ihr Erscheinen erklärte sich aus einem Gerücht, das zu ihnen gedrungen war: Aus einem fremden Land sei ein reicher Mann gekommen, ein großer Zauberer, und er habe die herrlichsten Schätze bei sich. Mit dem großen Zauberer meinten sie Roald Amundsen. Nach Gold, Silber und Edelsteinen stand den Innuit nicht der Sinn, sie wußten nichts damit anzufangen. Amundsen erfüllte ihre Erwartungen dennoch in einem hohen Maße, besaß er doch jene praktischen Gegenstände, die das harte Leben der Eskimos leichter machen konnten.

Nun waren die Eskimos in kommerziellen Angelegenheiten vollkommen unverdorben. Was sie selbst nicht brauchten, schenkten sie oft weg oder tauschten es gegen etwas anderes ein, ohne den tatsächlichen Wert der Ware zu bedenken.

Unter den Neuankömmlingen befand sich jedoch ein Eskimo, der sich bald als durchtriebener Geschäftemacher entpuppen sollte und das Einmaleins der kapitalistischen Ausbeutung zu beherrschen schien. Er hieß Ugpi, aus nicht bekannt gewordenen Gründen auch Großer Uhu. Er hatte herausgefunden, daß die weißen Männer auf gutgeschneiderte Ober- und Untertrikotagen aus Seehunds- und Rentierfellen aus waren. So eilte er nun von Iglu zu Iglu, um seinen Landsleuten diese Sachen gegen Speck oder Tand aus Rentierknochen, den er sich von anderen Eskimos herstellen ließ, abzuhandeln. Nicht selten bestand seine Gegenleistung aus einem einfachen Dankeschön. Selbstredend achtete er darauf, daß man ihm nur erstklassige Qualität lieferte. In Erwartung eines angemessenen Aufschlages erschien Ugpi sodann beim großen Zauberer. An Bord der „Gjöa" war man natürlich entzückt und zahlte anständig – mit Flinten, Patronen, Schießpulver, Fangnetzen, Brettern, Beilen und Nägeln.

Das ging etliche Wochen so. Schließlich kam Amundsen dahinter, daß der clevere Große Uhu seine Landsleute betrog, um nicht zu sagen ausbeutete. Um soziale Gerechtigkeit bemüht, nahmen die Norweger deshalb an seinen Handelsgeschäften nicht mehr teil. Felle und Pelze erstanden sie nun bei den Herstellern selbst. Als

Näherin engagierte Amundsen die Eskimoschönheit Navja, Gemahlin des Angudju. Sie kam täglich aufs Schiff, schneiderte und half auch im Haushalt mit, machte ihre Arbeit ordentlich. Nur in Lindströms Küche war sie nicht zu gebrauchen. Vom Kochen hatte sie keine Ahnung. Kein Wunder, in ihrem Iglu kam ja alles im Rohzustand auf den Tisch und in den Magen.

In der Zwischenzeit, ehe die großen Fröste kamen, ging Amundsen noch zweimal auf Reisen, entdeckte dabei bisher unbekannte weitere Inseln und Gebiete.

Viele Monate vergingen. Noch immer wurden die Norweger an der Südküste der King-William-Insel festgehalten. Erst am 26. Juli 1905 zeigte sich der Gjöahafen wieder eisfrei. Dagegen blieb die Landschaft ringsum nach wie vor erstarrt. Vor allem in der Simpsonstraße, durch die man zuerst fahren mußte, bewegte sich nichts. Zwei Wochen schlichen dahin. Amundsen und seine Kameraden erfaßte langsam Unruhe. Sie sprachen sich aber auch Mut zu und meinten, es bestehe kein Grund, sich Sorgen zu machen.

Es kam der 9. August 1905.

Mit einemmal geriet auf der King-William-Insel alles in Bewegung. Zuerst verströmte die Sonne in vollen Zügen Wärme und Licht. Nur wenig später rissen heftige Stürme das Eis auseinander. Am 12. August war der Weg in der Simpsonstraße erstmals wieder frei passierbar.

Roald Amundsen durfte den nordkanadischen Archipel guten Gewissens verlassen, er hatte hier ganze Arbeit geleistet: Das Geheimnis der Nordwestdurchfahrt war entschleiert, die Lage des nördlichen Magnetpoles neu bestimmt und über hundert Inseln, ein Dutzend Wasserstraßen und zahlreiche Vorgebirge ausfindig gemacht. Er wußte schon bald keinen Namen mehr, um seine vielen Entdeckungen zu benennen.

Innerhalb weniger Stunden waren die Norweger reisefertig. Unterdessen versammelten sich die Eskimos und schauten dem Treiben der Fremden mit traurigen Gesichtern und auch ungläubig zu. Es tat ihnen weh, daß die freundlichen Fremden sie zu verlassen gedachten. Fast zwei Jahre hatte man in Frieden und Freundschaft miteinander gelebt. Die Verabschiedung verlief herzlich.

Bald darauf nahm die „Gjöa" Kurs auf die Beringstraße, um die Nordwestdurchfahrt zu vollenden.

Roald Amundsen segelte dem Weltruhm entgegen. Ein berauschter Triumphator war er deswegen nicht. In dem Maße, wie er nun an die Heimkehr und an Norwegen dachte, vergrößerten sich seine Sorgen. Sie raubten ihm in den Nächten den Schlaf. Geld mußte er auftreiben, viel Geld. Die Gläubiger würden seinem Ruhm und seinen Leistungen Respekt zollen, zugleich aber auf Begleichung der horrenden Schulden drängen. Amundsen zog sich in die Messe zurück, spannte einen Bogen in die aus heutiger Sicht vorsintflutlich anmutende Schreibmaschine und begann zu arbeiten.

„Mein Buch über unsere Erlebnisse", erläuterte er den Kameraden, „muß spätestens am Tage unserer Ankunft abgeschlossen sein, damit es ohne Verzögerung in die Druckerei gehen kann."

Viele Seiten schrieb er am Tage und in der Nacht. Nicht nur an seinem Buch arbeitete er, sondern er schrieb auch zahlreiche Zeitungsartikel. Von San Francisco aus, wo Zwischenstation gemacht werden sollte, gedachte er sie an Zeitungen, Illustrierte und Agenturen in aller Welt zu verschicken. Für die Illustrationen sorgte Premierleutnant Hansen, der unter Deck ein Fotolabor einrichtete und seine Filme entwickelte. Er hatte unterwegs, das sah man jetzt, eindrucksvolle Aufnahmen machen können.

Während Amundsen schrieb, stürzte Gustav Juel Wiik in die Messe und rief aus:

„Schiff in Sicht!"

Ein Schiff in Sicht? Es konnte nur aus der Beringstraße kommen. Das bedeutete, man hatte endgültig die Eiswüsten hinter sich gelassen und befand sich wieder in Gewässern, in denen eine ungehinderte Schiffahrt möglich war. Amundsen begab sich augenblicklich an Deck. Er sah ein amerikanisches Schiff beidrehen, einen Walfänger.

Minuten später kam dessen Kapitän an Bord, ein korpulenter Herr von sechzig Jahren, James McKenna. Sein Schiff hieß „Charles Hensson". Er fragte sogleich:

„Sind Sie Kapitän Roald Amundsen?"

„Ja, der bin ich."

„Haben Sie die Nordwestpassage gefunden?"

„Ja, das habe ich."

McKenna strahlte übers ganze Gesicht. „Ich bin glücklich, der erste zu sein, der Sie nach dieser großartigen Leistung in der Zivilisation willkommen heißen darf."

Amundsen stattete dem Walfangschiff einen Gegenbesuch ab. Bei Kaffee und einem kräftigen Schnaps, genannt „Seemannstod", berichtete er über seine Erlebnisse.

Die Amerikaner hatten Zeitungen bei sich. Zwei Meldungen erregten Amundsens Interesse, wobei er über die eine lediglich schmunzeln konnte. Ihre Überschrift lautete:

„Amundsen und seine Begleiter wahrscheinlich umgekommen – Schon wieder hat der weiße Tod zugeschlagen!"

Die andere bestürzte ihn:

„Krieg zwischen Norwegen und Schweden!"

Das inzwischen unabhängig gewordene Norwegen hatte lange Zeit zu Schweden gehört. Nun wollte es der Schwedenkönig zurückerobern und ließ 1905 seine Truppen marschieren. Glücklicherweise dauerte dieses Abenteuer nur wenige Tage. Trotzdem gab es auf beiden Seiten Opfer.

Am Abend – die „Charles Hensson" hatte ihre Fahrt zu den ausgedehnten Tummelplätzen der Wale wieder aufgenommen – schrieb Amundsen in sein Tagebuch:

„Die Nordwestpassage war vollendet! Der Traum meiner Knabenjahre – in diesem Augenblick, da uns der amerikanische Walfänger begegnete – war er verwirklicht. Eine sonderbare Empfindung schnürte mir den Hals zu. Etwas überanstrengt und abgearbeitet war ich – wohl war es eine Schwäche von mir –, aber ich fühlte, wie mir die Tränen in die Augen stiegen."

Amundsens Frohlocken setzte entschieden zu früh ein. Keine vierundzwanzig Stunden später befand sich die „Gjöa" gerade nahe der Herschel-Insel an der kanadischen Nordküste, als ein mächtiger Orkan losbrach. In höchster Not rettete Amundsen sein bedrohtes Schiff in eine schmale Bucht bei King Point. Als der Orkan abgeflaut war, konnte an eine Weiterfahrt nicht mehr gedacht werden: Überall, viele Kilometer weit, stauten sich Eismassen. Nirgendwo fand sich ein Loch zum Durchschlüpfen. Der neue arktische Winter hielt unbarmherzig seinen Einzug, lange vor dem sonst üblichen Termin in dieser Gegend, wo er gewöhnlich nicht mehr besonders streng verlief.

„Das kostet mich mindestens zehn Monate", beklagte sich Kapitän Amundsen bitter.

Flüche und Verwünschungen halfen nichts. Auch eine dritte Überwinterung mußte nun ertragen werden. Die Männer richteten sich darauf ein, taten das Notwendige, sie kannten sich inzwischen aus. Ristvedt, Helmer Hansen und Lund gingen auf die Jagd, schossen Rentiere, zwei Bären und viele Wildgänse. Lindström schlug Eis zum Angeln auf und kehrte mit reichem Fang an Bord zurück. Die transportablen Holzhütten stellte man wieder auf, wissenschaftliche Arbeiten sollten ebenfalls von neuem beginnen.

Amundsen, wann immer Zeit und Umstände es erlaubten, schrieb an seinem Buch weiter, verfaßte Zeitschriftenartikel und arbeitete Vorträge aus. Oft war er jedoch nicht bei der Sache. Unruhe quälte ihn.

„Anstatt hier tatenlos herumzusitzen, sollte ich lieber versuchen, der Welt draußen eine Nachricht von uns zu übermitteln."

Aber wie? Ein Funkgerät besaß man nicht. Das nächste Telegraphenamt befand sich tief in Kanada, in Fort Yukon, sechshundert Kilometer von King Point entfernt. Amundsen wartete ein paar Tage, um dann entschlossen zu handeln. Er bepackte einen Schlitten, spannte vier Hunde davor und machte sich auf den langen Weg. Es wurde eine beschwerliche Reise. Die Leute in Fort Yukon staunten nicht schlecht, einen jener Männer vor sich zu sehen, die man schon seit längerem für tot hielt. Amundsen, das verstand sich von selbst, wurde mit Begeisterung aufgenommen und zunächst königlich bewirtet.

Er gab drei Telegramme auf. Das erste an Haakon VII., seinen König, das nächste an die „Times" in London und das dritte an Dr. Fridtjof Nansen. Die Texte waren gleichlautend und enthielten lediglich drei Worte:

„Nordwestdurchfahrt bezwungen. Amundsen."

Dann fuhr er im Eiltempo zurück.

Bei seiner Ankunft in King Point erlebte Amundsen eine erschütternde Überraschung: Einer seiner Kameraden lag im Sterben – der Zweite Maschinist Gustav Juel Wiik. Lungenentzündung. Rettung war nicht mehr möglich.

Das schockierte Amundsen und die anderen. Sie konnten den Tod ihres Gefährten nicht fassen. Sie bereiteten ihm ein würdiges Begräbnis. Der Kapitän verbarg seine tiefe Betroffenheit nicht, als er dem Toten die letzten Worte sprach:

„Gustav Juel, du bist uns allen ein guter Freund gewesen. Mit deinem fröhlichen Sinn und deinem frischen Humor hast du viel zu unserem guten Einvernehmen beigetragen. Wohl ist der Tod ein unheimlicher Gast, aber auf uns, in unserer Lage, in unserer Einsamkeit wirkt er noch niederdrückender als sonst. Lebe wohl, lieber Freund. Lebe wohl!"

Lange sprachen die Norweger kaum ein Wort miteinander.

Amundsen, ohnedies recht schweigsam, wurde noch verschlossener. Ihn, der bislang vor keiner Schwierigkeit und vor keinem Sturm zurückgeschreckt war, erfaßte eine schwere gesundheitliche und seelische Krise. Depressionen suchten ihn gelegentlich heim. Herzattacken warfen ihn zu Boden. Es kostete seine Gefährten große Mühe, ihn wieder aufzurichten.

Erst Anfang Juli 1906 hatte die „Gjöa" genügend Wasser unterm Kiel. Ende August lief sie in die Beringstraße ein und ging wenig später in Nome vor Anker. In der alten Goldgräberstadt verbreitete sich die Nachricht vom Eintreffen Amundsens wie ein Lauffeuer. Alles strömte zum Hafen. Die Menschen standen dicht gedrängt, erwarteten einen strahlenden Sieger, der vielleicht ausrufen würde, was einst Gajus Julius Caesar seinem Freund Amintius mitteilte:

„Veni, vidi, vici. – Ich kam, ich sah, ich siegte!"
Nichts dergleichen geschah. Von Bord ging ein Mann, vor der Zeit grau und müde geworden – Kapitän Roald Amundsen, noch keine fünfunddreißig Jahre alt.

Nun wurde er umringt, beglückwünscht, nach seinen Eindrücken und Empfindungen befragt.

Er antwortete leise:

„Ich empfinde Bewunderung und Dankbarkeit für eine kleine, tapfere Schar von Männern, die mir unter Einsatz ihres Lebens beigestanden hat, mein Unternehmen glücklich zu vollenden. Und außerdem" – doch jetzt schien es, als spräche der Kapitän nur zu sich selbst – „denke ich an ein einsames Grab, das draußen über der unendlichen Eiswüste aufragt."

Mehr als dies war von ihm nicht zu erfahren.

Amundsen führte in den folgenden Jahren noch mehrere Expeditionen durch. Sie brachten ihm den Ruhm ein, der wohl bedeutendste Polarforscher der Geschichte gewesen zu sein. Dr. Nansen drückte das im Jahre 1929 so aus:

„Amundsen erreichte im Verlauf von etwa dreißig Jahren alle Ziele, nach denen die Polarforscher seit mehr als dreihundert Jahren gestrebt hatten."

Roald Amundsen fand indes ein tragisches Ende. Am 19. Juni 1928 startete er von Norwegen aus zu einem Flug, um der bei Spitzbergen verunglückten Nobile-Expedition zu Hilfe zu kommen. Über dem Eismeer stürzte die Maschine ab und versank in den Fluten.

Amundsens Leichnam wurde niemals gefunden.

20. KAPITEL

Am Großen Nagel

Der Amerikaner Robert Edwin Peary betrat
am 6. April 1909 den Nordpol

Anfang 1885 lebte in New York, der größten Stadt der Welt, ein Mann von etwa dreißig Jahren, groß und von kräftiger Statur, der aber ansonsten nichts Auffallendes an sich hatte. Stets trat er zurückhaltend auf und schien auch keinen besonderen Ehrgeiz zu haben. Als er jünger war, vertraute er einem Verwandten allerdings in einem Brief einmal an:

„Ich will nicht leben und nicht sterben, ohne etwas Großes vollbracht zu haben, das meinen Namen außerhalb meines Bekanntenkreises bekannt macht. Ich will mir einen Ruf erwerben, der meine Mutter mit Stolz erfüllt und der mir die Türen zu den feinsten gesellschaftlichen Kreisen öffnet."

Nun, das war lange her, und der Onkel, der Empfänger jener Nachricht, lebte nicht mehr. Der Mann, von dem die Rede ist, durfte als Durchschnittsamerikaner gelten, der bei der Marine als Zivilingenieur arbeitete und nach Feierabend, zumal jung verheiratet, seine Ruhe haben wollte.

Er hieß Robert Edwin Peary.

Eines Tages in der Vorweihnachtszeit betrat er eine Buchhandlung, um für seine lesehungrige Frau Josephine einige Bücher zu kaufen. Auch für sich erstand er ein Buch, und zwar von Adolf Erik Nordenskiöld. In dem Buch berichtete dieser von seinen Abenteuern und Erlebnissen auf Grönland. Peary war davon so stark gefesselt, daß er sich bald weitere Bücher und Abhandlungen über die Erforschung der Arktis beschaffte.

Im Februar 1886 ließ er sich von der Marine einen längeren Urlaub geben und eröffnete seiner jungen Frau seinen Plan. Er wollte sich die Arktis einmal aus der Nähe ansehen und in einem Jahr wieder zurückkehren.

Auf einem Walfänger verließ er New York und fuhr nach Westgrönland. An der Insel Disko ließ er sich absetzen. Allein oder auch vorübergehend in Begleitung einiger Eskimos durchstreifte er die gesamte Insel. Neues konnte er nicht entdecken, denn die Insel war seit langem gründlich erforscht.

Dafür machte der lebenslustige Amerikaner eine andere Entdeckkung, die sein ferneres Leben entscheidend bestimmen sollte. „Bisher habe ich ein verdammt bequemes Leben gehabt", schrieb er seiner Frau Josephine, „aber wie leer und sinnlos erscheint es mir jetzt!"

Er beschloß ernsthaft, Polarforscher zu werden, und meinte sogar überzeugt, als erster den Nordpol zu erreichen. Möglich, daß er dafür auch der richtige Mann war. Jedenfalls entwickelte er auf den wochenlangen Streifzügen durch die Insel Energie und Ausdauer, die er sich vorher niemals zugetraut hatte. Peary überwand gefährliche Gletscher, unternahm waghalsige Bootsfahrten, überstand Kälte und Stürme, lernte den Hunger kennen, ließ sich von den Eskimos erklären, wie man im ewigen Eis leben und arbeiten konnte, und hielt alle Strapazen tapfer durch.

Da sich Robert Edwin Peary mit der Rückreise nicht zu beeilen gedachte, unternahm er noch einen Abstecher auf das grönländische Inlandeis, auf das sich bislang nur wenige Polarforscher gewagt hatten. Auch die Eskimos schreckten im allgemeinen davor zurück. Peary fand daher nur mit Mühe zwei Begleiter für diese Exkursion. Mit ihnen machte er sich auf den Weg und legte immerhin 190 Kilometer landeinwärts zurück. Dabei gelangte er in eine Höhe von 2400 Metern. Sosehr er auch gern den Marsch fortgesetzt hätte, er mußte sich zur Umkehr durchringen, denn Vorräte und Ausrüstung reichten für ein noch weiteres Vordringen nicht aus. Zudem drängten die Eskimos auf baldige Rückkehr.

„Wer in der Arktis wirklich etwas erreichen will", sagte er später darüber, „darf sich nicht blindlings in unvorhersehbare Abenteuer stürzen."

Wieder in der Heimat, war Robert Edwin Peary ein anderer geworden. Behagliche Feierabendruhe bedeutete ihm nichts mehr. Er fieberte danach, wieder in der Arktis zu sein. Gegenüber Zeitungsreportern, die ihn über seinen Aufenthalt in Grönland ausfragten, äußerte er einmal:

„Der Drang, den Pol zu erobern, ist in mir so stark, daß ich wahrscheinlich nur noch dafür leben werde."

Die Journalisten blickten sich erstaunt an. Einer fragte weiter: „Und wann gedenken Sie mit dem Angriff auf den Pol zu beginnen, Mister Peary?"

Die Antwort lautete kurz und lakonisch: „Ich habe Zeit, Gentlemen."

Beim Studium alter Expeditionsberichte kam Peary zu dem Schluß, daß Unkenntnis der arktischen Bedingungen und mangelhafte Anpassungsfähigkeit zum Scheitern so vieler Expeditionen geführt hatten. Auch Peary fragte sich wie viele andere Polarfahrer vor ihm, warum die Eskimos so selten verhungerten und erfroren, sondern im Gegenteil sogar jenseits des 82. Breitengrades gesund und munter leben konnten. Seine Überlegungen, die er erstmals in Gordon Bennetts „New York Herald" veröffentlichte, faßte er wie folgt zusammen:

„Der Amerikaner oder Europäer, der in der Arktis existieren will, muß gewissermaßen selbst ein Eskimo werden. Er muß sich unbedingt den Lebensgewohnheiten in Kleidung und Nahrung der Eingeborenen aufs engste anpassen und so ihre Überlegenheit im Kampf ums Dasein zur seinigen machen. Zivilisation und Kultur können in jenen Gegenden nur stören, und die unschätzbar wertvolle Hilfsbereitschaft der Eskimos gewinnt nur der, der sich überwinden kann, seine bisherigen Lebensgewohnheiten abzulegen und dafür Eskimo unter Eskimos zu sein."

Neu waren diese Vorstellungen nicht, aber Peary wollte sich konsequent nach ihnen richten.

Bereits sein nächstes Ziel, worüber er im Herbst 1888 in einem kleinen Kreis von Vertrauten sprach, ließ die Dimensionen ahnen, in denen er sich jetzt zu bewegen gedachte. Er beabsichtigte, den gesamten grönländischen Norden, von der West- bis zur Ostküste, zu durchqueren.

Seine Zuhörer sahen sich bestürzt an. Was der selbstbewußte Peary ihnen ankündigte – grenzte es nicht an totale Selbstüberschätzung, die schreckliche Folgen haben mußte? Das grönländische Binneneis galt als unüberwindbar. Nordenskiöld hatte dies seinerzeit erfahren müssen. Daß Dr. Nansen zu jener Zeit gerade einen weiteren Versuch im Süden Grönlands unternahm, wußte man in Amerika noch nicht.

„Ich rechne mit einem Marsch von tausendzweihundert Kilometern", sprach Peary weiter.

„Das macht hin und zurück etwa zweieinhalbtausend", wurde ihm entgegengehalten. „Eine solche Strecke über endlose Eisfelder, bei größter Kälte und immer ins Unbekannte hinein, das willst du tatsächlich auf dich nehmen?"

„Ja", lautete lakonisch die Antwort.

„Du wirst umkommen. Und wofür das alles? Für eine fixe Idee. Für eine Laune!"

Peary ließ sich weder beirren noch entmutigen. Er hielt es für ratsam und der Situation angemessen, einige Begleiter mitzunehmen, denn allein auf die Eskimos wollte er sich nicht verlassen.

Nun kam es darauf an, das Unternehmen in die Tat umzusetzen. Peary veräußerte einen Teil seiner persönlichen Habe und machte viele Schulden. Seine Frau, die fest an ihn glaubte, unterstützte seine Ambitionen und war einverstanden, fortan bescheiden zu leben, wenn nur ihr Mann Erfolg hätte. Allerdings bekam sie deswegen mit ihren Eltern Ärger, denn die beiden alten Herrschaften hielten den bisher so vernünftigen Schwiegersohn für ein „verrücktes und liederliches Mannsbild", dem für alle Zeiten das Haus verboten wurde.

Den größten Teil des unter Mühen aufgebrachten Geldes verschlang der Kauf der Ausrüstung. Auf ein eigenes Expeditionsschiff konnte Peary verzichten, der Kapitän eines Walfängers würde ihn umsonst mitnehmen. An Verpflegung kam vor allem Pemmikan in Frage. Hunde und Schlitten wollte Peary an Ort und Stelle von den Eskimos kaufen.

Zwei Begleiter fanden sich schnell. Der eine, Dr. Frederick Albert Cook, am 10. Juni 1865 in Callicoon geboren, ebenfalls Amerikaner, war Arzt und interessierte sich sehr für die Erforschung der Polargebiete. Er brannte ähnlich wie Peary darauf, kühne Taten zu vollbringen.

Als zweiten Begleiter wählte Peary einen in den USA lebenden Norweger namens Astrup.

Ferner gehörte zur Reisegruppe auch eine Frau, nämlich Josephine Peary, die darauf bestand, mitgenommen zu werden. Natürlich würde sie sich an dem geplanten tollkühnen Marsch quer durch das nördliche Grönland nicht beteiligen, aber sie wollte auch einmal das ewige Eis kennenlernen und später an der Ausgangsbasis des Unternehmens auf die Rückkehr der Männer warten. Peary meinte, ihr das nicht abschlagen zu dürfen, während Dr. Cook charmant äußerte, daß die Gegenwart einer schönen Frau den Tatendrang von Polarfahrern nur beflügeln könnte.

Nach der Gattin des norwegischen Missionars Pastor Hans Egede, dessen Familie 1721 mit einigen Begleitern, insgesamt 46 Personen, sich als erste Europäer im hohen Norden Grönlands angesiedelt hatte, war Josephine Peary die zweite weiße Frau, die sich in der Arktis niederließ. Während nun ihr Mann, Robert Edwin Peary, Dr. Cook, der Norweger Astrup und die beiden Eskimos zum Aufbruch rüsteten, blieb sie in der Obhut der Eskimos zurück.

Dieser lange Marsch zur Ostküste wurde ein gefährliches Unternehmen. Aus eigener Erfahrung wußte Peary bereits, daß die Arktis nicht nur faszinierend schön ist, sondern auch Tücken und Schrecken bereithält. Besonders galt das für den Norden Grönlands. Nach etwa hundert Kilometern, vormittags gegen zehn Uhr, verfinsterte sich der Himmel zunehmend und wurde schließlich nachtschwarz. Die Eskimos wußten sofort, was das zu bedeuten hatte. Mit flinken

Händen bauten sie einen Iglu, in dem sie Gepäck und Schlitten verstauten und in den sie sogar die Hunde hineintrieben. Auch die fünf Wanderer zogen sich schleunigst in die schützende Schneehütte zurück.

Kaum war dies geschehen, begannen die Elemente zu toben. Ein Orkan raste über Nordgrönland hinweg. Sein Heulen hörte sich unheimlich an. Der Iglu indes hielt allen Stürmen stand, erhob sich über der glatten Eisfläche wie eine Festung, die von keinem anrennenden Feind erobert werden konnte.

Peary nutzte die Zeit, um die Eßgewohnheiten der Eskimos anzunehmen. Bisher hatte er sich dazu noch nicht entschließen können. Das Menü bestand lediglich aus einem Gang, nämlich Eisbärenfleisch, roh und halbgefroren. Die Verwendung von Pfeffer, Salz oder anderen Gewürzen war im Reiche der Innuit unbekannt. Eine Weile überlegte Peary, ob er in die dargebotene kräftige Portion hineinbeißen sollte. Nach den strahlenden Blicken der Eskimos zu urteilen, mußte das Fleisch von erlesener Qualität sein. Also tat er es den anderen gleich.

„Was für ein bezauberndes Dinner wir heute haben", sagte er ironisch zu Dr. Cook und Astrup.

Die beiden Amerikaner und der Norweger brachten die Mahlzeit mit großer Tapferkeit hinter sich. Bald darauf rumorte es in ihren Mägen.

„Wir müssen durchhalten", sagte Dr. Cook. „Eines Tages haben wir uns bestimmt daran gewöhnt."

Der Marsch wurde von neuem aufgenommen und gestaltete sich zu einem ununterbrochenen Kampf mit Schneestürmen und Gletschern, mit meterhohem Schnee und den Spalten, die sich immer wieder im Eis auftaten. Mehrmals stürzten Hunde hinein. Aber Robert Edwin Peary und seine vier Begleiter, die ihn fabelhaft und uneigennützig unterstützten, hielten durch. Nachdem sie etwa fünfhundert Kilometer zurückgelegt hatten, gingen vier Hunde ein. Sie waren den Strapazen nicht länger gewachsen. Mit den verbliebenen sechs Tieren mußte Peary bis zur Ostküste gelangen und dann den langen Rückmarsch bis zum Inglefieldgolf bewältigen.

„Eine wichtige Erkenntnis lautet", sagte er zu Dr. Cook und Astrup, „man braucht viele Hunde, wenn man sich in der Arktis auf einen längeren Marsch begibt. Hätte ich doch dreißig mitgenommen. Wie ruhig könnte ich jetzt schlafen."

Diese Einsicht kam zu spät. Vier Monate waren seit dem Aufbruch am Inglefieldgolf vergangen. Nun endlich, nach einem Marsch von tausendeinhundert Kilometern, gelangten die Männer an die Ostküste. Peary entdeckte eine langgezogene Wasserstraße und gab ihr den Namen *Independencefjord.* Südlich von ihm befand sich festes Land. Als *Peary-Land* wurde es in die Karten eingetragen.

Bereits dem ersten Versuch, Grönland im hohen Norden zu durchqueren, war ein voller Erfolg beschieden worden. Peary gehörte nun zu den wichtigsten und bedeutenden Polarforschern. Das stärkte sein Selbstbewußtsein ungemein. Der Rückmarsch verlief ohne nennenswerte Probleme. Mit nur einem Hund, der obendrein hinkte, aber insgesamt glücklich und zufrieden, traf die Karawane wieder an der Ausgangsbasis ein.

Dort freilich erlebte Robert Edwin Peary eine gewaltige Überraschung. Die Eskimos, die ihn bereits mit großer Ungeduld erwartet hatten, führten ihn zu einem Iglu. Dort, eingehüllt in Pelze und Decken, lag seine Frau Josephine. Ein wenig erschöpft sah sie aus, doch sie empfing ihren Mann mit einem strahlenden Lächeln. Mit Hilfe der Eskimofrauen hatte sie einige Tage vorher ein gesundes Baby zur Welt gebracht, ein Mädchen.

Peary verschlug es die Sprache. Allen Stürmen hatte er mit unbändiger Kraft getrotzt, aber in diesem Augenblick wurden ihm die Knie weich. Tränen der Rührung liefen über sein vom Eis zerfurchtes Gesicht.

Bei seiner Rückkehr in die Vereinigten Staaten wurde Peary gefeiert und mit Ehren überhäuft. Schließlich galt er als der erste Amerikaner, der im Eis eine wirklich großartige Tat vollbracht hatte. Bisher hatte man nur Mißerfolge zu verzeichnen, Tote, untergegangene Schiffe, sogar Lüge und Betrug. Das Haus seiner Schwiegereltern stand Peary wieder offen. Die Tilgung seiner Schulden übernahm großzügig Mister Bennett, der nach wie vor rührige Direktor vom „New York Herald". Peary hatte viel zu erzählen, was sich mit Schlagzeilen und sensationell aufgemachten Berichten schnell verkaufen ließ.

Dr. Cook und der Norweger Astrup, die sich an der Überwindung des grönländischen Binneneises nicht weniger aktiv und verdienstvoll beteiligt hatten, wurden dagegen nur selten einmal erwähnt. Peary unternahm auch nichts, damit seinen wackeren Weggefährten ein wenig Gerechtigkeit widerfuhr. Dankbarkeit zählte nicht zu seinen starken Seiten, nur der eigene Erfolg erschien ihm wichtig.

Von Bennett stammte der Plan, Peary die Möglichkeit zu geben, weiterhin in der Arktis zu wirken, nicht nur für ein oder zwei Jahre, sondern für einen längeren Zeitraum.

„Sollte je ein Mensch den Nordpol bezwingen, dann ist nur Peary dieser Mann", sagte er.

Daraufhin wurde ein „Peary Arctic Club" gegründet. Was Gordon Bennett damit bezwecken wollte, ließ er in den Statuten festlegen: „Unsere Aufgabe ist es, die Bildung und Unterhaltung regelmäßig wiederholter Expeditionen zu fördern und zu unterstützen, die unter Leitung des Commanders Peary dessen Polarforschungen weiterführen und seine geographischen Feststellungen vervollständigen sollen. Es sind Gelder für die Erhaltung solcher Expeditionen zusammenzubringen und zu verwalten für Pearys Bestrebungen, den nördlichsten Punkt der Erde zu erreichen."

Zum Präsidenten des Klubs wurde Mister Morris Jesup genannt, der sich am liebsten selbst auf den Weg zum Nordpol begeben hätte. Ein Beinleiden zwang ihn jedoch, darauf zu verzichten.

Es ging also nicht um die Polarforschung im allgemeinen, sondern nur darum, dem nach seiner Heimkehr zum Commander ernannten Robert Edwin Peary bei seinem Bemühen zu helfen, als erster den Nordpol zu betreten. Um Geld und Ausrüstung für seine künftigen Unternehmungen brauchte er sich nicht mehr zu kümmern, das besorgten andere für ihn. Dieser Klub – in den Dienst einer einzigen Persönlichkeit gestellt – existierte offiziell bis zum Jahre 1912. Ihm gehörten im Laufe der Zeit zahlreiche Politiker, Bankiers, einflußreiche Zeitungsleute und sogar Theodore Roosevelt an, der von 1901 bis 1908 USA-Präsident war. Einer derart starken Rückendeckung hatte sich bisher noch kein Polarforscher erfreuen dürfen.

Millionen Dollar wurden für Peary gestiftet. Dafür übernahm er die Verpflichtung, den Nordpol für Amerika zu erobern. Nicht nur das, er beanspruchte – und die Presse veröffentlichte das in großen Worten – das Monopol für die Erstbezwingung des Nordpols. Als er hörte, daß Dr. Nansen und andere ebenfalls zum Nordpol wollten, sprach er zugleich von unlauterer Konkurrenz und von „widerrechtlicher Aneignung meiner Pläne und meines Arbeitsgebietes". Das waren ungewohnte Töne.

Mit Robert Edwin Peary betrat ein neuer Typ das arktische Gebiet, der Typ eines zwar mutigen, aber auch harten und rücksichtslosen Menschen, dessen Energien unerschöpflich zu sein schienen, zudem entschlossen, jeden Nebenbuhler mit allen Mitteln zu bekämpfen.

Peary beabsichtigte nicht, sofort mit dem Sturm auf den Pol zu beginnen. Ihm kam es zunächst darauf an, für diesen Höhepunkt seines Wirkens erst die notwendigen Erfahrungen zu sammeln. Er fürchtete einen Mißerfolg und war bestrebt, alles zu tun, damit seine Expedition nicht als Katastrophe endete. Die bösen Schicksale Hudsons, Franklins, De Longs und Greelys standen als warnende Beispiele stets vor seinen Augen. Zunächst wollte er seine Forschungen im Norden Grönlands fortsetzen und zum Abschluß bringen. Er hielt Grönland mit seiner Mitternachtssonne, seinen glänzenden Gletschern, Fjorden und tiefblau leuchtenden Seen für das interessanteste und schönste aller arktischen Länder. Von hier aus wollte er eines Tages auch zum Angriff auf den Nordpol ansetzen.

Bereits wenige Monate nach seiner Heimkehr begab sich Peary erneut in die Arktis, und diesmal für fast drei Jahre. Ein eigenes Expeditionsschiff konnte ihm der gerade erst gegründete „Peary Arctic Club" noch nicht zur Verfügung stellen, aber der Klubpräsident, Morris Jesup, fand einen Kapitän, dessen Robbenfänger zum Auslaufen in den hohen Norden vor Anker lag und sich erbot, den Commander mitzunehmen.

Die Jagd auf Robben, auch Seehunde genannt, hatte vor der Jahrhundertwende riesige Ausmaße angenommen. Für die Felle der Tiere, besonders der jungen, zahlten die Pelzhändler hohe Preise. Die USA standen an der Spitze des Robbenfangs, bis zu dreihunderttausend Tiere fielen jährlich allein amerikanischen Jägern zum Opfer. Die meiste Beute machte man im Frühjahr, wenn sich die Robben vor den grönländischen Küsten in großer Zahl versammelten, um sich zu paaren und ihre Jungen zur Welt zu bringen. An die zwangzigtausend Tiere wurden dann je Quadratkilometer gezählt, und dieselbe Anzahl von Fellen vermochte damals ein gewöhnliches Fangschiff an Bord zu nehmen. Die mit scharfen Messern und spitzen Harpunen ausgerüsteten Jäger sprangen von Eisscholle zu Eisscholle, um ihr blutiges Werk zu verrichten. Nur wenige Wochen dauerte die „Saison", und der Profit war gesichert.

An Bord eines Robbenfangschiffes verließ Robert Edwin Peary 1893 New York. Auch diesmal steuerte er den Inglefieldgolf als Ziel an. Unterwegs ließ er die Reise für kurze Zeit unterbrechen. Bei Kap York an der Melvillebucht traf er auf einen Eskimostamm, der ihn wie immer bisher freundlich empfing. Er kam nicht mit leeren Händen, sondern hatte Geschenke in seinem Gepäck, die er nun verteilte: Jagdflinten und Munition, Leder, Eisenwaren, Spiegel, Tee, Kochtöpfe, Scheren und Messer. Und Tabak! Hinter dem waren besonders die alten Eskimos her. Umsonst gab es natürlich nichts. Peary brauchte Mitarbeiter. Er wählte fünfzehn kräftige Eskimos aus, die ihn auf seinen weiteren Fahrten begleiten sollten. Mit ihren Familien gingen sie nun an Bord. Peary achtete darauf, daß es ihnen an nichts fehlte. Einige kümmerten sich um die fünfzig immerzu kläffenden und bissigen Hunde. Niemand durfte ihnen zu nahe kommen. Als der Kapitän des Schiffes einmal versuchte, eins der Tiere zu streicheln, verlor er gleich seine Hose.

„Das sind lauter Mistviecher!" fluchte er und machte fortan einen großen Bogen um die Meute.

Bei stürmischem Wind erreichte man den Inglefieldgolf. Nachdem das Gepäck ausgeladen und das Schiff im Nebel verschwunden war, befand sich Peary allein unter den Eskimos. Aber er verstand es, sich bei ihnen Respekt zu verschaffen. Das lag wohl auch daran, daß er lebte wie sie und sich intensiv an den Jagden auf Eisbären und Moschusochsen beteiligte. Innerhalb kurzer Zeit brachten die Männer mehrere tausend Kilogramm Fleisch zusammen – Nahrung für Mensch und Tier.

Peary stand eine lange Reise bevor. Noch einmal wollte er den Norden Grönlands durchqueren. Nach gründlicher Vorbereitung brach er im Juni 1894 auf, begleitet von fünf Eskimos. Dreißig Hunde zogen zentnerschwere Lasten, in der Hauptsache Proviant. Auf der Strecke, die diesmals etwas südlicher lag als 1892, hatten sie zahlreiche Schwierigkeiten zu meistern. Nach einem Marsch von mehreren Monaten, erreichten sie nahe dem Independencefjord abermals die Küste Ostgrönlands.

So war also auch die zweite Durchquerung Nordgrönlands geglückt, aber Peary hatte nicht die Absicht, schon jetzt den Rückmarsch anzutreten.

„Wir wollen nach Norden ziehen", sagte er.

Diese Absicht mußte er aber bereits nach wenigen Kilometern aufgeben. Ein Hindernis versperrte ihm den Weg, ein breiter Meeresarm, den er *Peary-Kanal* nannte. Einen Marsch über das brüchige, von vielen Rinnen durchzogene Eis durfte er natürlich nicht riskieren, und so mußte er eben doch den Rückweg antreten. Im Frühjahr 1895 trafen die tapferen Männer wohlbehalten wieder an der Ausgangsbasis ein. Ein von Mister Morris Jesup nach Westgrönland beordertes Walfangschiff holte Peary bald darauf vom Inglefieldgolf ab.

Nun galt es, die weiteren Pläne abzustecken. Eine Nachricht aus Europa trieb in gewisser Weise zur Eile an: Etwa zur selben Zeit, als sich Commander Peary auf dem grönländischen Inlandeis aufgehalten hatte, war sein Rivale Dr. Nansen – Peary hielt ihn für einen solchen – dem Nordpol bis auf 450 Kilometer nahe gekommen. Ein Alarmsignal!

Im Jahre 1897 erklärte Robert Edwin Peary, daß er sich nun ganz auf die Erstürmung des Nordpols einstellen wollte. Gegenüber den Mitgliedern des „Peary Arctic Club" und den ihn stets umlauernden Zeitungsleuten gab er sich optimistisch. Eine andere Haltung hätte auch niemand von ihm erwartet.

Als Transportschiff stand ihm diesmal die „Windward" zur Verfügung, jener ausgezeichnete Dampfer, mit dem der britische Entdekker Dr. Jackson von 1891 bis 1896 einige Male die Eiswildnis von Franz-Joseph-Land befahren hatte. Auf einen großen Mitarbeiterstab verzichtete Peary, zumal er sich nicht gern in die Karten blikken ließ. Nur zwei Meteorologen, einige Hilfskräfte und einen persönlichen Diener, einen Neger namens Matthew Henson, nahm er mit. Ansonsten wollte er sich wie bisher auf die Eskimos verlassen.

Auf Grönland hatte Peary keine Stelle gefunden, die als Basis für den Marsch zum Nordpol in Frage kam. So hoffte er nun, vom Robeson-Kanal aus starten zu können. Im Jahre 1898 legte die „Windward" in New York ab und nahm Kurs auf den Smithsund. Als man sich einige Zeit darauf etwa in seiner Mitte befand, machte der Kapitän die Entdeckung, daß diese Meerenge zwar passierbar war, an den Ufern sich jedoch das Eis türmte. Auch trieben schon größere Schollen im Wasser.

„Mir scheint", sagte der Kapitän, „daß wir lieber umkehren sollten, bevor uns das Eis einklemmt. Wir könnten in der Baffinbucht warten, bis sich die Verhältnisse bessern."

Das war nicht nach Pearys Geschmack. Er wollte sich nicht zurückdrängen lassen und wertvolle Zeit verlieren.

„Setzen Sie die Fahrt fort", befahl er.

„Auf Ihre Verantwortung, Sir."

Bis ins Kanebecken hinein gelangte die „Windward" noch. An dessen Westseite mußte der Kapitän die Fahrt jedoch stoppen. Eine mächtige Eisbarriere stand wie eine Festung vor dem Bug des Schiffes.

Ursprünglich sollte die „Windward" in die Staaten zurückkehren und im Jahr darauf mit neuer Ausrüstung und Proviant wiederkommen. Daraus wurde nun nichts mehr. Dieses arktische Binnenmeer erwies sich als ein gefährlicher Eiskeller. Das Schiff fror ein, was in dieser Gegend ja kein außergewöhnliches Ereignis darstellte. Aber die Matrosen der „Windward", die noch niemals so hoch im Norden gewesen waren, verfügten über keinerlei Erfahrungen. Tatsächlich mußte man nun mit den schlimmsten Zwischenfällen rechnen. Obwohl man sich noch mitten im Sommer befand, jagten bereits die ersten Stürme über das Kanebecken hinweg. Die Eispressungen bedrohten das Schiff bei Tage und in der Nacht. Peary ließ den größten Teil des Expeditionsgutes ausschiffen und von den Eskimos Iglus bauen. Das Wetter besserte sich schließlich. Nur das Eis blieb fest. Die Männer der „Windward" sahen sich zu einem Zwangsaufenthalt von mehreren Monaten verurteilt.

Das Auftauchen so vieler Menschen lockte zahlreiche Eisbären an. Im allgemeinen verhielten sie sich erstaunlich friedlich, allerdings zeigten sie sich sehr neugierig und wagten sich bis in die unmittelbare Nähe des Schiffes. Peary ließ zwei Dutzend Tiere schießen, erheblich mehr als nötig, um Menschen und Hunde im Notfall zu versorgen. Die Eskimos, so gern sie in Pearys Diensten standen, machten betroffene Gesichter. Sie schätzten es nicht, wenn Fremde die Grundlage ihrer Existenz in Gefahr brachten.

Durch den frühen Wintereinbruch und das Festsitzen der „Windward" kam Pearys Zeitplan in argen Verzug. Vor dem nächsten arktischen Sommer konnte er nichts Entscheidendes unternehmen, und dazwischen lag noch die Polarnacht. Die Zeit bis dahin wollte er nicht ungenutzt verstreichen lassen. Zehn Eskimos schickte er in Richtung Kennedy-Kanal, wo sie entlang der Küste und auf einigen Inseln Lebensmittellager einrichten sollten.

Der Commander selbst begab sich nach Grinnelland. Dort schoß er zunächst mehrere Walrosse, die er in der Obhut von zwei Matrosen zurückließ. Danach wandte er sich nach Nordwesten. Zwar war Grinnelland von der Greely-Expedition bereits weitgehend erforscht worden, doch auch Peary entdeckte noch viel Neues. Dreihundert Kilometer weit stieß er mit seinen Schlitten vor. Er stand vor Gebirgen, tiefen Schluchten und mitten aus dem Eis emporragenden Felsen. Über seine Eindrücke und Entdeckungen führte er sorgfältig Tagebuch. Mit reichen Erkenntnissen kehrte er zum Schiff zurück, gerade rechtzeitig. Die Sonne verschwand, die Polarnacht begann. Das Mondlicht leuchtete nur schwach, und an manchen Tagen herrschte außerhalb des Schiffes vollständige Dunkelheit. An Bord der stabilen „Windward", in gut geheizten Räumen war dies alles aber leicht zu ertragen.

Die Sonne kehrte wieder, und Kapitän und Mannschaft des Schiffes bereiteten sich auf die Heimreise vor. Peary schrieb mehrere Briefe, an seine Frau Josephine zuerst, danach an mehrere Zeitungen, denn schließlich sollte die Weltöffentlichkeit über den neuesten Stand der Geschehnisse in der Arktis informiert sein. Und nicht zuletzt schrieb er an Mister Morris Jesup vom „Peary Arctic Club". Der Commander benötigte frischen Proviant, Brennstoffe, Werkzeuge, natürlich auch Dinge, die er den Eskimos als Lohn für ihre guten Dienste anbieten konnte.

Der Kapitän des Schiffes erhielt folgende Weisung: „Sie reisen auf dem schnellsten Wege in die Staaten. In einem Jahr erwarte ich Sie in Etah." Diese Eskimosiedlung befindet sich im nordwestlichen Grönland, unweit der Eingangspforte zum Smithsund.

Die „Windward" dampfte ab und war bald nicht mehr zu sehen.

Zu seinem Diener Henson meinte Peary einmal: „Den Marsch

zum Nordpol will ich lieber verschieben. Ich denke, in zwei oder drei Jahren soweit zu sein, es endgültig versuchen zu können. Hoffentlich kommt mir bis dahin niemand zuvor."

Und nun rückte er mit einem neuen Plan heraus:

„Es wird behauptet, daß Grönland eine Insel sei. Also muß es ja irgendwo eine Nordküste geben. Noch niemand hat sie gesehen. Einige von Greelys Leuten haben im hohen Norden zwar eine unbekannte Küstenregion entdeckt, aber es fehlt der Beweis, daß sie zu Grönland gehört. Darum will ich genau feststellen, wo Grönland nach Norden hin zu Ende ist."

Auf diese Arbeit bereitete sich Peary gewissenhaft vor, wußte er doch, daß ihm wieder eine Reise in unbekannte Gebiete bevorstand. Er schickte mehrere Eskimos und einen der beiden Meteorologen nach Etah, um dort Schlittenhunde zu besorgen. Auch ließ er Jagd auf Eisbären und Moschusochsen machen und Vorratslager mit viel Fleisch in Richtung des beabsichtigten Marsches anlegen.

Mit zehn Eskimos, seinem Diener Matthew Henson und vierzig Hunden trat er schließlich die Reise in den äußersten Norden Grönlands an, ohne freilich zu wissen, wo sich dieser genau befand. Zuerst gingen sie an den Küsten des Kanebeckens und den Kennedy-Kanal nordwärts entlang, später überquerten sie den vereisten Robeson-Kanal nach Osten. So weit die Blicke reichten, überall tat sich für Peary Neuland auf, kein Mensch hatte es je betreten. Die Hunde zogen kräftig. Man kam gut voran.

Bald entdeckte Peary mehrere Eisfjorde, in den darauffolgenden Tagen auch Buchten und Vorgebirge. Ein Meer, scheinbar unendlich weit, breitete sich vor ihm aus. Eisschollen schwammen darin, und die Brandung hörte sich zeitweise unheimlich an. Peary gab diesem Meer den Namen *Lincolnsea* (Lincolnsee).

Immer strapaziöser gestaltete sich der Marsch, und er zog sich hin, von einer Woche zur anderen.

Am 16. Mai 1900 erreichte Peary auf 83° 50′ nördlicher Breite ein Vorgebirge, den nördlichsten Punkt Grönlands. Er gab ihm den Namen *Kap Morris Jesup*. Der verdienstvolle Präsident des „Peary Arctic Club" hätte auf eine eindrucksvollere Weise nicht geehrt werden können. Jetzt bog die Küste allmählich nach Süden ab, bald immer stärker. Einige Tage später, am 22. Mai 1900, trafen Peary und seine Gefährten an der Insel Wyckhoff ein.

Damit konnte der lange Marsch beendet werden. Peary und seine Männer hatten eindeutig festgestellt, daß Grönland tatsächlich eine Insel ist. Forscher, die nach ihm kamen, bestätigten das ohne Mühe. Robert Edwin Peary, nur durch einen simplen Zufall Polarforscher geworden, hatte auf dieser Fahrt eine der wichtigsten geographischen Entdeckungen der neueren Zeit gemacht.

Für dieses Ergebnis mußte er aber einen hohen Preis bezahlen. An dem Tage, da er an der Insel Wyckhoff den Befehl zum Rückmarsch gab, brach er zusammen. Das geschah urplötzlich. „In mir ist alles wie abgestorben", klagte er.

Peary war am Ende, ausgelaugt. Unter diesen Umständen konnten sie nicht zum Kanebecken zurückkehren. Die Eskimos bauten Schneehütten und bemühten sich um den kranken Mann. Wochenlang hing Peary zwischen Leben und Tod. Wiederholt verlor er das Bewußtsein. Er fieberte stark. Seine Energien waren erschöpft.

„Wie seltsam", flüsterte er einmal, „der Nordpol interessiert mich gar nicht mehr ..., bloß noch ein Traum ist er, eine Erinnerung an einen Ehrgeiz, der wohl maßlos gewesen sein muß, mein Gott, warum bin ich so vermessen gewesen, in das Eis zu ziehen ..."

Allmählich erholte er sich wieder, und danach hatte er nur einen einzigen Wunsch, so schnell wie möglich heimzukehren. Ein begreiflicher, vorerst aber unerfüllbarer Wunsch. Peary mußte sich gedulden. Den Norden Grönlands suchten schwere Unwetter heim. Der kranke Commander und die anderen konnten die Iglus nicht verlassen. Dieser unfreiwillige Aufenthalt zog sich hin. Je länger er dauerte, desto kritischer wurde die Lage. Die Nahrungsvorräte nahmen gefährlich schnell ab. Auf den weiten Schnee- und Eisfeldern gab es nichts zu jagen.

Entschieden besser als Peary verkrafteten die Eskimos die neue Situation. Kälte und beginnender Hunger beeindruckten sie nicht weiter. Sie klagten oder stöhnten nicht. Ruhig und entschlossen taten sie alles, was notwendig war. Dazu gehörte schließlich auch eine traurige Handlung.

Eines Tages sagten sie darum: „Ohne die Hunde können wir nicht zurückkehren, aber wir haben bald kein Futter mehr. Wir müssen daher viele Tiere töten, damit die anderen zu fressen haben."

Peary nickte und gab sein Einverständnis.

Einen Tag vor dem Aufbruch verloren zehn Hunde ihr Leben. Peary wandte sich ab. Er konnte nicht mit ansehen, wie ihre Artgenossen sich gierig auf das Fleisch stürzten.

Viele Wochen später.

In Etah – der größten Eskimosiedlung Nordgrönlands – traf ein Zug von Männern ein, denen man deutlich ansehen konnte, daß sie Kämpfe auf Leben und Tod hinter sich hatten. Peary und seine Begleiter kehrten zurück. Ihr Zustand war erbarmungswürdig. Seit vielen Tagen hatten sie nichts mehr gegessen. Hunde besaßen sie auch nicht. Die letzten hatten sie selbst verzehren müssen. Auf den Schlitten, die sie mühselig hinter sich herzogen, befanden sich die kümmerlichen Reste ihrer Ausrüstung. Als sie nun bei den Iglus ankamen, brachen sie zusammen.

Die Eskimos kamen rasch wieder zu Kräften. Dagegen blieb Pearys Zustand auch weiterhin kritisch. Es gelang diesem sonst so unverwüstlichen Mann einfach nicht, die Schwäche zu überwinden. Ja, es hatte den Anschein, als wollte er das auch nicht, denn er ließ sich einfach gehen und interessierte sich für nichts mehr. Weitere Monate verstrichen, aber der Commander blieb untätig.

Was war los mit ihm?

Unterdessen dampfte die „Windward" erneut in Richtung Arktis. In Etah, so war es im Jahr zuvor vereinbart worden, wollten sich Kapitän und Mannschaft wieder mit Peary treffen. Das Schiff sah fabelhaft aus, man hatte es in den Staaten generalüberholt. An Bord, denn Mister Morris Jesup mit seinem unvergleichlichen Organisationstalent hatte fleißig die Werbetrommel gerührt und genügend Geld gesammelt, befanden sich tonnenweise Lebensmittel und neue Ausrüstungsgegenstände sowie Geschenke für die Eskimos. Ebenso zahlreiche Zeitungen und ungezählte Briefe mit Glück- und Segenswünschen für den tapferen Commander im ewigen Eis. Peary galt längst als einer der populärsten Männer Amerikas.

Jetzt freilich wanderte er ungeduldig an der Küste entlang, hielt unentwegt Ausschau nach dem Schiff, denn er hatte genug von der bizarren Schönheit der Arktis. Die Sehnsucht nach Zivilisation und Wärme verzehrte ihn förmlich.

„Ja", murmelte er vor sich hin, „ich bin zur Kapitulation angetreten, aber ich schäme mich dessen nicht. Ich kann nicht mehr."

Endlich! Sehen konnte er nichts, denn es herrschte dichter Nebel, doch schon von weitem vernahm Peary das langgezogene Pfeifen und das Sirengeheul der „Windward", die sich langsam und beschwerlich durch das Treibeis schob. Ein Hafen existierte in Etah nicht. Der Kapitän mußte lange nach einem Ankerplatz suchen, ehe er den Befehl zum Festmachen des Schiffes geben konnte.

Peary winkte den Männern, die nun von Bord gingen, freudig zu. Und dann geschah ein richtiges Wunder mit ihm. Er, der sich seit vielen Wochen hundeelend und müde gefühlt hatte, lebte mit einemmal auf, spürte, wie seine alte Kraft zurückkehrte.

Zur Kapitulation antreten? Niemals!

Die „Windward" hatte umfängliches Expeditionsgut mitgebracht. Der Kapitän wollte wissen, ob man es entladen sollte.

Peary winkte ab. „Alles an Bord lassen. Wir fahren weiter."

„Und wohin?" fragte der Kapitän.

Der Commander wollte so rasch wie möglich einen ersten Vorstoß zum Nordpol unternehmen.

Das Schiff schlängelte sich durch Smithsund, Kanebecken, Kennedy-Kanal und machte an der Westseite der Lady-Franklin-Bucht, unweit der Stelle, an der Greelys Leute seinerzeit die morsche Barkasse gefunden hatten, fest. Nachdem man die „Windward" entladen hatte, fuhr sie nach Hause.

„Kommt in zwei Jahren wieder", vereinbarte er mit dem Kapitän.

Mit der ihm eigenen Tatkraft und frohgestimmt wie schon lange nicht mehr, machte er sich nun daran, seinen verwegenen Plan in die Tat umzusetzen.

Henson, der Diener, sah diesem Treiben skeptisch zu. „Sir", fragte er, „wollen Sie es wirklich riskieren?"

„Selbstverständlich. Warum fragst du?"

„Ein Marsch zum Nordpol, Sir, und das bei Ihrem Gesundheitszustand, das wäre ja wohl ..."

„Mit meiner Gesundheit steht es wieder ausgezeichnet", unterbrach der Commander seinen Diener und lachte. „Na, zugegeben, das Schicksal hat mir ein wenig auf die Füße getreten, aber was willst du, ich bin wieder vollkommen in Ordnung."

Wer zum Pol wollte, brauchte eine feste Ausgangsbasis. Pearys Lager an der Lady-Franklin-Bucht eignete sich nicht dafür, es befand sich entschieden zu weit vom Ziel entfernt.

„Auf Grantland finde ich bestimmt bessere Bedingungen", sagte der Commander.

Grantland schließt sich nördlich an das Grinnelland an.

Peary wählte als Begleiter fünf Eskimos und seinen Diener Henson. Mit drei Schlitten und zwanzig Hunden wurde eines Morgens der Marsch begonnen. Er führte bei mäßigen oder gar starken Stürmen über geborstenes und von breiten und tiefen Spalten durchzogenes Eis.

„Werden wir heil ankommen?" fragte Henson besorgt.

„Ohne Frage werden wir heil ankommen", lautete die knappe Antwort.

Bereits am fünften Tage nach dem Abmarsch gab es den ersten Zusammenbruch. Einer der Eskimos konnte nicht mehr weiter. Als Folge der Kälte und der scharfkantigen Eisblöcke waren seine Füße und Schienbeine mit eiternden Wunden übersät. Er litt große Schmerzen. Noch war es Zeit, das Unternehmen abzubrechen.

Peary entschied anders. Er überließ dem Schwerkranken Proviant für zehn Tage, einen Schlitten und drei Hunde und befahl ihm, sich allein zur Lady-Franklin-Bucht durchzuschlagen. Zu dieser Härte glaubte er sich berechtigt. Der Eskimo indes kam niemals an, wurde nicht mehr gesehen.

Zum erstenmal war bei einer von Peary geleiteten Expedition ein Todesopfer zu beklagen.

„Vorwärts!" befahl der Commander. Was Tatkraft und Ausdauer betrafen, so ging er den anderen mit gutem Beispiel voran.

Zeitweilig nahmen die Stürme und die Kälte so unerträglich zu, daß die Männer sich tagelang in eiligst gebauten Schneehütten aufhalten mußten. Unter unbeschreiblichen Mühen legte man etwa hundertdreißig Kilometer zurück. Danach gerieten Peary, sein Diener Henson und die Eskimos in eine katastrophale Situation. Während einer Marschpause rissen sich aus unerfindlichen Gründen sechs Hunde los und stoben davon. Es gelang nicht, sie wieder einzufangen. Nicht nur sie blieben verschwunden, sondern auch einer der drei Schlitten.

„Ich fürchte, das ist unser Ende", meinte Henson.

Das war keine übertriebene Befürchtung. Auf dem verschwundenen Schlitten befanden sich wertvolle Lebensmittel und fast alle Schlafsäcke, ohne die man in den eiskalten Nächten kaum überleben konnte.

Auch Peary, sonst durch nichts aus der Ruhe zu bringen, fühlte sich entmutigt. Allerdings behagte ihm der Gedanke nicht, wegen der eingetretenen Schwierigkeiten den Marsch abzubrechen und vorzeitig in sein Lager an der Lady-Franklin-Bucht zurückzukehren. Mit Schwierigkeiten mußte er eben fertig werden.

„Wir wollen uns bis Fort Conger durchschlagen", sagte er, „und dort beratschlagen, was wir tun können."

In Adolphus Washington Greelys alter Winterhütte, falls sie noch stand, wollte Peary sich und seinen Begleitern ein paar Tage Ruhe gönnen, und die schien er bitter nötig zu haben, denn schon seit Tagen spürte er heftige Schmerzen in den Füßen.

Bis zum Fort Conger mochten es noch fünfzig Kilometer sein, keine bedeutende Strecke. Anders bei diesen Verhältnissen. An manchen Tagen schafften sie kaum fünf Kilometer, an anderen keinen einzigen, weil sie sich wegen der tobenden Orkane in den Iglus aufhalten mußten.

Endlich kam die gesuchte Hütte in Sicht. Baufällig und morsch stand sie da. Von der Kälte übel zugerichtet, wankten Robert Edwin Peary, sein Diener Henson und die Eskimos ihr entgegen. Sie besaßen keine Kräfte mehr. Nach einer kurzen Verschnaufpause machten die Eskimos Feuer, während Henson sich um das Essen kümmerte.

Unterdessen nahm Peary sich seiner geschundenen und schmerzenden Füße an. Unter Qualen entledigte er sich der Fußbekleidung. Dabei suchten ihn böse Ahnungen heim, die sich promt bestätigten: Am rechten Fuß waren sämtliche, am linken zwei Zehen erfroren. Hinzu kam, daß sich bereits der Brand ausbreitete. Peary wußte, was das hieß. Innerhalb von drei Tagen würde er tot sein, wenn nicht sofort Abhilfe geschaffen wurde. Die erfrorenen Zehen mußten augenblicklich amputiert werden. Aber wer sollte das besorgen? An Bord der „Windward" gab es zwar einen Arzt, doch das Schiff kam erst in zwei Jahren wieder hierher.

„Ich werde selbst amputieren", entschied Peary, „und du", er zeigte dabei auf Henson, „wirst mir helfen."

Der Diener erbleichte. Er war von diesem eigenwilligen, oft genug herrischen Mann, der weder sich noch andere schonte, einiges gewöhnt. Was Peary aber jetzt unternehmen wollte, übertraf alles Bisherige. Womit operieren? Im Gepäck befand sich nur ein wenig Verbandzeug, dagegen kein Narkosemittel, erst recht kein einziges chirurgisches Instrument. Als der Diener darauf aufmerksam machte, gab Peary kurz zur Antwort:

„Her mit dem Rasiermesser!"

Peary schnitt sich die erfrorenen Zehen ab, eine nach der anderen. Er stöhnte, fluchte, schrie, aber die grausame Prozedur hielt er durch. Die Füße schmerzten, als hätte man sie in kochendes Öl getaucht. An eine Rückkehr zum Lager war nicht zu denken. Peary fieberte, seine Wunden heilten nicht, und die Schmerzen ließen nicht nach. So gingen zwei Monate dahin.

„Es hat keinen Zweck, länger zu warten", sagte der Commander mit matter Stimme.

Henson und die Eskimos hüllten den schwerkranken Mann in Pelze, Felle und Decken, betteten ihn auf den Schlitten, spannten die wenigen Hunde davor und traten die Rückreise an. Diesmal waren die Bedingungen erheblich vorteilhafter als bei der Hinfahrt. In nur zwölf Tagen erreichten die Männer die Lady-Franklin-Bucht. Peary begab sich sogleich in die Obhut der Eskimos, überzeugt, von ihnen bald wieder auf die Beine gestellt zu werden.

Aber mußte er seine ehrgeizigen Pläne nicht endlich aufgeben? Konnte ein Mensch mit verkrüppelten Füßen zum Nordpol marschieren?

Viel schneller als erwartet vermochte Robert Edwin Peary wieder zu gehen, allerdings war er auf einen Stock angewiesen. Er dachte nicht entfernt daran, von seinen Plänen Abschied zu nehmen, seine Besessenheit, den Nordpol zu bezwingen, war unerschütterlich. Er machte kein Hehl daraus und sprach zu seinem Diener Matthew Henson davon, tat das mit einem kräftigen Schuß Pathos, zu dem er sich manchmal hinreißen ließ.

„Die endgültige und vollständige Entschleierung des Polargeheimnisses und die Erstürmung des Nordpols ist eine Angelegenheit, mit der ich wie kein anderer betraut bin. Und im Namen des Ruhms und der Ehre unseres Landes werde ich diesen Auftrag erfüllen."

Anfang März 1902 stand Commander Robert Edwin Peary auf Kap Hecla an der Küste von Grantland. Als am fernen Horizont die Sonne aufging, gab er das Zeichen zum Start.

Zum Nordpol!

Wiederum mit Matthew Henson, fünf Eskimos und fünfzig Schlittenhunden brach Peary auf. Vor ihnen lag die Lincolnsee. Kein Meer mit rauschenden Wellen. Das Eis türmte sich. Die Hunde zogen gewiß gut, doch das Vorwärtskommen verlief nicht so recht nach den Plänen des Commanders, wesentlich höher hätte das Tempo sein müssen, wenn der Zeitplan eingehalten werden sollte. Mit Gewalt konnte er freilich nichts gewinnen. Dennoch feuerte Peary seine Leute an.

„Keine Zeit verlieren!" rief er immer wieder.

Immer lief er allen voraus, oder besser gesagt: humpelte, auf seinen Stock gestützt. Hin und wieder kippte einer der überladenen Schlitten um, oder es geschah, daß ein Hundegespann in eine Eisspalte stürzte. Die Zeit verrann dabei.

Bald nach Überschreiten des 83. Breitengrades traten den Männern drei schwere, mächtig brüllende Eisbären entgegen. So hoch im Norden lebten Tiere? Das war nicht nur eine Überraschung, sondern auch eine aufschlußreiche Entdeckung, besonders für Zoologen interessant. Gewöhnlich hielten sich Eisbären in südlicheren Gegenden auf. Peary ließ sie töten. Den fünfzig Hunden, für die hauptsächlich Robbenspeck und Trockenfutter mitgenommen worden war, konnte frisches Bärenfleisch nur willkommen sein. Sie zogen auch gleich viel besser.

Als Ankunftstag am Pol legte Peary den 6. Mai fest, kein zufälliges Datum. An diesem Tag würde er seinen Geburtstag begehen, den sechsundvierzigsten.

Indes, das Bankett auf dem Nordpol fand nicht statt.

Die Geburtstagsgäste trafen nämlich dort nicht ein.

Am 21. April 1902 befand sich Robert Edwin Peary mit seinen Begleitern auf 84° 17′ nördlicher Breite. Zur Mittagszeit raste ein fürchterlicher Schneesturm über das ganze Gebiet hinweg. In aller Eile bauten die Männer einen Iglu, in den sie sich sofort verkrochen. Drei Tage mußten sie dort bleiben. Danach brach überall das Eis auf. Keine vier Meter neben dem Iglu war plötzlich alles voller Wasser.

„Zurück!" befahl der Commander. „Zurück!"

Während die Eskimos und Henson die Hunde beruhigten und das Gepäck in Ordnung brachten, nahm Peary eine Tiefenmessung vor. Der Arktische Ozean war nördlich des 84. Breitengrades vermutlich an die fünftausend Meter tief.

Mit seinen Begleitern zog sich Peary etwa fünfzig Kilometer zurück. Ende April wollte er auf Umwegen einen neuen Vorstoß unternehmen. Weit kam er nicht, kaum zehn Kilometer. Dann verhinderte das Packeis jedes Vorwärtskommen.

Am Abend schrieb Peary in sein Tagebuch:

„Das Spiel ist aus. Der Traum meiner letzten sechzehn Jahre ist zu Ende … Ich habe so lange gekämpft, wie ich konnte, und ich glaube, es war ein tapferer Kampf. Aber das Unmögliche kann ich nicht vollbringen."

Im Dezember kehrte Robert Edwin Peary nach New York zurück, fühlte sich wie ein besiegter Feldherr. Seine Gesundheit war zerrüttet. Längere Zeit mußte er in einem Krankenhaus der Marine zubringen.

Doch dieser Mann besaß eine unvorstellbare Willenskraft. Um jeden Preis wollte er sein Ziel erreichen. Glücklicherweise brachte der „Peary Arctic Club", an dessen Spitze nach wie vor der aktive Mister Morris Jesup wirkte, die erforderlichen Summen auf, um dem Commander einen weiteren Vorstoß auf den Pol zu ermöglichen. Sogar ein neues Schiff konnte ihm zur Verfügung gestellt werden, die „Roosevelt".

Am 28. Februar 1906 stand Robert Edwin Peary abermals auf Kap Hecla an der Küste von Grantland. Jetzt oder nie, so mag er wohl gedacht haben, als er zum Aufbruch rüstete. Ihn begleiteten sechs Eskimos und zwei Amerikaner, außerdem fünfzig Schlittenhunde. Der Marsch begann hoffnungsvoll. Kilometer um Kilometer ließen die Männer hinter sich.

„Diesmal wird der Pol eingenommen", hämmerte der Commander seinen Leuten ein, „diesmal wird erst am Ziel kehrtgemacht!"

Am 6. März 1906 schrieb er in sein Tagebuch:

„Der Kampf um den Nordpol hat endlich begonnen. Wir sind draußen auf dem Eis des Polarmeeres und steuern direkt auf unser Ziel los."

Am 18. März sah die Tagebucheintragung aber nicht mehr so optimistisch aus:

„Ein neuer, herrlicher, aber bitterkalter Tag, der Branntwein gefroren, das Petroleum weiß und klebrig; meine Hunde sehr müde und schlaff. Es ist ärgerlich, bei solchem Prachtwetter und solcher Bahn nicht schneller vorwärts zu kommen …"

Jedoch gab es auch wieder Tage, an denen Peary dem Pol nur so entgegenjagte. Die ärgsten Zeitverluste traten immer dann auf, wenn plötzlich das Eis auseinanderbrach und sich breite Wasserläufe bildeten. In solchen Fällen mußte man so lange warten, bis das Wasser wieder zufror. Beispielsweise ging es am 7. April 1906 nicht mehr weiter. Vor den Männern tat sich eine breite Rinne auf. Peary taufte sie boshaft „Hudson River". Erst nach einer vollen Woche konnte der Marsch von neuem aufgenommen werden. Ein großer Zeitverlust! Erfreulicherweise ging es wieder voran.

Glaubte der Commander wirklich daran, diesmal ans Ziel zu gelangen? Zuweilen suchten ihn Zweifel heim.

Einmal vertraute er seinem Tagebuch an:

„Heute nacht kann ich fast nicht schlafen. Wenn sich nur die Hunde erst wieder ausgeruht hätten, um wieder aufzubrechen! Immer muß ich daran denken, wie ich es aushalte, wenn etwa ein unüberwindliches Hindernis, offenes Wasser, unpassierbares Eis oder ungeheurer Schneefall, mich jetzt, wo alles so vielversprechend aussieht, aus der Bahn wirft."

Pessimismus war auf die Dauer nicht Pearys Sache. So trieb er seine Leute und erst recht die Hunde zur Eile an und ging, so gut er es vermochte, den anderen voraus.

Trotz enormer Anstrengungen sollte er jedoch sein Ziel auch im Jahre 1906 nicht erreichen und der 21. April – wie bereits 1902 – noch einmal zum Schicksalstag seiner Expedition werden. Bis zum frühen Nachmittag gelangte man zu einem Punkt, den noch kein Mensch bisher erreicht hatte: 87° 6' nördlicher Breite.

Die Freude über diesen Triumph hielt nur Minuten an, gleich darauf ging es bereits um Leben und Tod. Mit einem Schlage verfinsterte sich der Himmel. Ein Orkan kam donnernd heran. Von Süden her vernahmen die aufgeschreckten Männer lautes Krachen und Knacken: die Meeresströme rissen das Eis auseinander. Niemand wußte zu sagen, wann und unter welchen Umständen man aus diesem Chaos herauskommen würde. In der Tat schien die Lage aussichtslos zu sein. Der Pol lag etwa vierhundert Kilometer entfernt, und bis zur nächsten Küste mochten es mindestens sechshundert sein. Und zwischen Nordpol und Küste kämpfte ein Häuflein Männer gegen die entfesselten Elemente ums nackte Überleben!

Peary tat alles, um keine Panik aufkommen zu lassen. Zuerst ging es zurück in Richtung Grantland. Vorsichtig schritten die Männer über dahintreibende Schollen. Ein unbedachter Schritt, und schon müßten sie das mit dem Leben bezahlen. Unter dem schwammigfeuchten Eis wurde schwarzes Meerwasser wie ein Abgrund sichtbar. Nach etlichen Tagen war die schlimmste Gefahr fürs erste ausgestanden. Der Orkan hatte sich gelegt und das Eis wieder festere

Formen angenommen. Dafür eine neue Entdeckung: Der Rückzug nach Kap Hecla war abgeschnitten, niemals würde man dort ankommen. Das Eis, auf dem Peary und seine Leute standen, driftete in sehr raschem Tempo auf Grönland zu.

In dem heillosen Durcheinander nach dem 21. April hatte der Commander den größten Teil seiner Lebensmittelvorräte und viele Hunde eingebüßt. Die verbliebenen Tiere dienten nun als Nahrung, wurden nach und nach gegessen. Nach dem letzten konnten die Tage bis zum grausigen Ende gezählt werden ...

Gottlob, dazu kam es nicht. In Höhe von Kap Neumayer an Grönlands Nordküste fand die unfreiwillige Schollenfahrt ihr Ende. Erschöpft und ausgehungert gingen die Männer an Land. Als gerettet durften sie sich noch nicht betrachten, denn vor ihnen lag der Marsch zur dreihundert Kilometer entfernten Lady-Franklin-Bucht, an der die „Roosevelt" wartete. Dreihundert lange Kilometer, und man besaß kein Stück Brot und keinen Hund mehr.

Ein Eskimo rief plötzlich: „Oomingmuksue!"

Moschusochsen waren da. Einer der Bullen bereitete sich schon auf den Angriff vor. Das bedeutete gewiß Gefahr, verhieß aber eine reichliche Mahlzeit. Peary ergriff blitzschnell sein Gewehr und streckte das Tier mit einem einzigen Schuß nieder. Donnernde Hochrufe begleiteten den Meisterschuß. Gleich darauf zückten die Männer ihre Messer und schnitten sich aus dem noch dampfenden Fleisch die saftigsten Stücke heraus, die sie im Rohzustand vertilgten, was auch Peary keine Überwindung mehr kostete.

Der Marsch zum Schiff ließ sich jetzt leichter ertragen.

Einen Monat später, kaum wieder zu Kräften gelangt, unternahm Robert Edwin Peary eine ausgedehnte Schlittenreise, wobei er die gesamte Küste des Grantlandes befuhr und erkundete. Daß der Nordpol ihn auch diesmal wieder abgewiesen hatte, schmerzte wie eine tiefe Wunde.

Im Dezember 1906 sah er die Heimat wieder.

Am 6. Mai 1908 beging Commander Robert Edwin Peary seinen zweiundfünfzigsten Geburtstag. Der „Peary Arctic Club" veranstaltete ihm zu Ehren im luxuriösen Hotel Walldorff-Astoria ein Festessen. Peary bedankte sich für die Glückwünsche und erklärte danach:

„Meine Nordpolpläne habe ich nicht aufgegeben. Ja, ich kann heute sogar mit ziemlicher Sicherheit sagen, daß ich den Pol erreichen werde. Mich hat aber die Erfahrung gelehrt, daß man es vollkommen anders machen muß als bisher. Ich werde also mit einer größeren Anzahl von Männern in fünf Etappen vorgehen. Die erste Gruppe eröffnet den Vormarsch und bahnt der zweiten den Weg.

Nachdem diese abgelöst ist, geht die dritte vor, nach ihr die vierte. Die zurückgelegte Strecke wird sorgfältig markiert, unterwegs werden Vorratslager angelegt und Iglus gebaut. Auf diese Weise kann dann die letzte Gruppe einigermaßen ausgeruht und ohne die bisher üblichen Strapazen und Schwierigkeiten den Pol direkt angehen und für unser Land in Besitz nehmen."

Das klang einleuchtend. Klar war auch, daß Peary nicht mit der ersten, sondern mit der letzten Gruppe marschieren würde. Ihm gebührte schließlich die Ehre, als erster am Nordpol anzukommen.

Im Januar 1909 fuhr Peary erneut in die Arktis. In der Lady-Franklin-Bucht am nördlichen Ausgang des Kennedy-Kanals ließ er die „Roosevelt" festmachen. Das umfangreiche Gepäck verlud man auf vierzig Schlitten und brachte es unverzüglich nach Kap Columbia an der Nordseite von Grantland, siebzig Kilometer vom seinerzeitigen Lager auf Kap Hecla entfernt. Der Nordpol befand sich sehr weit von hier, mehr als achthundert Kilometer.

Am 1. März 1909, morgens um acht, versammelte der Commander seine Leute um sich und sagte ihnen nur einen einzigen Satz: „In fünf Wochen stehe ich am Großen Nagel!"

Unmittelbar darauf begann eines der verwegensten Abenteuer der neueren Entdeckungsgeschichte. Die Karawane setzte sich in Bewegung. Zu Pearys Aufgebot gehörten 24 ausgesuchte Männer und 144 Hunde, die 21 Schlitten zu ziehen hatten.

Zunächst übernahm Peary selbst die Führung. Um seine Füße stand es noch immer schlecht, doch er hielt sich tapfer. Vielleicht dachte er gerade grimmig an jenen gehässigen Artikel, der im Jahre zuvor in einem New-Yorker Skandalblatt gestanden hatte. Ein Krüppel wie Peary, war zu lesen gewesen, sollte sich doch nicht einbilden, den Nordpol erstürmen zu können. Dazu, nicht weniger gehässig, gehörte eine Karikatur: Ein lahmes Pferd nahm am Rennen um den Großen Preis von Indianapolis teil. Diese Frechheit verletzte Peary tief. Vielleicht schöpfte er aber gerade daraus seinen unbändigen Mut, es noch einmal versuchen zu wollen.

Am Nachmittag ließ der Commander sich zurückfallen und schickte die aus fünf Männern bestehende erste Gruppe nach vorn.

Die Temperaturen fielen. Wie Peary in seinem Tagebuch festhielt, betrugen sie am ersten Tage minus 38 Grad Celsius.

Da die Kälte nicht nachließ, blieben die Folgen nicht aus. Nach zehn Tagen mußte Peary zwei seiner Begleiter nach Kap Columbia zurückschicken, sie hatten sich Hände und Füße erfroren. Einen Betreuer gab der Commander ihnen nicht mit, denn er glaubte, sich das nicht leisten zu können. Unentwegt trieb er seine Männer vorwärts. Einmal betrug die tägliche Marschleistung vierzig Kilometer, allerdings war das eine Ausnahme.

Die Schwierigkeiten häuften sich. Schneetreiben und Kälte setzten den Männern hart zu, aber das war ja auf allen Polarexpeditionen so gewesen. Die meisten litten an gelegentlichen Schwächeanfällen, unter Kopfschmerzen und Magenkrämpfen. Zu Peary durften sie mit solchen Beschwerden nicht kommen, er hatte kein Ohr dafür.

„Vorwärts, Männer!" feuerte er sie an. „Der Pol erwartet uns."

Pearys Rechnung schien diesmal aufgehen zu wollen. Die einzelnen Gruppen erfüllten die ihnen gestellten Aufgaben. Nach drei Wochen begegnete Peary Professor Marvin, dem Leiter der dritten Gruppe, die sich bereits auf dem Rückmarsch befand.

„Gute Heimkehr nach Kap Columbia", sagte Peary, „und auf ein baldiges Wiedersehen!"

Es gab kein Wiedersehen. Einige Kilometer weiter riß das Eis urplötzlich auf, und Professor Marvin versank in der Tiefe ...

Weiter. Nicht nachlassen. Diesmal wird es geschafft! Peary versuchte sich selbst zu bestärken.

Ende März 1909 hatten sie fünfhundert Kilometer zurückgelegt. Der Commander stand bei 87°47′ nördlicher Breite. Das war absoluter Rekord. Nun wußte Robert Edwin Peary, daß er es schaffen würde.

„Jetzt kam die Zeit, für die ich all meine Energie aufgespart hatte, die Zeit, für die ich 22 Jahre gearbeitet hatte, für die ich ein einfaches Leben geführt, für die ich trainiert hatte wie für ein Rennen ...", hielt er in seinem Tagebuch fest.

Er war nicht bereit, andere an seinem Triumph teilhaben zu lassen, wählte vier Eskimos und seinen Diener Henson aus, die mit ihm die letzte Gruppe bilden sollten. Sie waren keine Weißen, zählten also in Pearys Augen nicht. Die anderen schickte er zurück.

Kapitän Barlett, der die vierte Gruppe bis auf weniger als zweihundert Kilometer an den Pol herangeführt hatte, begehrte auf: „Sir, das können Sie mit mir nicht machen. Ich habe mich vom Dienst beurlauben lassen, meine Familie verlassen, um mit Ihnen zum Nordpol zu gehen. Da wollen Sie mir jetzt den Laufpaß geben?"

Peary blieb hart. „Es geht nicht anders. Ich befehle Ihnen, nach Kap Columbia zu marschieren und dort auf mich zu warten."

Mit seiner Begleitung, vierzig Hunden und Proviant für vierzig Tage auf dem Schlitten begab sich Peary am 2. April 1909 auf die Schlußetappe. Bald überschritt er den 89. Breitengrad. Am 5. April in den frühen Abendstunden nahm er eine Ortsbestimmung vor. Das Resultat: 89°57′ nördlicher Breite.

Nur noch sechs Kilometer bis zum Nordpol! „Ein Katzensprung", sagte Henson und wollte weitergehen. Doch was war plötzlich mit dem Commander los? Peary, dieser bärenstarke Mann, der so viele Schlachten im ewigen Eis geschlagen hatte, drohte umzufallen. Zwei Eskimos stützten ihn.

„Der Pol ist ganz nahe", flüsterte Peary, „aber ich habe nicht mehr die Kraft, die letzten Schritte zu tun. Ich will ausruhen. Laßt mich schlafen."

Die Eskimos bauten einen Iglu. Henson kochte Tee, und schon bald schlief Peary den Schlaf der Gerechten.

Am nächsten Morgen, dem 6. April 1909, betrug die Temperatur 26 Grad minus. Die Sonne schien. Was für ein herrlicher Tag! Und Peary, wieder erholt, schritt voran.

Nur noch einen Kilometer bis zum Pol, fünfhundert Meter, hundert.

Mit einer Handbewegung wies Peary seine Begleiter an, sich im Hintergrund zu halten. Das letzte, das allerletzte Stück wollte er allein gehen. Er blickte zum Himmel hinauf, warf den verdammten Krückstock fort, nahm seine Pelzmütze ab, zog die Handschuhe aus und schritt nun mit ausgebreiteten Armen auf sein Ziel zu.

Der Nordpol war gefallen!

Als Robert Edwin Peary seiner Erregung einigermaßen Herr geworden war, blickte er um sich.

„So wenig ist das nur?" fragte er. Er sah nichts als Eis und Schnee.

Später fertigte er eine Urkunde an, legte sie in eine Zinnbüchse, die er im Eis vergrub. Der Text lautete:

„90 Grad, Nordpol, den 6. April 1909. Ich habe heute die Staatsflagge der Vereinigten Staaten von Amerika an dieser Stelle gehißt, die nach meinen Feststellungen die nordpolare Achse der Erde ist, und ich habe im Namen des Präsidenten der Vereinigten Staaten von Amerika förmlich von der ganzen Gegend und Umgegend für diese Besitz genommen. Ich hinterlasse diese Urkunde und eine Skizze der Vereinigten Staaten als Besitzzeichen. Robert E. Peary von der Marine der Vereinigten Staaten."

Und in sein Tagebuch schrieb er:

„Es gibt hier keinen Norden, Osten oder Westen. In allen Richtungen ist Süden. Jeder Windhauch, gleich, woher er kommt, ist Südwind. Ein Tag und eine Nacht sind hier ein ganzes Jahr, und hundert solcher Tage und Nächte gleichen einem Jahrhundert."

Dreißig Stunden blieb Peary auf dem Nordpol, und die ließ er nicht ungenutzt. Er, sein Diener Henson und die Eskimos schwärmten kilometerweit nach allen Seiten aus und trieben an

zahlreichen Stellen Metallpfähle in das Eis. Niemand sollte später behaupten können, Peary wäre nicht am Pol gewesen. Sogar darum sorgte er sich jetzt.

Der Rückmarsch erfolgte im Eiltempo. Das Wetter hielt sich gut, und das Eis erschien über längere Strecken glatt wie eine Asphaltstraße. Die Hunde jagten darüber hinweg. Geschlafen wurde nur wenig. Schon am 23. April 1909 traf Peary wieder auf Kap Columbia ein. Sogleich ließ er das Lager binnen weniger Stunden abbrechen, und nun ging es in einem Gewaltmarsch zur Lady-Franklin-Bucht, wo die „Roosevelt" auf sie schon wartete. Die Heimreise wurde unverzüglich angetreten. Ja, Peary hatte es mit einemmal sehr eilig, die Arktis zu verlassen. Die besten Jahre seines Lebens hatte er dort verbracht und sich alles abverlangt. Nun sollte die Welt von seinem Triumph erfahren.

Unterwegs lief die „Roosevelt" Annoatok an, einen kleinen Ort in Nordwestgrönland. Hier hielt sich derzeit Knud Rasmussen auf. Und von ihm, diesem unermüdlichen Eskimoforscher, erhielt Peary eine vernichtende Nachricht, die ihn fast zu Boden streckte:

Dr. Cook sei kürzlich in Annoatok gewesen und habe erklärt, am

389

21. April 1908 den Nordpol erreicht zu haben. Also dreihundert-fünfzig Tage vor Peary. Inzwischen sei er auf einem Walfänger nach Kopenhagen weitergefahren, wo man ihn jetzt gewiß gebührend feiern würde. Cook vor ihm am Großen Nagel? Peary konnte sich das nicht vorstellen. Sollte alles umsonst gewesen sein?

„Aber er war nicht dort", erwiderte Peary noch immer wie betäubt. „Er hätte doch irgend etwas zurückgelassen. Einen Fahnenmast, leere Proviantkästen oder ein anderes Zeichen. Ich habe nichts der-gleichen am Nordpol gefunden."

Was war also geschehen?

Nach Dr. Cooks eigenem Bericht folgendes:

August 1907. An Bord einer Jacht, die dem amerikanischen Mil-lionär John R. Bradley gehörte, trafen Dr. Cook und sein Freund Rudolf Franke in Annoatok ein. Während Bradley sich bald wieder verabschiedete, bereiteten sich Cook und Franke darauf vor, im kommenden Frühjahr den Sturm auf den Nordpol zu unternehmen. Sie machten reiche Jagdbeute, legten Vorratslager an, bauten aus mitgebrachtem Nußbaumholz mehrere Schlitten und handelten bei den Eskimos Polarhunde ein. Ende Januar 1908 erkrankte Franke so schwer, daß er an dem Marsch nicht teilnehmen konnte. Mit zu-nächst elf Eskimos und elf Schlitten, von einhundert Hunden gezo-gen, machte sich Dr. Cook am 19. Februar 1908 auf den Weg, der über den Smithsund und die Ellesmereinsel nach Kap Svartevoeg auf Axel-Heiberg-Land führte. Dort angekommen, entließ Cook den größten Teil seiner Begleiter, wählte lediglich zwei Eskimos und 24 Schlittenhunde aus, mit denen er das Abenteuer eröffnete. Der schwierige Marsch über das Eis zog sich in die Länge. Erst am 21. April 1908 erreichte Dr. Cook den Pol, wo er zwei Tage lang blieb und das Sternenbanner hißte.

Schon bald, nachdem der Rückmarsch angetreten worden war, geriet Cook in eine Eisdrift, die ihn von der vorgesehenen Route abtrieb.

„Ich erwachte unerwartet, und mit Verwunderung hörte ich eine Serie donnerähnlicher Geräusche mit einem Echo. Ich fühlte, daß das Eis, auf dem ich lag, erzitterte. Der Kopf drehte sich mir wie bei der Seekrankheit. Als ich an die Decke meines Schneehauses blickte, sah ich zu meinem Erstaunen den freien Himmel. Die hef-tige Bewegung des Eises hatte meinen Iglu zerstört. Ich fiel in das eiskalte Wasser und wäre ganz bestimmt ertrunken, hätten mich meine beiden wackeren Begleiter nicht sofort gerettet."

Wegen dieser Eisdrift traf Dr. Cook, halbverhungert und vollstän-dig zerlumpt, erst mit einjähriger Verspätung wieder in Annoatok ein, etwa zur selben Zeit, als Peary auf dem Nordpol die Fahne der USA aufzog und sich im Bewußtsein eines Siegers sonnte.

Nach der Rückkehr der beiden Polarforscher in die Heimat geschahen Dinge, die die Polarforschung vorübergehend in den schlimmsten Verruf brachten. Peary und Cook beschuldigten sich vor aller Öffentlichkeit, Lügner, Betrüger und Aufschneider zu sein. Die von Dr. Cook gemachten Angaben über die Eisdriften zwischen Axel-Heiberg-Land und dem Nordpol und die Beschaffenheit des Eises am 88., 85. und 84. Breitengrad wurden als Hirngespinste abgelehnt. Überhaupt hatte Cook keine Chance, in diesem würdelosen Streit zu bestehen. Hinter Peary, den man gleich nach seinem Wiedereintreffen in New York ehrenhalber zum Admiral beförderte, standen die einflußreichen Mitglieder des „Peary Arctic Club" und eine allmächtige Presse, die dafür sorgte, aus ihm einen Helden der Nation, aus seinem Konkurrenten dagegen den größten Schwindler des Jahrhunderts zu machen. Obendrein widerfuhr Dr. Cook das Unglück, wegen angeblicher betrügerischer Grundstücksspekulationen mehrere Jahre eingesperrt zu werden. Vom Zuchthaus aus konnte er sich nicht wehren.

Später stellte sich überzeugend seine Unschuld heraus.

In den fünfziger, sechziger und siebziger Jahren beschäftigten sich mehrere Wissenschaftler mit den von Dr. Cook vorgelegten Berichten und fanden nichts an ihnen auszusetzen.

John Fletscher, Leiter der amerikanischen driftenden Eisinsel T 3, sagte nach Abschluß einer von ihm geleiteten Drift durch das zentrale Polarbecken:

„Ich kann mir nicht vorstellen, daß Cook gelogen haben soll. Er hätte unmöglich einen Bericht auf der Grundlage jener Kenntnisse über die Eisverhältnisse und die Drift im arktischen Becken fabrizieren können, wie wir sie jetzt auch vorgefunden haben."

Und Professor A. E. Trjoschinikow, Direktor des Arktischen und Antarktischen Forschungsinstituts beim Ministerrat der UdSSR, erklärte 1972 in Moskau:

„Es ist unvorstellbar, daß ein Mensch, der nicht in der zentralen Arktis war, sich viele Naturerscheinungen ausdenken und beschreiben konnte, die für das zentrale arktische Becken charakteristisch sind. Die Verdienste Frederick Albert Cooks als Polarforscher erfordern historische Gerechtigkeit."

Ob Dr. Frederick Albert Cook aber auch wirklich am Nordpol gewesen war, bleibt bis auf den heutigen Tag ungewiß. Vollkommen vereinsamt und verarmt, von seiner Mitwelt oft auch verspottet und verachtet, starb er am 5. August 1940 in New Rochelle.

Robert Edwin Peary, der gefeierte Held der amerikanischen Nation, starb am 20. Februar 1920.

21. KAPITEL

274 Tage und Nächte Drift

*Sowjetische Expedition unter Iwan Dmitrijewitsch Papanin
driftete 1937/38 vom Nordpol nach Grönland*

Einige Jahre waren vergangen seit der sensationellen Erstürmung des Nordpols durch Peary und seine Expedition. Inzwischen konnte auch die Polarforschung weitere Fortschritte und Erfolge erzielen. Die Wissenschaft und namentlich die Technik hatten sich weiterentwickelt, was der Arbeit unter den extremen polaren Bedingungen wesentlich zugute kam.

Am 21. Mai 1937, um 11.55 Uhr, landete auf 89°43′ nördlicher Breite eine schwere Transportmaschine vom Typ N-170. Ein ungewöhnliches Ereignis, denn bislang hielt man es für nahezu ausgeschlossen, daß Flugzeuge in so unmittelbarer Nähe des Nordpols landen könnten. Tatsächlich hatte der Pilot M. Wodopjanow eine Bravourleistung vollbracht.

Das Landungsgebiet war eine Eisscholle von zwölf Quadratkilometern. Der Maschine entstiegen mehrere Männer mit fröhlichen Gesichtern. Am Nordpol gelandet, das sollte ihnen erst einmal jemand nachmachen! Unter ihnen befand sich Iwan Dmitrijewitsch Papanin. Er hatte von seiner Regierung den Auftrag erhalten, auf dieser Eisscholle eine Polarstation zu errichten, um die in der hiesigen Region vermuteten Driften zu erkunden und sich von der Eisströmung in den nördlichen Atlantik treiben zu lassen. Ihm und seinen drei Begleitern stand ein höchst gefährliches Abenteuer bevor. Papanin sagte über den Zweck seiner Reise:

„Die Forderung, den Nördlichen Seeweg nutzbar zu machen und die ausgedehnten Polargebiete für die normale Schiffahrt zu erschließen, sowie die Notwendigkeit, die angrenzenden riesigen Weiten des hohen Nordens auch ökonomisch zu entwickeln, verlangen Kenntnis über die Natur des zentralen Polarbeckens. Ohne das Wissen um die hydrologischen Verhältnisse und die Strömungen im Nordpolarmeer, ohne Kenntnis der Gesetzmäßigkeiten der Eisdrift und der synoptischen Vorgänge im zentralen Gebiet der Arktis ist es unmöglich, einigermaßen zuverlässige langfristige Prognosen über die Eisverhältnisse und das Wetter in den arktischen Randmeeren zu erarbeiten, durch die der Nördliche Seeweg führt.

Doch kann man Material über einen längeren Zeitraum hinweg nur auf einer wissenschaftlichen Station im Polargebiet sammeln."

Unmittelbar nach der glücklichen Landung nahm Papanin über Funk Verbindung zu der zum Franz-Joseph-Land gehörenden Rudolfinsel auf. Dort standen zwei weitere Maschinen startklar. Nun flogen sie unverzüglich in Richtung Nordpol los. Ein paar Stunden später landeten sie ebenfalls wohlbehalten auf der Eisscholle. Sie brachten neun Tonnen Ausrüstung mit, die aus technischem Gerät, einer Stromanlage, wissenschaftlichen Meßinstrumenten, Zelten, Gewehren, Booten, Polarbekleidung, Schlitten und Ersatzteilen bestand. Die Proviantmenge belief sich auf etwa drei Tonnen. In verlöteten Blechkanistern befanden sich Butter, Reis, Speck, Preßkaviar, Wurst, Käse, Mehl, Zwieback, Fleischkonserven, Milch- und Eipulver, Kaffee, Tee, Schokolade, Vitamin C, Gewürze, Suppenkonzentrat, auch etliche Flaschen Wodka und Kognak.

„Der Genuß von Kognak", sage Papanin mit einem breiten Grinsen und verriet damit zugleich einen Geheimtip, „übt in der Arktis eine nervenberuhigende Wirkung aus."

Das Ausladen dauerte mehrere Tage. Schließlich erhoben sich die drei Maschinen der Reihe nach wieder in die Luft und traten den Heimflug an.

Iwan Dmitrijewitsch Papanin und seine drei Gefährten winkten den davonfliegenden Kameraden nach. Für sehr lange Zeit würden sie nun auf sich allein gestellt sein.

„Wir wollen Tee trinken und dann mit der Arbeit beginnen", sagte Papanin entschlossen.

So nahm nun das Leben auf der driftenden Station „Nordpol 1" seinen Lauf. Wer waren diese vier Männer, die die sowjetische Regierung für würdig und geeignet auswählte, das wichtige Unternehmen in Angriff zu nehmen?

Iwan Dmitrijewitsch Papanin wurde am 14. November 1894 in Sewastopol geboren. Zwischen 1918 und 1920 kämpfte er als Soldat der Roten Armee gegen weißgardistische Banden und ausländische Interventen. Danach bekundete er großes Interesse, an der Erschließung des Nördlichen Seeweges mitzuarbeiten. Er erblickte darin seine Lebensaufgabe. Nach einem mehrjährigen Studium, unter anderem der Physik, arbeitete er als Leiter von Polarstationen auf Franz-Joseph-Land und an dem schwer zugänglichen Kap Tscheljuskin. Über seine Erkenntnisse veröffentlichte er mehrere Artikel, die in Fachkreisen Beachtung und Anerkennung fanden. Es überraschte daher nicht, daß die Wahl auf ihn fiel, als man einen Leiter für die Station „Nordpol 1" suchte.

Bekanntschaft mit dem ewigen Eis hatten auch seine drei Begleiter gemacht: Der Hydrobiologe Pjotr Petrowitsch Schirschow erhielt die Verantwortung für die ozeanologischen Forschungsarbeiten übertragen. Der Geophysiker Jewgeni Konstantinowitsch Fjodorow kam ebenfalls mit Erfahrungen von Franz-Joseph-Land. Ihm oblag es, erdmagnetische und astronomische Untersuchungen vorzunehmen. Als Funker, Techniker, Klempner, Elektriker, also als Mädchen für alles, fungierte Ernst Theodorowitsch Krenkel. An ihm bewunderten die Kameraden nicht zuletzt seine unerschütterliche Ruhe. Krenkel hatte, ehe er zu Papanin stieß, als Funker an mehreren Langstreckenflügen durch die Arktis teilgenommen.

Unverzüglich begann man mit den wissenschaftlichen Arbeiten. So analysierte Fjodorow zweimal am Tage die klimatischen Bedingungen, und Krenkel funkte die Ergebnisse als arktischen Wetterbericht sogleich zur festen Station auf der Rudolfinsel. Körperliche Schwerstarbeit wartete auf Schirschow. Ehe er die ozeanographischen Messungen vornehmen könnte, mußte er tiefe Löcher in das Eis schlagen, durch die er später die Meßseile hinabließ. Die Messungen brachten stets unterschiedliche Resultate. An der einen Stelle betrug die Tiefe des Arktischen Ozeans 4374, an einer anderen dagegen nur 2761 Meter. Zwischen diesen Werten bewegten sich in der Regel auch die anderen Messungen. Damit war erwiesen, daß es im Arktischen Ozean unterschiedliche Meerestiefen gab. Von seichten Stellen, wie zahlreiche Wissenschaftler bislang angenommen hatten, konnte also nicht die Rede sein.

In den ersten dreißig Tagen auf der Eisscholle hatten sich Papanin und seine drei Kameraden allerdings um erheblich mehr zu kümmern als nur um das Gelingen ihrer wissenschaftlichen Tätigkeit. „Nordpol 1" mußte eingerichtet werden. Zunächst kam es darauf an, die gesamte Ausrüstung sturmsicher unterzubringen. Zu diesem Zweck baute man nach Art der Eskimos mehrere Iglus, denen auch der stärkste Sturm nichts anhaben konnte. Die Küche brachte man in einem Zelt unter, in dessen Nähe mehrere Lebensmitteldepots angelegt wurden. In der ersten Zeit aßen sie nicht nur Konserven, sondern auch frisches Fleisch. Papanin baute einen Kühlschrank aus Eis, in dem er das mitgebrachte Fleisch eines zwei Zentner schweren Kalbes und etlicher Ferkel verstaute. Andere Zelte beherbergten die Funkstation und die Labors. In einem weiteren Zelt richteten sich die Männer das „Wohnzimmer" der Station ein. Ihr Mobiliar bestand aus einem Tisch und vier Kisten als Sitzgelegenheiten. Als Paradestück mußte das Grammophon angesehen werden. Allerdings stimmten die musikalischen Interessen nicht überein, und das führte gelegentlich zu ironischen Bemerkungen. Papanin beispielsweise schwärmte für flotte Märsche, während

Krenkel von früh bis abends Schlager hören konnte. Dagegen waren Schirschow und Fjodorow als Repräsentanten der höheren Wissenschaften nur für klassische Musik zu haben – Tschaikowski, Chopin, Beethoven.

Die ersten Wochen vergingen ohne nennenswerte Vorkommnisse.

Eine wesentliche Frage galt der Drift. Sie trieb, wie Fjodorow schon bald feststellte, auf Grönland zu. Freilich tat sie das nicht geradlinig, sondern in einem recht merkwürdigen, schwer zu berechnenden Zickzackkurs. Auch ihre Geschwindigkeit war unterschiedlich. An manchen Tagen betrug sie ganze sechshundert Meter, dann wieder zwei Kilometer. Als ähnlich wechselhaft erwiesen sich die Temperaturen. Morgens registrierte man höchstens zehn Grad unter Null, mittags manchmal nur zwei, in den Nächten dagegen gleich bis zu dreißig.

Die relativ hohen Tagestemperaturen verleiteten naturgemäß zu der Frage, ob hier, am 88. Breitengrad, noch Leben möglich sei. Die offizielle Lehrmeinung hatte dies bislang stets entschieden verneint. Schirschow warf ein Planktonnetz aus und holte aus einer Tiefe von tausend Metern zahlreiche winzige Tiere nach oben. In Wassergläsern, in denen man sie aufbewahrte, lebten sie noch tagelang.

Mitunter wurde das idyllisch scheinende Bild getrübt. Namentlich dann, wenn urplötzlich ein Blizzard heranraste, der die gesamte Station erschütterte und mit gewaltigen Schneemassen zudeckte. Dann hatten die vier Männer stundenlang mit Schneeräumen zu tun.

Den Küchendienst mußte Papanin bereits nach den ersten Tagen ändern. Zunächst hatte er vorgesehen, daß abwechselnd jeder als Koch an die Reihe kam. Am Ende blieben aber nur Papanin und Krenkel übrig. Schirschow brachte zwar ansehnliche Omeletts zustande, weil das sein Lieblingsgericht war, doch zu mehr reichte es beim besten Willen nicht. Fjodorow konnte nicht einmal das.

„Und da heißt es immer, daß Intelligenzler auch gute Köche seien", spottete Iwan Dmitrijewitsch Papanin.

Zu der ersten wirklichen Aufregung kam es in den frühen Morgenstunden des 1. August 1937.

Während die anderen noch schliefen, hielt Krenkel Wache. Plötzlich bemerkte er, wie sich einige Schatten auf ihn zubewegten. Er begriff sofort, was das zu bedeuten hatte.

„Eisbären sind da!" rief er. „Kommt schnell!"

Sein Ruf blieb nicht ungehört. Papanin und Fjodorow waren zuerst wach. Instinktiv griffen sie nach ihren Jagdflinten und stürm-

395

ten los ins Freie, wo ihnen die Arktis gleich einen kräftigen und eisigen Morgengruß ins Gesicht blies.

„Was ist los? Warum habt ihr es so eilig?" fragte Schirschow schlaftrunken.

„Besuch ist gekommen."

Zuerst blickten Papanin und Fjodorow zu Krenkel. Er stand mit ziemlich weichen Knien da. Der unangemeldete Besuch hatte ihn arg durcheinandergebracht. Gleich darauf sahen sie am Eingang von Schirschows Laborzelt eine Eisbärin mit zwei Jungen. Offenbar waren die Tiere mit friedlichen Absichten gekommen, wollten den Bewohnern von „Nordpol 1" vielleicht bloß einen Besuch abstatten, wenigstens gab die Bärin keinerlei Angriffslust zu erkennen. Papanin hielt es trotzdem für notwendig, sie sich vom Halse zu schaffen. Deshalb feuerte er ein paar Schüsse in die Luft, worauf sich die ungebetenen Gäste trollten und im Morgendunst verschwanden.

„Mit Eisbären müssen wir immer rechnen", sagte Papanin, „deshalb lassen wir ab sofort größte Wachsamkeit walten."

Inzwischen war auch Schirschow aus dem Zelt getreten. „Bärenfleisch wäre nicht schlecht", mischte er sich in das Gespräch ein. „Ich bin dafür, Jagd auf Bären zu machen."

Dem wurde zugestimmt. Nach Erledigung einiger laufender Arbeiten unternahmen die Männer bereits am Vormittag einen Jagdausflug. Außer Ärger brachte er aber nichts ein. Fjodorow rutschte aus und verstauchte sich den linken Fuß. Er fluchte. Da er aus dem Kaukasus kam, konnte er das besonders überzeugend.

Drei Tage später entdeckten die Männer eine Bartrobbe. Sie war fett, bewegte sich gemütlich dahin und mochte ein Gewicht von dreißig Kilogramm haben. Ein weiterer Beweis, daß es rund um den Nordpol Leben gab.

Ernst Theodorowitsch Krenkel verbrachte gemäß seiner Hauptfunktion die meiste Zeit des Tages am Funkgerät. Regelmäßig gab er die von Papanin abgezeichneten Laborberichte durch. Sie enthielten gewöhnlich zahlreiche neue wissenschaftliche Fakten. Manchmal mußte er auch längere, für die Presse bestimmte Artikel funken. So wurde Fjodorow zum Beispiel mehrmals von der „Komsomolskaja Prawda" gebeten, über seine Eindrücke auf der treibenden Eisscholle zu berichten. Fjodorow tat sich damit schwer, schließlich war er kein Journalist. Am Ende brachte er doch einen Beitrag zustande, und Krenkel gab ihn nach Moskau durch. Erst recht wollte man in Moskau etwas von Iwan Dmitrijewitsch Papanin als Autor lesen. Bei ihm meldeten sich TASS, „Prawda", und „Istwestija". Papanin schrieb recht flott und kam den Wünschen nach. Trotzdem war es ihm mitunter zuviel.

„In Moskau", klagte er, „scheinen einige Leute vergessen zu haben, daß wir hier ganz andere Aufgaben haben, als ihre Zeitungsspalten zu füllen."

Stundenlang schaltete Krenkel das Gerät auch auf Empfang. Einmal täglich kamen aus der Hauptstadt die „Neuesten Nachrichten", die man speziell für die Bewohner von „Nordpol 1" zusammenstellte. Sie informierten Papanin und seine Gefährten jederzeit darüber, was jenseits ihrer driftenden Scholle geschah. Nicht immer handelte es sich um erfreuliche Informationen. So stand in jenen Tagen das spanische Volk in einem erbarmungslosen Kampf gegen die faschistischen Putschisten um General Franco. Die ganze fortschrittliche Welt nahm daran Anteil. Und so auch die vier Männer von „Nordpol 1".

Indes, an erfreulichen Nachrichten herrschte auch kein Mangel. Am 9. August 1937 in aller Frühe kam aus Moskau die Nachricht, daß Pjotr Petrowitsch Schirschow Vater geworden war. Der staunende Hydrobiologe hatte die Freudennachricht noch gar nicht richtig erfaßt, da wurde sie Minuten später präzisiert: „Das Neugeborene ist ein Mädchen, wiegt fast neun Pfund, und die Mama ist wohlauf."

Mit dem Gesundheitszustand der Männer auf der driftenden Eisscholle stand es hingegen nicht immer zum besten. Papanin, sonst unverwüstlich, litt plötzlich unter rheumatischen Beschwerden. Schirschow verspürte eines Nachts heftige Ohrenschmerzen. Bei Krenkel machten sich Störungen der Herztätigkeit bemerkbar. Das waren höchst unwillkommene Erscheinungen. Einer derart kleinen Gruppe konnte man natürlich keinen eigenen Expeditionsarzt bewilligen. Wer es auf sich nahm, auf einer Eisscholle durch die Arktis zu reisen, mußte im Krankheitsfalle auch unangenehme Situationen meistern.

Vor Beginn des Unternehmens hatte sich Schirschow in einem Leningrader Krankenhaus einige medizinische Kenntnisse angeeignet. Er mußte dort sogar Eiterbeulen aufschneiden und andere chirurgische Eingriffe probieren, natürlich nur kleinere. In seinem Gepäck befanden sich darum zahlreiche Skalpelle und Nadeln. Ihr Anblick löste bei den Gefährten Unbehagen und Mißtrauen aus.

„Bleib mir bloß mit diesen Fleischerwerkzeugen vom Halse", spöttelte Papanin. „Du willst mir einen Splitter rausziehen und schneidest mir aus Versehen den Blinddarm weg. Das erlebe ich noch."

Als Chirurg brauchte sich Schirschow glücklicherweise nicht zu bewähren. Er vermochte das auch gar nicht, denn er erkrankte selbst.

Zum Glück hatte Fjodorow, von den anderen Shenja genannt, als Komsomolze einmal einen Erste-Hilfe-Lehrgang besucht. So konnte er nunmehr in den Rang eines Expeditionsarztes erhoben werden. Er behandelte seine Patienten mit Tropfen und Salben, die er in der Sanitätskiste fand. Ob es sich auch um die richtigen Tropfen und Salben handelte, wußte er im Einzelfalle auch nicht immer zu sagen. Aber das war gar nicht notwendig. Die Überzeugung, sich bei Shenja in den richtigen Händen zu befinden, übte auf die Kranken einen wohltuenden psychologischen Effekt aus. Sie wurden wieder gesund und arbeitsfähig.

Erstaunlich gut hielt sich das Wetter. Am 2. September 1937 machte Papanin folgende Eintragung in sein Tagebuch:

„Dieser Tag war außerordentlich schön. Blendendhelle Sonne, blauer, unendlicher Himmel. Sonnenaufgang um vier Uhr morgens. Ernst, der nachts alles beobachtete, was um uns herum vorging, weckte Shenja, damit er eine astronomische Ortsbestimmung machen konnte. Shenja verließ mit dem Theodoliten das Zelt und machte dann einen Skiausflug rund um die Scholle. Bald erhob auch ich mich, um die Eisscholle zu inspizieren. Sie muß ständig beobachtet werden. Als ich an den Rand der Scholle gelangte, erblickte ich eine Bartrobbe. Vielleicht war es unsere Bekannte von früher? Als sie mich bemerkte, schlug sie mit der Schnauze aufs Eis und verschwand im Wasser, und das geschah so schnell, daß ich gar nicht zum Schießen kam."

Das wissenschaftliche Programm der Expedition war sehr umfangreich. Die dazu erforderlichen Arbeiten verrichteten die Männer nicht nur am Tage, sondern oft auch in den Nächten. Davon zeugte eine andere Tagebucheintragung Papanins:

„Unsere jungen Kollegen Pjotr und Shenja haben wieder die ganze Nacht durchgearbeitet. Shenja befaßt sich in einer neuen Untersuchungsserie mit der Elektrizität der Atmosphäre und beobachtet gleichzeitig die magnetischen Variationen. Pjotr dagegen erforscht die tiefen Schichten des Polarmeeres. Ernst und ich legten uns um drei Uhr früh schlafen, standen um sieben wieder auf. Ernst half, das Seil mit den Schöpfgeräten aus viertausend Meter Tiefe hochzuziehen."

Papanin erledigte unterdessen mehr profane Arbeiten. Das dünne Küchenzelt hatte sich auf Dauer als unbrauchbar erwiesen. Deshalb baute der Expeditionschef aus Eisblöcken, Segeltuch und Holz ein richtiges Küchenhaus. Dabei mußte er sich als Architekt, Maurer, Zimmermann und Schlosser in einer Person bewähren.

Ab Mitte September wurde es ungemütlich.

Stundenlang wütete ein Sturm von noch nie erlebter Stärke und Geschwindigkeit. Schwer senkten sich die Schneemassen auf die Station und begruben die vier Männer und die so mühselig aufgebauten Einrichtungen unter sich. Zugleich bewegte sich die Eisscholle mit erhöhtem Tempo fort. Die Temperaturen sanken.

„Die Zeit des Datschenlebens ist vorbei, Genossen", kommentierte Krenkel die neue Situation lakonisch.

Sommer und Herbst vergingen zusehends. Der arktische Winter und die Polarnacht standen vor der Tür. Die Sonne schien nur noch schwach. Es wurde nicht mehr richtig hell. Tag um Tag lag Dämmerung über der Station „Nordpol 1". Also mußte man nun die notwendigen Vorbereitungen für die Winternacht treffen.

Die Kameraden auf der Rudolfinsel und im fernen Moskau wurden ausführlich darüber ins Bild gesetzt. Krenkel gab einen von Papanin abgezeichneten Funkspruch durch:

„Wir haben unsere Notausrüstung auf drei Schlitten geladen. Da wir damit rechnen müssen, daß einmal unser Zelt infolge starker Eispressungen zusammen mit allen Depots im Ozean versinkt, beschlossen wir, einen Vorrat an Lebensmitteln, Brennstoff, Bekleidung und Zelten in beweglichem Zustand, nämlich auf den Schlitten, bereitzuhalten. Diese Notausrüstung wollen wir hüten wie unseren Augapfel."

Am 26. September 1937 ergab eine Ortsbestimmung, daß sie sich auf 85°33′ nördlicher Breite befanden. Demnach hatte sich die driftende Station bereits etwa 450 Kilometer vom Nordpol entfernt.

Einige Zeit später nahm die Sonne von den vier Polarfahrern Abschied. Die Polarnacht begann. Und sogleich setzten orkanartige Schneestürme ein. Tagelang blieb der Funkkontakt zwischen der Station und der Außenwelt unterbrochen. Auf der Rudolfinsel, wo sich eine sowjetische Funkstelle befand, die mit Papanin in ständiger Verbindung stand, und in Moskau machten sich die Kollegen bereits Sorgen. Mehrere Versuche, mit Flugzeugen zu der treibenden Eisscholle zu gelangen, scheiterten. Die unaufhörlichen Stürme und der schwere Nebel ließen größere Flugmanöver nicht zu.

Einige Zeitungen in den USA verbreiteten bereits die Nachricht vom Untergang der Papanin-Expedition und knüpften daran die Behauptung, daß der Sowjetunion nennenswerte Erfolge in den Polargebieten sowieso versagt bleiben würden.

Ab 15. Oktober 1937 gelang die Funkverbindung aber und blieb stabil.

Unter dem 23. Oktober fand sich in Papanins Tagebuch folgende Eintragung:

„Heute habe ich lange Zeit bei den Depots gearbeitet. Ich bemühte mich, die Butter vor den Eisbären in Sicherheit zu bringen. Für diese Eisbewohner ist es eine Kleinigkeit, einen Block Butter von vierundzwanzig Kilo aufzufressen und damit unsere Ration erheblich zu schmälern. Ich schleppte die Butter ins Eisdepot ... Die Lufttemperatur beträgt noch immer dreiundzwanzig Grad minus. Dennoch arbeitete ich ohne Pelzhemd ... In vierundzwanzig Stunden ist unsere Eisscholle wieder drei Meilen nach dem Süden getrieben worden. Wir kommen Grönland mit seinen mächtigen Gletschern immer näher. Das spüren wir am Absinken der Lufttemperaturen ... Klares Mondlicht erhellt die Eisscholle ... Die Antennendrähte surren wie die Telegrafenmasten auf dem Festland."

Am 30. Oktober 1937 saßen Papanin, Schirschow, Krenkel und Fjodorow im großen Wohnzelt, um das Mittagessen einzunehmen. Papanin selbst hatte es zubereitet – Erbsensuppe, Buchweizengrütze mit Kalbfleisch, Trockenobst, Tee, Wodka. Plötzlich spürten sie starke Stöße wie bei einem Erdbeben. Dann wieder glaubten sie, dumpfes Dröhnen zu vernehmen. Und schließlich meinte Papanin:

„Das hört sich an, als würde aus dreizölligen Geschützen gefeuert, und zwar aus der Nähe."

Die Erklärung dafür schien einfach. Die Eismassen verschoben sich wieder einmal, standen sich gegenseitig im Wege und preßten nun mit erheblicher Wucht gegeneinander. Solche Eispressungen waren normale Vorgänge, konnten „Nordpol 1" allerdings auch gefährlich werden. Immerhin mußte man mit der Möglichkeit rechnen, daß die Eisscholle, auf der sich die Papanin-Expedition befand, beim Zusammenprall mit einer anderen auseinanderbrach. Andererseits wußte man von Anfang an um Risiken solcher Art. Sie gehörten zum Alltag in der Arktis.

Es kam der 7. November 1937.

Zwanzig Jahre zuvor hatte ein Ereignis die Welt erschüttert und dafür gesorgt, daß die Geschichte der Menschheit von nun an einen anderen Verlauf nehmen konnte, die Große Sozialistische Oktoberrevolution. Und so wurde dieser bedeutende Feiertag – wie Papanin seinem Tagebuch anvertraute – auf dem 83. Breitengrad begangen:

„Gegen neun Uhr waren wir alle schon wieder auf den Beinen. Ernst ging zu den meteorologischen Instrumenten, dann tranken wir rasch unseren Tee, um die Übertragung vom Roten Platz in Moskau zu hören. Glücklicherweise hatten wir heute einen guten Empfang. Dann demonstrierten wir zur großen Eisfläche, wo ich eine kurze Ansprache hielt. Hierauf feuerten wir drei Salven ab und eine Rakete, die das Gebiet unseres Eisfeldes hell erleuchtete. Anschließend kehrten wir in das Zelt zurück zur Rundfunkübertragung. Bis acht Uhr abends legten wir die Kopfhörer nicht mehr ab. Nach kurzer Pause setzten wir sie wieder auf, denn die besten Moskauer Künstler gaben ein Konzert für uns, die Polarfahrer."

Weiter ging die Reise durch das Nördliche Polarmeer.

Die Geschwindigkeiten der Drift wechselten nach wie vor ständig, so daß die Anzahl der jeweils innerhalb eines Tages zurückgelegten Kilometer ein sehr unterschiedliches Bild vermittelte. Für Meeresforscher war das natürlich sehr aufschlußreich. Auch eine weitere Entdeckung mußte das Interesse der Experten wecken. In dem Maße, wie sich die Eisscholle vom Nordpol auf Grönland zubewegte, verringerten sich in gleichmäßigen Abständen die Meerestiefen. In unmittelbarer Nähe des Pols hatte Schirschow noch viertausend Meter gemessen, siebenhundert Kilometer weiter südlich nur noch etwas mehr als zweitausend.

Im Dezember, mitten in der so gespenstisch anmutenden Polarnacht, bei nunmehr oft minus vierzig Grad, nahmen die Eispressungen gewaltig zu. Tage- und nächtelang verursachten die hart aufeinanderprallenden Eisschollen und Blöcke einen fürchterlichen Lärm. Dieses Donnern und Toben klang unheimlich. Mitunter wurde es vom Heulen und Brüllen eines Orkans begleitet.

„Genossen", sagte Iwan Dmitrijewitsch Papanin eines Tages und machte dabei ein ratloses Gesicht, „ich fürchte, mit mir ist etwas nicht in Ordnung." Er klagte über heftige Gliederschmerzen und meinte, immerzu schläfrig zu sein, auch keinen Appetit mehr zu verspüren und sich überhaupt krank und elend zu fühlen.

Schirschow, der Amateurmediziner, nahm eine Untersuchung vor, hörte Papanins Herztöne ab und maß seinen Blutdruck.

„Merkwürdig", erklärte er schließlich, „ich kann nichts finden. Eigentlich müßte der Genosse Papanin gesund sein wie der Fisch im Wasser."

Das war Papanin aber nicht. Sein Zustand besserte sich auch nicht. An manchen Tagen empfand er eine sehr große Erschöpfung, daß es ihm Mühe bereitete, mehr als drei Schritte zu gehen und wenigstens einen Teil seiner Arbeit zu verrichten. In den Nächten schlief er fest. Wachte er am anderen Morgen auf, fühlte er sich wieder schlecht.

Bald wurden auch Schirschow, Krenkel und Fjodorow von den gleichen Symptomen heimgesucht. Eine Erklärung wußten sie nicht dafür.

„Wahrscheinlich", meinte Shenja, „haben wir es mit krankhaften Erscheinungen zu tun, die den menschlichen Organismus nur in der Polarnacht befallen."

Seine Vermutung mußte stimmen, zumal in diesem Falle auch Tropfen und Salben ohne die geringste heilsame Wirkung blieben. So tröstete man sich mit der Hoffnung auf ein baldiges Ende des arktischen Winters.

„Die Sonne stellt uns wieder auf die Beine", erklärte Papanin.

Die Lage auf der Eisscholle konnte man zwar nicht als kritisch bezeichnen, doch waren die vier Männer den ganzen Januar 1938 über argen Belastungen ausgesetzt. Die Stürme ließen ihnen jetzt Tag und Nacht keine Ruhe mehr.

Ab Ende Januar betrug die Driftgeschwindigkeit oft dreißig Kilometer am Tag. Auch die Richtung hatte sich geändert. Verlief sie bisher einigermaßen konstant nach Süden, so trieb die Eisscholle nunmehr rapide nach Westen, bewegte sich auf die grönländische Ostküste zu. Die Scholle bröckelte an den Rändern merklich ab. Von Tag zu Tag verkleinerte sie sich, und das Eis bekam brüchige Stellen. Flugzeuge würden auf ihr nicht mehr landen können. Bereits der nächste Orkan oder die nächste heftige Eispressung könnte sie gar auseinanderreißen.

So war es also Zeit geworden, Iwan Dmitrijewitsch Papanin und seine Begleiter aus dem Eis zu holen.

Die sowjetische Regierung und die Hauptverwaltung des Nördlichen Seeweges setzten von Murmansk aus vier Eisbrecher in Marsch. Jedes dieser Schiffe war gut ausgerüstet und hatte auch Flugzeuge und Hubschrauber an Bord. Auf jeden Tag kam es nun an.

Das Polarmeer, namentlich die Gegend rund um „Nordpol 1", verwandelte sich in einen Tummelplatz entfesselt tobender Naturgewalten.

„Unter uns kracht und knarrt das Eis", funkte Krenkel zur Rudolfinsel.

Jeden Augenblick konnte es zur Katastrophe kommen. Indes, die Lage beruhigte sich wieder. In den frühen Morgenstunden des 2. Februar 1938 nahm Papanin eine Besichtigung der näheren Umgebung vor. Ja, die Stürme hatten wüst gehaust. Überall taten sich im Eis Risse und Spalten auf. Schäumendes Meerwasser überflutete bereits weite Teile der Scholle.

Papanin wies Krenkel an, folgenden Funkspruch an alle sich nähernden Schiffe zu senden:

„Nach sechstägigem Sturm Scholle nahe der Station völlig zerfurcht von Kanälen und Rissen ... Zwei Lebensmittellager und zwei mit weniger wichtigem Material sind abgetrennt worden ... Bemerken große Risse unter dem Wohnzelt ... Sollte die Funkverbindung unterbrochen werden, bitten wir, sich nicht zu beunruhigen. Papanin."

Der letzte Satz klang zwar halbwegs optimistisch, aber bereits einen Tag später hatten sie dazu keinen Anlaß mehr. Die Eisscholle brach an mehreren Stellen auseinander. Die abgetrennten Teile rissen der Sturm und die heftige Meeresströmung fort. Nachrückende schwere Eisblöcke drückten sie dann in die Fluten. Der Lebensraum der Papanin-Expedition war auf einen Durchmesser von knapp dreißig Quadratmetern zusammengeschrumpft. Krenkels Funkstation stand unter Wasser und mußte schleunigst verlegt werden.

Unverzüglich und mit großer Umsicht bauten die Männer ihre Station ab. Papanin bemühte sich emsig, von dem wertvollen Material und der Ausrüstung soviel wie irgend möglich zu retten. Vor allem galt es, die wissenschaftlichen Aufzeichnungen und Filme in Sicherheit zu bringen. Dies alles geschah ohne Hektik. Die vier Männer wußten jedoch, daß ihnen nicht mehr viel Zeit zur Verfügung stand.

Die Eisbrecher näherten sich der vom Untergang bedrohten Station mit hoher Geschwindigkeit, mußten sich dabei gegen Treib- und Packeis behaupten. Am 12. Februar 1938 hatten sie sich der inzwischen bedenklich klein gewordenen Scholle so weit genähert, daß mit der Bergung der vier Männer hätte begonnen werden können. Doch plötzlich, wie von Geisterhand bewegt, schob sich zwischen die Schiffe und die Station eine zwanzig Meter hohe und viele Kilometer breite Eisbarriere, die nicht zu bezwingen war. Es würde Tage dauern, bis sie sich wieder entfernte oder umfahren werden konnte.

Aber diese Tage mußten für Papanin und seine Gefährten entscheidend sein.

Noch hielt die winzige Scholle.

Am 19. Februar 1938 herrschte vollkommene Windstille. Die vier Männer auf der Eisscholle fühlten sich schon fast unheimlich. Von der Sonne war kaum etwas zu bemerken, weil sich schwere Nebelfelder herabgesenkt hatten.

Von den Schiffen kam ein Funkspruch:

„Entzündet ein Feuer oder Fackeln!"

Und dann dauerte es nicht mehr lange, bis die Eisbrecher herankamen. Die Begrüßung wollte kein Ende nehmen. Ausrüstung, Technik, persönliches Gepäck schafften sie wohlbehalten an Bord.

Papanin, Krenkel, Schirschow und Fjodorow waren natürlich froh und erleichtert, daß ihre Expedition ein so gutes Ende nahm. Während seine Kameraden einen begreiflichen Eifer zeigten, der schmalen Eisscholle Lebewohl zu sagen, hatte es Krenkel mit einemmal überhaupt nicht eilig. Seelenruhig setzte er sich an sein Funkgerät und gab eine letzte Nachricht durch:

„Wir sind überaus glücklich, die Erfüllung der uns übertragenen Aufgabe melden zu können. Zwischen dem Nordpol und dem 75. nördlichen Breitengrad haben wir alle vorgesehenen Untersuchungen in vollem Umfang ausgeführt und wertvolles wissenschaftliches Material über die Driftverhältnisse sowie hydrologische und meteorologische Daten gesammelt und zahlreiche Schweremessungen der Luft und erdmagnetische Untersuchungen vorgenommen. Auch biologische Forschungen wurden angestellt. In dieser Stunde verlassen wir die Eisscholle auf den Koordinaten 70 Grad 54 Minuten nördlicher Breite, 19 Grad 48 Minuten westlicher Länge. In 274tägiger Drift haben wir 2500 Kilometer zurückgelegt. In den unermeßlichen Weiten der Eismassen wird das Rote Banner unseres Landes weiter wehen. Es meldet Iwan Dmitrijewitsch Papanin, Leiter der Station ‚Nordpol 1'."

Die Papanin-Expedition war das erste wissenschaftliche Großunternehmen in der Arktis.

Um verläßliche Informationen über das Profil des Meeresbodens im zentralen Polarbecken zu erhalten, wurden 33 Tiefenmessungen vorgenommen. Die ständigen Untersuchungen der Meeresströmun-

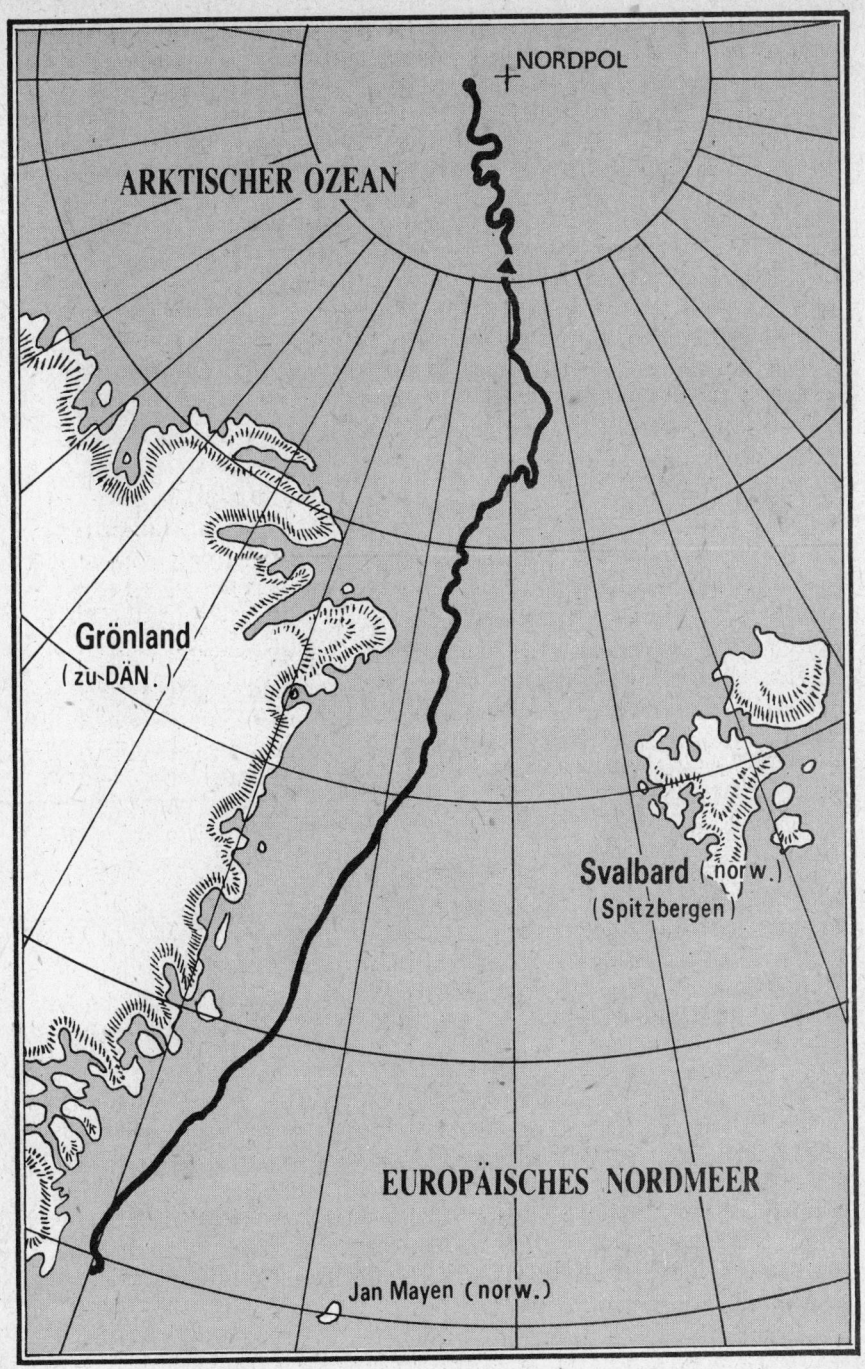

NORDPOL

ARKTISCHER OZEAN

Grönland
(zu DÄN.)

Svalbard (norw.)
(Spitzbergen)

EUROPÄISCHES NORDMEER

Jan Mayen (norw.)

gen brachten neue Erkenntnisse über die Eisdriften zwischen Nordpol und Atlantik. Papanin und seine Mitarbeiter hatten 150 geographische Punkte exakt vermessen, an 55 Punkten erdmagnetische Untersuchungen und an 22 Stellen Gravitationsmessungen durchgeführt. Daraus ergab sich ein zusammenhängendes Bild über die geophysikalischen Bedingungen im Arktischen Ozean.

Der kanadische Polarforscher Vilhjalmar Stefansson würdigte die Leistungen der Papanin-Expedition mit folgenden Worten:

„Die sowjetischen Wissenschaftler übergaben als erste der Welt ein Geschenk, von dem jeder Polarforscher schon seit Jahrhunderten geträumt hatte."

Die Zeit der Polstürmer und Abenteurer war endgültig vorbei. Von nun an bestimmen ausschließlich die Wissenschaftler das Geschehen in der Arktis, vor allem sowjetische. Für ihre Arbeit stehen ihnen modernste Schiffe, Hubschrauber, Flugzeuge und technische Geräte zur Verfügung. Am 2. April 1950 nahm die driftende Station „Nordpol 2" ihre Tätigkeit auf. In kurzen Abständen folgten weitere. Zu ihren Aufgaben gehörten Untersuchungen auf dem Gebiet der Meteorologie, des Erdmagnetismus, der Nordlichterscheinungen und der Sonnenaktivität. Das Leben auf diesen durch das Nordmeer treibenden Stationen ist inzwischen im Vergleich zur Anfangszeit der Polarforschung bequemer und leichter geworden. Die Männer hausen nicht mehr in Schneehütten und Zelten, sondern in geheizten Montagehäusern, um nur ein Beispiel zu nennen. Im Jahre 1962 kreuzte erstmals ein sowjetisches U-Boot unter dem Eis des Nordpols.

Obwohl die Arktis, die am Anfang unseres Jahrhunderts noch weitgehend unerschlossen war, inzwischen dank intensiver Forschungsarbeit viele ihrer Geheimnisse verloren hat, gibt es dort auch in der Zukunft für junge Leute, die sich dem ewigen Eis verschreiben wollen, große und dankbare Aufgaben.

Der Ruf des Nordens wird bestimmt lange nicht verstummen. Natürlich auch der des Südens nicht: Die Erforschung der beiden Polargebiete kann unbeschadet der vielfältigen Unterscheidungsmerkmale am Ende nur einheitlich erfolgen, denn abgesehen von Schnee und Eis, sind doch noch viele andere Gemeinsamkeiten vorhanden. So spielen die meteorologischen Bedingungen in den arktischen und antarktischen Zonen eine wichtige Rolle bei der Entwicklung des Klimas auf unserem Planeten. Seit 1902 ist die Durchschnittstemperatur auf der Erde um ein Grad Celsius, der Meeresspiegel der Ozeane um sechs Zentimeter gestiegen. Der sowjetische Wissenschaftler N. Butorin erklärt das mit dem Abschmelzen des Festlandeises als Folge erhöhter Sonnenaktivität, von der die Nord- und Südpolgebiete in gleicher Weise betroffen sind. Im Norden geht bei zunehmender relativer „Erwärmung" Spitzbergens der Packeisgürtel zurück. Im Süden wiederum ist eine verstärkte Zunahme von Eisbergen zu beobachten. Mit am meisten davon betroffen ist die seinerzeit von James Clarke Ross entdeckte Eisbarriere, die in nur siebzig Jahren einen sechzig Kilometer breiten Streifen eingebüßt hat. Die Walbucht, von der aus einst Borchgrevink und Amundsen das Ross-Schelfeis betreten hatten, dürfte seit Jahrzehnten nicht mehr vorhanden sein, 1955 jedenfalls haben amerikanische Wissenschaftler vergebens nach ihr gesucht.

So sind also noch immer im höchsten Norden und im tiefsten Süden manche Geheimnisse zu enthüllen, ehe ein endgültiges und einheitliches Bild von unserer Welt geschaffen werden kann.

Chronik der wichtigsten Ereignisse

Erforschung der Antarktis

1739 Der französische Seefahrer Bouvet entdeckte die nach ihm benannten Inseln und brachte damit das sagenhafte Südland erneut ins Gespräch.

1772/73 Der Engländer James Cook stieß auf seiner zweiten Weltumsegelung zweimal über den Südlichen Polarkreis vor und vermutete Land hinter der Packeisgrenze.

1820/21 Eine russische Expedition unter F. F. v. Bellingshausen und M. P. Lasarew entdeckte Antarktika, das Festland des Südpols.

1840 entdeckten J. Dumont d'Urville Terre Adélie, C. Wilkes das nach ihm benannte Wilkes-Land.

1840/42 Der englische Kapitän James Clarke Ross fand Victorialand, die Ross-Eisbarriere, die Ross-Insel und den antarktischen Vulkan Erebus.

1895 Unter Führung des Norwegers Carsten Eggeberg Borchgrevink betraten erstmals Menschen den sechsten Kontinent.

1898/99 Eine belgische Expedition unter de Gerlache driftete durch die Polarnacht.

1899/ 1900 Zum erstenmal, und zwar unter Führung Borchgrevinks, überwinterten Menschen auf dem antarktischen Festland.

1909 Der in britischen Diensten stehende irische Marineoffizier Ernest Henry Shackleton kam dem Südpol bis auf 160 Kilometer nahe und entdeckte mehrere bis zu 4 700 Meter hohe Gebirge und den 274 Kilometer langen Beardmore-Gletscher.

1911 Roald Amundsen erreichte am 14. Dezember als erster den Südpol.

1912 Vier Wochen später, am 18. Januar, gelangte der englische Kapitän Robert Falcon Scott ebenfalls bis zum Südpol, kam aber auf dem Rückmarsch mit seinen Begleitern ums Leben.

1911/14 Die australische Expedition unter Dr. Douglas Mawson führte Erkundungen in Victorialand durch und fand das Königin-Marie-Land.

1914 Der Deutsche Wilhelm Filchner drang bis zur Eisbarriere in der Weddelsee vor.

1928	Beginn der fünf großen antarktischen Forschungsreisen des Amerikaners Richard Evelyn Byrd – die letzte fand 1947 statt. Gründung der Forscherstadt Little America an der Walbucht.
1929	Den ersten Flug zum Südpol unternahm Byrd.
1935	Dem amerikanischen Piloten Lincoln Ellsworth gelang es, die gesamte westliche Antarktis zu überfliegen.
1938	Eine deutsche Expedition entdeckte mit Flugzeugen Neu-Schwabenland.
1956	Die I. Kontinentale Expedition der Akademie der Wissenschaften der UdSSR errichtete die antarktischen Stationen „Mirny", „Oasis" und „Pionerskaja". Der sowjetische Flieger Tscherewitschny überwand als erster den „Pol der Unzugänglichkeit".

Erforschung der Arktis

795	Irische Mönche betraten Island.
875	Der Normanne Gunbjörn entdeckte die Küste Grönlands.
985	Erste Besiedlung Grönlands durch den Normannen Eirik Rauda.
1594/97	Im Verlauf von drei Nordlandreisen entdeckten der Holländer Willem Barents und seine Gefährten die Bäreninsel, Spitzbergen, umsegelten Nowaja Semlja und überwinterten als erste in der Polarnacht.
1610	Der englische Kapitän Henry Hudson gelangte in die Hudsonbucht, die er für den Pazifischen Ozean hielt. Er galt seit dieser Reise als verschollen.
1648	Semjon Deshnew, ein russischer Steuereinnehmer, fand die Beringstraße.
1721	Der norwegische Missionar Hans Egede ließ sich auf Grönland nieder.
1733/42	Die Große Nordische Expedition unter dem Dänen Vitus Bering erforschte die gesamte russische Nordküste, Teile Alaskas und der Aleuten.
1818	Sir John Ross stieß auf die Etah-Eskimos, die nördlichsten Bewohner der Erde.
1822	Der Engländer William Scoresby erforschte die Ostküste Grönlands bis auf 79 Grad nördlicher Breite.
1831	James Clarke Ross bestimmte die Lage des magnetischen Nordpols.
1845	Der Engländer John Franklin unternahm den Versuch, die Nordwestdurchfahrt vom Atlantik in den Pazifik zu finden, und kam mit allen 139 Begleitern um.

1869/70	Eine deutsche Expedition unter den Kapitänen K. Koldewey und P. F. A. Hegemann erreichte an der grönländischen Ostküste den 79. Breitengrad, wobei eins der beiden Schiffe unterging.
1871	Der Amerikaner Charles Francis Hall gelangte als erster über den 82. Breitengrad hinaus.
1872/74	Zwei Österreicher, Karl Weyprecht und Julius von Payer, entdeckten Franz-Josef-Land.
1875/76	George Nares durchfuhr erstmals den Robeson-Kanal und erreichte Grant-Land.
1878/79	Dem Schweden Adolf Erik Nordenskiöld glückte die Bezwingung der Nordostpassage durch Eismeer und Beringstraße in den Pazifik.
1879/82	Eine amerikanische Nordpolexpedition unter Kapitän G. W. De Long scheiterte und forderte 12 Todesopfer.
1881	Auch eine weitere amerikanische Expedition, diesmal unter der Leitung von A. W. Greely, scheiterte. 20 von 27 Männern verhungerten.
1882/83	1. Internationales Polarjahr. Errichtung der ersten festen Beobachtungsstationen.
1883	A. E. Nordenskiöld drang auf dem Inlandeis Grönlands 340 Kilometer vor.
1888	Der Norweger Dr. Fridtjof Nansen durchquerte Grönland auf Schneeschuhen und lebte ein Jahr lang unter Eskimos.
1893/96	Nansen driftete mit dem Schiff „Fram" durch das Polarbecken und erreichte später zu Fuß Kap Flora auf Franz-Josef-Land.
1897	Der Schwede Salomon August Andrée kam bei dem Versuch, als erster den Nordpol mit einem Freiballon zu überfliegen, ums Leben.
1903/06	Roald Amundsen gelang es, die 300 Jahre lang gesuchte Nordwestpassage zu bezwingen.
1908	Frederick Cook stieß von Axel-Heiberg-Land zum Pol vor, jedoch wurden seine Angaben zu seiner Zeit für unglaubwürdig erklärt.
1909	Der Amerikaner Robert Edwin Peary betrat als erster Mensch den Nordpol.
1921/24	Knud Rasmussen, ein Däne grönländischer Herkunft, erforschte den Norden Grönlands.
1926	Der Amerikaner R. E. Byrd flog von Spitzbergen zum Nordpol und zurück. 3 Tage später bewältigte ein norwegisches Luftschiffunternehmen unter Leitung Roald Amundsens die Route Spitzbergen–Nordpol–Alaska in 71 Stunden.

1928	Der Italiener Umberto Nobile erreichte mit dem Luftschiff „Italia" den Nordpol, verunglückte aber auf dem Rückflug. Bei dem Versuch, ihm zu Hilfe zu eilen, kam Roald Amundsen ums Leben. Die Überlebenden wurden vom sowjetischen Eisbrecher „Krassin" gerettet.
1931	Der Versuch des Amerikaners H. Wilkins, mit dem U-Boot „Nautilus" den Nordpol zu unterfahren, scheiterte.
1937/38	Eine sowjetische Expedition unter Papanin driftete auf einer Eisscholle vom Nordpol zur Ostküste Grönlands.
1948	Das Arktische Institut in Leningrad veröffentlichte den ersten, aus 300 Karten bestehenden geographischen Atlas der Arktis.
1950	Die Akademie der Wissenschaften der UdSSR nahm die Forschungen in der Arktis wieder auf und errichtete mehrere driftende Stationen.
1977	Der sowjetische Atomeisbrecher „Arktika" erreichte den Nordpol.

Grundlage der literarischen Gestaltung ausgewählter Polarexpeditionen sind authentische Begebenheiten und historische Fakten.

Inhalt

DER KAMPF UM DEN SÜDPOL

DER KAMPF UM DEN NORDPOL